Research on the Theory and
Policy of Finance and Taxation
（ Revised edition ）

财政税收理论与政策研究

（修订版）

王曙光 / 著

中国财经出版传媒集团
经济科学出版社
Economic Science Press

前言

　　党的十九大报告明确指出"加快建立现代财政制度，建立权责清晰、财力协调、区域均衡的中央和地方财政关系。建立全面规范透明、标准科学、约束有力的预算制度，全面实施绩效管理。深化税收制度改革，健全地方税体系"，描绘了我国财税理论研究及其财税政策改革的总体要求。自 2015 年以来，我国制定或修订了相关财政收支和财税法律制度等，结合习近平总书记新时代中国特色社会主义思想，以及学界和本人研究的新成果，笔者在第一版的基础上重新修订了《财政税收理论与政策研究》一书。

　　本书此次修订是在保持原书框架体系的基础上，上篇财政理论与政策研究中新增"外国财政管理研究"；下篇税收理论与政策研究中新增"国际税收问题研究"。由第一版的 12 章增至 14 章，增加了党的十九大以来的相关财税政策，并按最新的财税法律制度修改了财政收支、政策和体制，以及营改增和环境保护税等税改内容。

　　本书选用相关的财税法律制度，截至 2018 年 5 月；为使数据资料准确及书中非特殊说明和注明的数据，均来自于《中国统计年鉴》（2017）和财政部等官网资料。

　　在撰写过程中，哈尔滨商业大学财政与公共管理学院王巍教授、蔡德发教授、李兰教授、周丽俭副教授和金向鑫、张小锋、孙懿老师，以及博士研究生李金耀、章力丹，硕士研究生刘显媛、谢颖琦参加了部分内容的撰写或资料收集、文字校对工作。此外，本书参考了诸多的著述资料（在参考文献和脚注中注明），在此一并表示敬谢！

　　本书可作为高等院校财政学、税收学等专业研究生教学之用，也可作为财税工作者及相关单位的研究人员参考。

　　囿于作者水平及可考资料，书中不当或错漏之处，敬请同仁惠教，更欢迎广大读者的批评指正。

编　者

2018 年 6 月

编写说明

党的十八大提出了"加快改革财税体制，健全中央和地方财力与事权相匹配的体制，完善促进基本公共服务均等化和主体功能区建设的公共财政体系，构建地方税体系，形成有利于结构优化、社会公平的税收制度"的政策目标；十八届三中全会报告也提出了深化财税改革的具体要求，并明确指出"财政是国家治理的基础和重要支柱，科学的财税体制是优化资源配置、维护市场统一、促进社会公平、实现国家长治久安的制度保障"，由此明确了我国财税体制改革的方向及其理论与政策研究的重要性。为适应研究生学习与研究财政税收理论与政策的需要，笔者吸收了中西方财政税收理论研究的新成果，并结合近年来的授课内容及其研究，撰写了《财政税收理论与政策研究》一书。

本书注重财政税收体系的科学性、理论的学术性和内容的实践性，旨在阐述财政税收的基础理论及不同认识，探讨其政策、体制、机制、管理的内容及其改革问题。全书分为上下篇共 12 章，上篇为财政理论与政策研究，包括财政基础理论研究、财政学科专业发展、财政收支规模效应、财政风险规避管理、财政管理体制改革和财政政策机制问题；下篇为税收理论与政策研究，包括税收基础理论辨析、税收原则理论探索、税收负担相关理论、税收效应理论分析、税收政策机制问题和税收制度改革研究。

为保证本书数据资料的可靠性、准确性，除书中非特殊说明和注明的数据，均来自《中国统计年鉴》和财政部等官方网站公布的资料，截至 2013 年底；选用的财政税收法律制度，截至 2014 年 12 月。

　　本书在撰写过程中，北京工商大学的姜竹教授，上海海关学院的李九领教授，哈尔滨商业大学财政与公共管理学院的蔡德发教授、李兰教授、周丽俭副教授和李树林、金向鑫、张小锋、苏之涛老师，以及研究生杜宏颖、刘明吉、樊迪、王敢平和王鑫同学参加了部分内容的撰写或资料收集、文字校对工作。此外，本书参考了诸多的著述资料（参考文献和脚注注明），在此一并表示敬谢！

　　因作者水平及资料所限，书中不当或错漏之处，敬请同仁志士惠教，更欢迎读者的批评指正。

王曙光

2015 年 3 月

目　录
CONTENTS

上 篇
财政理论与政策

　　财政一般是指政府资金收支或理财的活动；现代财政是指国家为实现其职能和满足社会公共需要，在参与社会财富分配与再分配过程中所形成的分配关系（经济活动）。财政既是一个古老的经济学范畴，又是现代经济发展不可或缺的重要工具。财政理论与政策研究篇主要包括财政基础理论研究、财政学科建设研究、财政收支规模研究、财政风险管理研究、财政管理体制研究、财政政策机制研究和外国财政管理研究等7章内容。

1. 财政基础理论研究

财政基础理论研究主要阐述和分析财政基本理论释析、市场与财政的关系和财政理论历史演进的问题，其中财政基本理论释析包括财政一词由来和财政含义界定，以及财政的主要特征和历史考察；市场与财政的关系包括市场经济的含义、市场效率与公平、市场有效与失灵、政府干预与失效，财政的基本目标和财政职能内容分析；财政理论历史演进包括西方和中国财政理论的演进。

1.1 财政基本理论释析

1.1.1 财政一词的由来

"财政"的英文为 public finance，其中"finance"一词起源于公元 13 ~ 15 世纪的拉丁文 finis，有结算支付期限的意思；16 世纪形成法语 finance，是指公共收入和公共理财活动；17 世纪后专指国家的理财活动；19 世纪后又泛指一切公共团体的理财活动；20 世纪初"finance"一词由法国传入其他国家。可见，"finance"是一个多义词，翻译成中文为"财政、财务、资金、金融、融资"等。为使词义更加明确，故在 finance 前加 public 限制，这与中文"财政"的含义相同，否则会含混不清。

在中国古汉语中，"财"与"政"常分开使用。综观我国几千年留存下来的古籍，可以看到"国用""国计""度文""理财"等用词，这是关于政府理财之道的记载；有治粟内史、大农令、大司农等用词，则是有关现代财政管理部门的记载。当今中国使用"财政"一词虽已习以为常，但出现在中文词汇中却只有百年的历史。据考证，财政一词是日本在引进"finance"后，采用汉字中"财"与"政"的含义而创立，并于 1882 年在清朝官方文件《财政奏折》中首次出现。清朝光绪二十四年（公元 1898 年）在戊戌变法

《明定国事》诏书中有"改革财政，实行国家预算"的条文；光绪二十九年（公元1903年），清政府设立财政处为官方用财政名称之始。

1.1.2 财政含义的界定

（1）对财政含义的不同认识。长期以来，我国诸多专家学者对财政的含义有着不同的认识，大体分为以下三种观点：

第一种观点认为，财政是由国家分配价值所产生的分配关系。这种价值分配，在国家产生前属于生产领域的财务分配，在国家产生后属于国家性质的财政分配。

第二种观点认为，财政是为满足社会共同需要而对剩余产品进行分配而产生的分配关系。它不是随国家的产生而产生的，而是随着剩余产品的产生而产生的。

第三种观点认为，财政是为满足社会共同需要而形成的社会集中化的分配关系。它是市场经济发展的产物，是为提供公共产品与服务、弥补市场失效的需要而形成的分配。

（2）本书对财政含义的看法。中国古汉语中的"财"与"政"常分开使用，"财"即财宝、财富、钱财之意，是金钱和物资的总称，与材（原料、材料）、才（资质、才能）和裁（裁制、节制、裁断）等同义。"政"即治理国家事务，可组成政治、政府、政党、政权、政纲、政策、政令和政绩等；或指国家某一部门主管的业务，如财政、邮政、民政等；或指家庭或集体生活中的事务，如家政等。因此，"财"为钱财之意，"政"为治理国家事务，因而财政的字面含义，是指以钱财治理国家事务。

一般认为，财政是以国家或政府为主体的理财活动，是指国家为实现其职能和满足社会公共需要在参与社会财富分配与再分配过程中所形成的分配关系（经济活动），可称之为"财政一般"。它与微观经济主体的企业财务和家庭理财等相比，国家或政府的理财活动本身就具有公共性，所以财政、国家财政、政府财政和公共财政虽有不同之处，但总体上是有着相同的基本含义。我们认为，财政是指国家为实现其职能而依法参与社会产品分配及其管理的行为活动。

我国改革开放以后，国内一些学者将英文"public finance"直译成公共财政，刻意将财政与公共财政区分开来。他们认为，国家或政府理财活动适用于所有国家的财政。然而在不同的经济体制下，不同国家或政府的经济活动决定着不同的财政性质，从而形成不同的财政类型，可称之为"财政特殊"。公共财政是适应市场经济要求的一种特殊财政类型，是建立在以市场机制作为社会资源配置的基础上，以弥补市场失效、满足公共需要为目的，其活动范围限于市场失效的领域。

这里我们赞同陈共教授的看法，他认为：中文的"财政"与"公共财政"两个词都是从国外引入的，都是来自英文"public finance"一词，是含义相同的两种不同译法。也有人认为，计划经济体制下的财政就是"财政"，市场经济体制下的财政应是"公共财政"，即对同一个来源的两个词赋予不同的含义。问题是 finance 在中文中的用意十分广泛，含义不够确定，一般理解为金融，似乎只有加上一个定语才有确定的译法，如 business finance 译为企业财务，public finance 译为财政。如果将由"public"和"finance"组成的英文词译为"财政"，再将同一个英文词译为"公共财政"，那么从译法上说是画蛇添足，"公共"两字是多余的。即使有两种译法，也不应当赋予两词以不同的含义。①

1.1.3　财政的主要特征

财政特征是财政有别于其他分配范畴的主要标志。一般认为，财政的主要特征表现在以下三个方面：

第一，阶级性和公共性。由财政或政府的关系产生了财政的阶级性和公共性并存的鲜明特征。阶级性强调财政为统治阶级服务；公共性突出财政的公共性质。

第二，强制性和有偿性。强制性是指财政运行是凭借国家政治权力，通过财政法律制度来予以强制实施；有偿性是指国家取得财政资金后，按财政预算支出使用。

第三，收支性和平衡性。收支性是指财政运行中有收有支的活动；平衡性是指财政支出等于财政收入即收支平衡，如果略有结余或财政赤字则属于非平衡性。

1.1.4　财政的历史考察

对财政的历史考察，包括对家计财政、国家财政和公共财政的含义及其

---

① 陈共．财政学（第九版）[M]．北京：中国人民大学出版社，2017：13－14．

基本内容的分析，从而有利于真正认识财政的内涵和本质。

（1）家计财政的考察。在自然经济状态下，财政主要是家计财政。家计与国计是相对应的概念，即个人和私人之意，家计财政是指个人的、私人的财政类型。古代各国是以拥有土地及特权为财源的"所有权者国家"。中国古代实行君主专制，"溥天之下，莫非王土；率土之滨，莫非王臣"。皇帝"家天下"是典型的"家国同构"状态。整个国家都属于皇帝私人所有，财政作为国家的收支活动很自然地就具有"家计"的性质。

中世纪的欧洲更是典型的"家计财政"。在中世纪的早期和中期，欧洲基本上只有领地而没有民族和国家的概念。美国历史学家汤普逊对欧洲中世纪的封建制度描述为：封建制度是由地主贵族、俗人或僧侣、男爵或主教、主持在一定的领土范围内，对那里的居民办理行政、执行司法和征收赋税等的制度。西欧封建社会末期，伴随着自然经济向市场经济的过渡，财政的家计性质被逐步否定，其公共性得到逐步地确定。

（2）国家财政的考察。一般认为，国家财政是国家需要的财政，是生产建设型的财政。尽管中国与西方都经历了家计财政阶段，但中华人民共和国成立后，中国实行计划经济并经历了一个非常特殊的国家财政阶段。财政作为国家直接计划配置社会资源的财力手段，是为满足国家实现自身职能的需要而进行分配的手段。企业是政府的行政附属物，个人是企业或单位的行政附属物，整个社会和国家以政府为中心形成一家大企业，财政也就自然地成为这个大企业的总财务。社会经济活动的实质就是国家和政府的活动，企业和个人的活动只是服从于国家和政府的计划，财政也只是服从于国家需要，这就是国家财政。

国家财政分配的主体是政治权力行使者、生产资料所有者和生产经营组织者"三位一体"的政府，这种分配主体同时承担着三种不同的任务：作为政权行使者要履行社会经济管理任务，作为生产资料所有者要承担整个国家的经济建设任务，而作为生产经营组织者则要对企业生产经营活动进行计划安排和指挥控制。财政需要同时兼顾三种不同职责的财力需要，属于生产建设型财政。这是因为，不仅国家财政支出的一半以上是直接或间接投入生产建设，而且很多政府机构尤其是庞大的各经济主管部门，都是围绕着组织和指挥企业的生产建设而设置的，所以其经费也具有生产建设费用的性质。

（3）公共财政的考察。西方财政理论认为，市场经济大致经历了自由放任、国家干预和混合市场经济三个时期，因而政府经济职能特别是财政内容就有不同的体现。在自由放任的市场经济时期，政府财政是与"夜警国家"相一致的形态，"看不见的手"发挥着资源配置的主要作用，其财政特点是职能单一、规模较小、实行严格法治。20 世纪 20 年代震撼世界的大危机到来，罗斯福"新政"的成功极大地鼓舞了人们对政府的信心，凯恩斯主义的国家干预理论几乎得到了西方国家的青睐，西方财政发展到一个新阶段，其特点是职能复杂、规模较大、法治得到修正。

一般认为，公共财政是区别于自然经济时期的家计财政和计划经济时期的国家财政的一种财政模式，是与市场经济相适应的，并满足社会公共需要和提供公共产品的民主法治财政。它是依托于市场经济体制和个人价值理念的仍在塑造过程中的新形式，混合市场经济时代的公共财政，实际上是自由放任和国家干预市场经济时代的财政在一定程度上的"中和"，表现在财政职能趋于稳定、规模逐渐适中、财政管理得到一定恢复、强调法治又不失其弹性。

1.2 市场与财政的关系

1.2.1 市场经济的含义

1.2.1.1 市场的基本含义

一般认为，市场有两个含义：一是起源于古时人类对固定时段或地点进行交易场所的称呼，现指商品和劳务交换的场所，其主体是市场参与者，客体是主体在市场活动中的交易对象；二是指市场机制，即市场各构成要素之间相互影响、相互制约的关系及特定资源配置功能的实现方式。

我们这里所称的市场是指市场机制。市场机制使市场分配成为最基本的分配形式，主要包括各种市场资源和劳动产品，都是通过市场交换进行分配的，实行"各增其值、等价交换"的原则。

1.2.1.2 市场经济的界定

对市场经济的含义，人们的看法不尽一致。一般认为，市场经济又称自由市场经济或自由企业经济，是指产品和服务的生产及销售完全由自由市场的自由价格机制所引导的社会经济。理论上，市场经济是自由的经济、公平的经济、产权明晰的文明经济。它是以市场机制作为配置资源的基础手段，是生产社会化和商品经济发展到一定高度的产物，具有自发性、盲目性、竞争性和滞后性等特点。

我国社会主义市场经济是市场经济与社会主义制度相结合，它不仅具有市场经济的一般规定和特征，同时又是与社会主义基本制度相结合的市场经济。市场经济的体系是由相对独立又相互联系的各类市场构成的有机统一体，主要包括消费品市场、生产资料市场、资本市场、劳动力市场、技术市场、信息市场和房地产市场等。

1.2.2　市场效率与公平

我国市场经济是市场与政府、计划与市场、政府与个人经济的混合，实际上是一种混合经济体制。而财政是政府的一种经济活动，要研究市场经济条件下的政府财政，应从分析效率与公平入手。

1.2.2.1　效率的含义与标准

（1）效率的含义。效率一般指单位时间内完成的工作量。现代经济学所说的效率，通常指市场经济条件下的资源配置效率。资源配置效率是指如何将社会资源合理分配到社会各领域中并实现资源的最佳利用，即用最少的资源耗费产出最适用的商品和劳务、获取最佳的效益，从而在最大限度上满足人类的愿望和需要。如果一个社会的资源配置能够使社会的总福利和总剩余最大化，这个社会的资源配置就是有效率的。

由于资源的稀缺性，使得人们不得不考虑如何能够利用有限的资源来满足人类无穷的欲望，因此人类需要不断地进行资源的调整配置，以使其达到最有效的使用。资源配置合理、有效与否，对一个国家经济发展水平有着极其重要的影响。一般来说，资源如果能够得到相对合理的配置，经济效益就会显著提高，经济就能充满活力；否则，经济效益就可能低下，经济发展就会受到阻碍。

（2）效率的标准。效率标准可用帕累托最优判断，帕累托最优（pareto optimality）又称帕累托效率（pareto efficiency），由意大利经济学家维尔费雷德·帕累托提出，是指在既定的个人偏好、生产技术和要素投入量下，资源配置已达到了这样一种境地：无论任何改变都不可能使一个人受益而其他人不受损。也就是说，如果要增加一个人的效用，就必须以减少他人的效用为代价。

帕累托最优要求经济社会在既定的资源和技术条件下，使人们的需要得到最大限度的满足。从帕累托最优可引出帕累托改进（pareto improvement）的概念。帕累托改进是指在个人偏好、生产技术和要素投入量既定的条件下，在没有任何一个人的情况变坏的情况下，通过改变资源配置至少有一个人的情况变好，此时社会资源配置效率得到了提高。当一种资源配置状态不可能再进行帕累托改进时，就是帕累托最优的资源配置。

帕累托最优是实现资源配置的一种理想状态，但仅以此作为评价的标准和目标是不全面的。一个饥肠辘辘的乞丐从一个挥霍无度的富翁处拿走一个面包，也不是帕累托更优或效率提高，因为一个社会成员的处境变坏了。如果社会财富只被少数人拥有而大多数人仍旧贫困，这时的社会经济福利水平不值得称赞。此外，帕累托最优只是阐明资源配置的理想状态而没有涉及分配问题，可见效率标准有一定的缺陷，应引入公平标准。

1.2.2.2　公平的含义与标准

（1）公平的含义。公平一般是指人们对一定社会历史条件下人与人之间利益关系的一种评价。其内涵是经济公平和社会公平。

其一，经济公平。经济公平是指国家对每一个社会成员参与竞争、就业等一切经济活动的资格一视同仁，所有社会成员按同一规则参与经济活动，个人按其生产贡献份额获取相应的收入份额，即机会均等。经济公平追求的是竞争规则和过程的公平，能够有效激发社会成员的积极性并推动社会生产力的发展。它是市场经济的内在要求，强调要素投入和要素收入相对称，是在平等竞争的环境下通过等价交换原则来实现的。

其二，社会公平。社会公平是指国家通过对国民收入和社会财富的分配与再分配，以达到社会普遍认可的公平和公正，即结果公平。例如，通过社会保障和财政补贴对缺乏竞争能力的弱者提供帮助，以及税收对个人收入和财产进行调节，避免两极分化，实现收入分配的相对公平。社会公平是收入分配的理想状态，强调收入差距在社会各阶层所能接受的范围之内。贫富差距大是不公平的体现，而缩小贫富差距就是促进公平。

（2）公平的标准。公平是一种价值判断，即主观认识对客观存在的一种反映，不同的人会有不同的公平观，不同社会制度下人们对公平也会有不同的价值判断。这里采用以下两个标准：

其一，功利主义标准。由边沁（Jeremy Bentham）提出。边沁认为，全部社会福利是每个人的效用之和、社会福利最大化，即总福利和平均福利的最大化。该标准强调社会所认可的公平是每个人的收入和财富相同，即最终走向平均主义。

其二，罗尔斯标准。由罗尔斯（John Rawls）提出。罗尔斯认为，社会公平状况取决于社会中生活处境最差的那个人。例如，A 和 B 两个国家，A 国人均年收入 10 000 美元，但最低收入仅为 1 000 美元；B 国人均年收入 5 000 美元，最低收入也是 1 000 美元，罗尔斯认为 B 国相对于 A 国公平。该标准充分考虑了市场经济的不确定性，最大限度地保护了社会中可能出现的弱势群体，要求政府帮助社会中处境最差的人。

（3）公平的计量。在现实生活中，对公平精确量化确有较大的困难。根据经济学和社会学研究惯用的计量方法，对公平的衡量主要采用基尼系数和贫困指数两种方式。

其一，基尼系数。基尼系数是意大利经济学家基尼（Corrado Gini）于 1922 年提出的定量测定收入分配差异程度的数值。一般认为，基尼系数是指不公平收入占全部收入的比例。如图 1－1 所示，由绝对平等线和实际洛伦兹曲线所围成的面积 A，除以由绝对平等线和绝对不平等线所围成的三角形 OFE 的面积（A＋B），即为基尼系数。

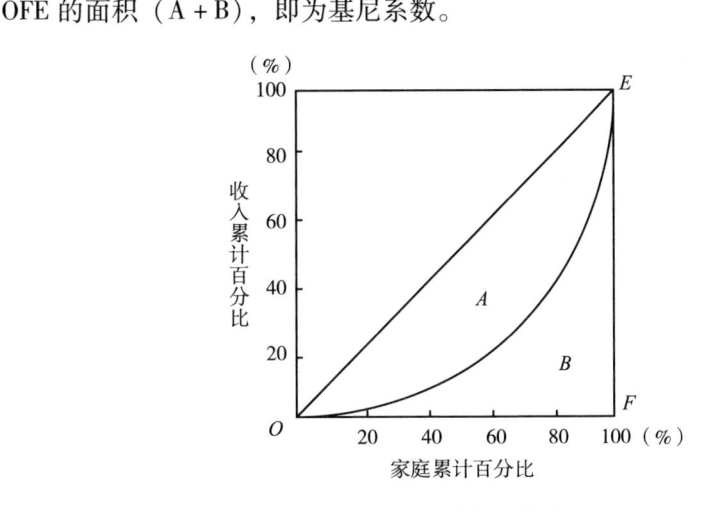

图 1－1　洛伦兹曲线

以基尼系数表示的公平是结果公平，其值为 0 ~ 1，越接近 0 则表明收入分配越是趋向平等，反之收入分配越是趋向不平等。国际上认定的标准为：基尼系数在 0.2 以下表示绝对公平；0.2 ~ 0.3 表示较为平均；0.3 ~ 0.4 表示较为合理；0.4 ~ 0.5 表示贫富差距较大；0.5 以上说明收入差距相当悬殊。

2012 年 12 月，西南财经大学中国家庭金融调查显示：2010 年，中国家庭的基尼系数为 0.61，大大高于 0.44 的全球平均水平。根据国家统计局数据显示：2012 ~ 2016 年，中国居民收入的基尼系数总体呈下降趋势，分别为 0.474、0.473、0.469、0.462 和 0.465，虽然 2016 年同比提高了 0.3 个百分点，但并没有改变其总体下降的趋势。

其二，贫困指数。贫困指数（poverty index）是指处于贫困线以下的人口占社会总人口的比例。其比例越大说明贫困者越多，收入分配相应也就越不公平，反之则体现为公平。

计算贫困指数的前提是确定某一收入水平为贫困线，通常为满足基本生活水平所需要的收入，但基本生活水平的标准具有不确定性。若贫困线定得高，贫困指数所反映的公平程度就会低一些；如果降低一些，贫困指数所反映的收入分配状况就会变好，因此用贫困指数来反映收入分配的公平性程度有一定的偏差或困难。

世界各国的贫困标准应综合考虑财力、收入水平和生存需要等因素，因国情不同而标准各异。一般分为绝对贫困和相对贫困，前者指难以维持基本生活，是可以消除的；后者指虽能维持食物需要但无法满足被认为是最基本的其他生活需求，是长期存在的。2015 年，美国、日本和欧洲主要发达国家等已消除绝对贫困，但相对贫困率仍高达 15% 左右，而中国仅为 5.70%。

国际和中国的贫困标准都是不断调整的，世界银行的贫困线公布和调整了 4 次，即从 1990 年的每人每天生活费 1.01 美元调至 2015 年的 1.90 美元，发展中国家使用 3.10 美元的一般贫困标准。[①] 中国调整了 3 次，即从 1986 年的人均年纯收入 206 元调至 2001 年的 865 元、2010 年的 2 300 元及 2016 年的 3 000 元。2015 年中国实际贫困标准已至每人每天生活费 2.12 美元，高于国际贫困标准 0.22 美元。

1.2.2.3 公平与效率的关系

（1）公平与效率的统一性。公平与效率是一个既对立又统一的矛盾统一体。协调公平与效率的矛盾，是现代市场经济正常运行和社会稳定的必要条件。公平与效率的统一性表现在以下两个方面。

---

① 杨正位，马海龙. 精准理解我国的贫困标准 [N]，经济日报，2016.9.14。

第一，公平分配是提高效率的前提。只有重视保持收入公平分配，防止个人收入两极分化，才能激发劳动者的积极性，促进社会稳定和谐，最终促进效率的提高。

第二，提高效率是公平分配的基础。只有发挥市场分配机制作用，提高企业和社会的劳动生产率，才能为社会不断创造出物质财富，以实现人们生活水平不断提高基础上的社会公平。低效率只能带来社会普遍贫穷，而不能带来真正的公平。

（2）公平与效率的协调性。公平与效率的关系总是不平衡的，表现为或是强调公平而损害效率，或是强调效率而损害公平。如何处理好公平与效率的关系，这是世界性的普遍难题，我们必须充分认识公平与效率的内在统一性，因为效率是实现公平的物质基础，只有提高效率从而创造出更多的物质财富，才能为实现公平提供保证；而社会公平则有利于提高劳动者的积极性，促进生产力发展与和谐社会建设。

协调公平与效率之间的关系应立足实际，具体问题具体分析。在新时代中国特色社会主义建设、决胜全面建成小康社会时期，就必须把效率作为优先考虑的目标，并采取有效措施防止收入分配差距过大及危害社会稳定。坚持效率优先、兼顾公平的原则，优先实现市场经济的公平竞争、高效多得的目标。在此基础上通过收入的再分配，对低收入者及失业者予以保障，真正实现社会公平的目的。

1.2.3　市场有效与失灵

市场经济无疑是有效率的，亚当·斯密已作过精彩的阐述，但效率的发挥需要满足一定的前提和条件，否则就会出现市场失灵。市场有效是指市场在完全竞争的理想状态下经济运行自发产生高效率。

1.2.3.1　市场有效的特征与前提

（1）市场有效的特征。市场作为一种经济运行和资源配置方式，在有效配置资源、调动市场经济主体和各要素的积极性，以及提高经济运行效率等方面具有不可比拟的优越性。其特征主要体现在以下四个方面：

第一，自主性。在市场经济中生产什么、为谁生产、生产多少和怎样生产，投资的方向与规模、买卖的数量和消费的方式，是由市场经济主体自主决定的，即各个市场主体必须能够自主决策、自主经营和自负盈亏，并以实现利润最大化为目标。

第二，竞争性。为生存和发展、追求最大利润，参与到市场经济中的各个市场主体必然会展开激烈的竞争，一般通过采用先进技术、提高商品与服务质量、降低成本等占领市场，以最大限度地获取利润。

第三，平等性。各个市场经济主体必须遵循统一的市场法则，即按照公平、公正、公开的原则进行竞争，保证其在市场经济活动中具有完全平等的地位和权利。

第四，法制性。市场经济在某种意义上是一种法制经济，它要求市场竞争和一切经济活动都要在科学、严谨的法制框架内有序进行；要有一整套法律、法规、规章制度来规范市场主体的行为，并维护正常的市场秩序。

（2）市场有效的前提。市场机制可实现交换、生产和生产与交换的帕累托最优，但最优条件的实现需要有特定的前提，即是完全竞争市场。所谓完全竞争市场是指竞争充分而不受任何阻碍和干扰的一种市场机制。

完全竞争市场应满足以下假设：一是市场上有数量众多的生产者和消费者，且任何一个生产者或消费者都不具备影响市场价格的能力；二是企业生产的产品具有同质性，不存在差别；三是厂商可自由进出一个行业而不存在任何障碍，所有的生产要素都可以自由流动；四是市场上的信息是完全的和充分的。

1.2.3.2　市场失灵的含义与表现

经济市场中所有的生产者和消费者从自身利益最大化和理性行为方式出发，通过市场竞争、供求与价格引导的相互作用，进而推动社会资源配置达到最优状态。当完全竞争市场条件不具备时，市场效率就不复存在，就会导致"市场失灵"。

（1）市场失灵的含义。市场失灵是指市场机制本身存在无法解决或解决不好的缺陷或问题。如果完全依靠市场机制的作用，就无法或不能充分实现社会资源的最优配置和社会福利的最佳状态。帕累托效率为实行市场经济社会描述了一种合理配置资源的最理想状态，但现实中大多数的经济活动都可能是以其他人情况变坏为条件，而使某些人的情况变得更好。

因此，我们可将帕累托效率的实际含义解释为：经济活动的任何措施都应使"得者所得大于失者所失"。从全社会角度来看，如果任何重新调整和改变会使社会福利大于由此而产生的社会成本，即在受损者得到充分的利益补偿后还有社会福利的净增加，那么这种改变和调整就是有效率的。由于市场失灵的存在，完全依靠市场机制本身是不能达到这种社会资源配置的帕累托最优状态。

（2）市场失灵的表现。市场失灵主要表现在以下七个方面：

第一，垄断的形成。市场经济的首要特征是市场主体选择和决策的自主性，在完全竞争的条件下有众多的生产者和消费者，但不能控制市场。在价格机制的作用下，各种资源能在各部门、各行业之间合理、自由流动，价格机制使各种资源能流向高效率的企业，使资源配置能够达到最优状态。然而现实中并不存在或不是永远存在这种完全竞争的自由市场，如在一些行业和部门存在着规模收益递增和成本递减的特点，即存在自然垄断。一些具有天然垄断性质的行业，如供水和供电规模经济效益明显，这就意味着市场机制在这些领域存在天然失灵的可能性。随着生产经营规模不断扩大，边际成本不断下降，规模收益递增，优势企业在竞争中的地位不断提高，生产经营越来越集中到少数企业手中，从而使一些行业和部门被少数企业所控制，产生垄断现象。

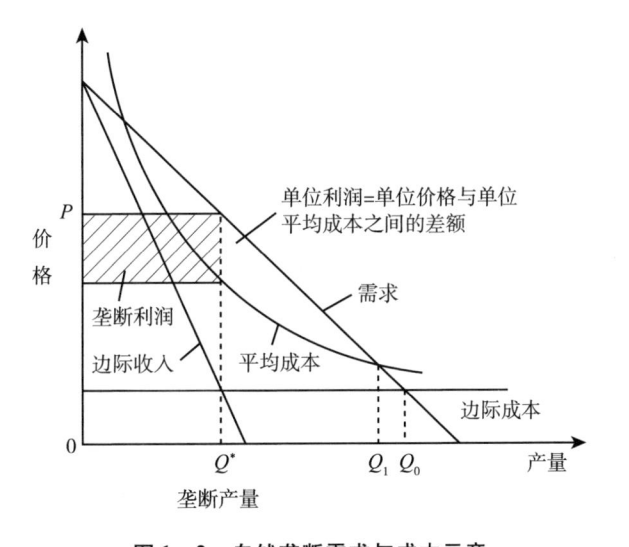

图 1－2　自然垄断需求与成本示意

图1－2给出自然垄断的平均成本和需求曲线。由图1－2可知，生产的平均成本是随着生产规模的扩大而不断减少，因而仅有一家企业从事该行业的经营是最有效的；在不亏本的前提下，该企业最大的可变产量为 Q_1 处，即当需求曲线与平均成本曲线相交时处于不亏不盈的状态；自然垄断的企业也

不能按边际成本定价，因为边际成本低于平均成本，如果没有政府干预，垄断企业将会限制其产量于 Q^* 处，企业的边际收入等于边际成本，企业将获得垄断利润，垄断利润的数额即为阴影表示的面积。

第二，市场不完全。市场无法有效提供的产品不仅是公共产品和其他有外部收益产品，而且还有一些（私人）产品市场也无法提供或充分提供，即存在着市场不完全的问题。例如，在保险市场上保险业虽发展很快，但市场仍不能完全为个人面临诸多的重要风险提供保险。一方面，因为私人保险市场范围太窄；另一方面，有很多风险本身就是由政府行为引起的，如失业受到政府宏观经济政策的影响，因而政府部门可直接进入保险市场。

此外，市场经济体制在提供信贷上也远不够称职。例如，在农业贷款、助学贷款、中小企业贷款和住宅贷款等领域，市场上对资金的需求是大量存在的。但该类贷款的盈利并不高，甚至可能亏损，故这种私人产品金融单位（市场）并不愿意提供。对尚处于起步阶段的市场经济，市场不完全的领域是非常广泛的。

第三，分配不公平。在市场经济条件下，每一个参与市场活动的人都是追求自身利益最大化的经济人，人与人之间又必然存在差别，如在体格、天分、智力、学历、知识、技能、环境、家庭条件等各种先天和后天因素的差异，这种差异必然会影响到个人在市场竞争中的能力，加之机会的不均等，从而影响到每个人的收入分配。

市场经济就是靠收入差别产生利益刺激，从而优胜劣汰并带来效率。但如果完全自发地依靠市场机制来进行分配，那么个人收入差距会越来越大，贫富两极分化会越来越严重，甚至会违背人类社会最基本的公平准则。这不仅影响经济发展，还会带来社会的不稳定。可见，收入分配的不公平是市场机制无法依靠自身力量解决的难题之一。

第四，信息不对称。竞争性市场生产者和消费者要有充分、真实的信息进行决策，生产者应知道消费者需要何种商品、数量多少和需求变化，消费者想了解产品的品质和性能，不同的生产者、消费者之间需要信息沟通。

在市场经济条件下，生产者和消费者的生产、销售、购买都属于自身行为，不可能完全掌握充分的信息，加之追求利润最大化的动机，信息掌握者通常只将对自己有利的信息提供给需求者或只提供部分信息，以致信息的提供者与需求者间的不对称，以及逆向选择和道德风险，从而导致资源配置的低效率，这是市场机制本身无法解决的。

第五，外部效应性。外部效应是指私人成本与社会成本之间或私人得益与社会得益之间的非一致性，即某个人或企业的行为活动影响了他人或其他企业却没有为之承担相应的成本或没有获得应有的报酬。包括正、负两种类型：前者是指给他人带来了利益却没有获得应有的报酬；后者是指给他人造成了损失却没有承担相应的成本。外部效应的存在，导致具有外部效应的产品无法通过市场供给来达到最优配置。

公共产品具有典型的正外部效应特征，如治理环境污染、兴办义务教育会给社会或他人带来利益，但如果这种活动完全依靠市场机制则无法获取应有的报酬，那么追求自身利益最大化的、理性的市场主体，就会更多的希望别人来投资生产和提供这类公共产品，自己则"免费搭车"。假设大家都这样想，必然会导致公共产品供应不足、社会福利遭受损失，而这正是理性的市场主体进行自由选择的必然结果。

第六，偏好不合理。个人偏好的合理性是市场资源配置优化的前提，因为市场是按所有个人偏好来配置资源。在现实生活中，某些人某时对某产品的偏好是不符合理性的要求，如消费者对某产品的评价低于其合理评价而只愿意低价或免费享受，则该产品称为优效品；消费者对某产品的评价高于其合理评价而愿意高价享受，则该产品称为劣效品。

无论是优效品还是劣效品都违背了市场效率的条件，导致市场的无效。就优效品而言，由于其具有较强的正外部性，社会的边际收益往往超过个人的边际收益，个人对社会收益的认知和评价不足，因此导致其支付意愿不强和消费不足；劣效品则恰恰相反，其负外部性较强，个人的边际收益往往超过社会的边际收益，从而产生过度消费的状况。

第七，经济波动性。经济周期是市场经济固有的特征，市场机制是通过价格和产量的自发波动达到需求与供给的均衡，而过度竞争又不可避免地导致供小于求与供大于求的不断反复过程。因为供小于求，物价上涨，会导致通货膨胀；供大于求，压缩生产，会导致失业率上升。

自由放任的市场经济不可能自动、平稳发展，其原因：一是价格信号在某些重要的市场上不具有伸缩自如、灵活反应的调节能力；二是从供求看，不同经济主体在实现其经济利益时所具有的竞争性和排他性，也会使市场的自发力不能经常保证供求平衡，从而使人员失业、通货膨胀、经济波动与失衡等问题周期性出现，甚至发展为经济危机。

综上所述，市场失灵是市场经济机制运行本身所固有的一种缺陷，是以居民和企业为主体的私人经济或私人部门经济无力解决的问题，此时需要市场以外的力量来进行干预和调节，即需要以政府为主体的公共经济或公共财政的介入，用非市场机制方式来解决市场失灵的问题。可见，市场经济条件下为什么需要政府干预、政府如何进行干预等问题，都是以"市场失灵"为切入点来进行界定和分析的。

1.2.4　政府干预与失效

1.2.4.1　政府干预的争论

世界实践证明，市场机制在资源配置中发挥主导性的作用，同时竞争性的市场机制必须与国家干预或政府宏观调控相结合，但各国强调市场机制和政府作用的程度有所不同。一般认为，社会经济运行应以市场调节为主，只是在市场难以调节或欠缺的领域，才需要政府对市场进行干预。从西方财政理论看，在不同时期、不同国家、不同学派或专家及其政府，对政府要不要干预、干预什么、如何干预有着不同的认识，概括起来大致可分为主张、反对和适度进行政府干预三种情形：

（1）主张政府干预。重商主义和凯恩斯主义等主张在市场经济的前提下，进行积极的政府干预。

首先，重商主义的全面干预。早在 16 世纪和 17 世纪，占经济学统治地位的重商主义认为货币是社会财富的主要形态，流通领域是财富的直接来源。他们提出：为能使外国货币大量流入、增加本国财富，必须由政府控制经济活动，采取各种经济方法和行政手段，扶持本国出口产业的发展，实行贸易保护主义和严格外汇管制，实现贸易顺差，以获取和积累金银货币，使国家富裕强盛，即主张政府对经济进行全面干预。

其次，凯恩斯主义的积极干预。随着资本主义经济危机的爆发和"市场万能"神话的彻底破灭，主张对市场进行政府干预的凯恩斯主义应运而生并成为主流学派。他们认为，有效需求的不足使自由放任的市场机制不可能实现"供给自动创造需求"，市场经济不能自动达到充分就业，提出了以需求管理为主的政府干预思想，即依靠政府刺激需求政策，以弥补市场自发调节的不足，实现充分就业的均衡，其措施主要是实行扩张性的财政政策。

（2）反对政府干预。新经济自由主义主要以反对政府干预而存在，主要包括以弗里德曼等为代表的货币学派，以拉弗等为代表的供给学派，以布坎南等为代表的公共选择学派和以卢卡斯等为代表的新古典宏观经济学派。他们的共同特点是继承和发展了传统的经济自由主义思想，更为注重市场机制本身的力量。

货币学派认为，社会经济动乱是政府采用了旨在干预市场经济的错误财政货币政策，因而提出货币最重要，主张实行单一规则的货币政策，精简政府机构，减少政府对经济干预；供给学派认为，要医治滞胀顽症就必须彻底否定凯恩斯主义，以"拉弗曲线"为理论依据反对高税率政策，极力主张减税，以降低政府干预的程度；公共选择学派立足于"经济人"分析，主要以成本收益法为基础、利益最大化为原则，提出政府干预永远只是第二位的选择；新古典宏观经济学派认为，宏观经济政策是无效的，甚至是有害的，因而反对政府干预经济，他们提出政府不过多地卷入经济是最好的选择。

（3）适度政府干预。经济自由主义和新古典综合派等主张在市场经济的前提下，进行适度的政府干预。

第一，经济自由主义的限制干预。17世纪中叶到20世纪初，反对重商主义的经济自由主义占经济学的主流地位。其代表人物斯密认为，自由竞争市场机制这只"无形的手"能自动增进整个社会的福利，通过市场的自发调节完全可以达到资源的最优配置，因而反对政府对经济的干预，但也不否认其作用。

经济自由主义提出政府干预要有一定的限制：一是凡用利润能偿还其费用的活动，都应交由市场来做，政府不应插手，反之对利润不能偿还其费用且为社会所必需的事业由政府出面兴办；二是政府干预也有成本，且各种花费都是非生产性的，因此提倡建立"廉价政府"，尽量减少政府干预的成本费用。

有鉴于此，斯密认为政府活动主要限制在：一是保护社会发展，使其不受其他独立社会的侵犯；二是保护社会中每一个成员，使其不受社会上其他任何人的侵害或压迫，并制定规则维护自由交易和平等竞争；三是支持某些公共事业发展和公共设施建设。

第二，新古典综合学派的双重干预。以萨缪尔森等为代表的新古典综合学派主张宏观经济学与微观经济学的有机结合，既要重视政府干预，又要重视市场调节。他们提出：改变政府干预的单一政策，而主张采取灵活多样的经济政策解决相应的和不同的经济问题，其中包括以需求管理为目标而相机抉择的财政和货币政策，以反经济周期为目标的财政和货币政策，以充分就业为目标的扩张性财政和货币政策，以及实现多项目标的多种政策的综合运用等。

值得注意的是：上述对政府干预的认识和主张不是绝对的，只是相对而言。现代市场经济中基本不存在极端的经济自由主义思想和完全自由放任的政策主张，以及极端的集权主义和实行政府全面管制的政策主张。经济自由主义也主张政府要发挥一定的职能作用，做好市场做不好的事情；凯恩斯主义及其追随者也不否认市场机制的作用，而是主张市场机制与政府干预相结合，他们之间主要是在政府干预的内容和程度上存在差异。

1.2.4.2 政府干预的手段

针对市场失灵问题，政府进行干预而发挥其经济调控作用。其干预手段主要包括以下三个方面：

（1）法律行政手段。该手段主要包括国家通过立法来调整社会经济关系、干预和管理社会经济生活，保证市场经济良性运行；制定发展战略和规划，引导和调节经济运行；直接采取行政方法，常见的方法主要有规定产品价格、实行公共管制、责令造成污染的企业限期治理或停产等。例如，为解决垄断问题，政府可利用《垄断法》对自然垄断行业实行国有化、管制和定价措施等；为控制生产者造成环境污染，政府可规定法定的排污标准或企业的生产量或强制排污工厂停产和治理等。

（2）经济管理手段。政府通过经济手段干预经济主要是组织公共产品生产，即由政府出资（财政拨款等）兴办所有权归政府所有的工商企业和单位，提供市场不能或提供不足的公共产品，合规合理使用财政资金。政府组织公共产品生产不仅是出于提供的目的，而且还在于有效调节市场供求和经济稳定。例如，为弥补市场信息的不充分和不对称，政府有关部门向社会提供有关产品供求状况、价格趋势，以及宏观经济运行和前景预测的资料，也属于公共产品与服务的范围。

（3）政策调节手段。政府运用的政策手段灵活多样，但主要包括财政政策、货币政策、产业政策和国际收支政策，其中财政政策是主要的经济政策手段之一，包括公共支出和公共收入政策两个方面。本书在第一章已作过阐述，此外还将专章（第十章 财政政策机制）进行较为详细的论述。

上述三种手段，都在不同程度上与财政活动有着密切的联系。例如，法律方法中也包含了财政法律制度，提供公共产品本身即由财政出资，采取财政政策则更不待言。采用财政手段通过征税和收费为政府部门组织生产和提供公共产品，其最终目标是满足社会公共需要，并通过财政投资、税收优惠和财政补贴等方式调控市场经济运行，这更说明了市场经济条件下政府干预的必要性。

1.2.4.3　政府干预的失效

（1）政府干预失效的表现。政府在经济运行中能够发挥上述的重要作用，弥补市场机制存在的缺陷，使人们有理由对政府扮演的角色给予足够的重视。但必须注意，政府的作用不能随意夸大，因为政府机制也存在失效或无效的问题。一些西方国家在第二次世界大战后，更为重视政府对经济过度干预造成的不良后果。

西方理论界认为，政府失效比市场失灵更受关注。政府干预失效的主要表现：一是政府干预未达到预期的目标；二是虽达到了政府干预目标，但成本太高，造成了资源的浪费；三是虽实现了政府干预目标，但同时又产生了未预料的负效应。

（2）政府干预失效的原因。政府干预失效或失败的原因主要包括以下四个方面：

第一，政府决策失误。政府决策是一个十分复杂的过程且具有不确定性，使得政府制定合理的政策较为困难。例如，政府对市场信息掌握不完全或失真，制定的政策有误或失效，甚至消除了市场作用。宏观上包括发展战略和经济政策失误，微观上包括一个投资项目选择或准公共物品与服务提供方式选择不当等；政策措施变化频繁，企业较难适应，市场经济效率下降。

第二，政府权力寻租。政府寻租是指政府工作人员凭借政府保护而进行的寻求财富转移的活动，被形象地称为"看不见的脚"，主要包括政府无意寻租、政府被动寻租和政府主动寻租三种形式。政府官员滥用权力寻租和牟取私利，使市场失去作用，被称为"看不见的脚"踩了"看不见的手"，导致资源的无效配置和分配格局的扭曲，降低社会效率，影响政府声誉，或因此降低政府活动的效率。

第三，政策时滞效应。政策时滞主要包括认识、决策、执行和效果的时滞。认识时滞是指从问题产生到被纳入政府考虑的时间；决策时滞是指从政府认识到某一问题到政府最后得出解决方案的时间，这个过程可能要经过反复的讨论、争论；执行时滞是指从政府公布某项决策到付诸实施的时间，如从中央到省域到市县到基层；效果时滞是指政府政策执行到实际可以观察到经济形势发生预期变化的时间。

第四，政府职能错位。该错位包括政府职能的"越位"和"缺位"，其前者是指应当而且可能通过市场机制办好的事情而政府却通过财政等手段人为的参与，如政府热衷于竞争性生产领域的投资而代替了市场职能；后者是指该由政府通过财政等手段办理的事务而没有办或者没有办好，如政府对公共设施、义务教育、公共卫生和环境保护等方面无投入或投入不足等，这些都是政府干预失效或财政失责的表现。

1.2.5 财政的基本目标

强调现代财政的公共性就是要实现或强调政府职能转变，政府职能回归到弥补市场缺陷、满足公共需要和提供公共产品上来。因此，满足公共需要和提供公共产品是财政的基本目标。

1.2.5.1 满足公共需要

人类的一切活动都有自身动机、源于某种需要，财政活动也不例外。人类的社会需要可归结为私人需要和公共需要两类，财政活动以满足公共需要为基本目标，从而揭示出财政活动的最终目的。

（1）公共需要的含义。公共需要是指社会公众对公共产品的需要。一般情况下，社会成员可无差别地共同享受政府为满足公共需要所提供的产品和服务，且不必承担相应的费用。公共需要是一种整体的、多数人的需要。其基本属性：一是只有政府出面组织和实施才能实现的事务；二是只有政府举办才能有效协调各方面利益的事务；三是企业和个人不愿意举办而又是社会存在和发展所必需的事务。其含义包括以下四个方面：

第一，公共需要是社会公众在生产、生活和工作中共同的需要。它不是普通意义上人人有份的个人需要或个别需要的数学加总，而是就整个社会而言的需要，而这种需要具有不可分割性，由政府集中组织来满足。

第二，公共需要是每一个社会成员可以无差别共同享用的需要。一个社会成员享用的需要，并不排斥其他社会成员享用。例如，社会的每一个成员对国防和公共安全等方面的需要，就不能排挤其他成员的需求。

第三，公共需要是社会成员在享受的同时需要付出代价的需要。这种代价是缴税或付费（西方财政理论将税收称为公共产品的价格），但其规则不是等价交换，付出与所得也是不对称的。

第四，满足公共需要的物质手段只是来自社会产品剩余的需要。政府满足公共需要的财政分配对象是社会总产品和国民收入中的剩余产品，也即价值中的"V + M"部分。

（2）公共需要的特征。公共需要既有一般性和共同性，又有历史性和特殊性的特征。公共需要的一般性和共同性，一方面是指公共需要在任何社会性质、发展阶段和社会形态下都是存在的；另一方面是指有些需要项目（如国防和行政管理等），在任何社会性质、发展阶段和社会形态下都属于公共需要的范畴。

公共需要的历史性和特殊性是指公共需要不是一成不变的，而是逐步发展变化的，具体存在于特定的社会形态之中。对公共需要的历史性、特殊性可沿着两条线索分析：一是社会生产力或经济发展的不同阶段，公共需要的具体内容及结构有所不同；二是社会生产关系发展的不同阶段，公共需要的认定及内容也存在差异。

（3）公共需要的范围。在公共需要中有的是任何个人或集团都无法满足和提供的，有些虽可由个人或集团提供，但由于其消费的不可分割性或存在规模效益而无法获得最佳的社会经济效益，因此对于这种"偏好一致性"的公共需要都只能通过财政予以满足。从这个意义上说，财政又是满足公共需要的财政。在现代市场经济条件下，公共需要的范围主要是围绕实现政府职能的需要来确定的。其大体上可分为以下三个方面：

第一，政府行使其政治职能的需要。即政府财政对外防御侵略和敌对势力、对内保障社会政治经济秩序稳定的需要，如国防安全、国家及地方的行政管理和公检法司等，这些都属于纯粹的公共需要。

第二，政府行使其经济职能的需要。即政府财政保障市场经济顺利高效运行所必需的各种调控政策措施等的需要。现代市场经济条件下，应逐步取消或减少财政直接提供的公共产品，而以财政政策引导或控制为主。

第三，政府行使其社会职能的需要。即政府财政保障社会经济发展，以及提高人们生活质量和福利水平的一些公益性、基础性条件的需要，如文化教育、医疗卫生、社会保障、生态环境保护、公共基础设施、基础产业和高风险产业等，有的属纯公共需要，更多是属于介于公共需要和私人需要之间的准公共需要。

1.2.5.2　提供公共产品

在市场经济活动中，以弥补"市场失灵"为出发点的政府干预行为，属于政府的公共产品供应行为。现代政府主要的经济职责就是提供维持市场有效运转所需的公共产品，要理解财政就必须全面把握公共产品理论。

（1）公共产品的含义。公共产品的提出约在 20 世纪初，60 年代成为西方财政理论的重要组成部分。公共产品的严格定义由美国经济学家萨缪尔森在《公共支出的纯理论》提出："公共产品是指这样一种产品，不论每个人是否愿意购买它们，它们带来的好处不可分开地散布到整个社区里"。① 我们认为，公共产品是指每个人对某产品的消费不会影响或减少他人对其消费的产品。即公共产品供人消费享用并不需要也不可能让这些消费者按市场的方式分担费用或成本，是真正所有社会成员共有的产品。

① 公共产品与私人产品的界定。人类社会需要的各种各样的产品和服务，依据需要主体和供给渠道不同，可分为公共产品和私人产品两大类。公共产品与私人产品主要是根据消费该产品的不同特征加以区分，不是按产品的所有性质即公有还是私有来区分，也不是按产品提供的部门是私人部门还是公共部门来区分。两种产品的提供者通常分别是政府部门和私人部门，但私人产品并不一定完全由私人部门提供，如政府部门提供给个人的食品和住房等；反过来，公共产品也不排除由私人部门提供的可能，如个人捐建的学校和图书馆等公共设施。

② 公共产品与社会产品的界定。社会产品是由物质生产部门创造的物质产品，通常不包括服务，更不包括精神产品。而公共产品不仅指物质产品和公共服务，还包括无形产品和精神产品。现实中一些传统意义上不认为是产品的，也具有公共产品的烙印。例如，国防作为公共产品指的不是向军队提供的武器装备和防御设施等，而是指政府通过这些物质所提供的保卫国家安全的服务等。西方经济学认为，政府是经济行为的主体且创造价值，因而西方国民经济核算体系的生产活动包括物质生产部门和提供各种服务的第三产业，如政府机关、军队、警察、教育和卫生等部门向社会提供服务也属于生产活动的范围。

（2）公共产品的特征。公共产品与其他产品尤其是私人产品相比，具有

---

① ［美］萨缪尔森：经济学（12 版）［M］．北京．华夏出版社，1996．

以下四个特征：

第一，消费的非排他性。其非排他性是指某个人或集团对公共产品的消费，并不影响或阻碍其他人或集团同时消费该产品。如消除空气污染可使所有人享受新鲜的空气，让某个人不享受新鲜空气是不可能的。其内涵：一是技术上找不到办法能够阻止他人享受公共产品；二是技术上可行而经济上不可行；三是不可拒绝性。私人产品具有排他性，当消费者为私人产品付钱之后，其他人就不能享用该产品带来的利益。

第二，获取的非竞争性。其非竞争性是指一部分人对某一产品的消费不会影响其他人对该产品消费的数量或质量，受益对象之间没有利益冲突。如国防、外交、司法和环保等产品，增加消费者不会增加供给者的成本或减少任一消费者的消费量等。其内涵：一是边际成本为零，即增加一个消费者但不增加供给者的边际成本；二是边际拥挤成本为零，即产品是人们共同消费的，也不存在消费中的拥挤现象。而私人产品如衣服、食品和住宅等，消费者必须通过市场竞争价格方式获取。

第三，效用的不分割性。其不分割性是指公共产品是面向整个社会或群体提供的，即所提供的公共产品是不能分割成若干部分而分别归个人或集团消费，如安全和国防等。尽管根据受益范围的大小，可将公共产品分为全国性或区域性的，但它必须向该区域的所有成员提供其效用。而私人产品的效用则具有可分割性，如私人用的衣服和食品等消费品。

第四，目的的非营利性。其非营利性是指提供的公共产品不以营利为目的，而是为满足社会公共需要或为社会提供市场不能提供和提供不足的公共服务，并以追求社会效益和社会福利的最大化为目标，如城市公共绿地和义务教育等。而私人产品的提供则是为追求利润或利益的最大化，如个人的股票投资和家庭用车等。

公共产品的上述四个特征是密切联系的，核心特征是非排他性和非竞争性，其他两个特征是其必然延伸。

（3）公共产品的类型。按照公共产品特征划分，可分为以下三类：

① 纯公共产品。纯公共产品是指具有非排他性和非竞争性的产品。它具有规模经济的特征，消费上不存在"拥挤效应"，一般不能通过技术手段进行排他性使用，否则代价将非常高昂，如国防和秩序等。只要国家建立了防务体系，就几乎不可能排除任何居住在国境内的人不受该体系的保护，即使是罪犯也是如此。此外，多一个婴儿降生或多一个移民，也不会增加该国的

国防费用或妨碍其他人享受其保护。

② 俱乐部产品。俱乐部产品是指受益人相对固定、通过俱乐部形式组织起来的利益共同体所提供的公益性产品。俱乐部成员有明确的会员身份，且需要分担俱乐部的产品成本。其产品特点是消费上具有非竞争性，但却可轻易排他，如公共游泳池、电影院和公园等，故而学者们将其形象地称为俱乐部产品。该公共产品可通过收费方式把不付费的消费者排除在外，即有票者可消费，无票者则不能消费。

③ 公共资源产品。公共资源产品是指资源的公共性，公众对其具有使用权和消费权的产品。其特点是消费上具有竞争性，但无法有效排他，如学校教育、路桥和草地等。但它具有"拥挤性"，当消费者的数目增加到"拥挤点"以后，就会出现边际成本为正的情况，即每增加一个消费者将会减少原有消费者的效用。因而谁来得早谁就可能得到满足，来得晚的可能就得不到满足，因而具有一定的竞争性。

需要说明的是：俱乐部产品和公共资源产品通称为"混合产品""准公共产品"，即不同时具备非排他性和非竞争性。在现实生活中，真正的纯公共产品并不多，多数产品属于介于公共产品与私人产品之间的"准公共产品"。

（4）公共产品的提供。公共产品提供方式包括政府提供、私人提供、混合提供和俱乐部提供等类型。其中：政府提供即公共提供，在经济上主要依靠税收；私人提供即自愿提供，共同消费者根据享受的公共产品的边际效用支付公共产品的价格，个体或单位处于慈善或某种价值追求志愿提供社会所需的公共产品；混合提供即公私合作，它是在公私部门之间将"提供与生产"进行分工，可广泛引入外包等市场机制；俱乐部提供的重要特征是俱乐部产品只对其成员提供，即只有俱乐部成员的身份才能消费俱乐部产品。公共产品提供方式的不同组合，见表 1 – 1。

表 1 – 1 公共产品提供方式的不同组合

提供方式	公共生产	私人生产
政府提供	政府生产政府提供：如公立学校、图书馆和体育场等	私人生产政府提供：如监狱外包和城市环保外包等
私人提供	政府生产私人提供：如电力、燃气和自来水供应等	私人生产私人提供：如私立学校和图书馆等
混合提供	政府生产混合提供：如收学费的公立大学和城市公共交通等	私人生产混合提供：如享受政府补贴的私立学校等

由上述分析可知，市场只适用于提供私人产品和服务，对提供公共产品是失效的，而提供公共产品恰恰是政府活动的领域，是政府的首要职责。传统上政府直接负责公共产品的生产和提供，存在着过度提供公共产品、财政赤字负担过重和无法迅速回应公众多元化需求等诸多问题，使政府承担了越来越多地对经济活动的规制、干预和生产功能，政府机构越来越庞大，财政支出规模也与日俱增。而现代财政学则关注政府提供公共产品与市场提供私人产品之间的恰当组合，政府提供公共产品所花费的成本和代价，以便合理地确定政府提供公共产品和财政支出的规模。

1.2.6　财政职能内容分析

1.2.6.1　学界对财政职能的争论

职能在中文中是一个多义词，如《现代汉语词典》解释为："人、事物、机构应有的作用"；多数人认为，职能是事物的客观固有功能，事物内部所固有的属性。因此，我国学界对财政职能的认识也有较大的分歧，这里从财政属性入手，来阐述和分析财政职能及其范围的问题。①

（1）财政属性的争论。财政属性是指财政的性质与关系，即财政的归属或范畴。20世纪60～80年代我国财政学界探讨了财政属性的问题，即财政是上层建筑和经济基础的属性问题。主要包括以下三种观点：

第一，财政上层建筑的属性。任何社会形态下的财政是国家上层建筑的组成部分。因为财政是以国家为前提，具有强烈的阶级性和历史性；它以实现国家职能为目的，以国家政治权利为依据；国家属于上层建筑并决定财政的性质，即财政属于上层建筑的范畴。

第二，财政经济基础的属性。任何社会性质下的国家财政都是经济基础的范畴。因为财政本质是一种分配关系，形态是货币和实物，且分配本身就属于经济基础的范畴；财政性质最终取决于生产资料所有制的性质，财政的收支及其管理体现了分配的特征。

第三，财政双重属性的问题。即财政具有上层建筑和经济基础的双重性，但对社会主义与资本主义的财政属性有着分歧，主要包括前者有双重性；两者均有双重性；前者是经济基础，后者是上层建筑。应当说，财政从根本上

---

①　张鑫. 当代财政与财政学主流［M］. 大连：东北财经大学出版社，2006：423－445.

是经济基础、又含上层建筑，而不是纯粹的"经济基础"。

（2）财政职能的争论。主要包括以下四种观点：

第一，财政职能的使命论。该论点主要是引入了 20 世纪 50 年代苏联的财政职能的基本观点，其理论来源是马克思的货币职能论。一般表述为：财政职能就是财政本质在作用中的表现和财政的社会使命的表现，具有分配和监督两个职能。这种使命论观点与我国学界后期所研究财政职能的内容，有着较大的或本质上区别。

第二，财政职能的作用论。认为财政职能指财政能动的主观作用，回答财政是"干什么"的问题，只强调财政作用而不去研究财政职能的问题。该观点认为，我国社会主义财政职能具有分配（分配资金）、建设（支持生产建设或周转）和监督（监督管理）三种职能。这种作用论观点在 20 世纪 60 ~ 70 年代的财政学界有所体现，但影响较小。

第三，财政职能的功能论。认为财政职能指财政本质的客观反映、内在要求和固有功能，与财政作用既有联系又有区别，如发挥财政职能作用是发挥财政职能的能动作用。其职能包括分配、调节和监督三种职能，或筹集资金、供应资金、调节平衡和反映监督四种职能。这种功能论观点在 20 世纪 70 ~ 80 年代的财政学界影响较大。

第四，财政职能的职责论。认为财政职能指财政的职责和任务，是财政客观的固有功能，是财政"应干什么""如何干"的问题。它是一定程度上的财政职能使命论、作用论的回归和内含功能论之意，从而形成了财政的职责论。其职能包括效率、公平和稳定三种职能。这种职责论观点在 20 世纪 90 年代以后的财政学界影响较大。

（3）财政范围的争论。财政范围有时也称为财政体系，我国财政学界从 20 世纪 60 年代至今有着不同的认识，主要区分传统的和现代的财政范围：

第一，传统的财政范围。我国 20 世纪 60 ~ 80 年代对财政范围的研究主要包括 3 类观点：一是"大财政"观，即凡是反映以国家为主体、具有强制性和无偿性特征的分配都是财政的范围，如社会主义财政的范围（体系）包括国家预算、银行信用和国营（国有）企业财务；二是"中财政"观，即社会主义财政的范围包括国家预算和国营企业财务，且后者仅指与国家预算发生相互关系的那一部分；三是"小财政"观，即社会主义财政的范围包括国家预算和预算外资金，其中前者是主导、后者是补充。

第二，现代的财政范围。20 世纪 80 年代至今主要包括五类观点：一是政府经济职能视角，即财政提供公共产品或满足公共需要、安排财政收支等经济活动；二是政府财政职能视角，即财政的资源配置、收入分配和经济稳定等政府行为；三是财政本质视角，即财政本质及其分配规律，或财政分配关系及其规律，或财政分配活动及其管理等；四是财政分配对象视角，即财政参与国民收入或社会产品等分配活动；五是财政内容视角，即财政学说（财政思想或财政认识）、分配活动、财政管理、财政政策和财政制度等。

第三，我们的基本认识。我国社会主义市场经济条件下的财政研究范围是政府提供的公共产品及其法律规范，主要包括财政学说与理论、公共需要与服务、财政收支与规范、财政政策与管理等。其中财政学说与理论主要包括财政、财政学基础理论，公共产品与服务主要包括市场经济效率、公共产品与服务的提供、政府财政基本职能，财政收支与规范主要包括财政收支的基础理论、规模、结构、形式、绩效、制度与分析等，财政政策与管理主要包括财政政策机制、财政管理体制、财政预算管理和财政监督管理等。

1.2.6.2　我们对财政职能的认识

财政职能是指财政在社会经济生活中所具有的职责和功能，它是财政这一经济范畴本质的反映。从我国社会主义市场经济财政宏观调控的角度看，财政具有资源配置、收入分配和稳定经济三个基本职能。

（1）财政资源配置的职能。财政资源配置职能是指政府通过财政收支及相应的财政政策，调整和引导现有经济资源的流向和流量，以达到资源的优化配置和充分利用，实现最大的经济效益和社会效益的功能。它是国家经济职能的体现，影响社会生产中生产什么和怎样生产的问题。

① 财政资源配置的范围。从公共产品视角看财政资源配置，包括对纯公共产品、准公共产品和行业垄断产品三种情形。

第一，纯公共产品。纯公共产品对每个消费者来说有着不同的"价格"标准（公共产品支付成本），因为公共产品对每个消费者的效用不同，其资源配置的资金由政府提供。如果公共产品提供不足，在消费中通常会发生公共产品"拥挤"的情况。

第二，准公共产品。对准公共产品来说，政府要参与资源配置，但通常也要有一部分由消费者（如受教育者）直接支付。由于准公共产品是由政府决定的，因此属于财政资源配置的范围。也可以说，生产准公共产品是政府职能的延伸。

第三，行业垄断产品。行业垄断产品的资源配置较为复杂，有时可以是财政进行资源配置，有时是市场进行资源配置，但市场配置资源应实行政府管制。究竟采取何种资源配置方式，要以效率优先为原则。

② 财政资源配置的内容。财政资源配置是调节资源在区域经济之间、产业部门之间和利益主体之间的合理、有效配置。其主要内容包括：

第一，调节资源在区域经济之间的配置。世界各国、区域之间经济发展不平衡是较为普遍的现象，包括历史、地理和自然条件等多方面的原因。这一问题在我国尤为严重，解决这一问题仅靠市场机制难以奏效，有时还产生逆向调节，即资源从落后地区向发达地区进行流动，显然不利于整个的经济均衡和社会稳定，这就要求政府在这方面发挥财政资源配置的职能作用。如增加落后地区的财政投资和转移支付，优化其资源配置，改善区域环境，以促进其国民经济的协调与稳定发展。

第二，调节资源在产业部门之间的配置。产业部门配置包括调整产业投资结构和改变现有企业生产方向，财政都能发挥积极的调节作用。例如，增加能源、交通、原材料等基础产业和基础设施投资或减少加工部门投资，优化产业结构；利用财税政策引导企业的投资方向，如对长线和短线产品生产规定不同的税率和折旧率等，可起到对不同部门投资的奖限作用；而改变企业生产方向，除必要的"关停并转"等行政手段外，可主要采取有利于市场竞争和对不同产业区别对待的税收政策调节。

第三，调节资源在利益主体之间的配置。政府职能取决于财政收入占GDP比重，即提高该比重则意味着社会资源利益主体中政府部门支配使用的部分增多，非政府部门即企业和个人可支配使用的部分减少。社会资源在利益主体之间的分配，主要是根据公共需要在整个社会需要中所占的比例而定的。这一比例不是固定不变的，而是随着经济发展、政府职能和活动范围的变化而变化。政府部门支配使用的资源应当与其承担的责任相适应，政府支配使用的资源过多或过少都不符合优化资源配置的要求。

③ 财政资源配置的手段。财政资源配置主要是调节社会经济资源在区域经济之间、产业部门之间和利益主体之间的合理、有效配置。其手段主要包括税收、公债和财政支出。

第一，税收。政府是一个非生产性的部门，它要参与到社会资源配置中，并达到合理、有效配置资源的目的。这就必须依靠国家财政权利的力量、按照法律形式集中一部分的社会资源，因此税收是征收社会财富的一种最重要的强制手段。

第二，公债。公债是现代市场经济国家经常使用的一个财政工具。许多国家都通过发行公债筹集资金，并将其配置到适宜的领域。1998～2004 年和 2008 年以来，我国实施的积极财政政策，就是通过大规模发行公债来为基础设施等"瓶颈"产业进行融资。

第三，财政支出。财政支出过程实质上是社会资源配置的过程。如财政投资就是政府根据特定时期产业政策的要求，将集中起来的社会资源配置到某个行业或某个地区；财政补贴支出是政府为支持某种产业或某个地区的发展将社会资源配置到其中。

（2）财政收入分配的职能。财政收入分配是指对国民收入的再分配，即通过对国民收入的分配形成流量收入分配和存量财产分配的格局。在市场经济条件下，政府通过调节政府、企业、个人所占国民收入的份额，以改变国民收入在各利益主体之间的比例关系，以实现分配公平的目标。它对"为谁生产"，即各市场主体在总收入中的份额或生产效益归谁享用产生影响。

① 财政收入分配的目标。财政收入分配的主要目标就是实现财政分配公平。财政分配公平是指财政分配符合社会绝大多数成员认可的正义观念。从理论上看，财政分配公平包括经济公平和社会公平，前者强调要素投入和要素收入相对称，在平等竞争的条件下通过等价交换实现；而后者很难用某个指标来衡量，通常是指收入差距维持在现阶段各阶层居民所能接受的合理范围内。在现实社会中，财政分配公平是财政合理的分配程序结果，但需要注意以下三个问题：

第一，财政分配公平不限于平等。实质意义上的公平可能要求在某些情况下实行法律上和财政分配上的不平等。就内容而言，财政分配公平是一般情况下财政分配的平等与特殊情况下财政分配不平等的有机结合；在税收方面是平等与不平等的结合，也就是横向公平（即条件相同者同等对待）和纵向公平（即条件不同者区别对待）的结合。

第二，财政分配体现全过程公平。即指财政分配起点、过程和结果的公平。起点的公平主要是指机会均等，包括参与财政决策的机会均等和法律适用的平等，如税法规定免税政策，则所有符合条件的人都应享受免税的优惠待遇；过程的公平主要是指财政行政和财政执法的公平；结果的公平则是指财政分配结果的合理和公正。

第三，财政分配要求服务均等化。我国社会主义市场经济运用包括政府和市场在内的各种调节手段来实现收入公平分配目标，既要鼓励先进、促进效率、合理拉开收入上的差距，又要防止两极分化、逐步实现共同富裕、促进基本公共服务均等化。因此，为实现公平分配目标，通过财政分配进行分配调节是非常必要的。

② 财政收入分配的内容。财政收入分配的内容主要是调节企业利润水平和居民个人收入水平。调节企业利润水平主要是通过调节使企业利润水平能够反映企业的生产经营管理水平和主观努力状况，使企业在大致相同的条件下获得大致相同的利润。

调节企业的利润水平主要是通过征税来剔除或减少客观因素的影响，如通过征收消费税剔除或减少价格的影响；通过征收资源税、房产税和土地使用税，剔除或减少由于资源、房产和土地状况不同而形成级差收入的影响；统一企业所得税税制、公平税负，这是实现企业公平竞争的重要外部条件；调节居民的个人收入水平，主要是通过征收个人所得税和遗产税等达到目的。

③ 财政收入分配的手段。财政收入分配手段主要是税收制度和转移支付等。如通过征收所得税，可调节不同企业和个人等微观主体的收入水平；通过征收房产税等财产税，可缓和财富在不同人群中的分布不均状况；通过征收资源税，可缩小部门和地区间资源条件的差距等。

通过政府财政转移支付、社会保障、救济支出及各种补助支出，实现收入在全国范围内的转移分配，以保证社会成员的基本生活需要和社会福利水平，惠及民生、构建和谐社会，维护社会的安定团结。

（3）财政稳定经济的职能。财政稳定经济是指财政保证经济的通畅、健康和稳固的良性运行。通常包括充分就业、物价稳定和国际收支平衡，其中充分就业是指有工作能力且愿意工作的劳动者能够找到工作，也泛指通过自己的劳动来维持自己生活的活动；物价稳定是指物价总水平的基本稳定，即在纸币流通条件下物价上涨幅度在社会可容忍的范围内就可视为物价水平稳定；国际收支平衡是指一国在进行国际经济交往时，其经常项目和资本项目的收支大体上保持平衡的状态。应当说明的是：稳定经济并不是不要经济增长，稳定和增长是相辅相成的。这里所言的稳定经济是在经济适度增长中的稳定，即动态稳定而不是静态稳定。因此，稳定经济就包含有经济增长的内容，就是指保持经济的稳定、健康、协调、持续发展。

① 财政稳定经济的内容。其内容包括调节社会总供求在总量上与结构上的平衡。实现稳定经济增长的关键是实现社会总供求的平衡。如果总供求实

现平衡，物价水平基本稳定，经济运行处于良好状态，充分就业和国际收支平衡目标也较容易实现。

政府预算收支总量增加或减少，可直接影响总需求，即增收减支会抑制总需求，相反减收增支则会扩大总需求。社会总供求在总量上实现了平衡还不够，还应考虑结构方面的平衡。社会总供求的结构包括部门结构、产业结构、产品结构、企业结构和地区结构，财政在调节总供求结构的原理，类似于财政通过资源配置职能的实现优化国民经济结构。

② 财政稳定经济的手段。其手段主要包括财政预算政策和财政收支制度。预算收入代表可供政府支配的商品物质量，是社会供给总量的一个组成部分；预算支出会形成货币购买力，是社会需求总量的一个组成部分。通过调整预算收支之间的关系，就可起到调节社会供求总量平衡的作用。当社会总需求大于社会总供给时，通过预算收大于支的结余政策进行调节；当社会总供给大于总需求时，通过预算支大于收的赤字政策进行调节；在社会供求总量平衡时，预算应实行收支平衡的中性政策与之相配合。

通过财政制度性发挥财政"内在稳定器"的作用。在财政收入方面，主要是指实行累进所得税制，当经济过热、通货膨胀时企业和居民收入增加时适用税率相应地提高，税收增长超过 GDP 的增长，从而抑制经济过热，反之可刺激经济复苏和发展。在财政支出方面，主要体现在转移性支出（社会保障、补贴、救济和福利支出等）的安排上，其效应与税收相配合，在经济高涨、失业人数减少时转移性支出下降，对经济可起到抑制作用，反之对经济复苏和发展起到刺激作用。

1.3　财政理论历史演进

1.3.1　西方财政理论的演进

较为系统的财政理论产生于欧洲，逐步形成了现代的财政理论体系。以西方财政发展史上有突出贡献的代表人物和学派的财政理论为主线，并结合各个阶段的财政理论内容和分析方法的变化，来认识西方财政理论的三个发展阶段。

1.3.1.1　西方早期的财政理论

一般认为，古典经济学派之前的重商主义等财政思想并不属于财政的范围，其财政实质是一种"家计财政"，但该时期的财政思想对财政理论的形成起到了抛砖引玉的作用。重商主义产生于封建制度向资本主义制度的过渡时期，是资产阶级最早的经济学说。由于这一时期的财政主流思想是国家干预和贸易保护主义政策，所以西方国家为谋求建立专制主义财政，纷纷采取了对国民经济的保护和限制政策。其主要代表人物的财政理论阐述如下：

（1）托马斯·孟的财政理论。英国晚期重商主义代表托马斯·孟在1621年出版的《论英国与东印度的贸易》一书中直接论述了有关财政的问题。

托马斯·孟主张一国君主应勤勉节俭、积累财富，提出衡量一国财富的标准是对外贸易差额。此外，他还零星地谈到有关公共收入和公共财富的问题，分析了处理私人财产和处理国王事务的不同之处。可以说，托马斯·孟的论述已反映了公共性与私人性相分离的趋势，该趋势正是财政得以产生的前提条件之一。

（2）威廉·配第的财政理论。威廉·配第是重商主义到资产经济古典经济学理论体系建立时期最杰出的经济学家。配第早期著作虽没有完全摆脱重商主义的影响，但没有停留在流通领域的表面现象和单纯从财政支出探讨是非得失，而是深入生产领域探讨财政收入源泉，提出了"土地是财富之母，而劳动是财富之父"的著名论断。他的代表作《赋税论》既是一部政治经济学著作，也是财政学创立的基础。

配第的财政观点主要包括：国家应运用权力合理地干预经济；税收应尽量做到公平合理，反对课征人头税、财产税和关税；农业和制造业是国家赖以存在的基础，财政支出应按国家职能进行分配，削减非生产性开支，增加有利于农业和制造业的支出。尽管配第没有建立起自己的经济理论体系，但所提出的独创性观点，使他成为古典经济学的奠基人。

（3）尤士弟的财政理论。德国重商主义代表尤士弟1766年出版了著名的《财政体系论》一书，该书代表了18世纪德国财政学研究的最高水平。

尤士弟从国家维持自身正常运转所需经费入手，分析了财政支出和税收的必要性；从经费负担和政治负担的角度，阐述了对直接财产课税和对间接财产课税的区别与联系。

1.3.1.2　西方传统的财政理论

英国经济学家亚当·斯密1776年出版的名著《国富论》，确立了西方初期财政学的理论框架；1892年巴斯塔布尔出版的《公共财政学》，标志着财政学作为一门独立学科体系的建立；1776 年至 20 世纪 20 年代末，财政学研究的大体思路是从国家职能需要出发来分析其财政收支活动，其代表人物是亚当·斯密、马尔萨斯、萨伊、李嘉图和瓦格纳等。

（1）亚当·斯密的财政理论。亚当·斯密是古典经济学理论体系的建立者。斯密时代处于由工场手工业向现代化大工业发展的过渡时期，资本主义已得到很大的发展。斯密在《国富论》中集中论述了古典经济学的思想，即主张经济自由放任和反对国家干预经济。

亚当·斯密主张政府开支应用于国防费、司法费、公共设施建设费和一定的行政费；在财政收入上划分为君主或国家收入和税收收入，并提出了著名的"平等、确实、便利和最少征收费用"的税收四原则，对后世产生了相当大的影响。与财政支出的非生产性观点相适应，斯密不赞成政府在平时发行公债，因为发行公债的根源在于统治者的奢侈和浪费，国家举债将会挤占私人用于生产的资金，妨碍生产的发展，从而阻碍经济的发展。

（2）马尔萨斯的财政理论。马尔萨斯是 18 世纪末 19 世纪初英国著名的经济学家，他生活的时代与李嘉图相同，尽管他的《人口论》闻名遐迩，但他的财政理论却由于不适应时代潮流被认为是异端邪说而受到抨击。马尔萨斯的财政思想体现在其 1820 年的《政治经济学原理》中，他反对斯密、李嘉图和萨伊等人的理论，从有效需求不足角度论证了经济危机。

马尔萨斯认为，资本主义自由竞争不是那么美妙的，有效需求不足的存在一样会爆发经济危机，为防止经济危机，国家应当干预经济，通过扩大国家支出来增加有效需求；与扩大财政支出相适应，国家应增加税收和发行公债。马尔萨斯的有效需求论被后来的经济学家以新的形式加以发展，尤其是一百年后经凯恩斯的研究与发展，这一理论成为解救西方国家经济危机的一剂良药。

（3）萨伊的财政理论。让·巴蒂斯特·萨伊是 18 世纪法国著名的经济学家，他与斯密的财政思想一脉相承，并反映在其代表作《政治经济学概论》中。萨伊实际上既继承和发展了斯密学说中的某些成分，又提出了一些不同的观点。如萨伊抛弃了斯密劳动可以创造价值的观点，认为劳动、资本和土地都可以创造商品的价值，并依据供给能创造相应的需求理论提出了资本主义市场经济的自动均衡论。

在财政支出理论上，萨伊抛弃了斯密学说中的一些科学成分，提出了"生产不是创造物质而是创造效用"的论点，将效用说成是"服务"，而一切提供"服务"的活动都是生产，这就为资本主义的国家活动创造"生产"提供了理论依据；在税收理论上，萨伊极力主张减税。

总的来说，萨伊与斯密的观点基本一致，但他的财政分析又在斯密的基础上有了许多突破，如从公共消费着手来分析财政问题，主张财政利益交换的观念，进而得出了财政的民主观，并明确指出政府仅仅是"公共财富的托管人"。显然，萨伊的财政分析已涵盖了公共需要和公共产品等具有财政突出特征的内容。

（4）李嘉图的财政理论。大卫·李嘉图是英国工业革命时代的著名经济学家，它继承了配第与斯密经济理论中的科学成分，并加以补充和完善而成为古典经济学的集大成者。李嘉图的财政思想主要体现在其名著《政治经济学及赋税原理》中，他与斯密一样极力鼓吹经济自由放任，同时把国家经费全部或几乎全部看作是一种非生产性消费，主张尽量压缩国家财政开支，建立廉价政府。

大卫·李嘉图认为，资本由增加生产或减少非生产性消费而增加，且"一国的生产量必然是随着资本的减少而成比例地减少，所以如果人们方面和政府方面的非生产性开支继续不变，而年再生产量又不断减少时，人民和国家的资源就会日益迅速地趋于枯竭，穷困和灾殃就会随之而来"。李嘉图还赞同斯密的公债观点，并进一步指出举债会掩饰国家财政的真实情况，会使国家陷入经济困境，因而反对国家举债行为。

（5）瓦格纳的财政理论。社会政策学派主要代表人物，德国最著名的财政学家瓦格纳，于1872年出版的《财政学》一书引起了西方经济学界的极大反响，其中一些财政理论和观点至今仍具有重大的现实意义。

瓦格纳自称是"国家社会主义者"，他将财政看作是一种独立于私人经济的生产性国家经济活动，这是西方公共经济学最初的思想来源；提出社会主义政策赋税一词，以及财政政策（收入充分和收入弹性）、国民经济（选择税源和选择税种）、社会公平（普遍和平等）和税务行政（确实、便利和节省）的"四项九端"原则；论述公共活动特别是国家支出膨胀问题，即财政为国家服务并随着国家职能的扩大而扩大的观点，被后人称为"瓦格纳法则"。显然，瓦格纳的财政理论与当时德国资产阶级政权设想合拍，并成为当时资本主义各国财政理论的基础。

（6）其他相关的财政理论。除上述传统财政理论外，还有奥意学派、庇古和北欧等方面的财政理论。如奥意学派19世纪80年代将经济学的"边际革命"引入财政学中，体现了效率原则在公共部门中的运用，为创立公共产品理论奠定了科学的基础。

1920 年庇古出版了《财政学研究》一书，财政理论主要包括：一是从外溢性理论研究财政资源配置的合理性，以阐明公共经济的必要性和合法性；二是将政府支出划分为转移性支出和消耗性支出，并运用边际效用价值论分析公共支出的效率问题；三是以效用理论为基础建立了税收的规范理论，主要研究税负应如何在不同个人间的分担问题。

北欧形成了以瑞典维克塞尔和瑞士林达尔为代表的公共财政学流派，他们将财政预算支出过程与税收收入结合起来，并将公共部门的决策过程看作是一个政治的、集体的选择过程，分析了公共部门供求之间的均衡，并形成了著名的"林达尔均衡"模型，这些理论研究为后来公共财政学的公共选择理论奠定了基础。

1.3.1.3　西方现代的财政理论

20 世纪 30 年代以后，随着政府广泛干预经济活动，诸多学派和专家从市场失灵出发，在重新研究界定政府的经济职能和范围、建立现代市场经济条件下的政府财政，以及不断演化公共财政理论等方面取得了丰硕的成果。

（1）凯恩斯的财政理论。凯恩斯是现代西方经济学最有影响的英国经济学家。凯恩斯大学时代学习马歇尔和庇古的经济学，他在 1936 年《就业、利息和货币通论》的代表作中，开创了从宏观经济视角研究财政功能的新理论体系，对经济理论体系的发展做出了重大贡献。他认为，经济危机和失业的根本原因在于有效需求不足，而有效需求不足又是由边际消费倾向递减、资本边际效率递减或灵活偏好三个基本心理规律引起的，必须依靠政府干预社会消费倾向和刺激投资，以扩大社会有效需求。

凯恩斯认为，国家干预经济的形式主要是财政政策和货币政策，尤其更注重财政政策的作用，即运用扩大政府支出办法或称为扩张性的财政政策刺激社会需求，实现社会充分就业；提倡征收所得税和遗产税，特别是累进所得税制。凯恩斯的财政政策理论，对缓和当时的经济危机及解决基本矛盾起到了一定的作用，但实质是为发展国家垄断资本主义服务，由于没有触及资本主义的深层矛盾，所以其"药方"也不可能从根本上解决资本主义发展中的问题。

（2）汉森的财政理论。汉森是美国经济学家，也是凯恩斯经济理论的忠实信徒和凯恩斯主义的主要代表，其代表作为《财政政策与经济周期》（1941）和《货币理论与政策》（1949）。汉森认为，现代资本主义经济已经不是单一的私人经济，而是私人经济与政府经济并存的混合经济；注重研究经济周期，提出了"长期停滞理论"，认为利用财政政策能有效地控制"停滞"，实现所谓充分就业和经济稳定；主张政府扩大公共工程投资，从而扩大整个社会投资规模的加速作用。

汉森认为，国家干预经济的目的是"熨平"由于经济周期引起的经济波动，以保持宏观经济的较长期稳定，促进经济增长。因此，汉森进一步将财政政策分为汲水政策和补偿政策，力主政府推行补偿政策，即在萧条时期实行扩张性的财政政策，扩大投资支出、推行赤字预算；而在繁荣时期实行紧缩性的财政政策，缩减投资规模、增加税收收入。实行扩张性的财政政策可能出现财政亏损，实行紧缩性的财政政策可能获得财政盈余，而在长期中以盈补亏就可实现财政预算平衡和经济稳定增长。

（3）马斯格雷夫的财政理论。西方财政学研究主流转到公共产品论是以马斯格雷夫 1938 年发布的《公共经济自愿交换论》为标志，该文系统论述了私人通过缴纳税收享受政府提供的公共产品的"自愿交易"理论。1959 年他又出版了专著《公共财政论：公共经济学研究》，几乎成为 20 世纪 60 年代财政领域研究的"圣经"。该书对财政领域的相关问题进行了全面、系统和严谨的论述，对公共部门经济作用持一种积极、正面的观点。

马斯格雷夫认为政府的作用主要包括三个方面：一是提供公共物品、矫正资源配置过程中出现"市场失灵"的手段；二是调节收入分配，旨在使社会成员求得公平的社会产出分配；三是在适当稳定的价格水平下，运用凯恩斯政策求得较高水平的就业率。马斯格雷夫在财政理论研究上首次将公共产品论与价格理论联系起来，同时书中关于税收局部均衡和一般均衡的分析，也十分精彩。

（4）新剑桥学派的财政理论。新剑桥学派即指新凯恩斯主义学派，主要代表人物为琼·罗宾逊和卡尔多等。其形成标志是 1956 年罗宾逊的《资本积累》一书和卡尔多的"可选择的分配理论"一文。该学派认为，资本主义经济的缺陷是收入分配不均，主张政府干预的首要目标是改进资本主义社会的收入分配结构，以实现收入均等化。他们反对新古典综合派以经济增长为宏观经济政策的主要目标，主张改进税制来实现收入的均等化目标，通过福利措施解决富裕中的贫困问题，对投资进行全面社会管制和克服盲目的经济增长。

新剑桥学派财政理论的内容主要包括：政府干预经济活动的资金来源是税收或举债，并对企业的生产经营产生影响；增加政府支出可刺激总需求、促进经济增长，而减少政府支出则会抑制总需求、引起经济衰退；减税可刺激增加家庭支出、增加消费，且有助于鼓励投资、增加总需求、刺激经济增长，如果减税是对最低收入者的削减，可使贫富不均的程度有所减轻，那么旨在与扩大就业相结合的政策就是最有效的政策，相反如果增税除为消除收入分配不均之外，则会抑制经济增长。

（5）新古典综合学派的财政理论。新古典综合学派自认为是凯恩斯主义的主流学派，所以被称为后凯恩斯主义，以美国经济学家萨缪尔森为主要代表。萨缪尔森的研究领域十分广泛，从数理经济学到一般经济理论、从纯理论到经济政策的应用都有所论述。萨缪尔森继承了凯恩斯和汉森的理论，其经济理论主要体现在 1948 年出版的《经济学》中，所提出的混合经济理论成为他反对自由放任、主张国家干预经济的重要理论基础。他认为，当今资本主义经济既不是纯粹的私人经济，也不是完全的公有经济，而是一种私人经济与政府经济并存的混合经济，政府在经济中的作用日益重要，必须强调国家干预经济。

萨缪尔森认为，如果投资过多会导致通货膨胀，投资过少又会导致通货紧缩而造成失业率上升，只有适当的财政和货币政策才能维持充分就业下的国民收入水平。萨缪尔森对财政研究的重大成果是公共产品需求理论，他于 1954 年和 1955 年发表了"公共支出纯理论"和"公共支出论图解"两篇论文，在前文中分析了公共产品消费上的非排他性和非竞争性的特点，为以后的分析打下了良好的基础；在后文中运用一般均衡分析方法建立了公共产品的最佳供应模型，得出了公共产品最佳供应的帕累托效率条件。

（6）货币学派的财政理论。货币学派是 20 世纪 50 年代开始、70 年代蓬勃兴起的一个很有影响的学派，以反对凯恩斯主义著称。弗里德曼是货币学派的创始人，他认为资本主义经济基本上是一种具有稳定性的经济，反对凯恩斯的政府干预经济，以现代货币数量论为基础提出了以控制通货膨胀、稳定物价为主要目标的宏观经济政策。其财政理论内容主要包括：提倡"收入指数化"，将工资、利息、政府债券收益和其他收入等与物价指数挂钩，使之能随物价指数的变动而调整；反对凯恩斯学派扩大支出和赤字财政支出，主张压缩财政支出，实施财政平衡的财政政策；主张实行"负所得税政策"，即政府规定收入保障数额（最低收入指标），根据个人实际收入按比例给予适当的政府补助。

货币学派是与凯恩斯主义对立的学派，主要分歧表现在：凯恩斯主义以有效需求论为基础，认为资本主义经济通常是小于充分就业的均衡；货币学派则是以现代货币数量论为基础，认为资本主义市场经济在动态上是稳定的。由此出发，凯恩斯主义以实现充分就业和经济增长为主要目标，主张实行相机抉择的国家干预经济政策；货币学派则以稳定物价为主要目标，主张实行单一规制的货币政策和经济自由主义政策。

（7）供给学派的财政理论。供给学派是 20 世纪 70 年代中期在美国兴起的一个经济学流派，主要是围绕如何使资本主义经济摆脱滞胀困境发展起来的。其代表人物主要有拉弗、温尼斯基、吉尔德和蒙代尔等。该学派重新肯定萨伊理论，把滞胀原因归咎于凯恩斯主义的需求管理政策。他们认为，凯恩斯把需求作为经济活动的决定性因素，忽视了劳动、储蓄、投资和生产等供给因素。要医治滞胀顽症就必须彻底否定凯恩斯主义，推行注重供给管理的经济政策，由此提出的"拉弗曲线"具有重要的理论价值和实践意义。

拉弗曲线表明：高税率不一定取得高收入，高收入不一定是高税率，适度的低税率反而有利于经济的发展。他们极少反对高税率特别是累进制的高税率，因为高边际税率会降低人们工作的积极性、阻碍投资，从而极力主张减税，以刺激社会供给、抑制通货膨胀和促进经济增长，所以减税成为供给学派的核心和基础。他们还主张减少社会福利支出，这是促进供给增长的又一重要措施。可见，供给学派主张实施减税和缩减政府支出两者并举并配合其他政策措施，旨在追求预算的收支平衡和稳定的经济增长。

（8）公共选择学派的财政理论。公共选择学派的创始人为詹姆斯·麦吉尔·布坎南，其代表作为《民主程序中的公共财政学》（1966）、《官僚政府与代议政府》（1971）和《自由、市场与国家》（1986）等。公共选择从经济学视角研究政治问题，其经济学方法是方法论个体主义、经济人假设和经济学交换范式。公共选择理论是一种指导人们利用政治过程来决定政府所应提供产品与服务数量的一种理论，主要立足于"经济人"分析，以成本收益法作为基础的利益最大化为原则，适用于经济和政治等领域。

布坎南认为，政府失灵主要是由于政府扩张、政策失误、机构低效和官员寻租所致，因而应实施立宪政治、建立政府机构竞争机制和约束政府税收及其支出。1986 年，布坎南获得诺贝尔经济学奖，标志着公共选择理论得到了认可。该理论对财政研究最有价值的是投票理论、集团理论、寻租理论和政府理论。财政政策机制从根本上是一个公共选择的机制，即将市场经济分析方法运用于财政领域，试图在政府征税决策同社会和个人的选择之间建立起内在联系，这是对财政理论的重要贡献。

（9）新古典宏观经济学派的财政理论。新古典宏观经济学派主要是以卢卡斯、巴罗和斯坦利·费希尔等人为代表，他们是在抨击凯恩斯主义学派的过程中建立起自己的声望。因特别强调理性预期的概念而一度被称为理性预期学派，但后来理性预期的概念渐为其他学派所用，进入 20 世纪 80 年代后被称为新古典宏观经济学派。他们反对政府干预经济，认为宏观经济政策是无效甚至是有害的。因为政府支出的增加和税率的提高，都会产生减少私人投资、降低社会资本存量和人们"永久性财富"减少的后果。

1981 年，卢卡斯发表了《关于使用计量经济方法进行政策评估的批评》一文，他认为现行政策制定方法有一个致命的问题，即错误地把结构变量看作是"常数"，而事实上这些常数是随着人们对经济环境的反应而变化，而凯恩斯论将有生命、有才智的人和企业都当成机器一样的常数，其经济政策当然不会有效。巴罗分析"李嘉图等价定理"后，否定了用预算赤字来调节总需求水平的财政政策。1988 年，斯坦利·费希尔提出政府用债券为预算赤字融资，比用货币融资肯能会产生更高的通货膨胀率。

（10）新凯恩斯主义经济学派的财政理论。当代西方财政理论中最值得注意的是新凯恩斯主义经济学派，其代表人物哈佛大学教授曼昆、萨默斯和麻省理工学院的布兰查德、罗泰姆伯格等人。他们认识到原凯恩斯主义的不足和新古典宏观经济学在理论上的新发展，因而主张以工资、价格黏性取代工资、价格刚性。该理论的主要特点：一是在财政政策上主张"适度"的国家干预，如果没有紧缩性政策通货膨胀会更严重，没有扩张性政策失业会更严重；二是用许多数学模型来阐述经济政策主张，但很少将对策具体化，缺少可操作性措施。

他们认为，即使存在理性预期，政府经济政策仍可发挥效力。财政支出的增加会产生溢出效应，通过乘数增加未来收入。政府必须通过收入再分配增进公平，通过税收补贴消除外溢性，通过政府投资提供公共产品。他们在分析中加入了经济当事人最大化和理性预期的假设，与原凯恩斯主义注重对经济进行"数量"的调节相比，他们更关注财政政策调节经济的"质量"好坏，其财政政策主张不仅使美国经济取得了成功，更重要的是该学派重新审视了以往国家干预经济理论，并综合了各派的观点，它代表了当代财政理论与政策的演变趋势。

1.3.2　中国财政理论的演进

1.3.2.1　中国古代财政思想的简要追溯

中国古代财政理论的萌芽与思想，主要体现在奴隶社会与封建社会时期。在其漫长的社会发展历程中，中国的理财思想和理论是最为丰富的。主要包括以下两个方面：

（1）财政与经济的关系。中国古代的理财家从其实践中，较早地体会到财政与经济的关系问题。如儒学奠基人周代周公就提出了"勤政裕民"的思想；春秋战国时期齐国上卿（即丞相）管仲提出了"强国必先富民"和"薄赋敛，则民富矣"的思想；唐代刘晏（户部侍郎兼御史中丞）提出了"理财常以养民为先"的思想等。

明清时期，当政要员及理财家更加重视财政与经济的辩证关系。如明代丘浚（户部尚书兼武英殿大学士）提出了"理财之道，以生财之道为本"的思想，善理财者先要着眼于为民理财；明代张居正（内阁首辅）反对重课商税；清代著名的思想家魏源主张培养税源、稳定税收等。这些理财家说明了"只有生产发展，财政收入才能自丰，国家开支就能充裕"的财政与经济的辩证关系。

（2）财政的职能与原则。中国古代以财政手段去调节经济和平抑经济波动的朴素思想早已存在。如管仲为推行重农抑商政策，在税收上实行了农轻于商等政策。桑弘羊在西汉时期统管国家财政近 40 年之久，推出"均输"和"平准"的宏观调控方法，不仅是筹集财政收入的重要手段，同时也是发挥财政调节经济作用的需要。

当今仍在议论不休的财政原则问题在中国古代也早已提出。周代周公就率先提出了"量入为出"，这是世界上最早出现的财政原则；先秦时期管仲提出了"轻税富民、相地衰征、寓税于价"的原则；秦汉时期傅玄（御史中丞）提出了"至平、税俭而趣公、有常"的原则；唐代杨炎（宰相）提出了"量出为入、税制简化和按能负税"的原则；明代张居正（内阁首辅）提出了"资商利农、税制简化"的原则等。

1.3.2.2 中国计划经济的财政理论研究

（1）计划经济之前的财政理论。从 1924 年陈启修编写的《财政学总论》开始到 1949 年，财政理论总体上处于引入、编译、学习西方财政理论的阶段，没有完整的财政理论体系。新中国成立后，中国财政理论随着社会制度的变迁发生了深刻的变化，即以马克思主义理论为指导来研究中国财政理论的问题。1949 年千家驹的《新财政学大纲》、1951 年丁方和罗毅的《新财政学教程》等，都是具有影响的财政研究著述。由于中国财政理论体系还不成熟，源于苏联的财政理论的"货币关系论"被直接引入，而成为 20 世纪 50 年代中国财政学的主流理论。

（2）计划经济时期的财政理论。为适应建立计划经济体制的需要，20 世纪 60~90 年代经过不断探索与实践，逐步形成了具有中国特色的、以国家分配论为主流的财政理论。这些理论主要包括以下五个方面：

第一，国家分配论的财政理论。该理论强调财政分配的国家地位，是国家分配主体性和集中性的体现，并将财政释义是国家为实现其职能而参与社会产品的分配和再分配关系。这种分配关系的本质特征是以国家为主体，依靠国家权力，基本上采用无偿方式，以满足国家消费需要为目的，因而具有鲜明的阶级属性和国家主体特征。

第二，价值分配论的财政理论。该理论强调财政分配的价值形式，是国家对社会产品价值的分配形式，并将财政释义是国家以价值形式进行社会产品的分配而形成的分配关系。因为国家参与价值的分配必然涉及社会的诸多领域、多个方面、多个环节，从而形成一系列的分配关系，所以国家分配价值所发生的分配关系就是财政的本质。

第三，剩余产品论的财政理论。该理论强调财政分配剩余产品的内在属性，体现国家、集体和个人之间剩余产品的分配关系，并将财政释义是由剩余产品形成各种社会基金的过程。因为，财政分配的对象是包括在社会总产品之中的剩余产品，这是财政分配的质的规定性，也是区别于其他分配关系的本质特征。

第四，社会再生产论的财政理论。该理论强调财政在社会再生产的基本功能，表现为财政运行的分配属性，并将财政释义是社会再生产全过程的分配关系。因为财政分配参与社会经济生活的各个方面，从生产到交换、分配与消费都体现国家的集中性分配，以法律、经济和行政等手段在全社会配置订、编写、出版有关财政学著述的一系列工作，这类著述诸如《公共财政学》《现代财政学》《现代公共财政学》《政府财政学》《新编财政学》，以及《公共经济学》《政府经济学》《部门经济学》等，以示区别于传统的《财政学》的书籍。这些著述的出版和国外原版或翻译、译著类财政学的涌现，对丰富中国财政学、财政理论的内容与体系起到了重要研究、参考借鉴和指导实践的积极作用。

一般认为，公共财政学与传统财政学既有联系又有区别。在联系上，两者属于公共部门经济学范畴，前者是广义公共经济学，后者是狭义公共经济学；在观念上，前者是公共经济学、公共部门经济学、政府经济学或其核心内容，即政府资源配置之学，后者是政府收支管理学，即国家理财之学；在理念上，前者是补缺、服务、民主、民生与法制的财政，后者是吃饭、建设与发展的财政；在研究对象上，前者是公共部门经济活动，是公共部门资源配置有效与否的矛盾，后者是政府收支及管理行为，是收与支的矛盾。

1.3.3　公共财政的理论问题

1.3.3.1　公共财政的基本含义

（1）对公共财政的不同认识。我国财政学界对公共财政的含义阐释不尽相同，主要观点如下：

① 公共财政就是为社会提供公共产品与公共服务的政府分配行为，是与市场经济体制相适应的一种财政管理体制。

② 公共财政是指国家（政府）集中一部分社会资源，用于为市场提供公共物品和服务，满足社会公共需要的分配活动或经济行为。

③ 公共财政就是国家满足社会公共需要而进行的社会集中性分配。

④ 公共财政就是建立在市场经济基础之上，或者说是建立在市场经济体制之下的国家（或政府）财政，即"市场财政"。

⑤ 公共财政又称政府财政，是指政府的收入和支出，是政府实现经济政策目标、提供公共产品与服务的主要途径之一。

（2）本书对公共财政含义的界定。公共财政是指市场经济中以国家为主体，通过政府的收支活动集中一部分社会资源用于履行政府职能和满足公共需要的经济活动。它主要着眼于满足社会公共需要和提供公共产品，弥补"市场失效"的缺陷，促进市场经济体制的形成和完善。市场经济需要公共财政体系，两者相互制约、相互促进、交替推动、共同发展。因而在我国，只有真正推行公共财政体系，才能建立与完善社会主义市场经济体制，这对依法促进公平分配、调控宏观经济、合理配置市场资源、做好国有资产管理等方面具有积极的、重要的现实意义。

正确理解现代意义的公共财政，必须澄清以下两个方面的认识：一方面，现代公共财政不等于过去的"吃饭财政"，目前我国财政活动显著增加的领域包括共同生产条件的支出，主要是基础设施、教育、科技环保和农业等方面，其性质显然是建设领域或经济方面的支出，因而不能把公共财政等同于"吃饭财政"；另一方面，现代公共财政不等于取消国有经济，实际上财政对国有企业的投资从根本上说也是满足公共需要的途径之一，但投资的出发点和归宿要立足于满足公共需要而不是以营利为目的。

1.3.3.2　公共财政的基本特征

关于公共财政的基本特征主要有两种看法：一是公共财政是为市场提供公共服务、弥补市场失效的国家财政，也是由公众对之规范、决定和制约的国家财政；二是完全意义上的公共财政至少应包括四个方面的本质规定，即以增进绝大多数社会成员的公共利益为宗旨、以提供公共产品与公共服务满足社会公共需要为目标、最大限度地实行民主决策和充分接受民主监督。我们认为，公共财政具有以下五个基本特征：

第一，市场的弥补性。现代公共财政的领域、规模、内容和方式，从根本上说是由市场决定和认可的，是与市场经济运行相适应的政府财政。弥补市场失灵、提供公共产品和满足公共需要，是现代公共财政必须遵循且只能遵循的唯一行为准则，即按照"市场能做的政府就不要去做，市场不能做而社会又必需的政府就要去做"的原则，来界定公共财政活动的范围，起到弥补市场缺陷的作用，避免出现"越位""缺位"等问题。因此，该财政特征下也可称为"市场财政""补缺财政"。

第二，服务的公共性。财政在为市场提供服务时必须公平对待所有的市场活动，为经济主体的公平竞争提供外部条件，以避免市场主体或依靠政府权力寻租或遭受额外的费用和损失。其核心是公共财政服务，表现为公共支出、公共收入和社会保障等，即依法对私人和企业取得公共财政收入，以社会利益和公共需要为目的来安排公共财政支出，对弱势群体及特殊困难给予社会保障等。因此，公共财政一般不应介入私人产品，是为市场提供公共产品和公共服务的政府财政，该财政特征下也可称为"服务财政"。

第三，实施的法治性。市场经济是法治经济，财政在市场经济下必须受法律的约束。实施法治财政必须按照预算法等法律制度，严格程序、标准、内容与方法及其预算与决算审批，依法取得财政收入、严格按预算安排财政支出，以此决定、约束、规范和监管财政活动，即一切财政收支活动必须纳入法制轨道。财政法治化在中国具有特殊意义，因为中国有着数千年的"人治"习惯，要实施法治化管理较为困难。因此，依法进行聚财、用财、管财是极为重要的，该财政特征下也可称为"法制财政"。

第四，收支的透明性。在市场经济体制下，政府实际上是国家或社会的代理机构，承担公共受托责任。单位和个人向政府纳税后，要求政府勤俭节约、有效用好税收就理所当然。政府征税后除部分作自身维持经费外，主要用于促进经济发展、维护社会秩序及保障公民权益等，并在财政分配活动过程中公开透明、接受社会及公众监督。换言之，政府及其为政者本身就是由纳税人供养，为公众服务、用好税收、服务人民，无疑是公共财政的内在要求。因此，该财政特征下也可称为"受制财政"。

第五，立足非营利性。在社会经济生活中，社会需要分为私人的个别需要和社会的公共需要，市场经济条件下公共财政收支活动应以满足公共需要为目的，立足于非市场竞争领域，不介入一般竞争性领域，不与民争利。因为政府是政治权力的管理者，如果介入市场营利性活动，就不可避免地干扰市场经济正常运行秩序，财政资金也会为牟取利润而偏离公共财政轨道，导致公共产品供应不足，政府也难以做到为市场经济主体提供非歧视的、无差别的公共服务。因此，该财政特征下也可称为"无利财政"。

1.3.3.3 公共财政的总体框架

公共财政的首要任务是为所有的市场主体提供均等的公共服务，政府不仅要矫正市场失灵，还要培育市场、弥补"市场残缺"，建立完整的市场体系；不仅在收入领域通过经济和法律手段调节收入分配、解决社会分配不公的问题，还在生产领域加大对基础产业和基础设施的投入，提高国有企业的经济效益，运用财政政策等保持经济的可持续发展。

正确理解现代意义的公共财政，必须澄清以下两个方面的认识：一是现代公共财政不等于"吃饭财政"，与过去相比，目前中国财政活动范围显著增加的领域就包括共同生产条件方面的支出，主要是基础设施、环保和农业等方面，其性质显然是属于建设领域或经济方面的支出，因而不能把公共财政等同于"吃饭财政"；二是现代公共财政不等于取消国有经济，实际上财政对国有企业的投资从根本上说也是满足公共需要，但投资的出发点和归宿要立足于满足公共需要而不是以营利为目的。

随着中国社会主义市场经济体制的建立与发展，公共财政的基本框架已初步形成。从一要吃饭、二要建设的"两位一体"，发展为一要吃饭、二要建设、三要发展的"三位一体"，再到经济建设、政治建设、文化建设、社会建设全面发展的"四位一体"，以及经济建设、政治建设、文化建设、社会建设、生态文明建设的"五位一体"发展的过程，顺应了建设新时代中国特色社会主义的要求。党的十九大提出了进一步建立现代财政、预算及税收等制度的改革要求，体现了公共财政体系的深化与完善。

1.3.3.4　公共财政的问题分析

建立和发展社会主义市场经济必然需要建立公共财政。虽然我国公共财政管理逐步予以规范，但受计划型财政管理模式影响仍存在一些问题，突出表现以下四个方面：

（1）财政越位与缺位并存。在我国传统的计划经济体制下，财政供养范围过大、包揽过多，大大超出了政府职能范围和财力承受水平，相反应由政府承担的一些社会公共需要和事务却得不到应有的资金保障。例如，除政策性亏损补贴外，国家财政实际上承担了大量的经营性亏损补贴，成为国家财政沉重的负担；过长的事业单位供给战线，行政经费膨胀，科技、教育和社保投入不足等。在政府职能界定不清，法律没有明确活动范围的情况下，财政支出格局及其运行机制的调整是非常困难的。

（2）财政支出结构不合理。我国在财政收入占 GDP 比重较为偏低的情况下，财政支出逐步向重点领域倾斜，特别是 1998 年和 2008 年实施的积极财政政策取得了良好成效。但从总体上看，由于财政预算约束力逐步下降，财政资金远远不能满足重点支出的需要，能源、交通、农业等重点领域的支出占财政支出比重的提高速度较为缓慢；相反，大量的资金（包括预算外资金）却被用于竞争性生产建设和行政管理开支等非重点领域，导致财政对国家重点支出项目难以实施更加有力的资金保障等问题。

（3）政府收入机制不规范。突出地表现为较严重的税收费化（缺位）和收费杂化（越位）。这种税收"缺位"和收费"越位"并存的问题直接导致了收费规模的扩张和政府收入机制的混乱，严重影响政府提供公共产品的资金来源。其突出的问题是"乱收费、乱摊派、乱罚款"屡禁不止；财政的职能被肢解，国家财政不能统管政府收支；国家宏观经济管理部门与财政部门职责划分不清，如物价部门可以核准行政部门收费等。其直接原因主要是社会公共权力缺乏制约，众多公共权力机构直接介入分配领域。

（4）财政预算管理不科学。在预算分配中指标到位率低，执行中追加频繁，往往造成年度的实际支出数高于年初预算数；预算分配特别是转移支出和专项支出缺乏可靠的科学依据，人为因素较多；预算年度的起始日期先于人大审批日期，形成预算审批的法律空当及预算约束的缺位；预算编制方法上不够科学、合理，不能真实反映情况，大量财政性资金在预算外循环。国家财政实际上没有做到通盘掌握政府公共物品的供给规模、结构与效益，以致较难履行市场经济条件下公共财政的职责。

1.3.3.5 公共财政改革的对策

（1）财政资金应突出公共性特征。市场经济的基本特征就是市场机制在资源配置中起决定性作用，故市场办得了、办得好的，就不应政府承担。但长期以来，财政的"越位"与"缺位"并存问题一直比较突出，一方面，财政做了许多应由市场去解决的事宜，如对国有企业资金供应、亏损弥补，妨碍了企业在市场竞争主体和法人实体地位的确立；另一方面，那些本来应由政府去做反而因其财力的"缺位"而没有能力做到或做得不好。因此，财政资金必须逐步退出应由市场配置资源的经营性和竞争性领域，转到满足社会公共需要的方面上来，逐步提高财政对公共需要的保障能力。

（2）合理规范财政资金供给范围。科学规范财政资金供给范围是构建公共财政基本框架、提高财政保障能力和支出效率的基础。在具体的财政实践中，重点是解决财政供养人口过多、对经营性的事业单位包揽过多、不合理的补贴和投资过多等问题。当前应当紧紧抓住机构改革的有利时机，做好定编定岗工作、清理超编人员、控制人员经费和有效遏制行政经费过快增长的势头。通过转变财政支持经济发展的方式，逐步减少直至取消财政对一般竞争性领域的投资，集中财力保障政权建设和科技、教育、社保、农业、生态和基础设施建设等重点领域和项目的支出需要。

（3）科学建立政府收入保障体系。按照公共财政要求和公共产品与私人产品划分及其各自的保障方式，对现行税费体系进行合理调整和定位，逐步资源，并带动全社会人、财、物的流动。

第五，社会共同需要论的财政理论。该理论强调财政满足社会共同需要的目的性和针对性，是对社会人力、物力、财力的分配活动，并将财政释义是为满足社会公共需要所发生的分配关系。因为财政的产生是社会生产发展的结果，是人类社会发展出现剩余产品或剩余劳动之后，发生了社会共同需要而产生的。

上述各种学说是从不同角度来探索财政的内涵和外延，各自有鲜明的中心论点。但各派之间并不是绝对排斥的，既有差异性也有共同点。

1.3.2.3　中国市场经济的财政理论研究

（1）公共财政问题的提出。从 20 世纪 90 年代中期至今，是适应中国计划经济向社会主义市场经济转化，借鉴西方公共财政理论，建立有中国特色的公共财政理论体系阶段。该阶段我国政府及学界都极为重视公共财政问题的探索与实践，1999 年 3 月，第九届全国人民代表大会二次会议正式确立公共财政作为财政改革的目标模式，意味着中国财政学界围绕着公共财政的长期争论有了定论，也表明中国公共财政体系由此进入运作与实施阶段，这是中国经济改革和财政改革的一件根本性大事。

2005 年，国务院总理温家宝在政府工作报告中，再次提出建立和完善公共财政体系的目标要求；2007 年，党的十七大明确了"围绕推进基本公共服务均等化和主体功能区建设，完善公共财政体系"的改革目标；2012 年，党的十八大提出了"完善促进基本公共服务均等化和主体功能区建设的公共财政体系"的改革目标；2013 年，党的十八届三中全会决定实施以"改进预算管理制度，完善税收制度，建立事权和支出责任相适应的制度"的改革目标；2017 年，党的十九大报告提出了"加快建立现代财政制度"为核心的改革目标。

（2）公共财政理论的研究。1994 年我国开始实施分税制财政管理体制改革，逐步建立和形成了符合社会主义市场经济体制要求的财政税收制度，公共财政体系建设提到了议事日程。至此，一些专家、学者开始探讨公共财政的概念、特征、内容和体系等理论问题，如何借鉴西方财政学理论体系构建具有中国特色的财政学理论体系，以及公共财政体系的框架和内容等现实问题。特别是在 1999 年 3 月我国以法律形式正式确立公共财政作为财政改革目标模式以后，政府及科研工作者的研究热情日益高涨起来。

由此引领了我国的理论界、教育界和财税部门等一批人士，相继开始修建立以税收为主、收费为辅的政府收入机制。将现有收费中不具有公共产品性质、不体现政府职能的，可按照市场机制的收费方式逐步推向市场，依法经营与纳税，如勘察设计收费和公证收费等；收费中用于提供纯公共产品、具有税收特征的收费进行费改税，如农村乡统筹和交通部门收费等；保留那些提供受益范围确定、体现受益性原则较明显的准公共产品收费。通过税收与收费的科学"归位"，不断提高公共财政的保障能力。

（4）积极强化政府采购制度管理。这是公共财政实施的重要保证。政府采购制度作为市场经济国家加强公共支出管理的基本手段，是建立公共财政体系的重要内容，也是现阶段有效节约财政开支最直接的办法。目前，我国各地都积极开展了政府采购工作，效果十分明显，因而应逐步对政府提供的公共产品和服务，如各类办公用品、设备工程、公共设施、大型会议及有关劳务等通过公开招标的方式向社会购买，最大限度地提高财政资金的使用效益；应积极实施"零基预算"等适应公共财政要求的管理手段与方法，不断提高财政支出效率，以充分体现公平、公正、公开的原则。

此外，还应注意：我国公共财政的深化改革还必须与党的十九大以来的政策有机结合起来，必须与国家的政治经济体制改革相配套。

1.4 本章小结

★ 本章主要阐述和分析了财政基本理论释析、市场与财政的关系和财政理论历史演进三个问题。财政基本理论释析包括财政一词的由来和财政含义的界定，以及财政的主要特征和历史考察。我们认为，财政是指国家为实现其职能而依法参与社会产品分配及其管理的行为活动。其特征是阶级性、公共性、强制性和有偿性、收支性和平衡性。财政历经家计财政、国家财政和公共财政的发展过程，在自然经济状态下财政主要是家计财政；国家财政是国家需要的财政，是生产建设型的财政；公共财政是与市场经济相适应的，并满足社会公共需要和提供公共产品的民主法治财政。

★ 市场与财政的关系包括市场经济的含义、市场效率与公平、市场有效与失灵、政府干预与失效、财政的基本目标和财政职能内容分析。市场经济是指产品和服务的生产及销售完全由自由市场价格机制所引导的社会经济；市场有效是指市场在完全竞争的理想状态下经济运行自发产生高效率；市场失灵是指市场机制本身存在无法解决或解决不好的缺陷或问题；财政的基本目标是满足公共需要和提供公共产品；我国财政学界对财政的属性、职能和范围等有着同的看法，从我国社会主义市场经济财政宏观调控视角看，财政具有资源配置、收入分配和稳定经济 3 个基本职能。

★ 财政理论历史演进包括西方和中国财政理论的演进。西方早期的财政理论主要包括托马斯·孟、威廉·配第和尤士弟的财政理论；传统的财政理论主要包括亚当·斯密、马尔萨斯、萨伊、李嘉图、瓦格纳等财政理论；现代的财政理论主要包括凯恩斯、汉森、马斯格雷夫、新剑桥学派、新古典综合学派、货币学派、供给学派、公共选择学派、新古典宏观经济学派和新凯恩斯主义经济学派的财政理论。中国市场经济的财政理论主要是围绕着公共财政问题的研究。公共财政是指市场经济中以国家为主体，通过政府的收支活动集中一部分社会资源用于履行政府职能和满足公共需要的经济活动。

2. 财政学科建设研究

财政学科建设研究主要阐述和分析财政学科专业发展、财政学科领域拓展和财政专业能力培养的问题，其中财政学科专业发展包括财政学科专业的相关概念、发展历程、设置状况和地位分析；财政研究领域拓展包括财政学科体系的生成背景和财政学科专业的发展取向，以及设计财政学科体系的模式和构建新型的财政学科体系；财政专业能力培养包括专业核心能力的基本认识，财政学专业能力培养的现状分析和主要措施。

2.1　财政学科专业发展

2.1.1　财政学科专业的相关概念

（1）学科与科学、专业的含义。"科学"的英文为 science，一般是指对世界的认识和知识或知识的特定结构形态，《现代汉语词典》释为"反映自然、社会、思维等的客观规律的分科的知识体系"。"学科"的英文为 discipline，一是指相对独立的知识体系，即一定的科学领域或一门科学的分支；二是指高校教学科研等的功能单位，即依据一定的教学理论组织起来的科学知识体系。"专业"的英文为 discipline，《辞海》释为"高等学校或中等专业学校根据社会分工需要而划分的学业门类"。有人认为，专业指根据学科分类和社会职业分工需要分门别类进行专门知识教与学活动的基本单位；广义的专业是指某种职业不同于其他职业的一些特定的劳动特点，狭义的专业是指某些特定的社会职业，特指的专业即学校中的专业。

国务院学位办和教育部 2011 年制定的《学位授予和人才培养学科目录》中规定，"学科"目录适用于学士、硕士、博士的学位授予与人才培养，并用于学科建设和教育统计分类等工作，在人才培养和学科建设中发挥着指导作用和规范功能。可分为学科门类、一级学科（本科教育称为专业类）和二级学科（本科专业目录称为专业）三级，其中学科门类是对具有一定关联学科的归类，其设置应符合学科发展和人才培养的需要，并兼顾教育统计分类的惯例；一级学科是具有共同理论基础或研究领域相对一致的学科集合，原则上按学科属性进行设置；二级学科是组成一级学科的基本单元。学科门类和一级学科是国家进行学位授权审核与学科管理、学位授予单位开展学位授予与人才培养工作的基本依据，二级学科是学位授予单位实施人才培养的参考依据。

（2）学科与专业的联系和区别。学科与专业并存是高校的一种特有现象，其联系主要表现在：一是两者相互依存与发展，有时某个专业需要若干个学科支撑或某个学科又下设若干个专业，有时一个学科就是一个专业或一个专业就是一个学科；二是学科是专业的基础，随着基础学科不断分化，相继出现二级、三级学科和边缘学科、综合学科，构成了现代高等院校专业的学科基础；三是专业是对学科的选择与组织，高等院校的专业设置要考虑学科的基础和适应社会用人的需要，专业培养要求选择 1~3 个主干学科；四是专业特色主要是学科与社会适应特色，有特色的专业其学科特色也鲜明，两者的结合是通过课程设置及其内容的选择来体现的。此外。在教育教学实践中，专业通常指本科生教育，学科指研究生教育。而在社会工作实践中，学科与科学、学科与专业有常被混用的情形。

学科与专业的区别主要表现在：一是构成不同，一门独立学科的形成包含研究的对象或领域（具有特殊的规律）、理论体系和研究方法，而专业构成主要是专业培养目标、课程体系和专业中的人；二是依据不同，学科划分遵循知识体系自身的逻辑，学科及其分支是相对稳定的知识体系，具有自身相对稳定的研究领域，而专业是按照社会对不同领域和岗位的专门人才的需求来设置，处于学科体系与社会职业需求的交叉点，即专业是为学科承担人才培养职能和满足从事某种社会职业所必需接受的训练而设置的；三是目标不同，学科发展的核心是知识的发现与创新，以本学科研究的成果为目标，而专业则以为社会培养各级各类专门人才为己任，适应社会对不同层次人才在质量和数量上的具体要求，即专业的目标是出人才。[①]

（3）学硕博学位授予基本标准。根据有关规定，其基本标准为：

学士学位授予基本标准：高等学校本科毕业生，成绩优良，达到下述学

---

① 洪世梅，方星 . 关于学科专业建设中几个相关概念的理论澄清［J］. 高教发展与评估，2006（3）.

术水平者，授予学士学位：一是较好地掌握本门学科的基础理论、专门知识和基本技能；二是具有从事科学研究工作或担负专门技术工作的初步能力。

硕士学位授予基本标准：高等学校和科学研究机构的研究生，或具有研究生毕业同等学力的人员，通过硕士学位的课程考试和论文答辩，成绩合格，达到下述学术水平者，授予硕士学位：一是在本门学科上掌握坚实的基础理论和系统的专门知识；二是具有从事科学研究工作或独立担负专门技术工作的能力。

博士学位授予基本标准：高等学校和科学研究机构的研究生，或具有研究生同等学力的人才，通过博士学位的课程考试和论文答辩，成绩合格，达到下述学术水平者，授予博士学位：一是在本门学科上掌握坚实宽广的基础理论和系统深入的专门知识；二是具有独立从事科学研究工作的能力；三是在科学或专门技术上做出创造性的成果。

目前，我国学位类别分为学术学位与专业学位两类。学术学位按照学科门类授予，分别为哲学、经济学、法学、教育学、文学、历史学、理学、工学、农学、医学、军事学、管理学、艺术学学士/硕士/博士学位。专业学位也分为学士、硕士和博士三级，但一般只设置硕士级，按专业学位类型授予专业学位的名称表示为"××（职业领域）硕士（或学士、博士）专业学位"，如税务硕士专业学位。

（4）财政学学科与专业的关系。财政学是从经济学发展中逐步分离出来的，并逐步发展为较为成熟的学科体系。其属性主要体现在两个方面：一是财政学是一门科学，属于基础性科学——财政学课程；二是财政学是一门学科或专业，如本科教育中属于经济学门类下的财政学专业类或财政学专业，在研究生教育中属于经济学门类所属应用经济学一级学科下的二级学科。由此可见，财政学专业学士本科教育是财政学二级学科硕士、博士研究生教育的基本前提和基础保障。

在财政学教育教学实践中，财政学专业学士本科教育的培养目标一般表述为：本专业主要是培养具备财政、税务等方面的理论知识和业务技能，能在财政、税务及其他经济管理部门和企事业等单位从事相关工作的复合型与应用型高级专门人才；财政学二级学科硕士、博士研究生教育的培养目标一般表述为：本学科主要是培养具备宏观经济、财税法制和管理等方面的坚实理论、系统知识和研究能力，能在高等院校、科研单位、财税等经济管理部门和企事业等单位从事相关工作的研究型与创新型高级专门人才。

2.1.2 财政学科专业的发展历程

2.1.2.1 财政专业的发展历程

（1）中华人民共和国成立后的财政专业设置。我国财政专业设置相对较早，1929年中央政治学校大学部（国立政治大学）设置财税学系和财经系科。1948年，207所高校中设财经系科的有80所，系科21种、161个点，中原大学（现中南财经政法大学）设财政学专业（中国人民大学1950年设立），在无财政专业的高校中，财政学或中国财政问题则是大学经济系的重要课程。1952年后，我国参照苏联高校制度，设立工、农、医、师范、政法和财经等系科，或设置独立学院或专业，如上海财政经济学院、东北财经学院和四川财经学院等院校设有财政学专业。

（2）1953年财经类及财政专业设置。1953年全国高校设置专业共215个，其中财经13个。财经教育体系包括三类：一是按大区设置，每个大区基本上设置1所多科性财经学院，如东北（大连市）、上海、中南（武汉市）和四川（成都市）等财经学院；二是综合性大学设系，如中国人民大学、北京大学、南开大学、东北人民大学、复旦大学、厦门大学、武汉大学、四川大学、云南大学、西北大学和兰州大学设立财政系或经济系；三是专科、中专类的财经系科，如对外经贸专科学校和东北工业会计统计专业学校等。财经类本科专业包括工业经济、统计、会计、政治经济学、国民经济计划、财政、货币与信贷、国内贸易、对外贸易、供销合作社、工业生产合作社、工厂管理、铁道经济、劳动经济14个专业，有的高校还在财政学专业下设财政专门化和预算专门化。这些专业中的每个专业，几乎都有相应的部门和单位与之对应。

（3）1957~1982年财政专业的设置。我国专业设置制度建立后，专业目录又经过了多次调整。主要包括：1957年全国共有323个专业，其中财经类12个；1962年有627个专业，其中财经类25个；1965年有601个专业，其中财经类21个。但"文革"使财经类专业受到严重打击，有的学校把经济、哲学、法律、历史合为政治学专业。20世纪70年代后，部分综合性大学和财经类院校开始恢复部分专业，财政学专业也在其中。到1980年全国高校共设有专业1039个，其中财经类54个，各校设立的财政专业有财政学、税务、国际税收和财政金融学4个。由于经济建设的需要，财经类专业毕业生严重供不应求，至1982年财经各专业毕业生只能满足需要量的13%。因此，20

世纪 80 年代末以来，许多原先不设财经类专业的各种类型高校（包括理工科院校）纷纷设置了财政专业，使该专业本科生招生数量显著增加。

（4）1993～1998 年财政专业的设置。1993 年 7 月国家教委颁发了《普通高等学校本科专业设置规定》，改革了原来专业设置管理制度，进一步下放高校本科专业设置审批权限。新目录分设 10 大门类，即哲学、经济学、法学、教育学、文学、历史学、理学、工学、农学、医学，下设二级类 71 个、504 个专业，经济学类设 2 个二级类（经济学类和工商管理类）、31 个专业（含财政学）。1998 年 7 月教育部颁布修订的《普通高等学校本科专业目录》中增加"管理学"类，学科门类增为 11 个，其中 02 学科门类为经济学，仅有经济学类 1 个，包括经济学、国际经济与贸易、财政学、金融学 4 个专业。1998 年本科专业目录数量已大为减少，各专业所涵盖的内容也更为宽泛。部分高校经教育部批准设立了本科目录之外的专业，与财政学专业相关的是税务、国际税收和涉外税务等专业，少数高校恢复或设立了该类专业。

（5）2012 年财经类及财政专业设置。2012 年 9 月教育部颁发的《普通高等学校本科专业设置规定》中增加"艺术学类"，学科门类增为 13 个，专业类由 73 个增加到 92 个，专业由 635 个调减到 506 个。经济学（02）门类下设经济学、财政学、金融学、经济与贸易 4 个专业类、17 个专业，其中财政学类（0202）包括财政学（020201K）和税收学（020202）2 个专业。

2.1.2.2 财政学科的发展历程

1980 年 2 月第五届全国人民代表大会常务委员会第通过了《中华人民共和国学位条例》（1981 年 1 月起实施），确立了我国学士、硕士和博士三级学位制度。这是新中国颁布的第一部教育法律，是新中国教育史上的重要里程碑。1981 年 5 月国务院批准的《中华人民共和国学位条例暂行实施办法》规定："学位按以下学科的门类授予：哲学、经济学、法学、教育学、文学、历史学、理学、工学、农学、医学"。由此规定的学科门类，形成了我国现行学科专业目录的基本框架。

（1）1983 年财政学专业的学科设置。1983 年 3 月国务院学位委员会首次公布、试行的《高等学校和科研机构授予博士和硕士学位的学科专业目录（试行草案）》（简称"试行草案"）规定，设置的学科门类包括哲学、经济学、法学、教育学、文学、历史学、理学、工学、农学和医学等 10 个，设置 64 个一级学科、647 个二级学科。经济学类设置 1 个一级学科、24 个二级学科，其中二级学科包括编号为 020110 的财政学专业。

（2）1990 年财政学专业的学科设置。1990 年 11 月国务院学位委员会和国家教育委员会制定的《授予博士、硕士学位和培养研究生的学科、专业目录》（简称《专业目录》）规定，设置的学科门类 11 个，即在"试行草案"规定 10 个的基础上，新增"军事学"学科门类，设置 72 个一级学科、654 个二级学科（包括试办专业 34 个）。经济学类设置 1 个一级学科、27 个二级学科，其中二级学科包括编号为 020110 的财政学专业。

（3）1997 年财政学专业的学科设置。1997 年 6 月国务院学位委员会、国家教育委员会制定的《授予博士、硕士学位和培养研究生的学科、专业目录》规定，设置的学科门类 12 个，即在《专业目录》规定 11 个的基础上新增"管理学"学科门类，设置 89 个一级学科、387 个二级学科（学科专业）。经济学类包括理论经济学和应用经济学 2 个一级学科、16 个二级学科，其中二级学科包括编号为 020203 财政学（含税收学）。

（4）2011 年财政学专业的学科设置。2011 年 2 月国务院学位委员会、国家教育委员会制定的《学位授予和人才培养学科目录》（简称"新目录"）规定，设置的学科门类 13 个，即在《专业目录》（1997 版）规定 12 个的基础上，新增"艺术学"学科门类，设置一级学科为 110 个。二级学科的设置，原则上由硕士、博士学位学位授予权的单位，在一级学科学位授权权限内自主设置与调整。

（5）2017 年硕博学位授权的审核情况。国务院学位委员会自 1981 年起组织开展了 11 批博士、硕士学位授权审核工作。2017 年 3 月全国学位与研究生教育质量平台显示，我国现有学术学位授权点 11 751 个，其中博士学位授权一级学科点 2 991 个、二级学科点 535 个，硕士学位授权一级学科点 5 623 个、二级学科点 2 602 个；专业学位授权点 7 552 个，其中专业学位博士授权点 139 个、硕士授权点 7 413 个。近年来，全国每年平均授予博士学位约 4.8 万人，硕士学位约 43 万人，学士学位约 263 万人。

2.1.3　财政学科专业的设置状况

2.1.3.1　财政学科专业及院系

（1）财政学科专业的设置。截至 2014 年 6 月，按照教育部统计，我国设置财政学类专业的高等院校有 123 所，其中同时设有财政学和税收学本科专业的有

46 所，只设财政学专业的 57 所，只设税收学专业的 20 所；高校和科研机构设有财政学（含税收学）专业硕士学位和博士学位授予权的分别为 92 所和 29 所，设有税务硕士专业学位的院校为 45 所（《中国税务教育发展报告（2013 - 2014)》)。

（2）财政院系的设置状况。进入 21 世纪，随着我国经济的快速发展、高等教育和财税体制改革的加快，高校财政学科专业面临着重要的改革与发展机遇。这里以财经类高校或综合性大学为例，财政院系的设置大体上包括以下七种类型：

第一类：设财政与公共管理学院。如哈尔滨商业大学、浙江财经大学、安徽财经大学、云南财经大学和江西财经大学（财税与公共管理学院）等。

第二类：分设财政税务学院、公共管理学院。如西南财经大学、东北财经大学、中南财经政法大学、河南财经政法大学、山东财经大学、南京财经大学、广东财经大学、河北经贸大学、中央财经大学（政府管理学院）、首都经贸大学（城市经济与公共管理学院）和吉林财经大学（税务学院）等。

第三类：分设财政金融学院、公共管理学院。如中国人民大学、山西财经大学和重庆工商大学（社会与公共管理学院）等。

第四类：设公共经济与管理学院。如上海财经大学、新疆财经大学等。

第五类：设经济学院财政学系。如北京大学、厦门大学、浙江大学、南开大学、山东大学、河南大学、辽宁大学（财税系）、北京工商大学、天津工商大学和天津财经大学（财政与公共管理系）等。

第六类：设立管理学院财政学系。如华中科技大学、河北大学等。

第七类：设立经济管理学院财政学系。如西北大学、贵州财经大学、武汉大学（经济与管理学院财税系）、湖南大学（经济与贸易学院财税系）、对外经贸大学（国际经济贸易学院财税系）、广西大学（商学院财税系）和集美大学（财经学院财税系）等。

上述财税类和经管类学院分别设置了相应的系（室），如财税系、财政学系、税收学系和税务系，以及相应的财政学、税收学、税务等专业。

2.1.3.2 财政类研究会的成立

（1）全国高校财政学教学研究会。1986 年由中央财经大学、中国人民大学、上海财经大学、中南财经大学、东北财经大学、江西财经大学等高校共同发起，成立了"全国高校财政学教学研究会"。该会是研讨财政专业教学、财税理论与政策等的民间学术性组织，始终致力于推动财政学教学内容与方法、学科专业建设与人才培养、财税理论与改革实践等方面的研究，且成果丰硕、贡献卓著。该研究会成立至 2017 年，已举办了 28 届全体会员研讨会。

（2）中国税收教育研究会。2007 年 3 月由国家税务总局、中央财经大学、长春税务学院、中国人民大学、厦门大学、暨南大学、中南财经政法大学、东北财经大学、上海财经大学、西南财经大学、江西财经大学、扬州税务进修学院和中国税务出版社等单位成立了"中国税收教育研究会"。该会是专门研究税收教育方法、探讨税收教育规律、制定税收教育标准和开展税收教育学术交流的全国性群众学术团体。该研究会成立至 2017 年，已举办了 11 届全体会员研讨会。

2.1.4 财政学科专业的地位分析

2.1.4.1 对财政学科专业地位的不同认识

对财政学科专业地位的认识，我国专家学者有着不同的看法或存在着较大的分歧。概括起来，主要有以下三种观点：

第一种观点：提高专业地位。持该观点的专家学者较多。他们认为，财政和金融是国家调控经济的两大手段，金融是现代经济的核心，财政则是现代经济的枢纽。我国要求财税干部应深入、系统地学习社会主义市场经济的财政基本理论、知识和技能，提高干部的学历和业务素质，努力造就"一支政治过硬、业务熟练、作风优良的财税干部队伍"。特别是十八届三中全会明确提出"财政是国家治理的基础和重要支柱"，更彰显财政的重要性。因此，财政学专业不但不能弱化，相反应当强化并不断提高其地位。

第二种观点：淡化专业设置。他们认为，从根本上说本科教育与发展需要淡化专业设置，财政学专业如此。从增加各高校办学自主权、更好地适应市场和学生需求的角度来看，专业调整权限应还给高校，相关资源的配置应根据人员组成进行专业淡化，到一定程度时应允许学生自由选择专业，从而更好地将学生的学习兴趣和专业课程内容的学习有效地结合起来。从目前实际情况看，只有对国内众多高校的财政学专业课程设置进行大幅度调整，才能更好地促进财政学科的建设，满足市场和学生的要求。

第三种观点：无独立的必要。持该观点的较少。有人认为，我国现行专业划分有些过细，造成学生和教师的知识面也相对较窄，这不适于当前学科专业的发展趋势；也有人认为，教育部对本科学科专业目录进行调整，甚至今后还将进一步调整，财政学专业是否存在都是个问题；有的人还认为，当今时代是培养通才的时代，财政学专业太专了，加之财政、税务部门属于国家行政机关，正处于机构调整时期，财政学专业的学生难以在财税部门找到工作，所以财政学专业存在的价值不大或没有意义。

2.1.4.2 从多角度分析财政学科专业的地位

我们认为，上述观点是从不同的角度来分析财政学科专业地位的，有一定的道理。问题的关键在于，能否一分为二地看待财政学科专业的建设、发展与改革。

从建设与发展的角度分析，财政学科专业经过长期的建设已取得了可喜的成绩，因此学科专业地位应得到充分肯定。其成绩主要表现在：一是初步建立科学与合理的财政学科专业体系，课程设置日渐规范；二是教学内容逐步丰富与完善，并与财税具体业务相结合；三是教学方法与手段灵活多样，现代教学技术逐步应用于教学与实践中；四是为我国财政、税务、金融系统和企事业单位及相关经济管理部门，已培养了一大批具有财税管理知识与技能的复合型、应用型高级专门人才。

从发展角度分析，财政学专业是普通高等学校本科专业目录中经济学类的一个重要的专业类和专业之一，因此必须用发展的眼光去对待。"发展是硬道理"，财政学科专业发展必须适应社会经济的发展而与时俱进，即以服务于社会经济发展为中心，着重加强与政府特别是地方财税部门的联系与合作，参与制定地方财税法规、规章，研究财税工作问题及其解决的办法，为政府、财税系统和企业提供财税决策参考和咨询服务。

从改革角度分析，改革与发展是辨证统一的关系，将发展与改革同时兼顾考虑，即在发展中求改革、求完善，在改革中求发展、求效益。不断深化财政学科专业的改革、努力提高教育教学质量，这是学科专业发展与改革的永恒主题。例如，积极改善办学条件，深化课程体系改革，高待遇引进优秀人才，培养学科专业名师，重奖高质量科研成果等，这都是各高校所面临的实际问题，如何改革与实施又需要做认真、细致地研究。

2.2 财政研究领域拓展

完善财政学科体系是我国财政理论界及从事高等财经教育者探讨的重要问

题。从现有情况看，我国高等财经等院校财政学类专业培养的学生所拥有的知识结构，在一定程度上制约了其就业选择的领域。因此，从理论研究与实践要求，都有必要在财政研究领域拓展的基础上，构筑全新的财政学科体系。

2.2.1　财政学科体系的生成背景

（1）财政学科体系的理论基础。伴随着时代变迁、社会经济发展，财政无论内涵还是外延都得到了不断的充实与拓展。但财政的经济范畴是客观存在的财政经济关系的理论表现和理论抽象，同时又作为一个历史的范畴揭示其内在的本质。因此，对财政的认识与把握也自然地以特定的社会经济制度为依托，揭示其所具有的符合时代要求的特征及存在的合理性。只有在此基础上才能充分研究、丰富中国特色的社会主义市场经济体制下的公共财政理论，特别是党的十九大提出的"新时代中国特色社会主义""加快建立现代财政制度"等目标要求，使财政学科体系具有科学性、规范性和必然性。

（2）财政学科体系的发展状况。在传统计划经济体制下，财政多是从履行国家职能需要出发，财政理论核心即是国家财政论。自大力推行市场经济体制改革以来，我国财政界的专家学者们进行了大量的财政理论变革与实践等内容的研究，提出诸如分配关系论、共同需要论和公共分配论等不同的观点，时至今也未能达成共识，其财政学科体系的调整方向不明确、调整不到位和改革不系统。近年来，虽然各院校对相关课程及教学内容进行了调整与完善，但仍无法与国际领域的研究保持同步，也无法适应高等教育开放办学模式改革的整体需要，因而创立一个与时俱进、稳步发展的全新学科体系是十分必要的。

2.2.2　财政学科专业的发展取向

（1）财政学科专业发展取向的不同认识。我国专家学者对财政学科专业发展与改革的取向，可谓仁者见仁、智者见智。具有代表性的观点。

中国社科院高培勇教授在《"一体两翼"：新形势下的财政学科建设方向——兼论财政学科和公共管理学科的融合》一文中提出：财政学科的建设需要融入公共管理学科，应循着"一体两翼"的思路建设与发展，其中"一体"即指财政学科，"两翼"分别指经济学和管理学。将财政学科建筑在经济学和管理学——或应用经济学和公共管理学——互相融合的基础上。只有在财政学科和公共管理学科互相交融的大棋局中，才能找到适合现代经济社会背景的财政学科和公共管理学科的建设与发展道路。

对外经贸大学杨志勇教授在全国高校财政学教学研讨会中提出：从财政学科发展角度看，运用经济学特别是微观经济学方法研究财政问题是财政学科发展的必然趋势。财政学与管理学特别是公共管理学关系密切，主要表现在：一是财政学研究公共部门经济活动本身就是公共管理的重要内容，结合公共管理学来研究财政学更有利于拓宽视野；二是新公共管理理论，特别强调运用经济学方法研究问题，表明财政学在公共管理学的重要地位；三是财政学科表现出的跨学科倾向，如心理学、社会学和伦理学等内容，具有融入公共管理学的基础。

（2）财政学科专业发展取向的基本分析。市场经济一般是建立在资本与市场基础上的经济，与之相伴随而发展起来的财政理论与学科体系必然要反映资本与市场的要求，并不断地进行自我完善，更好地适应和服务于市场经济的发展与完善。1994 年，我国建立符合社会主义市场经济的财税体系及其改革也正是这样表现的，所构建的新型财政模式及其学科体系等也在逐步地体现市场化的要求。可见，社会主义市场经济体制的确立与深化改革，特别是新时代中国特色社会主义理论，已为全面、系统的进行财政学科体系改革奠定了良好的现实基础。

诞生于 20 世纪初期、至今近百年历史的公共管理学科，其研究对象的定位是政府或公共部门为满足社会公共需要而从事的各种管理活动。但在近年来，传统意义上的公共管理已经或正在为"新公共管理"所取代。按新公共管理理论对产业型政府的解释，政府部门实质上是一个特殊的产业部门。在现代经济社会各产业中，政府部门所经营的产业是公共物品或服务业。从财政学科与公共管理学科的发展来看，可以得到一个启示：即在公共管理和公共财政之间、在公共管理学科和财政学科之间，不仅有着诸多的相通之处，而且事实上起到了一种相互支撑的作用。

2.2.3　设计财政学科体系的模式

（1）设计财政学科体系的理论基础。斯密的《国富论》使财政学成为独立的学科，但限于研究财政收支本身；凯恩斯的《利息、就业与货币通论》主张国家干预经济理论，并形成财政学的主流学派，财政开始拓展为经济调节与管理；1959 年马斯格雷夫的《财政学原理：公共经济研究》推动了财政学向公共经济学转变，也为财政学科体系由传统的财政学向公共经济学科体系转变奠定了理论基础。这也为我国社会主义市场经济条件下的财政理论与学科体系的改革研究，提供了良好的理论基础。

（2）明确财政学科体系的研究范围。建立公共经济学科体系并以其代替现行财政学科体系，既符合市场经济发展要求和现代经济学演进方向，也具有可操作性。公共经济学作为一门新兴学科，其形成与财政学密切相关，它有新旧之分，其后者指财政学；前者指严格意义上的，其研究范围是财政学基础上的拓展，如增加政府选择与决策、政府政策对经济影响等内容。我国现行财政学科体系不断地调整与变革，使之基本具备了向公共经济学科体系转变的基础，但更深层次的问题还需进一步探讨。

（3）界定传统与现代财政学的关系。现代财政学与传统财政学在联系上，两者属于公共经济学范畴，前者是广义的，后者是狭义的。在观念上，前者是公共部门经济学、政府经济学或是核心内容，即政府资源配置之学；后者是政府收支管理学，即国家财政资金理财之学。在理念上，前者是补缺、服务、民主、民生和法制的财政；后者是吃饭、建设与发展的财政。在研究对象上，前者是公共部门经济活动，是公共部门资源配置有效与否的矛盾；后者是政府收支及管理行为，是财政收与支的矛盾。

2.2.4 构建新型的财政学科体系

2.2.4.1 构建财政学科体系设想

我国财政学界对财政学科体系认识不一，甚至还有较大的分歧。我们认为，财政学作为知识体系的学科，可作以下四个板块研讨：

（1）财政基础学。财政基础学是阐述和研究财政本质及其一般规律性的科学。研究内容是财政的基本理论、基本知识、基本原理与基本方法。它既是财政学学科入门的基础知识，又是财政学内容的高度概括。其主要科学包括基础财政学、财政经济学、财政政治学、财政文化学、财政社会学、财政教育学、财政卫生学、财政传媒学、财政公文学和财政心理学等。

（2）财政制度学。财政制度学是阐述和研究财政制度的基础理论、制度设计和国外财政制度的科学。属于财政学与制度学等交叉、融合的科学。其主要科学包括财政政策学、财政法制学、规制财政学、财政体制学、政府债务学、政府会计学、税收制度学、海关税收学、外国财政制度学和比较财政制度学等。

（3）财政管理学。财政管理学是阐述和研究财政管理理论及其程序、技能、组织和监管的科学。属于财政学与管理学等交叉、融合的科学。其主要科学包括资产管理学、财源管理学、财政计划学、财政统计学、财政信息学、财政电算学、国库管理学、政府采购学、预算管理学、财政行政学、财政监察学、财政审计学和财政评估学等。

（4）财政历史学。财政历史学是阐述和研究国家财政思想理论及其实践活动演变发展的科学。它是财政历史经验的总结，属于经济史学的范畴。按照内容划分为财政史和财政思想史；按照历史时期划分为古代财政（思想）史、近代财政（思想）史和现代财政（思想）史；按照国别划分为中国财政（思想）史和外国财政（思想）史。其主要科学包括中国财政史、外国财政史、中国财政思想史、外国财政思想史等。

2.2.4.2 需要说明和注意的问题

为体现学科的科学性、规范性，所研究的财政各门科学注重其"学"字阐释分析。阐述的"财政学"是从科学、课程视角研究的，属于财政学科体系中的"基础财政学"，同时也兼顾了"财政制度学、财政管理学和财政历史学"的相关内容，是财政理论的凝练和与财政实践的总结。

上述是对财政学学科体系框架的思考，至于如何构建其体系与内容，还有待于理论上的探讨和实践中的摸索。在财政教育教学管理中，可综合考虑课程设置的科学性、系统性、客观性及科学间的融合与互补，如政府采购学等诸多科学可单独设置，有的科学如基础财政学、经典财政论和财政经济学可合并为财政基础学等。

2.3 财政专业能力培养

高等院校专业能力培养是教育教学研究的重点问题，特别是正确把握知识、素质与能力的关系，专业能力的构成及专业核心能力的培养尤为重要。

2.3.1 专业核心能力的基本认识

2.3.1.1 知识、素质与能力的关系

知识是客观事物的固有属性或内在联系在人们头脑中的主观反映。从内

容看，知识包括科学知识和人文知识两个方面；从类型看，知识包括事实性知识和程序性知识。《辞海》对素质的定义包括人生理上的原始特点、事物本来的性质、完成某种活动所必需的基本条件。在高等教育领域中，素质指其中的第三个方面，即大学生从事社会实践活动所具备的基本条件，主要表现为学生通过教育取得的通用知识和专业知识。掌握和运用知识技能所需的个性心理特征，通常分为一般能力与特殊能力两类；前者指大多数活动共同需要的能力，如观察力、记忆力、思维力、想象力和注意力等；后者指完成某项活动所需的能力，如绘画能力和音乐能力等。

素质的形成与发展是一个长期内化的过程，其核心是知识的升华与内化。能力与素质十分相似，二者既有密切的联系，又有较大的区别。其联系是：能力和素质是在人的活动（认识与实践活动）过程中形成与发展的，素质是能力的基础，能力是素质的表现，能力的大小由素质的高低所决定的。其区别在于：素质的特点是内在的，是人在其活动过程中非对象化的结晶；能力以素质为基础，是外在的，是人在其活动过程中对象化的呈现。教育部在《关于深化教学改革培养适应 21 世纪需要的高质量人才的意见》（1998 年）中明确指出："在知识传授与能力和素质培养的关系上，树立注重素质教育，融传授知识、培养能力与提高素质为一体，相互协调发展、综合提高的思想。"

2.3.1.2 专业能力的构成及其内涵

专业能力是指从事技术性工作的人员顺利完成工作所应具备的能力，包括专通用能力、专业基础能力和专业核心能力。

（1）通用能力。通用能力是从事任何职业必须具备的基本能力，是实现专业能力的基础。BTEC（英国商业和技术教育委员会）提出通用能力 7 个方面 18 项内容（见表 2-1）。

表 2-1　　　　　　　　　　通用能力的内容

序号	专业能力	能力内涵
1	自我管理与自我发展	（1）安排自己的任务和承担责任；（2）安排自己的时间完成课程；（3）确定个人的发展方向；（4）获得多样性的技能来适应新的和多变的环境
2	与他人合作共事	（5）尊重其他人的价值和意见；（6）个人和群体良好的合作交往；（7）做集体中的积极成员

续表

序号	专业能力	能力内涵
3	交往和联系	（8）接收和应答变化的信息；（9）用各种直观方式表达信息；（10）用书面形式交流；（11）用书面或形体语言参与交流
4	安排任务和解决问题	（12）利用信息资源；（13）处理常规和非常规工作；（14）发现并解决常规和非常规的问题
5	数字的应用	（15）运用数字技能和技巧
6	科技的应用	（16）使用多样性的科技设备和系统
7	设计和创新	（17）利用各种技能和技术提出产品开发、服务和环境方面的新设想；（18）进行多角度思维

因此，通用能力的培养在高校培养方案中是通过公共课（包括公共基础课和公共选修课）的学习及各种活动来实现的。

（2）专业基础能力。专业基础能力是形成专业核心能力的基础，对专业基础能力的培养是通过学科基础课、学科选修课的学习来实现的（见表2-2）。

表2-2　　　　　　　　　专业能力的内容

序号	专业能力	基本内涵
1	专业基础能力	掌握本学科基础理论、掌握本专业的基本操作技能、掌握本学科分析工具的使用
2	专业拓展能力	理解相关学科的基础理论、熟悉相关学科的基本操作技能、了解相关学科分析工具的使用

（3）专业核心能力。作为培养人才的高等院校，专业核心能力一般是指担任某特定专业职务或从事特定工作所必须具备的专业技能或技术，用以胜任工作、产生绩效。具有独特的和不易模仿和层级递进的特性，可为学生今后的事业发展提供主要能量，是学生可持续竞争优势和新事业发展的源泉。

上述三种能力中，通用能力是基础，专业能力需建立在通用能力基础之上，而专业核心能力则是这三种能力要达到的最高目标。

2.3.2　财政学专业能力培养的现状分析

2.3.2.1　财政学专业的基本特点

在1977年我国恢复高考以来的高校建设与发展中，逐步形成了"学校定位——培养目标——培养方案——培养实施——质量考核"的专业人才培养体系。其专业能力的表述一般体现在各高校专业培养方案中。目前我国高校财政学专业培养方案的特点主要体现在以下四个方面：

（1）培养目标的明确性。各高校确立财政学专业培养目标，特色较为鲜明。在财政学专业培养目标中，一般明确规定人才的规格为复合型、应用型的高级专门人才；对基本专业素质的要求为具备财政、税务及经济管理、法律等方面的理论、知识和技能；对人才就业方向有着较为清晰的表达，即从事财政、税务、财务、税务代理与筹划等方面的工作。

（2）培养方案的严谨性。根据教育部的要求，各高校财政学专业人才培养方案，一般包括专业名称与专业代码、专业培养目标、专业基本要求、学制与学分、主干学科与主要课程、毕业与学位。各高校根据自身的优势，在国家规定范围内，在财政学专业的培养目标、教学计划的安排等方面体现自身的专业特色。

（3）培养手段的多元性。随着经济发展及国家对高校投入的增加，各高校教学手段现代化程度逐步提高，实践教学多媒体教学、网络教学等技术手段日趋普及。为保证财政学专业培养目标的实施，各高校加大了对实践教学软硬件的投入，不断加强实践基地的建设；专业人才培养手段现代化程度不断提高，培养措施日趋多元化。

（4）考核机制的公平性。考试、考核环节是高校教学管理工作的重要环节，目前，多数高校财政学专业课程考核仍然以笔试为主，特别是高校本科教学水平评估和审核评估常态化以后，各高校的出题、阅卷等考试规章制度更加严格。长期以来的财经热等，招生规模不断扩大，笔试方式对学生专业知识考核相对公平，且成本低。

2.3.2.2 财政学专业的问题分析

目前，我国院校人才培养体系建设虽取得一定成效，如体系完整、制度规范和设施完备，但在人才培养运行过程中却存在着培养目标与培养效果不相协调等问题。主要表现在以下四个方面：

（1）专业知识学习效果较差。相对于理工科学生来说，经管类学生的学习方法、创新意识和研究能力相对更差，财政学专业也是如此。大部分的学生学习时间分配不均，平时学习不重视、无抓手，把精力放在期末考试前的突击学习，专业理论与知识掌握不系统、不扎实，学习成绩不理想。

（2）专业能力培养不够突出。我国目前经管类高等院校财政学专业的培养方案，呈现出"几多几少"的状态，即课程门数多、课程时数少，课堂教学时数多、实践课时数少，教材中理论内容多、案例或仿真教学少。其结果是学生专业能力较差，难以形成有职业竞争力的专业核心能力。

（3）专业技能操作能力薄弱。财政学专业与多数文科专业相似，普遍存在实际业务与实践过程难以完整搬进实验室进行模拟的难题。假设的案例等资料多，学生在纸上谈兵，缺乏实际操作、演练或模拟能力，一旦毕业进入工作岗位则表现出专业技能差的弱点，参加工作的适应期较长。

（4）缺乏职业规划前瞻能力。尽管多数高等院校都开设了职业生涯规划课程，教师也引导学生对自己未来的职业进行规划。但许多学生仍是在毕业后进入工作岗位后，才体会到基础理论、专业知识、专业技能及操作能力的重要性，这对青年人来说可能为时不晚，但缺乏职业规划前瞻能力却使学生失去了许多就业机会。

2.3.2.3　财政学专业问题的成因

（1）专业能力评价（考试）不完善。专业能力评价是知识的考核，考试是评价教学成效的手段和实现人才培养目标的保障。通过将相对抽象的目标具体化或转化为可操作和测量的指标，考试可对具体的教学工作体系的运作效果、教学质量和学生的素质、学习情况做出评定，因而考试是对学生专业能力评价、引导的基本手段和方式。目前，对财政学专业能力评价的考核多数是对专业知识的考核，对应用能力的考核有较大的局限性，这也是造成学生不良学习态度与方式的主要原因之一。

（2）专业能力培养的实践环节较弱。一般而言，实践教学是提升学生专业核心能力的重要环节，是知识、素质向能力转化的重要条件。目前，财经类高校财政学专业的实践课程，一般分为校内实训室模拟实验和校外实习基地实战演练两个部分。但由于财税系统软件更新较快、投入较大，且带有一定的虚拟性，从而导致学校实验室难与实践对接进行仿真实习；校外实习基地往往流于形式、效果较差。因此，与课堂教学环节相比，财政学专业普遍存在实践教学环节弱化的问题。

（3）强调素质教育而忽视能力培养。一般而言，有了高素质就会在社会活动中表现出较强的适应力与创造力，但又不是绝对的，即素质高并不一定能力就强。强调素质教育无可厚非，但忽视能力培养特别是专业核心能力培养，对学生的影响是较大的。诸多院校财政学专业在培养方案修订中，片面压缩专业课时数尤其是核心课时数。近年来，有些学生利用业余时间，在校外学习会计上岗证、初级会计师和纳税筹划师等考试科目。如果大学四年本科学习连相关专业的入门考试还要回炉，不能不说是一种遗憾。

2.3.3 财政学专业能力培养的主要措施

完善专业能力培养体系不是一蹴而就的事，也不能将原来的培养体系推倒重建，经济学讲路径依赖、讲改革成本。我们认为，提高专业能力不仅是高校自身的任务，更是全社会的责任，即政府政策引导是基础，企业承担社会责任是辅助，高校自身改革是关键。

2.3.3.1 借鉴国外专业能力培养经验

2004 年，由全国青联海外学人工作部、中华全国青年联合会和《青年参考》报联合完成的调查显示：英国已超越美国成为最受中国学生欢迎的留学目的地。英国各种文凭与教育体系相互认可、自由转换，学生在大学期间可将其文凭考试与未来从事的岗位职业证书考试结合起来，使其在获得职业资格认证时既省钱、又省力。该办法可为我国所借鉴。

引导企业建立实习生制度，这是对用人企业和学生都获益的人力资源制度。实习生进入企业后先要参加有针对性培训，了解一个职业人士应具备的基本素质，如商务礼仪及本单位的企业文化、规章制度和行为规范等。我国可尝试制定"实习生制度"作为深化教育体制改革的内容，明确实习是专业教学的延续，以提高大学生专业能力与职业能力。

2.3.3.2 厘定专业核心能力培养体系

一般认为，专业核心能力是建立在通识教育、专业基础知识之上综合素质的转化，厘清财政学专业核心能力是搭建能力培养平台的基础。专业能力主要包括通用能力、专业操作能力、管理能力和决策能力，其中后三者构成了专业核心能力（见图 2-1）。

在财政学专业培养目标基础上，根据专业核心能力的基本特征，将其专业（以税收方向或税收学专业为例）核心能力，界定为"税收法规熟练运用能力、企业纳税会计的基本工作能力、税务师事务所基本业务能力和税务稽查工作基本业务能力"。

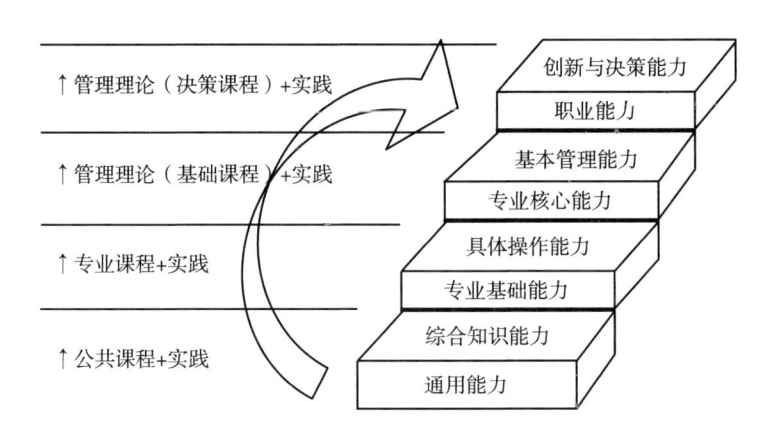

图 2-1　财政学专业能力与培养方案之间的关系

2.3.3.3　完善"三位一体"培养平台

"三位一体"专业核心能力培养平台是指由课堂教学平台、网络自主学习平台和校内外实践教学平台而构成的相互补充的人才培养体系。我国目前多数高等财经类院校基本建立了三个平台，但效果并不理想，特别是校外实习（实践）基地建设与实践教学大多效果较差或流于形式或名存实亡。因此，应进一步加强其平台建设，不仅要更新观念、改变方法，更重要的是建立一套行之有效的激励机制，引领教学科研团队改革课堂教学方法，完善校内外实践基地，以及提高自主学习平台的有效性。

财政学专业教学内容涉及法律制度繁多，且变化较快，网络自主学习平台能够弥补课堂教学有限的不足；校内外实践教学平台又可将专业知识及时转化为专业能力。而加强实践教学平台建设的关键是财税仿真教学软件的构建，如目前财经院校较为普遍使用的税务教学软件，为某公司开发的纳税申报、税务管理、税务稽查软件，这与实际工作有着较大的差距。为此，财经院校可通过与税务部门使用的 CTAIS 软件开发公司等合作，研制情景仿真"税务系统管理端与企业报税端软件"，与实际税收管理工作衔接一致。

2.3.3.4　加强课设置与执业考试对接

我国目前有关财政学专业重要的执业考试，如注册税务师等执业证书一般不允许在校大学生参加。其条件规定为：经济类、法学类本科毕业后，从事经济、法律工作满四年；取得经济类、法学类硕士学位后从事经济、法律工作满一年等。学生步入社会后不得不边工作、边考试。因此，我国可尝试学生在校期间可参加所有的执业资格考试，这对加强学风建设、知识向能力转化和增加学生就业机会等方面都有着现实意义。

此外，我们建议在教育部 2012 年版本科专业目录设置中，将财政学专业和税收学专业核心课程的《国家税收》《中国税制》，改为与注册会计师等执业证书类考试直接对接的《税法》课程；在会计学专业的核心课程中，增加《税法》课程等。其目的旨在使学生在校期间所学的课程及其内容，与注册类执业证书等考试内容相衔接，提升学生专业操作能力及其就业的机遇。

2.4　本章小结

★ 本章主要阐述和分析了财政学科专业发展、财政学科领域拓展和财政专业能力培养三个问题。财政学科专业发展包括财政学科专业的相关概念、发展历程、设置状况和地位分析，主要涉及学科与科学、专业的含义及其关系，学硕博学位授予基本标准，财政学学科与专业的关系；财政专业和财政学科的发展历程；财政学科专业及院系的设置，以及全国高校财政学教学研究会和中国税收教育研究会的成立；对财政学科专业地位的认识，主要有"提高专业地位""淡化专业设置""无独立的必要"三种观点。

★ 财政研究领域拓展包括财政学科体系的生成背景、财政学科专业的发展取向、设计财政学科体系的模式和构建新型的财政学科体系。具体包括财政学科体系的理论基础和发展状况，以及对财政学科专业发展取向的不同认识和基本分析；设计财政学科体系的理论基础、明确财政学科体系的研究范围和界定传统与现代财政学的关系；构建新型的财政学科体系，即构建财政基础学、财政制度学、财政管理学和财政历史学四个板块，至于如何构建其体系及研究内容，还有待于理论上的探讨和实践中的摸索。

★ 财政专业能力培养包括专业核心能力的基本认识，财政学专业能力培养的现状分析和主要措施。我国高校财政学专业的培养方案主要体现了培养目标的明确性、培养方案的严谨性、培养手段的多元性和考核机制的公平性等特点，但存在专业知识学习效果较差、专业能力培养不够突出、专业技能操作能力薄弱和缺乏职业规划前瞻能力等问题。加强财政学专业能力培养的措施主要包括借鉴国外专业能力培养经验、厘定专业核心能力培养体系、完善"三位一体"培养平台和加强课程设置与执业考试对接。

3. 财政收支规模研究

财政收支是财政收入与财政支出的统称，前者反映政府经济规模与发展水平，后者反映政府活动的范围、规模、结构和方向。财政收支规模研究主要阐述和分析财政收支基础理论、财政收支规模分析和财政投资经济效应的问题，其中财政收支基础理论包括财政收入的意义、形式和科目，以及财政支出的原则、种类和科目；财政收支规模分析包括财政收支规模的指标、财政收入规模分析和财政支出规模分析；财政投资经济效应包括 VAR 模型及其变量、变量的平稳性检验、VAR 滞后期与构建及基本结论。

3.1 财政收支基础理论

3.1.1 财政收入的基础理论

3.1.1.1 财政收入的意义

国家为实现其职能和满足各项公共需要，必须掌控一定的资金。财政作为以国家为主体的分配活动，凭借公共权力介入国民收入分配过程必然要占有一部分收入份额。从这个意义上说，财政收入是指政府为履行其职能、执行公共政策和提供公共物品与服务需要而筹集的一切资金的总和，表现为政府部门在一定时期内（一般为一个财政年度）所取得的货币收入。也可以将其理解为一个分配过程，该过程是财政运行的一个阶段或一个环节，并形成特定的分配关系或利益关系。其意义主要表现在以下三个方面：

第一，财政收入是财政支出的前提。财政分配是收入与支出的过程，财政支出是财政收入的目的，财政收入则是财政支出的保证。在一般情况下财政收入的数量决定着财政支出的规模，收入多才能支出多。因此，只有在经济发展的基础上积极聚集资金，才能为更多的财政支出创造前提条件。

第二，财政收入是国家财力的保证。国家为实现其职能必须掌握一定数量的社会产品或资金，财政收入是国家聚集资金的重要手段，对实现国家职能有重要的现实意义。如 2017 年我国财政收入为 172 567 亿元，同比增加 12 962.03 亿元；实现 GDP 总值 827 122 亿元，财政收入占 GDP 的比重为 20.86%。

第三，财政收入是利益关系的体现。财政收入不仅是聚集资金和取得多少、采取何种方式的问题，还关系到国家政策的贯彻落实，涉及各方面物质利益关系的处理。只有在组织财政收入的过程中正确处理好各种社会经济利益关系，才能达到充分调动各方面的积极性和协调分配关系的目的。

3.1.1.2　财政收入的形式

财政收入形式是指政府采取什么方式获得收入，即取得财政收入所采取的具体方式或方法。一般包括税收、非税收入和债务收入。税收收入是指国家凭借其政治或公共权力，强制和无偿地参与国民收入分配所取得的一种财政收入。一般占财政收入 85% 左右，2017 年我国的税收（144 360 亿元）占财政收入（172 567 亿元）的比重为 83.65%。税收之所以成为最重要的财政收入形式有其深刻的原因，财政收入的获得必须稳定、充分和连续，而税收强制性、无偿性和固定性等特征可以满足其要求。

非税收入与税收相对应，是指除税收和公债收入以外的财政性收入。主要包括公共收费、罚没收入、国有资产收益和其他非税收入，其核心是公共收费。公共收费一般理解为政府及其公共部门通过提供服务或劳务取得的收入；罚没收入是指工商、税务、海关、公安、司法等机关和经济管理部门按照规定依法收取的罚款及处理追回的赃款或赃物的变价收入；国有资产收益是指国家凭借国有资产所有权获得的利润、租金、股息、红利和资金占用费等收入的总称。

债务收入通常又称公债或国债收入，是指国家通过信用方式取得的有偿性收入。它作为国家财政收不抵支时用于弥补财政赤字的主要手段，其产生和发展需要两个条件：一是正常财政收入不能满足支出的需要；二是社会上可供借贷资金的存在。从这个角度看，公债属于特殊的财政范畴，也是一种特殊的信用范畴，兼有财政和信用的双重性质。在现实经济活动中，凡是由政府部门承担最后偿还责任的债务都称之为公债，即政府的各个机构及政府所属的公共部门所背负的债务应视为公债。

3.1.1.3 财政收入的科目

2007 年，我国对政府收支分类进行了相应的改革，之后每年进行修订和完善，新财政收入分类主要反映政府收入的来源和性质。根据财政部制定的《2012 年政府收支分类科目》，按经济性质将政府收入分为类、款、项、目 4 级，具体包括 6 大类、53 款、360 多项、800 多个目级科目。《2018 年政府收支分类科目》作了较大的调整，政府收支科目分为公共财政预算、政府性基金预算、国有资本经营预算和社会保险基金预算 4 类。有关政府收入的类和款科目设置情况如下：

（1）一般公共预算收入科目。该科目设税收收入、非税收入、债务收入和转移性收入 4 类 38 款，其中税收收入 20 款、非税收入 8 款、债务收入 2 款和转移性收入 8 款。其税收收入包括增值税、消费税、营业税、企业所得税、企业所得税退税、个人所得税、资源税、城市维护建设税、房产税、印花税、城镇土地使用税、土地增值税、车船税、船舶吨税、车辆购置税、关税、耕地占用税、契税、烟叶税和其他税收收入；非税收入包括行政事业性收费收入、专项收入、罚没收入、国有资本经营收入、国有资源（资产）有偿使用收入、捐赠收入、政府住房基金收入和其他收入；债务收入包括中央政府债务收入和地方政府债务收入；转移性收入包括返还性收入、一般性转移支付收入、专项转移支付收入、上解收入、上年结余收入、调入资金、债券转贷收入和接受其他地区援助收入。

（2）政府性基金预算收入科目。该科目设非税收入、债务收入和转移性收入 3 类 7 款，其中非税收入 2 款、债务收入 1 款和转移性收入 4 款。其非税收入包括政府性基金收入和专项债券对应项目专项收入；债务收入为地方政府债务收入；转移性收入包括政府性基金转移收入、上年结余收入、调入资金和债券转贷收入。

（3）国有资本经营预算收入科目。该科目设非税收入和转移性收入 2 类 2 款，其中非税收入和转移性收入各为 1 款。其非税收入为国有资本经营收入；转移性收入为国有资本经营预算转移支付收入。

（4）社会保险基金预算收入科目。该科目设社会保险基金收入和转移性收入 2 类 13 款，其中社会保险基金收入 11 款和转移性收入 2 款。社会保险基金收入包括企业职工基本养老保险基金收入、失业保险基金收入、职工基本医疗保险基金收入、工伤保险基金收入、生育保险基金收入、新型农村合作医疗基金收入、城镇居民基本医疗保险基金收入、城乡居民基本养老保险基金收入、机关事业单位基本养老保险基金收入、城乡居民基本医疗保险基金收入和其他社会保险基金收入；转移性收入包括上年结余收入和社会保险基金上解下拨收入。

3.1.2　财政支出的基础理论

3.1.2.1　财政支出的原则

财政支出通常又被称为政府支出或公共支出，是指政府为提供公共产品和满足社会共同需要而进行的资金支付。建立适应社会主义市场经济要求的公共财政体系，其实质是从满足公共需要和提高社会整体福利水平出发，使财政支出的范围、规模、结构、效益与政府职能范围、方向相适应，因而应当遵循以下原则。

（1）保证政府职能的原则。财政是政府职能在社会产品分配中的集中体现，财政支出就是要保证政府实现其职能。在市场经济条件下，政府活动主要是通过财政参与社会资源配置，弥补市场缺陷，为社会提供必不可少的公共产品与服务。保证政府职能需要，要求科学界定财政支出范围，明确财政资金供给范围；同时财政支出要保证重点支出的需要，如教育、科技、农业、能源和社会保障等涉及国计民生的领域与事务。

（2）兼顾公平效率的原则。公平与效率是建立政府财政支出的核心。公平实际上是与收入分配相联系的概念，讲求公平就是要在财政支出分配中做到合理、公开和透明，使各部门和单位对年度经费预算做到心中有数。效率与资源配置紧密相连，是以投入和产出之比计量，高效率主要来自于对社会资源的优化配置，要将有限的资源发挥最大效益，就必须以最小的投入取得最大的效益，为此财政支出预算规模要适当、支出结构要合理。

（3）依法管理支出的原则。依法支出包括：一是建立健全财政支出法律法规体系及其相适应的监督管理机制，使其有法可依，以保证财政支出活动的科学性和法制性；二是树立依法预算、依法办事的观念，真正做到有法必依、执法必严和违法必究，以保证财政支出活动的规范性和有效性。因此，在财政支出预算的编制、执行和调整等各个环节，都必须贯彻和强调依法支出的原则，避免"以言代支、以权代支"等违法违纪问题的发生。

（4）促进经济发展的原则。一般而言，经济发展上升阶段政府经济性支出占公共支出的比重呈明显的递减趋势，社会服务性支出占财政支出的比重呈急剧递增的趋势，政府维持性支出占财政支出的比重呈明显的递减趋势，社会服务性支出内部的转移支付支出呈急剧上升的趋势。因此，在优化财政支出结构时，必须根据国家和各地区所处的经济发展水平、财政能力等情况适时调整支出结构，以保证经济的健康、稳定与高效发展。

3.1.2.2 财政支出的种类

财政支出按其经济性质，分为购买性支出和转移性支出。前者又称消耗性支出，是指政府购买产品或劳务即购买日常政务活动所需的或用于政府投资所需各种物品或劳务的支出，主要包括用于政府雇员薪金、购置从事公务活动所需设备与物品、投资公共工程等方面的支出；后者是指政府按一定方式把一部分财政资金无偿地、单方面转移给居民和其他受益者的支出，主要包括政府部门用于社会保障、财政补贴和债务利息等支出。

从经济分析上看，财政的购买性支出和转移性支出对经济运行的影响是不同的。在财政支出规模一定的情况下，当购买性支出在财政支出总额中占有较大比重时，对经济运行影响较大，资源配置功能较强；当转移性支出占有较大比重时，对收入分配影响较大，收入再分配功能较强。因此，按这种分类研究财政支出对宏观经济运行的影响有着积极的重要意义。

一般而言，各国购买性支出与转移性支出占财政支出的比重有所不同。通常发达国家的转移性支出在财政支出中的比重相比发展中国家高，而发展中国家的购买性支出在财政支出中的比重相比发达国家高。一方面，发达国家社会生产主要依赖私营企业，政府较少直接参与社会生产；另一方面，随着经济发展和财政收入增长，政府为社会提供的福利水平不断提高，其中居民补助支出增长尤为迅速。可以说，发达国家财政支出对分配的影响大于发展中国家，相反发展中国家财政支出对生产的影响大于发达国家。

3.1.2.3 财政支出的科目

（1）按支出功能分类设置的科目。2007 年以前我国财政支出按政府职能分类，分为国防支出、行政管理支出、社会文教支出、经济建设支出和其他支出 5 类。2007 年 1 月起实施政府收支分类改革，采用国际通用做法按支出功能设置类、款、项三级，更能清晰反映支出的总量结构和方向。类级科目反映政府的某一项职能，款级科目反映为完成某项政府职能进行的某一方面的工作，项级科目反映某一方面工作的具体支出。

根据财政部制定的《2018 年政府收支分类科目》，财政支出按支出功能分类的类级科目有 24 类，包括一般公共服务、外交、国防、公共安全、教育、科学技术、文化体育与传媒、社会保障和就业、城乡社区、医疗卫生与计划生育、节能环保、农林水、交通运输、资源勘探信息等、商业服务业等、金融、援助其他地区、国土海洋气象等、住房保障、粮油物资储备、其他支出、债务付息、债务发行费用和预备费等支出。

上述的每类科目中还可以再进一步划分，如公共安全可再分为武装警察、公安、国家安全、检察、法院、司法、监狱、劳教、国家保密、缉私警察和其他公共安全支出等款级科目；款级科目还可以再进一步细分，如教育是类级科目，普通教育是款级科目，小学教育就是项级科目。可见，类、款、项三级科目的划分方法，对政府资金投向何处，在预算支付和决算统计上就能清楚地反映出来。

（2）按经济用途分类设置的科目。我国中央预算和地方省级预算，分别从 1992 年和 1993 年起实行复式预算，财政支出分为经常性支出和建设性支出两类。2007 年 1 月起对政府收支分类进行改革，即在支出功能分类的基础上按照支出的经济用途分类。功能分类是反映政府支出"做了什么"，而用途分类则是反映政府支出"怎么去做"，主要是反映各项支出的具体经济构成和政府每一笔钱的具体去向。根据财政部制定的《2017 年政府收支分类科目》，按支出经济分类有 10 类，包括工资福利支出、商品和服务支出、对个人和家庭的补助、对企事业单位的补贴、转移性支出、债务还本支出、基本建设支出、其他资本性支出和其他支出。从 2018 年 1 月起，各级政府根据新《预算法》要求按照支出经济分类编制预算，即从支出经济属性的维度清晰、完整、细化反映政府用于工资和机构运转，以及对事业单位补助、企业投入和个人和家庭补助支出等方面的情况。

3.2　财政收支规模分析

3.2.1　财政收支规模的指标

3.2.1.1　财政收入规模的指标

财政收入规模是指财政收入在数量上的总体水平。它是衡量国家财力和政府职能范围的重要指标。衡量财政收入规模的指标包括财政收入的绝对量和相对量。财政收入的绝对量是指在一定时期内财政收入的实际数，反映一国政府的具体财力状况。我国财政收入从 1950 年的 65.19 亿元，发展到 2017 年的 172 567 亿元，68 年增长 2 647 倍，这说明我国财政收入的绝对规模是伴随经济发展而不断增长的。

财政收入的相对量是指在一定时期内财政收入与有关社会经济指标的比率，即财政征收程度。其指标主要包括财政收入占国民生产总值（GNP）比重、占国内生产总值（GDP）比重、占国民收入（NI）比重和人均财政收入等，其中财政收入占 GDP 的比重为基本指标，也是国际上衡量财政收入规模大小比较通用的指标。我国 2017 年财政收入占 GDP 的比重为 20.86%，比 2004 年的 16.5% 高出 4.36 个百分点。

3.2.1.2　财政支出规模的指标

财政支出规模是指在一定时期（通常为财政年度）内政府安排和使用财政资金的绝对数量。它是根据国民经济发展状况和政府职能要求等因素，测算和完成的政府集中性支出在总量上的反映。财政支出规模反映了政府对 GDP 的实际占有规模和程度，体现了国家职能和政府的活动范围，是研究和确定财政分配规模的重要指标。

衡量财政支出规模的指标通常有绝对数量指标和相对数量指标两种：前者是指政府实际使用的财政资金的总额，一般用元（或千元、万元、亿元）表示；后者是指政府实际使用财政资金占相关经济总量指标的比率，其中总量指标如 GNP、GDP 和 NI 等，如 2017 年财政支出（203 330 亿元）占 GDP（827 122 亿元）的比重为 24.6%。

3.2.2　财政收入规模的分析

3.2.2.1　影响财政收入的因素

一般而言，世界各国将财政收入增长作为主要的财政目标，但财政收入的增长并不是以政府的意愿为转移的，要受到相关因素的制约，包括经济发展水平、生产技术水平、收入分配政策、价格水平和其他因素等的影响。

（1）经济发展水平的影响。一国的经济发展水平可用该国一定时期的 GNP、GDP 和 NI 等指标衡量。联合国分别制定了适用于市场经济国家（SNA）

和中央计划经济国家（MPS）的经济核算体系，其中 SNA 是将国民经济各行各业都纳入核算范围，完整地反映全社会生产活动成果及其分配和使用的过程，并注重社会再生产过程中资金流量和资产负债的核算。MPS 主要是核算物质产品再生产过程，两者都是用以规范核算与比较经济发展水平。

经济发展水平反映一国社会产品的丰富程度和经济效益的高低，是制约财政收入规模的最基础、最重要的因素。一般而言，经济发展水平越高、社会产品越丰富，其 GDP 也就越多，则该国的财政收入总额就会越高，财政收入占 GDP 比重也会更高。从世界各国实际水平看，发达国家财政收入的绝对额和相对额高于发展中国家。例如，根据 IMF 的 2015 年数据计算，21 个工业化国家的财政收入占 GDP 比重平均为 46.4%，而 30 个发展中国家的平均水平为 36.5%。

（2）生产技术水平的影响。生产技术水平是指在生产中采用先进技术的程度。它是制约财政收入规模的重要因素之一，内含于经济发展水平中，影响更为直接和明显，主要表现在：一是技术进步速度越快、生产技术水平越高、社会产品和国民收入增加越快，财政收入增长也就有充分的财源；二是技术进步必然带来物耗比例降低、社会经济效益提高、剩余产品价值所占比重扩大，因此可供财政分配的产品也就越多。

据有关专家测算，一些发达国家的经济增长中技术进步所占的比重，从 20 世纪初的 5.2% 上升为 20 世纪中叶的 40%，70 年代进一步上升到 60% 以上，其中美国和日本等发达国家更是高达 80% 左右。而我国生产技术水平 2001 年仅为 39%，到 2016 年该比例提升为 55.8%。《国家中长期科学技术发展规划纲要（2006—2020）》明确提出，到 2020 年该比例达到 60%，即便如此我国与发达国家相比还有着较大的差距。

（3）收入分配政策的影响。政府收入分配政策是一国采取的对收入进行再分配的规范措施，一般而言，政府在收入分配中越追求公平，进行再分配的力度就会越大，要求掌握的财力也就会越多。在同等的国民收入或社会产品的水平下，政府财政收入规模就会越大，以致政府财政支出就会越多和再分配力度也就越大。

从收入分配政策的表现形式看，对财政收入规模的影响主要表现在：一是收入分配政策影响剩余产品在 GDP 或 NI 总量中所占的份额，进而决定财政分配对象的大小，即政府的财政收入来源占 GDP 或 NI 的比重就会越来越大；二是收入分配政策决定财政收入占剩余产品的份额，进而决定财政收入规模的大小。通常实行计划经济体制的国家，要比市场经济体制国家更强调收入分配公平、相对财政规模更大。

（4）价格水平的影响。在市场经济条件下，价格总水平呈上升趋势，价格微升有利于经济的持续增长，但持久的和大幅度的上涨即为通货膨胀，反之价格的持续下滑又形成了通货紧缩。如果财政收入随着价格总水平的变化而同比例地升降，那么财政收入的增加或减少就是虚增或虚减，即剔除价格因素后财政收入没有变化。实际上价格变化会对财政收入规模产生不同的影响，物价上升时财政收入增长高于物价上升，即财政收入的实际增长；财政收入增长和物价上涨持平，即财政收入实际上没有增长；当财政收入增长率低于物价上升时，财政收入就变成了负增长。

价格总水平对财政收入规模的影响，主要表现在财政赤字和财政收入体制两个方面。财政赤字是引发通货膨胀的重要原因，当流通中过多的货币量是为了弥补财政赤字时，即使 GDP 因物价上升仅有名义上的增长时，国家运用财政赤字占 GDP 更大份额的办法，通过价格再分配机制也可实现财政收入增长，实际上具有"通货膨胀税"的性质。此外，价格比率的变化也会引起财政收入的变化，由于价格比率的变化会引起货币收入在不同产业部门之间的分配，从而导致收入来源的构成发生变化；不同部门对财政收入的贡献比例是不同的，从而会使整体财政收入发生变化。

（5）其他因素的影响。政治因素对财政收入规模的影响，主要体现在政局和政体结构上。一国政局是否稳定对财政收入规模有很大的影响，当一国政权更迭或政局不稳而出现内乱或发生外部冲突等突发性事件时，财政支出规模必然会出现超常规变化，也就引起相应财政收入规模的变化。如果一国行政机构臃肿、人浮于事、效率低下、经费增多，从而产生增加财政收入的要求。

社会因素（如人口和文化因素等）在一定程度上也影响着财政收入规模。发展中国家人口基数大、增长快，相应的教育、保健和救济贫困人口的财政支出压力就会很大；发达国家公众改善、提高生活质量也会对财政支出提出新的要求，相应要求增加财政收入；我国社会矛盾的转化和"五位一体"建设的加快，这对财政收入规模产生了较大的影响。

文化对财政收入规模的影响，是以往财政分析中常被人们忽略的一项重要内容。事实上，一个社会的文化传统、价值观念及其内含于人们思想中的行为准则，决定着人们的行为习惯。尤其决定着人们对私人产品和公共产品的需求偏好，决定着整个社会对公共经济与私人经济的选择，进而影响着财政收支规模的选择。

3.2.2.2　财政收入规模总量的变化趋势

改革开放以来，我国财政收入稳步增长，总量规模越来越大。如从 1978 年的 1 132.26 亿元增至 1988 年的 2 357.24 亿元、1998 年的 9 875.95 亿元和 2016 年的 159 604.97 亿元（均不包括债务收入），39 年间增长了 139.96 倍；财政收入增长率波动较大，其中 1998 ~ 2016 年年均增长率为 16.8%，具体情况见表 3 - 1。

表 3 - 1　　　　　　1998 ~ 2016 年中国财政收入规模变化情况

年份	财政收入（亿元）	GDP（亿元）	财政收入占GDP比重（%）	财政收入增长率（%）	GDP增长率（%）
1998	9 875.95	85 195.5	11.6	14.2	7.8
1999	11 444.08	90 564.4	12.6	15.9	7.6
2000	13 395.23	100 280.1	13.4	17.0	8.4
2001	16 386.04	110 863.1	14.8	22.3	8.3
2002	18 903.64	121 717.4	15.5	15.4	9.1
2003	21 715.25	137 422.0	15.8	14.9	10.0
2004	26 396.47	161 840.2	16.3	21.6	10.1
2005	31 649.29	187 318.9	16.9	19.9	11.3
2006	38 760.20	219 438.5	17.7	22.5	12.7
2007	51 321.78	270 232.3	19.0	32.4	14.2
2008	61 330.35	319 515.5	19.2	19.5	9.6
2009	68 518.30	349 081.4	19.6	11.7	9.1
2010	83 101.51	413 030.3	20.1	21.3	10.4
2011	103 874.43	489 300.6	21.2	25.0	9.3
2012	117 253.52	540 367.4	21.7	12.9	7.7
2013	129 209.64	595 244.4	21.7	10.2	7.7
2014	140 370.03	643 974.0	21.8	8.6	7.4
2015	152 269.23	689 052.1	22.1	8.5	6.9
2016	159 604.97	744 127.2	21.4	4.8	6.7
平均	—	—	18.1	14.6	9.5

资料来源：《中国统计年鉴》（2017）及其计算所得，财政收入增长率按当年价格计算，GDP 增长率按国家公布的数据统计。

（1）财政收入规模逐步扩大的趋势。从纵向分析可以看出，我国 1998 年以来财政收入规模总体上为逐步扩大的趋势，主要分为以下三个阶段：

第一，财政收入稳步增长阶段。即财政收入增长幅度从 1998 年的

14.2%增至2001年的22.3%，最低为1998年的14.2%，最高为2001年的22.3%，年均增长率为17.4%。

第二，财政收入快速增长阶段。即财政收入增长幅度从2002年的15.4%增至2007年的32.4%，最低为2003年的14.9%，最高为2011年的25.0%，年均增长率为21.1%。

第三，财政收入增长回落阶段。即财政收入增长幅度从2008年的19.5%降至2016年的4.8%，最低为2016年的4.8%，最高为2007年的32.4%，年均增长率为13.6%。

（2）2016年财政收入增长情况分析。2016年全国财政收入增长率为4.8%，仍延续增幅逐年回落的走势。其原因主要是政策性减收较多，如全面推行"营改增"全年降低企业税负超过5 000亿元；清理涉企收费和扩大行政事业性收费免征范围等，也带来一定程度的减收。

经济下行产生的滞后影响，财政收入增速回落。与2015年相比，2016年规模以上工业企业利润、一般贸易进口额、工业生产者出厂价格等指标有所改善，但全社会固定资产投资、规模以上工业增加值等增幅仍有不同程度的回落，制约财政收入增长等。

3.2.2.3 财政收入占GDP比重的增长分析

1998～2016年，我国财政收入占GDP的比重总体上仍处于稳定增长的态势，即从11.6%增至21.4%，增长9.8个百分点，年均比重18.0%。从两者增长规模看，财政收入由9 875.95亿元增至159 604.97亿元，19年间增长了16.16倍；相对而言，GDP由85 195.5亿元增至2016年的744 127.2亿元，仅增长了8.73倍，两者相差7.43倍。财政收入占GDP比重的上升，以及财政收入增长高于GDP的增长是否正常、合理应予以综合分析，这里既有积极因素又有消极因素，既有主观原因又有客观原因。

（1）财政收入与GDP增长的积极因素。主要表现在以下三个方面：

第一，经济稳定发展。随着我国市场经济体制的全面改革和深化，产业经济得到了较大的发展，企业经济效益有了显著的提高，这是财政收入稳定和快速增长的根本所在。主要表现在：一是流转税收入稳定增长，流转税征收具有"刚性"，即只要生产经营者实现了销售（营业）收入就要依法申报纳税，因此产业经济的发展促进了GDP的增长，同时也保障了流转税收入的稳定增长；二是所得税收入的快速增长，随着国有企业改革步伐的加快和现代企业制度的建立与发展，企业经济效益得到了较大的提高，而经济效益的提高又保证了所得税收入的快速增长。

第二，调整财税政策。1994 年以来，我国实施了有效、可行的财税政策措施，也保障了财政收入的稳定增长。主要表现在：一是积极财政政策的实施取得了良好的成效，1998 年和 2008 年我国两次实施积极财政政策，积极扩大内需、拉动经济增长，这为扩大税源、保证财政收入的稳定增长奠定了坚实的基础；二是税收政策的调整开辟了新的财源，如 1994 年税改时新征了消费税、土地增值税和证券交易印花税，加之增值税和个人所得税等税的增长，使税收逐年大幅度地提高。此外，从 1996 年开始部分行政性规费和部分预算外资金纳入预算管理，进而增加了财政收入的总量。

第三，加强税收征管。主要表现在：一是强化以法治税的理念，税收执法和守法逐步走上法制化轨道，有利于防止国家税款的流失，从而较好地保证了税收的增长；二是采取现代化税收手段，1994 年以来开始"金税工程"等先进科技手段的运用，有效提高了税收管理工作效率与水平，较好地保障了税收收入的稳定增长；三是堵塞税收流失的漏洞，1998 年以来我国各级财税部门和审计部门特别是税务部门认真贯彻国务院的关于"加强征管，堵塞漏洞，清缴欠税，惩治腐败"方针，采取积极有力措施防范偷逃税等违法行为、努力增加财政收入。

（2）财政收入与 GDP 增长的消极因素。主要表现在以下三个方面。

第一，统计口径差异。财政收入高于 GDP 的增长速度，其重要的原因是统计口径上的差异。主要包括统计价格和经济内容两个方面：一是我国 GDP 增长率剔除了物价上涨等因素是按可比价格计算的，而财政收入是按当年价格计算的，在通货膨胀的情况下财政收入的高增长率实际上有一定的虚增成分或不具有可比性；二是根据统计工作性质，即使财政收入与 GDP 及其增长口径吻合，但两者的经济内容也是有差异的，即有些经济内容可计入财政收入中但无法计入 GDP，或因数据在统计口径上微不足道而被忽略，如规费、罚没和赃款赃物变价等收入在 GDP 统计上没有计入，但却计入财政收入中。

第二，制度缺陷差异。主要包括：一是生产型增值税制度形成收入的"水分性"，我国固定资产折旧费被计入增值额征税，形成增值税收入是不合理的、是有"水分"的；二是税收先征后退方式形成收入的"虚假性"，税制规定"先征后退、即征即退"等优惠政策，但在财政收入统计上只要税款缴库后无论退还与否均计入财政收入中，显然已退税款形成的财政收入是

"虚假"的；三是地方税收征管办法形成财政收入的"预收性"，个别市县尤其是乡村实施"包税"或变相包税办法，加之有些地方政府搞以权代税的"政绩工程"是按任务或包税征收，造成了借税、贷款缴税等税收的"预收"。

第三，本位利益差异。主要包括：一是财政支出利益的需要，各地为满足自身财政支出的需要就必须努力完成征收任务，甚至造成有的贫困地区越穷越收的现象；二是税收既得利益的驱使，按分税制财政体制规定，增值税和消费税作为共享收入在中央与地方之间进行分配，有些地区为保证增值税和消费税增长而获得更多的税收返还，积极加大增值税和消费税等税的征管力度，保证了税收的快速增长；三是部门分成利益的诱惑，地方政府一般对征收部门多采取奖励性措施，极大地调动了征收部门及其人员的积极性，使财政收入的增长有了措施上和利益上的保障。

3. 2. 2. 4　财政收入与 GDP 增长关系的分析

（1）财政收入增长与 GDP 增长关系的理论分析。理论上，在国家、集体和个人分配比例相对稳定的情况下，财政收入与 GDP 增长大体上成正比的关系，长期看应趋于同步。经济增长是财政收入增长的重要基础，但财政收入增长并非一定与 GDP 保持同步增长。不同税类、税种有着不同的税基，不同的税基与 GDP 有着不同的关系。

税种与 GDP 有着不同的相关度，主要表现为：一是以销售数额或销售数量为税基的增值税、消费税、资源税和关税等税种与 GDP 有正相关度，税基随 GDP 的增长而增加，进而带来税收收入的增长；二是以利润数额为税基的企业所得税等税种，与 GDP 的相关度具有较大弹性，其税收收入增长与经济增长质量有着更为密切的关系；三是诸如印花税、房产税、土地使用税、车船税和车辆购置税等税种，其税基一般与 GDP 无直接关系。

（2）财政收入增长与 GDP 增长关系的实践检验。由表 3－1 可知，1998～2016 年我国财政收入与 GDP 年均增长率分别为 14.6% 和 9.5%，前者高于后者 5.1 个百分点。但财政收入增长率波动较大（4.8%～32.4%），且总体上呈下降趋势（14.2% 降至 4.8%），而 GDP 增长率的波动相对较小（6.7%～14.2%）。由此可见，财政收入增长率与 GDP 增长率之间并不存在较强的相关性或必然性。

从国际货币基金组织《政府财政统计手册》公布的数据看，2015 年全部51 个国家的财政收入占 GDP 比重平均为 41.5%，21 个工业化国家平均水平为 46.4%，30 个发展中国家平均水平为 36.5%。1998～2016 年，我国财政收入占 GDP 比重年均为 18.1%，即使是最高的 2015 年也仅有 22.1%。国际比较表明，我国财政收入占 GDP 比重不仅低于发达国家平均水平，而且低于发展中国家平均水平。因此，规范财政收入渠道，保持财政收入的稳定和快速增长，也是与国际惯例接轨的基本要求。

综上所述，我国财政收入增长高于 GDP 增长总体上看是正常的、合理的，是由于统计口径、调整政策、经济增长和强化征管等因素形成的，也不存在收"过头税"的问题，更不存在加重企业、居民或社会负担等问题。相反，还应采取积极措施促进经济的良性运行与发展，保障财政收入的稳定增长，逐步使财政收入占 GDP 的比重合理化、科学化。

3.2.3　财政支出规模的分析

3.2.3.1　衡量财政支出规模的指标

在财政支出规模的理论研究和现实分析中，衡量财政支出规模的相对量指标主要包括以下四种：

（1）GDP 财政支出率。GDP 财政支出率即指一定时期的财政支出占 GDP 的比重。它反映一定时期内在全社会财富中由政府直接支配和使用（财政支出）的数额。其计算公式为：

$$财政支出占 GDP 的比重 = \frac{G}{GDP} \times 100\%$$

其中 G 为财政支出，表现为一定时期（一般为 1 年）数值；GDP 为当期（同期）数值。各国一般使用该指标来衡量财政支出的相对规模。通过对一国不同时期 GDP 财政支出率变化的序时分析，可以掌握国家财政支出规模的变动情况，以及不同国家财政规模的差异情况。

（2）财政支出增长率。财政支出增长率是指当年财政支出增长数额与上年财政支出数额的比例，即谓"同比"增长率。其计算公式为：

$$\Delta G(\%) = \frac{\Delta G}{G_{n-1}} = \frac{G_n - G_{n-1}}{G_{n-1}}$$

其中 ΔG 为当年财政支出与上年相比的增减额；G_n 为当年财政支出额；G_{n-1} 为上年度财政支出额。

（3）财政支出增长弹性系数。财政支出增长弹性系数是指财政支出增长

率与 GDP 增长率的比值。它表示由 GDP 增长引起财政支出增长的幅度。其
计算公式为：

$$E_g = \frac{\Delta G(\%)}{\Delta GDP(\%)}$$

其中 E_g 为财政支出增长弹性系数；ΔG（%）为财政支出增长率；ΔGDP（%）
为 GDP 增长率。其基本含义是：当弹性（系数）大于 1 时，表示财政支出增
长快于 GDP 增长；当弹性（系数）小于 1 时，表示财政支出增长慢于 GDP
增长；当弹性（系数）等于 1 时，则说明二者保持同步增长。

（4）财政支出增长边际倾向。财政支出增长边际倾向是指财政支出增长
额与 GDP 增长额之间的比值。表明 GDP 每增加 1 个单位的同时财政支出增
加了多少数值。其计算公式为：

$$MGP = \frac{\Delta G}{\Delta GDP}$$

其中 MGP 代表财政支出增长边际倾向；ΔG 代表财政支出增长额；ΔGDP 代
表财政支出增长额。当边际倾向大于 1 时，表明每增加 1 个单位 GDP 需要财
政支出更多的资金。

3.2.3.2 财政支出增长的理论依据

面对财政支出不断增长、规模不断扩大的趋势，西方经济学界从各种角
度探讨其依据和原因。比较有代表性的理论主要包括：

（1）政府活动扩张理论。1882 年德国经济学家瓦格纳通过对 19 世纪欧
洲多数国家和日本、美国财政支出增长的考察，提出了政府活动扩张理论
（见图 3 - 1）。

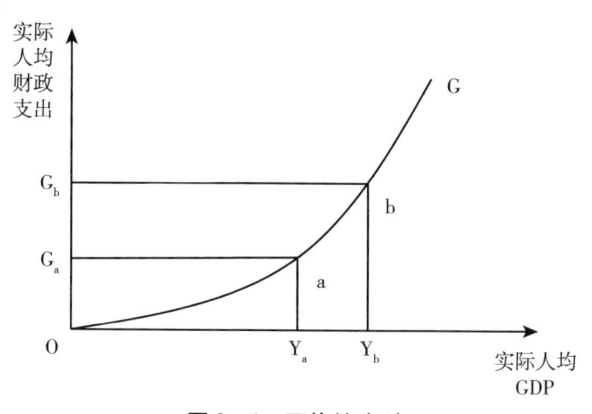

图 3 - 1　瓦格纳法则

　　瓦格纳认为，政府职能扩大与国家所得的增加之间存在一种函数关系，即随着国家职能的扩大和经济的发展，要求保证国家财政支出不断增加，即使出现暂时的财政不均衡也无妨，即瓦格纳法则。他把导致政府支出增长的因素分为政治、经济和社会因素，把对教育、娱乐、文化、保健与福利服务的公共支出增长归于需求的收入弹性，即这些项目公共支出的增长会随实际收入上升而快于 GDP 的增长。瓦格纳的追随者对该理论作了补充：政府支出增长幅度大于经济增长是一种必然趋势，政府消费性支出占国民所得的比例不断增加，随着经济发展和人均所得的上升财政支出也就逐渐增加。

　　财政支出增长的原因主要包括：一是随着经济的大规模工业化，人口急剧增加和城市迅速发展导致各种矛盾激化，各经济主体之间的矛盾也日益复杂，政府在建立司法制度和扩大对外职能过程中，一般行政、公安司法等政治管理支出不断扩大；二是市场失灵的问题逐渐暴露，政府出于调节经济活动的需要办理了原来私人部门的活动，使得政府参与更多的投资和调控，经济管理支出增加；三是工业化的发展，国民所得的增加，使得教育、文化、保健福利的需求收入弹性加大，政府社会管理支出也会增加。

　　（2）梯度渐进增长理论。又称时间形态理论，由英国经济学家皮考克和威斯曼在《联合王国公共支出的增长》（1961）一书所提出。他们对英国 1890～1955 年的财政支出考察后认为，财政支出的增长在一个较长的时期内不是直线形的，而是呈现出阶梯性增长的特点。也就是说，财政支出在正常年度中会呈现一种渐进的上升趋势，但当社会经历了"激变"（如战争、经济大萧条或其他严重灾害）时财政支出会急剧上涨，而激变过后的财政支出不会低于原来的水平，这在政府支出的统计曲线上呈现一种梯度渐进增长的特征。该理论实质阐明了财政支出增长的内在和外在因素：内在因素是指公民可以忍受的税收水平的提高；外在因素是指社会动荡对财政支出造成的压力（见图 3-2）。

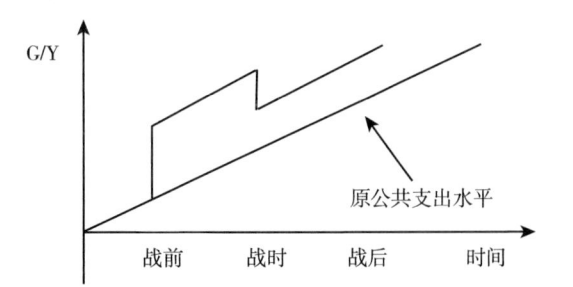

图 3-2　梯度渐进增长理论

该理论是建立在一种假设基础上："政府喜欢多花钱，而公民不喜欢多纳税，这就迫使政府更多地注意公民的意愿。"尽管政府财政支出本身具有膨胀的内在动因，但公众的税收容忍水平将通过投票箱而遏制政府支出膨胀的势头。它决定了在正常的时期政府支出规模是渐进扩大的，因为在既定税率水平下随着经济增长和国民收入的扩大，政府财政支出与经济增长同步，也使政府支出呈现出逐渐向上缓慢爬升的趋势。然而，一旦社会剧变到来，政府为应付这些突变而临时增加财政支出，从而增加财政支出的相对规模。

（3）经济发展阶段理论。由美国著名财政学家马斯格雷夫（1910～2007）提出。他认为，在经济发展早期阶段，由于公共产品尤其是经济发展所必需的社会基础设施（如交通等）落后，直接影响私人部门生产性投资，而社会基础设施投资大、周期长、收益小，私人部门不愿意投资导致供给不足，这就需要政府提供，为经济发展创造一个良好的投资环境，所以该时期公共投资在社会总投资中占有较高比重。这些公共投资对帮助早期阶段的经济"起飞"，是必不可少的前提条件。此时，人们对衣、食等消费要求不高，政府消费性支出较少。

当经济发展进入中期阶段，社会基础设施供求趋于均衡，政府公共投资在社会总投资中的比重有可能降低。但公共支出总规模并不一定下降甚至有可能继续上升，其原因在于：当经济社会发展进入中期阶段后市场失灵问题日益突出，并成为阻碍经济发展进入成熟阶段的关键因素，这就要求政府加强对经济的干预，以矫正、补充、完善市场机制的不足，但政府对经济干预的强化必然引致财政支出增长。此外，随着人均收入的增加，人们要求政府提供满足个人发展需要的项目（如教育和安全等）和消费性支出的比重相应提高。

随着经济发展由中期阶段进入成熟阶段，以及人均收入进一步增长，人们对生活的质量有了更高的要求，迫使政府进行更大规模的投入，公共支出又出现较高的增长率。同时财政支出结构会发生很大变化，即从社会基础设施投资支出为主的结构转向以教育、保健和社会福利为主的支出结构，强调人们生活水平与质量的提高。相对而言，财政购买性支出相对下降，财政转移性支出相对上升。从长期看，公共财政支出结构的这种变化趋势，引致了公共财政支出规模的不断扩大。

（4）非均衡性增长理论。由美国著名经济学家鲍莫尔（1922～2017）提出。鲍莫尔将国民经济部门区分为进步部门和非进步部门，其中前者是因技术进步而使劳动生产率迅速提高，后者因缺少技术进步以致劳动生产率的提高缓慢。他从公共部门生产函数中投入品价格的角度，对财政支出现象进行分析，形成了解释财政支出增长原因的非均衡增长理论。

鲍莫尔认为，国家政府公共部门是属于劳动密集型的非进步部门，但由于他们的劳动报酬即工资水平与进步部门保持同样的增长，在其他因素不变的情况下，财政支出会随着进步部门的工资水平增长而增长，即财政支出的增长是因较高的工资成本推动造成的。此外，政府部门投资效率的偏低，也是导致政府支出规模不断扩大的重要原因。

（5）官僚行为增长理论。按照公共选择理论的观点，官僚机构是指政府负责提供服务的部门。它以追求机构规模最大化为目标，机构规模越大，官僚们的权力就越大。与私人部门相比的特点：一是政府官僚机构在提供公共产品的过程中缺乏竞争，导致政府服务效率低下；二是官僚机构不以利润最大化为追求目标，官僚行为成本相对较高；三是公共产品与服务不以价格形式出售，社会成员对政府工作效率评价时，其敏感度无疑低于市场价格。正因为如此，从而导致财政支出规模不断扩大，甚至财政支出规模增长超出了公共产品最优产出水平所需要的支出水平。

此外，官僚机构一般拥有提供公共产品与服务的垄断权，其监督部门难以完全掌握所需要的信息，政府财政部门也很难控制官僚行为。因此，官僚机构通常以两种方式来扩大其预算规模：一是他们千方百计让政府相信他们确定的产出水平是必要的；二是利用低效率的生产技术来增加生产既定的产出量所必需的投入量，此时效率损失不是源于官僚服务的过度提供，而是由于官僚投入的滥用所导致。由此可见，官僚行为从产出和投入两个方面迫使财政支出规模不断膨胀。

3.2.3.3 财政支出规模的趋势分析

1998～2016 年，我国财政支出占 GDP 的比重的变化趋势，见表 3－2。

表 3－2　　　　　　　　　　1998～2016 年我国财政支出情况

年份	财政支出（亿元）	GDP（亿元）	财政支出占GDP 比重（%）	财政支出增长率（%）	财政支出增长弹性	财政支出边际倾向
1998	10 798.18	85 195.5	12.67	16.90	2.63	0.29
1999	13 187.67	90 564.4	14.56	22.10	3.73	0.45
2000	15 886.5	100 280.1	15.84	20.50	2.12	0.28

续表

年份	财政支出（亿元）	GDP（亿元）	财政支出占GDP比重（%）	财政支出增长率（%）	财政支出增长弹性	财政支出边际倾向
2001	18 902.58	110 863.1	17.05	19.00	1.99	0.28
2002	22 053.15	121 717.4	18.12	16.70	1.87	0.29
2003	24 649.95	137 422.0	17.94	11.80	1.03	0.17
2004	28 486.89	161 840.2	17.60	15.60	1.03	0.16
2005	33 930.28	187 318.9	18.11	19.10	1.40	0.21
2006	40 422.73	219 438.5	18.42	19.10	1.30	0.20
2007	49 781.35	270 232.3	18.42	23.20	1.23	0.18
2008	62 592.66	319 515.5	19.59	25.70	1.67	0.26
2009	76 299.93	349 081.4	21.86	21.90	2.59	0.46
2010	89 874.16	413 030.3	21.76	17.80	1.15	0.21
2011	109 247.79	489 300.6	22.33	21.60	1.39	0.25
2012	125 952.97	540 367.4	23.31	15.30	1.62	0.33
2013	140 212.10	595 244.4	23.56	11.30	1.23	0.24
2014	151 785.56	643 974.0	23.57	8.30	1.10	0.24
2015	175 877.77	689 052.1	25.52	15.80	2.02	0.53
2016	187 755.21	744 127.2	25.23	6.40	0.85	0.22
年均	—	—	19.76	17.27	1.68	0.28

资料来源：1998～2016年数据源于《中国统计年鉴》（2017），其他有关数据经计算整理所得。

由表 3-2 可以看出，1998～2016 年财政支出占 GDP 的比重从 12.67%增至 25.23%（2015 年到达峰值为 25.52%），这种总体增长态势具体体现在以下三个方面：

第一，财政支出的绝对数量快速增长。改革开放以来，随着经济发展和财政收入水平的提高，财政支出的绝对数增长较快，2016 年达到 187 755.21 亿元，比 1998 年的 10 798.18 亿元增加了 176 957.03 亿元，增长了 16.39 倍。

第二，GDP 财政支出率持续增长。即从 1998 年的 12.67%上升到 2016 年 25.23%，年均 19.76%。这说明：在市场化进程中，传统的财政范围内履行的政府职能正逐步削弱；原有财政范围之外新的政府职能，如社会保障和社区建设等职能又得到了很大的加强，这种变化与市场经济在中国的发展是相适应的。

第三，财政支出增长率等数值波动较大。表现在：一是财政支出增长率从 1998 年的 16.9% 降为 2016 年的 6.4%（2008 年最高为 25.7%），年均 17.27%；二是财政支出增长弹性和财政支出增长边际倾向开始下降，虽然两者 1998 年为 2.45 和 0.29，但增长弹性却从 2.63 降为 0.85（年均 1.68，最高为 1999 年的 3.73），边际倾向从 0.29 降为 0.22（年均 0.28，最高为 2015 年的 0.53）。总体上说，我国财政支出增速快于 GDP 的增速，GDP 每增加 100 元带来的财政支出增加额为 22 元（2016 年），也说明市场化改革逐步深入。

3.3 财政投资经济效应

财政投资能否有效促进经济增长有着不同的观点，如凯恩斯认为财政投资是促进一国经济发展的重要工具；伯恩特（Berndt，1992）和格洛姆（Glomm，1997）等研究表明，财政投资与经济增长表现为正相关；兰道（Laudau，1983）和德瓦拉扬（Devarajan，1993）等研究显示，财政投资与经济增长表现为负相关。马拴友（2000）和郭庆旺（2006）等人认为，财政投资对国民经济增长具有重要的作用。

3.3.1 VAR 模型及其变量

（1）VAR 模型设计。为研究财政投资对其经济增长的效应，利用宏观生产函数的分析框架，在生产过程中将财政投资作为一项投入要素。巴罗（Barro，1990）等认为：不仅要重视劳动力和私人资本在生产函数中的投入，还应重视财政投入。即用 Y 代表经济总产出，K 代表私人资本投入，L 代表劳动力投入，G 代表财政投资水平，可以将宏观生产函数定义为：

$$Y = f(K, L, G)$$

该生产函数反映财政投资对经济增长的效应。为真实反映财政投资对经济增长的长期动态影响，我们选择向量自回归模型（VAR）进行分析。VAR 是指系统内每个方程有相同的等号右侧变量，而该变量包括所有内生变量的滞后值。VAR 模型把系统中每一个内生变量作为系统中所有内生变量的滞后值的函数来构造模型，从而将单变量自回归模型推广到由多元时间序列变量组成的"向量"自回归模型。避开结构建模方法中需要对系统中每个内生变量关于所有内生变量滞后值函数的建模问题，因此建立 VAR 模型。其一般表达式为：

$$Y_t = A_1 Y_{t-1} + \cdots + A_n Y_{t-n} + BX_t + \varepsilon_t$$

这里 Y_t 是一个内生变量列向量，X_t 是外生变量向量，A_1、A_n 和 B 是待估的系数矩阵，而 ε_t 则是误差向量。

为研究在实证检验转型条件下，财政投资对其经济增长效应，把 VAR 设定为：

$$RGDP_{jt} = a_0 + \sum_{i=1}^{n} a_{1i}K_{j,t-i} + \sum_{i=1}^{n} a_{2i}H_{j,t-i} + \sum_{i=1}^{n} a_{3i}P_{j,t-i} + \sum_{i=1}^{n} a_{4i}RGDP_{j,t-i} + u_t$$

其中 $RGDP$ 为人均 GDP 增长率；K 为全社会固定资产投资占 GDP 比率；H 为财政人力资本投资占财政总投资比率；P 为财政物质资本投资占财政总投资比率。$i=1，2，3，\cdots，n$，表示相关内生变量的滞后期，$a_0, a_{1i}, a_{2i}, a_{3i}, a_{4i}$ 均为待估参数。

（2）变量的选取。这里主要选取 1994 ~ 2016 年全国有关数据，对财政投资经济增长效应进行实证分析。有关数据包括全国人均 GDP 增长率、全社会固定资产投资占 GDP 的比率，以及财政人力资本投资、财政物质资本投资占财政总投资的比率为变量。

3.3.2 变量的平稳性检验

由于各经济变量属于非平稳的时间序列，因此利用 ADF 统计量对其进行单位根的平稳性检验。在不同的差分条件下，RGDP、K、H 和 P 在 1% 和 5% 显著水平下达到稳定，见表 3 - 3。

表 3 - 3　　　　　　时间序列 RGDP、K、H 和 P_e 的平稳性检验

序　列	(c, t, k)	t - 统计量	1% 显著水平	5% 显著水平	检验结果
$\Delta^2 RGDP$	(c, 0, 1)	-4.2892	-3.7696	-3.0049	平稳
$\Delta^2 K$	(c, 0, 1)	-5.7187	-3.7695	-3.0048	平稳
ΔH	(c, 0, 1)	-6.0534	-3.7881	-3.0123	平稳
$\Delta^2 P$	(c, 0, 1)	-4.4812	-3.8992	-3.2512	平稳

注：Δ 表示变量的一阶差分，Δ^2 表示变量的二阶差分；检验形式中的 c，t，k 分别表示带有常数项、趋势项和所采用的滞后阶数。

3.3.3 VAR 滞后期与构建

我们在此先将滞后期选定为 1 阶，通过 Eviews 软件得出 VAR 模型，对 VAR 模型进行滞后期的选择，可得 5 个评价统计量的数值见表 3 - 4。

表 3 - 4   VAR 模型滞后期的选择

Lag	LogL	LR	FPE	AIC	SC	HQ
0	142. 5073	NA	2. 19e − 11	− 13. 19117	− 12. 99221	− 13. 14799
1	267. 2199	28. 47031 *	4. 07e − 15 *	− 22. 02094 *	− 20. 23033 *	− 21. 63233 *

注：Lag 表示滞后阶数，LR、FPE、AIC、SC、HQ 表示 5 个评价统计量，* 表示 5 个评价统计量各自给出的最小滞后期。

由表 3 - 4 中可知：5 个评价统计量都认为应当建立 1 阶滞后模型，则确定建立 VAR（1）模型。运用 Eviews 软件，得到 VAR（1）模型见表 3 - 5。

$$RGDP = 0.8179RGDP(-1) + 0.4787K(-1) + 1.53H(-1) + 1.9068P(-1) + 27.2676$$

表 3 - 5   VAR 模型估计结果

变量	RGDP	K	H	P
RGDP（−1）	0. 817877 (0. 26414) [3. 09641]	− 0. 045783 (0. 03626) [− 1. 26275]	0. 015052 (0. 01220) [1. 23413]	− 0. 004059 (0. 00385) [− 1. 05416]
K（−1）	0. 478741 (0. 94542) [0. 30219]	0. 527732 (0. 26704) [1. 97625]	0. 119152 (0. 08983) [1. 32646]	− 0. 041086 (0. 02836) [− 1. 44864]
H（−1）	1. 53001 (2. 3888) [1. 32719]	− 0. 557361 (7. 19111) [− 0. 07751]	2. 529615 (2. 41898) [1. 04573]	− 0. 583572 (0. 76376) [− 0. 76407]
P（−1）	1. 9068 (2. 479) [1. 43688]	− 8. 352827 (22. 4398) [− 0. 37223]	4. 603577 (7. 54842) [0. 60987]	− 0. 755579 (2. 38331) [− 0. 31703]
C	27. 26757 (59. 1616) [0. 46090]	5. 914311 (8. 12077) [0. 72829]	− 1. 751494 (2. 73171) [− 0. 64117]	0. 461314 (0. 86250) [0. 53486]
R − squared	0. 711485	0. 992109	0. 990742	0. 991706
Log likelihood	2. 240228	43. 94303	66. 82249	91. 03226

3. 3. 4 基本结论

从以上分析可知：自 1994 年以来，我国全社会固定资产投资和财政投资对经济增长都具有正向的影响。

第一，我国全社会固定资产投资占 GDP 的比率，对当期人均 GDP 增长率都具有重要的促进作用，系数为 0.4787。这说明加大全社会固定资产投资的力度，对经济发展具有重要的积极作用。

第二，我国财政人力资本投资占财政总投资的比率，对当期人均 GDP 增长率的影响为正相关关系，系数为 1.53。这说明应加大对财政人力资本的投资力度，对经济发展具有重要的促进作用。

第三，我国财政物质资本投资占财政总投资的比率，对当期人均 GDP 增长率的影响为正相关关系，系数为 1.9068。这说明应加大对财政物质资本的投资力度，对经济发展具有重要的拉动作用。

第四，从政府财政投资的结构分析，财政物质资本投资对区域经济增长的促进作用要强于财政人力资本的投资，系数相差为 0.3768。

3.4 本章小结

★ 本章主要阐述和分析了财政收支基础理论、财政收支规模分析和财政投资经济效应三个问题。财政收支基础理论包括财政收入的意义、形式、科目和支出的原则、种类及科目。财政收入是指政府为履行其职能、实施公共政策和提供公共物品与服务需要而筹集的一切资金的总和，包括税收、非税和债务收入，设 4 类 38 款；财政支出是指政府为提供公共产品和满足社会共同需要而进行的资金支付，应遵循保证政府职能等原则，按经济性质划分为购买性支出和转移性支出，按支出功能和支出经济分别有 24 类和 10 类。

★ 财政收支规模分析包括财政收支规模的指标、财政收入和支出的规模分析。财政收入规模是指财政收入在数量上的总体水平，1998～2016 年财政收入及其占 GDP 的比重稳步增长，且高于 GDP 增长是正常的、合理的，是由于统计口径、调整政策、经济增长和强化征管等因素形成的；财政支出规模是指政府安排和使用财政资金的绝对数量，其衡量的相对量指标包括 GDP 财政支出率、财政支出增长率、财政支出增长弹性系数和财政支出增长边际倾向，1998～2016 年 GDP 财政支出率从 12.67% 增至 25.23%。

★ 财政投资经济效应包括 VAR 模型及其变量、变量的平稳性检验和 VAR 滞后期与构建及基本结论。VAR 模型的表达式为：$Y_t = A_1 Y_{t-1} + \cdots + A_n Y_{t-n} + BX_t + \varepsilon_t$；主要选取 1994～2016 年全国人均 GDP 增长率，全社会固定资产投资占 GDP 的比率，财政人力资本投资、财政物质资本投资占财政总投资的比率为变量；在不同的差分条件下，RGDP、K、H 和 P 在 1% 和 5% 显著水平下达到稳定；对 VAR 模型进行滞后期的选择，可得五个评价统计量的数值；自 1994 年以来，全社会固定资产投资和财政投资对经济增长具有正向的影响。

4. 财政政策机制研究

财政政策机制是财政政策在制定与实施过程中，与其各经济主体及有关要素之间的相互制约和配合关系，因此研究科学、规范、合理的财政政策机制有利于财政政策的制定与实施。财政政策机制研究主要阐述和分析财政政策基础理论、财政货币政策协调和财政政策实践分析的问题，其中财政政策基础理论包括政策的基本含义，财政政策的含义、分类、目标和手段；财政货币政策协调包括财政政策与货币政策的关系、优劣及其协调；财政政策实践分析包括 2007 年以前的财政政策、2008 年以来的财政政策和实施积极财政政策的比较，以及财政政策改革的基本要求。

4.1　财政政策基础理论

4.1.1　政策的基本含义

政策由"政"和"策"组成，政者政略、纲要，策者谋略、方术。一般认为，政策是人类社会发展到一定阶段的历史产物。即指国家或政党为实现一定历史时期的路线和任务而制定的行动准则。政策有广义与狭义之分，狭义的政策是指国家为实现其经济调控目标而制定的方针、策略和措施等各种手段的总称。政策的实质是阶级利益观念化、主体化、实践化的反映，具有阶级性、正误性、时效性和表述性的特点。

广义的政策是指国家及其政权机关、政党组织等社会政治集团和其他组织为实现其意志与利益，规定在一定的历史时期内应达到的奋斗目标、遵循的行动原则、完成的工作任务、实施的方式方法、采取的一般步骤和具体措施。从最广泛的意义上说，由权力主体制定并对经济社会行为产生一定影响的法律、法规、战略、规划、计划、条例、规章、政令、通知、办法和细则等，都可视为政策的范畴。这里所研究的政策即指广义的政策。

政策可按不同标准有不同的类型，如按国家标准可分为对内政策与对外政策（外交政策）；按从属关系标准可分为总体政策、基本政策和方面（具体）政策；按制定主体可分为政党政策、国家政策和团体政策；按政策主体条块标准可分为地区政策、部门政策、行业政策和企业政策；按基本内容标准可分为政治政策、经济政策、社会政策、科技政策和文教政策，宏观经济政策又可分农业、工业、商业、交通、财政、税收和货币政策等。

4.1.2　财政政策的含义

对何为财政政策，不同国家、不同时期、不同学者有着不同的认识和释义。

4.1.2.1　西方对财政政策的认识

早在重商主义时期已开始出现财政政策思想的萌芽，法国、德国和英国早期的国家干预主义都尝试通过财政手段来干预经济，但还不能称之为真正意义上的财政政策。1929 年爆发的经济危机，面对空前危机带来的经济大萧条和最严重的失业等问题，以凯恩斯的政府全面干预为核心的财政政策理论应运而生。西方专家学者对财政政策解释较为典型的观点主要包括：

（1）从政策作用视角界定的财政政策。凯恩斯 1936 年出版的不朽名著《就业、利息与货币的一般理论》，促使现代意义的财政政策理论研究的日趋成熟。较为典型的定义：财政政策是通过政府课税及支出的行为，影响社会的有效需求，促进就业水平的提高，避免通货膨胀或通货紧缩的发生，从而实现经济稳定目的的政策。该种解释强调财政政策稳定经济的作用，体现了凯恩斯学派的财政理论观点和政策主张。

（2）从政策手段视角界定的财政政策。如 V. 阿盖迪认为，财政政策是税制、公共支出和举债等措施，通过这些手段使作为整个国家支出组成部分的公共消费与投资在总量和配置上确定下来，且私人投资的总量和配置受到直接或间接的影响；经济学家希克斯夫人认为，财政政策是公共财政的所有不同要素在依然把履行其职责（税收的首要职责就是筹措收入）放在首位的同时，共同适应各项经济政策目标的方式与方法。

（3）从政策目标视角界定的财政政策。如 J. F. 都教授认为，所谓财政政策是指政府收支的调整，以达到经济更加稳定，实现预期经济增长率；凯塞教授认为，财政政策就是政府的税收、支出及债务政策对生产、就业、收入以及价格等水平的影响；埃克斯坦教授认为，政府为了实现充分就业和稳定物价水平这些短期目标而实行的各种税收和财政支出的变化，通常叫作财政政策。

4.1.2.2 我国对财政政策的认识

我国著名财政学家陈共认为，财政政策是指一国政府为实现一定的宏观经济目标而调整财政收支规模和收支平衡的指导原则及其相应的措施。郭庆旺认为，财政政策就是通过税收和公共支出等手段，达到发展、稳定、实现公平与效率，抑制通货膨胀等目标的长期财政战略和短期财政策略。这是国内关于财政政策的两种比较有代表性的阐述，尽管有一定的差异，但核心内容是一致的。

还有一些学者认为，财政政策是指国家根据一定时期政治、经济、社会发展的任务而规定的财政工作的指导原则，并通过财政支出与税收政策调节总需求。它代表统治阶级的意志和利益，受一定的社会生产力发展水平和相应的经济关系所制约。其内涵增加财政支出刺激总需求，从而增加国民收入；反之则抑制总需求，减少国民收入。增加税收抑制总需求，从而减少国民收入；反之则刺激总需求，增加国民收入。

4.1.2.3 本书对财政政策的认识

我们认为，财政政策是国家经济政策的重要组成部分，是指国家为实现一定的经济社会目标而调整财政收支和保障社会经济良性运行所采取的策略及其措施。这里所言的财政政策，即指国家及其财政部门制定有关财政分配及其管理等方面的政策。

财政政策贯穿于财政工作的全过程，体现财政收支、预算平衡和政府债务等状况，由预算政策、税收政策、收费政策和公债政策等构成一个完整的财政政策体系。财政政策运用得当，就可以保持经济的持续、稳定和健康发展；反之，会引起经济的波动和失衡。

4.1.3 财政政策的分类

4.1.3.1 按照调节经济总量功能的分类

（1）积极财政政策。积极财政政策即扩张性财政政策，是指通过财政分配活动来增加和刺激社会经济总需求的政策。当社会经济总需求不足时，可通过积极财政政策促使社会经济总需求与总供给的差额缩小乃至平衡。但如果社会经济总需求与总供给原来就是平衡的，运用该财政政策就会使总需求超过总供给。

积极财政政策的主要内容是减税和增加财政支出。减税会增加人们可支配的收入，在财政支出规模不变的情况下也会扩大社会总需求。财政支出是社会总需求的直接构成因素，其规模扩大会直接增加总需求。在减税与增加财政支出并举的情况下，积极财政政策一般会导致财政赤字，因而积极财政政策又等同于赤字财政政策。

（2）紧缩财政政策。与积极财政政策相对应，紧缩财政政策是指通过财政分配活动来减少和抑制社会经济总需求的政策。在社会总需求过旺的情况下，通过紧缩财政政策来消除通货膨胀缺口，以达到社会经济的供求平衡。但如果社会经济总需求与总供给原来就是平衡的，该财政政策就会导致社会总需求不足。

紧缩财政政策的主要内容是增税和减少财政支出。增税会减少人们可支配的收入，降低人们的消费和投资需求；减少财政支出会降低政府的消费和投资需求，从而直接减少社会总需求。因此，增税和减少财政支出都具有减少和抑制总需求的效应，两者同时并举，财政盈余就有可能出现，因而紧缩财政政策又可等同于盈余财政政策。

（3）稳健财政政策。稳健财政政策即中性财政政策或平衡财政政策，它是一种介于积极财政政策和紧缩财政政策之间的政策，是指财政分配活动对社会总需求的影响保持中性的政策。财政收支活动既不会产生积极效应，也不会产生消极效应。在一般情况下，它要求财政收支基本保持平衡，但使预算收支平衡的政策并不等于中性财政政策。

在西方财政理论中，一般将以财政收支均衡形式表现出来的政策称均衡财政政策，而将通过增加或减少盈余、增加或减少赤字形式表现出来的政策称非均衡财政政策。均衡财政政策的主要目的在于力求避免预算盈余或赤字可能带来的消极后果，政府支出可按其规模的大小产生使税收收入上升的效果，故此它不是稳健财政政策，而是略带积极效应的财政政策。

4.1.3.2　按照调节经济周期作用的分类

（1）自动稳定的财政政策。自动稳定的财政政策是指能根据经济波动情况自动发生稳定作用而无须借助外力就能直接产生控制效果的财政政策。在某些情况下，财政政策仅需要收支制度的内在机制就会对经济波动自动产生调节作用，达到稳定经济的效果，而无须政府采取任何经济干预行为。

自动稳定的财政政策工具主要包括三个方面：一是税收方式，税收特别是所得税是最重要的自动稳定器，因为在税率一定的前提下，税收随经济周期自动同向变化；二是转移支付，当经济处于衰退或萧条阶段失业增加，领取失业救济金的人数就会增加，从而抑制了人们可支配收入的下降，反之则抑制可支配收入及消费需求的增长；三是价格管制，当经济繁荣时产品价格上升，政府抛售库存产品防止价格超过上限，反之防止价格低于下限。

（2）相机抉择的财政政策。相机抉择的财政政策是指国家根据一定时期的经济社会状况灵活选择不同类型的财政政策工具，干预经济运行行为，实现财政政策目标。该类政策本身没有自动稳定的作用，需要借助外力才能对经济产生调节作用的财政政策，主要包括汲水政策和补偿政策。

从字面上看，汲水就好比水泵里缺水不能吸进地下水，而需要注入引水恢复水泵抽吸地下水的能力。从财政意义上说，财政汲水政策是指政府投入一定财政资金并引导社会投资方向，使经济恢复其活力的政策。其特点：一是以市场经济自发机制为前提，诱导经济恢复；二是以扩大公共投资规模为手段，启动社会投资；三是只要社会投资恢复活力且经济实现自主增长，政府可不再投资或缩小投资。20 世纪 30 年代世界经济危机，美国 1929～1933 年实施的"罗斯福——霍普金斯计划"政策等，是财政汲水政策的运用。

财政补偿政策是指政府有意识地根据社会经济状态进行反方向调节经济变动幅度，以达到稳定经济目的的财政政策。经济萧条时为减少通货膨胀影响，政府通过增加支出、减少收入等政策抑制和减少民间过剩需求，以增加社会有效需求，刺激经济增长；反之，经济繁荣时为抑制通货紧缩，政府通过增加收入、减少支出等政策增加民间的消费和投资需求，从而扩大整个社会的有效需求，稳定经济波动。

上述可见，财政的汲水政策和补偿政策都是政府有意识干预经济运行的政策。但两者也有区别，主要表现在：一是汲水政策是借助公共投资引导弥补民间投资，是治理经济萧条的一个"处方"，而补偿政策是一种全面的干预，可用于对经济萧条走向繁荣和控制经济过度繁荣；二是汲水政策的运用是短期的，手段只有公共投资，而补偿政策可以是长期的，其载体还包括财政补贴、财政贴息转移支付、所得税和消费税等；三是汲水政策的公共投资规模有限，一般不能超额支出，而补偿政策的财政支出灵活性较大，可以超额增长；四是汲水政策的调节对象是民间投资，而补偿政策的调节对象是社会有效需求。

4.1.4 财政政策的目标

4.1.4.1 财政政策目标的含义

财政政策目标是指国家财政政策所要实现的期望值，即国家运用财政政策工具所要达到的调控和管理目的。它是构成财政政策的前提，既可是单一的，也可是多元的。确定财政政策目标，一般受国家政治、社会、经济、文化等条件的影响和制约。

从历史发展看，财政政策目标经历了由单一到多元的发展过程。从目前各国财政政策目标体系看，主要包括经济稳定（物价稳定、充分就业和国际收支平衡等）、经济发展（经济增长、资源合理配置和反周期波动等）、收入分配和收支平衡四类目标。

4.1.4.2 财政政策目标的内容

根据社会经济发展的需要和财政运行的基本特点，在今后一个较长的时期内，我国财政政策目标可概括为以下七个方面：

（1）收入公平分配。收入公平分配是指社会成员的收入分配达到的公正、合理，即收入分配差距较小。它是社会正义规范下的有差距、有均衡和有协调的分配，而非收入的平均分配。党的十八大报告提出"千方百计增加居民收入""加快健全以税收、社会保障、转移支付为主要手段的再分配调节机制"等；党的十九大报告又提出了"坚持按劳分配原则，完善按要素分配的体制机制，促进收入分配更合理、更有序""履行好政府再分配调节职能，加快推进基本公共服务均等化，缩小收入分配差距"等要求。从理想的目标看，收入公平分配应达到最优状态，但实现最优分配却存在技术上和价值判断上的诸多困难。造成收入分配不公的因素很多，如接受教育机会、财产多少、种族及性别歧视，以及地理和职业上的流动性等，都能影响个人获得收入的能力，从而带来收入的差距。

党的十九大报告提出"决胜全面建成小康社会"和"人民生活更为宽

裕，中等收入群体比例明显提高，城乡区域发展差距和居民生活水平差距显著缩小"的政策要求。公平收入分配既要反对平均主义，允许和鼓励一部分人先富起来，又要通过税收等手段对高收入进行调节，以缩小贫富差距和防止两极分化。确定财政政策公平分配的要求主要包括：一是合理、适度地确定纳税人的税收负担，既要考虑财政支出的需要，又要考虑到纳税人的负担能力和自我发展的需要；二是为纳税人创造一个良好的、公平竞争的税收环境，不能因为国别和所有制等差异而实施不同的税收政策；三是通过对高收入者实行累进税率的个人所得税、财产税和遗产税等，对低收入者实行最低生活保障、社会保障与救济等财政转移支付，防止和纠正收入水平的过分悬殊，逐步实现共同富裕的目标。

（2）经济适度增长。经济增长通常是指一个国家或一个地区在一定期间内（通常为一年）的经济发展速度和水平。其内容主要包括：一是经济增长指经济总量增长，而非单个经济指标；二是经济增长指扣除物价因素的实际增长，尤其是在物价大幅度上涨时更要扣除物价导致的"虚增"部分；三是经济增长应考虑人口增长，只有在人口增长低于经济总量增长时才能说经济有了真正、可靠的增长。正如党的十八大报告所指出的：以经济建设为中心是兴国之要，只有推动经济持续健康发展，才能筑牢国家繁荣富强、人民幸福安康、社会和谐稳定的物质基础。2014 年国家提出了"经济新常态"的发展思路，即在经济结构对称态基础上的经济可持续发展，强调"调结构、稳增长"的经济而非总量经济，用增长促发展、用发展促增长，包括经济可持续稳增长。

我国作为发展中国家，追求经济增长是十分必要的。但经济增长率并非越高越好，如果造成环境污染加重、牺牲人们的生活质量，那么这种增长就是不合理、不公平的。因此，经济增长中的"适度"就是增长适当、量力而行，要视财力（储蓄水平）和物力的可能。我国近年来保持了良好的经济发展水平，GDP 增长较为适度，如 2013～2016 年我国 GDP 年均增长率为 7.2%（高于同期世界 2.6% 和发展中经济体 4.0% 的平均增长）。为此党的十九大报告明确提出了"我国经济已由高速增长阶段转向高质量发展阶段，正处在转变发展方式、优化经济结构、转换增长动力的攻关期"的战略发展目标。由此可见，财政政策在推动经济增长中要处理好储蓄与消费的关系，发挥对经济结构调整的重要作用，避免经济发展的短线因素和"瓶颈"制约，以保证经济增长的有效性和稳定性。

（3）资源合理配置。资源合理配置是对现有的人力、物力、财力等社会资源进行合理分配，发挥其最佳效用，以获取最大的经济和社会效益。党的十八大和党的十九大报告提出了"加快完善社会主义市场经济体制和加快转变经济发展方式"和"贯彻新发展理念，建设现代化经济体系"的政策要求，主要包括深化供给侧结构性改革、加快建设创新型国家、实施乡村振兴战略、实施区域协调发展战略、加快完善社会主义市场经济体制和推动形成全面开放新格局，这对合理配置资源具有确切的实践意义。一般而言，资源配置主要是通过市场机制进行，同时通过价值规律、供求关系和竞争机制的作用，把有限的资源配置到能提供最高回报的地方。但市场机制又不是万能的，存在着市场失灵，因此政府有必要从全社会的整体利益出发，在市场自发作用的基础上对社会资源进行合理的调节与配置。

党的十九大报告明确提出了"实施区域协调发展战略"，要加大力度支持革命老区、民族地区、边疆地区、贫困地区加快发展，建立更加有效的区域协调发展新机制；"深化供给侧结构性改革"，坚持"去产能、去库存、去杠杆、降成本、补短板"，优化存量资源配置，扩大优质增量供给，实现供需动态平衡；"加快建立现代财政制度"，全面实施绩效管理，健全地方税体系等政策要求。财政政策作为政府配置资源的重要工具，其措施主要两个方面：一是通过财政收支的数量和方向，直接影响着各产业的发展；二是通过制定合理的财税政策，引导资源在地区、行业之间的合理流动。应当说明的是：财政政策调节资源的合理配置是为了弥补市场失灵的问题，它不能代替市场机制在资源配置方面的基础作用，更不能干扰正常的市场规则和市场运行，以免对市场经济效率造成损害。

（4）保持物价稳定。保持物价稳定是指价格总水平的稳定，即把价格总水平的波动约束在经济稳定发展所允许的范围内。它是世界各国努力追求的目标，一般用价格指数来衡量。所谓价格指数是用来反映两个不同时期商品价格的动态指标。其计算公式为：

$$p = \frac{\sum p_1 q}{\sum p_0 q}$$

其中 p 表示价格指数；p_1 表示报告期价格；p_0 表示基期价格；q 表示报告期各种商品的数量。物价指数分为消费物价指数、批发物价指数和国民生产总值平减指数。一般认为，价格总水平（物价指数）波动幅度的正常范围在5%以内。如果出现价格总水平持续不断上升的现象即为通货膨胀，表示货币价值或实际购买力的降低；反之，出现价格总水平持续不断下降的现象即为通货紧缩，表示货币价值或实际购买力的增加。

通货膨胀与通货紧缩说明价格不稳定，不利于社会经济的稳定发展。严重的通货膨胀会引起社会收入和财富的再分配，使工薪阶层和债权人深受其害，造成整个分配秩序和经济秩序的混乱。同理，严重的通货紧缩也会使资源无法得到充分、有效的利用，造成生产能力和资源的大量闲置、浪费，失业人数增加，人民生活水平下降。因此，各国的财政政策都将防范或抑制通货膨胀、通货紧缩作为重要的追求目标，如价格财政补贴等。

（5）实现充分就业。充分就业是指那些适龄的并有劳动能力的人，能按照市场的一般工资率水平而受到雇用或得到工作。实现充分就业并不意味着没有失业，而是指把失业率限定在一定的范围之内。失业问题历来是经济学家和政府关注的焦点，它会带来一系列的不良后果或损失，如失业者生活艰难和自尊心丧失，高失业时会伴随着高犯罪率、高离婚率、高死亡率和其他各种社会扰乱等问题，因而控制失业率是财政政策的目标之一。但因价值观念和认识的不同，在失业率指标的认定上也有所不同，一般认为4%以下的失业率即是实现充分就业。由此，当实际失业率超出4%的标准时，政府就应采取财政等政策进行有效调节，增加就业机会，以保持社会经济处于稳定发展状态。

党的十八大及十八届三中全会提出了"推动实现更高质量的就业""健全促进就业创业体制机制"等要求。就业是民生之本，要贯彻劳动者自主就业、市场调节就业、政府促进就业和鼓励创业的方针，实施就业优先战略和更加积极就业政策；健全人力资源市场，完善就业服务体系，增强失业保险对促进就业的作用等。党的十九大报告又提出了"提高就业质量和人民收入水平"政策的新要求，其内容主要包括：就业是最大的民生；要坚持就业优先战略和积极就业政策，实现更高质量和更充分就业；大规模开展职业技能培训，注重解决结构性就业矛盾，鼓励创业带动就业；提供全方位公共就业服务，促进高校毕业生等青年群体、农民工多渠道就业创业。因此，积极推动就业特别是下岗工人再就业、高校毕业生和退役军人就业，应实施财政扶持和税收优惠等财税政策。

（6）公平社会保障。社会保障是保障人民生活、调节社会分配的一项基本制度。党的十八大报告提出了"逐步建立以权利公平、机会公平、规则公平为主要内容的社会公平保障体系""统筹推进城乡社会保障体系建设"等政策目标；党的十八届三中全会提出了"建立更加公平可持续的社会保障制度"的要求，制定实施免税、延期征税等优惠政策；党的十九大报告又提出了"坚持在发展中保障和改善民生"的要求，即在发展中补齐民生短板、促进社会公平正义，在"幼有所育、学有所教、劳有所得、病有所医、老有所养、住有所居、弱有所扶"上不断取得新进展，深入开展脱贫攻坚，保证全体人民在共建共享发展中有更多获得感，不断促进人的全面发展、全体人民共同富裕等。

党的十九大报告进一步提出了"加强社会保障体系建设"政策要求。主要包括：按照兜底线、织密网、建机制的要求，全面建成覆盖全民、城乡统筹、权责清晰、保障适度、可持续的多层次社会保障体系；完善城镇职工和城乡居民基本养老保险制度，尽快实现养老保险全国统筹；完善统一的城乡居民基本医疗保险制度和大病医疗保险制度，以及失业、工伤保险制度；建立全国统一的社会保险公共服务平台；统筹城乡社会救助体系，完善最低生活保障制度；坚持男女平等基本国策，保障妇女儿童合法权益；进一步完善社会救助、社会福利、慈善事业和优抚安置等制度，健全农村留守儿童和妇女、老年人关爱服务体系；发展残疾人事业，加强残疾康复服务；坚持房子是用来住的、不是用来炒的定位，加快建立多主体供给、多渠道保障、租购并举的住房制度，让全体人民住有所居。

（7）国际收支平衡。国际收支是指一个国家与世界其他各国之间在一定时期（通常是一年）内全部经济往来的系统记录。各国主要经济交易活动包括货物进出口、政府在国外购买和投资，以及政府持有的黄金和外汇的变动等。国际收支情况可由国际收支平衡表来表现，在平衡表中，"借方"表示外国对本国货币或外汇持有额的索取权增加；"贷方"表示本国对外国的本国货币或其他货币持有额的索取权增加。如果贷方大于借方，其差额称为"顺差"，表明加强了本国的储备地位；如果借方大于贷方，其差额称为"逆差"，表明加重了对本国黄金储备的压力。国际收支平衡就是指在国际经济交易往来中，贷方和借方相一致的情形。

如果国际收支出现赤字，本国货币的国际竞争力就会削弱，也就意味着一国必须减少国际货币的储备或增加新的短期借款，以维持进口水平和对外投资水平；如果长期存在赤字，有可能耗尽外汇储备并大规模举债，由此会进一步增加国际收支赤字。其解决办法之一就是采取降低货物进口措施来防止赤字的增长，但降低进口规模对一国经济的发展是不利的。上述影响严重地制约了一国的经济稳定增长、物价水平和就业水平，所以国际收支平衡自然成为财政政策的主要目标之一。从实践上看，财政政策影响国际收支状况，如财政政策促进了经济的稳定增长就会促进货物出口规模的扩大，降低货物出口税率就可起到鼓励企业出口货物的积极性等。

4.1.5　财政政策的手段

4.1.5.1　财政政策的一般手段

财政政策手段是指国家为实现财政政策目标采取经济、法律、行政手段的总和。经济手段主要指财政杠杆；法律手段是通过立法来规范各种财政分配关系和财政收支行为，对违法活动予以法律制裁；行政手段指运用政府机关的行政权力予以干预。

财政政策具体手段包括税收、预算、国债、购买性支出和财政转移支付等。如减少税收可刺激消费，增加支出可刺激生产，两种方式都能刺激经济增长。财政政策手段的选择由财政政策的性质及其目标决定，其阶级性质和具体目标不同所采取的手段也不同。

4.1.5.2　我国财政政策的手段

（1）公共预算。主要通过公共预算收入和支出规模及平衡状态，确定收支结构的安排和调整等，以实现财政政策的预期目标。

（2）税收政策。通过税种和税率等要素来确定和保证国家财政收入，调节社会经济的分配关系，促进经济稳定协调发展和社会公平分配。

（3）财政投资。通过政府预算拨款和引导预算外资金的流向、流量，以达到实现巩固和壮大社会经济基础，以及调节产业结构的目的。

（4）财政补贴。根据经济发展规律和一定时期的政策需要，政府通过财政转移支付等形式直接或间接地给予企业、农民和城镇居民的资金补助。

（5）财政信用。政府按照有偿原则筹集和使用财政资金，包括在国内发行公债和专项债券，向外国政府或国际金融组织借款等。

（6）财政法治。国家通过立法形式对财政政策予以法律认定，由司法机关对各种违法行为依法审理和制裁，以保证财政政策目标的实现。

（7）财政监察。国家及其财政部门对国有企事业单位、国家机关团体及其工作人员执行财政政策和财政纪律的情况进行检查和监督。

4.2　财政货币政策协调

财政政策是国家整个经济政策的组成部分，与其他经济政策有着密切的联系。为达到某种经济目标，实现最优的政策效应，可将各种经济政策配合使用。一般认为，在现代的宏观经济调控中，财政政策与货币政策被称为政府的"左右手"，因而财政政策与货币政策的协调配合就显得格外重要。货币政策是指国家为实现特定的宏观经济目标而制定的货币供应和货币流通组织管理的基本准则。它是由信贷政策、利率政策和汇率政策等政策构成的有机的政策体系。一般从总量调节出发，同财政政策的分类相似，货币政策的基本类型包括扩张性、紧缩性和中性货币政策。

4.2.1　财政政策与货币政策的关系

4.2.1.1　财政政策与货币政策的共性

财政政策与货币政策有着诸多的共同点，它们在目标、管理、环节和运行等方面有着内在的联系。

（1）目标的统一性。财政政策与货币政策都属于国家为实现宏观经济调控目标所采取的经济政策，其调控总体目标是相同的，即促进经济增长、保持物价稳定、实现充分就业和促进收支平衡等。

（2）管理的影响性。财政政策直接影响着财政收入和财政支出，其结果是节余、赤字或基本平衡，对社会总需求具有重大的影响；货币政策直接影响着货币供应量和信贷投放量，是社会总需求的动态反映。

（3）环节的分配性。财政和货币都属于再生产过程中的分配环节，体现再分配的不同层次。财政分配是调节收入的无偿分配关系，货币分配是有借有还的分配关系。市场经济下的财政是公共财政，货币是商业信贷，二者相互影响、制约和促进。

（4）运行的联系性。在经济运行上社会资金、货币流通的统一性和货币资金各部门之间的相互流动性，使财政、信贷和货币发行具有不可分割的内在联系，如果任何一方发生变化都会引起其他方面的变化，最终引起社会总需求和总供给的变化。

4.2.1.2 财政政策与货币政策的差异

财政政策与货币政策的差异，主要包括在实施主体、作用机制、运用方式、调节重点、使用工具、调控范围和政策时滞等方面。

（1）实施主体的差异。财政政策多是立法机关和财政部门制定的，由各级政府及其财政部门具体实施与监管。而货币政策多是由立法机关和银行管理部门制定的，由中央银行具体实施与监管。尽管某些西方国家的中央银行在名义上归属财政部领导，但大多数国家在实施货币政策时是由中央银行独立操作的。

（2）作用机制的差异。财政政策更多地偏重于公平，其主要责任是直接参与国民收入分配并将集中起来的国民收入在全社会范围内进行再分配，从收支上影响社会总需求的形成。而货币政策则更多地偏重于效率，其主要责任是通过信贷规模的扩大或缩小来影响消费需求和投资需求，进而引导资源流向效益好的领域。

（3）运用方式的差异。财政政策可由国家或政府通过直接控制和调节来实现，要控制社会总需求可通过提高税率、增加财政收入、压缩财政支出等方式实施。而货币政策是央行运用各种调节手段影响商行的行为，商行则相应调整对企业和居民贷款规模，从而影响社会需求。因此，货币政策运用的间接性较强，财政政策运用的直接性较强。

（4）调节重点的差异。财政政策调节直接作用于社会经济结构，间接作用于供需总量平衡，主要通过扩大或缩小财政支出规模达到增加或抑制社会总需求的目的。而货币政策调节则直接作用于经济总量，间接作用于经济结构，主要通过货币投放和再贷款等措施控制基础货币量，实现对社会总需求的直接调节。

（5）使用工具的差异。财政政策与货币政策在调控社会经济运行的工具方面有着较大的不同，如财政政策工具主要包括财政体制、税收制度、收费政策、公共预算、政府公债、财政补贴和财政贴息等。而货币政策工具主要包括货币供应量、存款准备金、利率、再贴现率和公开市场操作等，且作用力度也不尽一致。

（6）调控范围的差异。财政政策的调节范围较为广泛，其调节范围包括经济领域和非经济领域。而货币政策的调节范围基本限于经济领域，其他领域则是次要的。如缩小收入分配差距方面，财政政策可利用累进税率和财政补贴等手段来发挥作用，货币政策则无能为力，甚至货币政策的利息机制还在一定程度上扩大这种差距。

（7）政策时滞的差异。财政政策从确定到实施过程较复杂，外部时滞较短，对经济所产生的作用较直接。如对某种商品给予财政补贴就会增加人们对该商品的消费需求，开征新税、调整税率时则会影响企业收支状况及其盈利水平，且显而易见。而货币政策运用较为方便，外部时滞较长，通常对经济目标起间接调控作用，但有时也较为直接。

4.2.2　财政政策与货币政策的优劣

4.2.2.1　财政政策与货币政策的优势

财政政策的优势是相对于货币政策而言的，主要表现在：在调节公平分配、结构调整、经济增长、资源配置和充分就业等方面，作用更显突出；在弥补市场缺陷上，对私人不愿投资（如各类公益事业）和不适合投资（如自然垄断行业）的领域，能更有效地发挥优化资源配置的功能；通过税收优惠、财政补贴和转移支付等能更有效地调整和优化经济结构，促进区域经济协调发展；通过财政收支的变化直接影响社会总需求，运用财政补贴等手段可实现政府的特殊调控；财政支出可直接刺激消费和投资，且具有手段多、力度大和见效快等优点。

货币政策的优势相对于财政政策而言，主要表现在：货币政策有利于稳定物价和平衡国际收支，尤其在经济体制转轨时期则更显突出；通过货币供求总量的调整，能够保持社会经济总供给与总需求的基本平衡；通过调整存贷款基准利率、法定存款准备金率和再贴现率，对调节物价总水平的作用突出；通过利率调整可调节国民的消费与储蓄水平，如通过高利率鼓励储蓄、低利率刺激消费和投资的需求；货币政策的操作是一种经济行为，对经济的调节作用比较平缓，有利于市场机制发挥作用，且具有灵活性等优点。

4.2.2.2　财政政策与货币政策的缺陷

财政政策的缺陷相对于货币政策而言，主要表现在：财政政策对社会总需求的调节不如货币政策直接，前者一般只是改变总量中的比例和分布，而后者则直接作用于总量；对经济调节作用容易对市场机制形成冲击、震动较大，不易形成"微调"的效果；财政政策的作用过程主要是经济干预，不是靠经济行为主体的竞争、市场供求关系和市场机制，因而它对提高资金的使用效率缺少刺激力；财政政策的制定是经济决策和政策决策的过程，需要经过一定的法定程序，实行起来灵活性较小。

货币政策的缺陷相对于财政政策而言，主要表现在：货币政策难以解决国民收入分配不公的问题；在弥补市场机制的缺陷和推动各部门经济的协调发展等方面，不如财政政策直接和有效，如货币政策对推动那些私人不愿投资和不适合投资的事业发展的作用不如财政政策明显或直接；由于货币政策传导环节多、时间长，易受各种因素的干扰等情况，货币政策在调整经济结构和促进区域经济协调发展方面难以直接、有效地发挥作用，特别是在国民经济结构严重失衡的情况下，单靠货币政策难以有效地解决问题。

4.2.3 财政政策与货币政策的协调

4.2.3.1 财政政策与货币政策配合的主要方式

财政政策与货币政策的共性和差异，以及各自具有的优势和缺陷，决定其制定与实施的互补性。两大政策目标如果不能协调配合，必然会造成政策效果的相悖，导致宏观经济运行失控。总体上说，两者协调配合的模式有多种，可归纳为以下六种方式：

（1）"双积极"结合政策。"双积极"结合政策即指积极财政政策与积极货币政策的有机结合。积极财政政策主要通过减税和扩大财政支出规模来增加社会总需求，积极货币政策主要通过降低法定存款准备金率、利率等工具来扩大信用规模和增加货币供应量。在社会总需求严重不足、生产能力难以保障和生产资源大量闲置的情况下，宜选择该种政策组合方式，从而刺激需求、增加投资、扩大就业。但应注意其调控的力度，如果过大或过猛可能会带来严重的通货膨胀。1998 年和 2008 年我国采取了该政策方式。

（2）"双紧缩"结合政策。"双紧缩"结合政策即指紧缩财政政策与紧缩货币政策的有机结合。紧缩财政政策主要通过增加税收、削减财政支出减少消费和投资，抑制社会总需求；紧缩货币政策主要通过提高法定存款准备金率等来增加储蓄，以减少货币的供应量，抑制社会投资和消费需求。财政政策与货币政策"双紧缩"结合的政策方式可用来治理需求膨胀与通货膨胀，但如果调控力度过大或过猛，也可能造成通货紧缩、经济停滞甚至滑坡等问题。1985 年我国采取了该政策方式。

（3）"双稳健"结合政策。"双稳健"结合政策即指中性财政政策与中性货币政策的有机结合。该方式强调两大政策工具的稳健取向，财政政策主要保持财政收支的基本平衡或增量平衡，货币政策则保证货币供应量或利率的稳定，其重点在于掌握政策调控力度。该方式主要适用于社会总供求基本均衡、经济运行比较平稳而经济结构调整成为主要任务的情况。但由于经济波动是市场经济发展的客观规律，所以一旦经济运行发生变化就应及时作出调整。我国在连续实施 7 年"双积极"政策后于 2004 年采取了该政策方式。

（4）"松与紧"结合政策。"松与紧"结合政策即指在财政政策与货币政策运用上采取"一松一紧"或"一紧一松"的有机结合。其内容包括：一是积极财政政策和紧缩货币政策，前者可刺激需求、有效克服经济萧条问题，而后者可避免过高的通货膨胀，但长期运用会累积大量的财政赤字；二是紧缩财政政策和积极货币政策，前者可抑制社会总需求、防止经济过热、控制通货膨胀，而后者可保持经济的适度增长。该政策方式适用于在控制通货膨胀的同时，保持适度经济增长的情况。1979 年我国采取了该政策方式。

（5）"适当积极"的政策。"适当积极"的政策即指积极财政政策与稳健货币政策的有机结合。我国针对东南亚金融危机的冲击和国内发生严重的自然灾害，以及国民经济运行呈现出投资需求、消费需求和出口需求不足的情况下，1998 年实施了该政策方式。从实施的效果上看，基本上实现了扩大内需、拉动经济增长等预期目标。

（6）"适度从紧"的政策。"适度从紧"的政策即指紧缩货币政策与稳健财政政策的有机结合。重点是把握财政政策与货币政策的调控力度，该紧则紧、该松则松，将其政策工具灵活搭配、有机组合。"适度从紧"的政策方式宜于在总需求过旺、经济结构不合理、财政赤字过大和通胀居高不下的情况下采用。我国 1996 年及"九五""十一五"采取了该政策方式，旨在抑制通货膨胀。

4.2.3.2 财政政策与货币政策协调的简要分析

通过上述政策组合可以看出，所谓的松或紧实际上是指财政政策与货币政策在资金供应上的松或紧。即能使社会资金供应增加的措施，如减税、增加财政支出、降低法定存款准备金率与利率、扩大信贷支出等，都属于积极政策措施；反之，都属于紧缩政策措施。对采取何种政策组合，则取决于宏观经济运行状况及政府的政策目标。一般而言，如果社会总需求明显小于总供给就应采取积极政策，反之则采取紧缩政策措施。

此外，还应注意的是：财政政策与货币政策对总供给也有着积极的调节作用，在社会总需求大于总供给的情况下，既可用紧缩财政与货币政策来抑制总需求，也可通过积极财政与货币政策来促进总供给的增长。因此，财政与货币政策在实际运用中应根据经济状况适时进行协调和调整，这样才能达到有效调控国民经济运行的目的。

4.3　财政政策实践分析

我国古代的理财家，较早地提出了"量入为出""轻税薄敛""藏富于民"等朴素的财政政策思想。但这种思想是在自然经济条件下形成的，其目标单一、手段简单，对经济发展影响较小。中华人民共和国成立以来，运用的财政政策可分为 2 个时期 8 个阶段，2 个时期即 2007 年以前实施的财政政策和 2008 年以来实施的积极财政政策。

4.3.1　2007 年以前的财政政策

中华人民共和国成立后至 1977 年以前实施的财政政策，大体上包括国民经济恢复时期、传统计划经济时期、国民经济调整时期、计划商品经济时期和建立社会主义市场经济初期 5 个阶段的财政政策。

4.3.1.1　国民经济恢复时期（1949~1952 年）的财政政策

1950 年 1 月我国《共同纲领》第 40 条明确规定，要"建立国家预算决算制度，划分中央和地方财政范围，厉行精简节约，逐步平衡财政收支，积累国家生产资金"。其财政政策内容主要包括：采用增加税收和增发钞票等措施筹集财政资金；通过减少税种、减并税目和降低税负等调整税制；对国营经济和集体经济实施税收优惠，对私人工商业给予税收放款等。

1950 年 3 月政务院颁布的《关于统一全国财政经济工作的决定》，主要是统一财政收支尤其是收入，较好地保证了中央财政的需要；税制调整对保证财政收入，配合对资本主义工商业的改造等发挥了积极的作用。但也存在一定的问题，如为安置人员出现了巨额的财政赤字等。从总体上看，国民经济恢复时期出台了真正意义上的偏紧财政政策，扭转了当时的困难局面，财政政策的运用基本上是较为成功的。

4.3.1.2　传统计划经济时期（1953～1977年）的财政政策

1953年实行集中统一与分级管理相结合、侧重集中的财政体制，试行商品流通税；1958年调整财政体制为"以收定支、五年不变"，实行工商统一税和统一农业税制；1961年开始转向较为集中的财政体制，提出"增加收入、确保平衡、合理负担、促进发展"的财政政策；"文化大革命"时期经济处于极端不正常的运行状态，财政体制频繁变动，实行简化税制（1973年税改时"五税"合为工商税）和保证收入的财政政策。

传统计划经济特别是"文化大革命"时期，由于国家政治的不稳定，财政政策目标不明确，一些财政政策内容也没有真正得以贯彻实施。财政体制上调整较快，基本上是维持过日子，效果不理想；税制过度简化，突出以流转税为主体的税制格局，缩小了税收调节的范围和力度，或者说基本丧失税收的调节作用；国营企业采取统收统支政策，对企业的财政亏损补贴难以起到应有的作用。总体上看，财政政策基本做到了适应经济发展变化或政治需要和保证财政收入的目的。

4.3.1.3　国民经济调整时期（1978～1984年）的财政政策

按照1979年提出的经济"调整、改革、整顿、提高"八字方针，实施紧缩财政政策与适度积极货币政策相配合的政策方式，即压缩基建规模，防止通货膨胀，调整国民经济中严重失调的比例关系（如农轻重、积累与消费比例等）；不断改进与完善财政管理体制，如在不同的时期、地区试行不同的财政包干（如分级和固定比例包干等）和分成（超收、增收分成等）等办法；建立涉外税制，实行国营企业利改税和工商税制的全面改革等。

总体上看，国民经济调整时期财政政策在加强农业、轻纺工业和基础设施建设，促进产业结构调整，恢复和发展工农业生产，提高人民生活水平，实现财政状况的根本性好转（由1980年巨额赤字到1985年21.6亿元的财政结余）等方面起到了积极的作用。尤其是利改税和税制的全面改革，突破了对国营企业征收所得税的"禁区"，逐步建立了适应经济改革新形势下的多税种、多环节、多层次调节的税制体系，但也带来了诸如消费基金膨胀、社会需求过旺、信贷规模扩大、经济效益滑坡等负效应。

4.3.1.4　计划商品经济时期（1985～1992年）的财政政策

1984年我国经济体制改革从农村向城市全面展开，但出现了经济严重过热的问题，以致财政支出和信贷"双膨胀"。1985年我国采取了"双紧缩"的财政政策与货币政策，其内容主要包括：压缩财政支出，如1985年压缩财政赤字44%；动用外汇储备和扩大国债规模，以缓解供需矛盾；调整中央与地方、国家与企业的分配关系，诸如实行"划分税种、核定收支、分级包干"体制，清理"小金库"等；通过开征"两金"和耕地占用税等，支持农业和瓶颈产业的发展等。

从总体上看，计划商品经济时期的财政政策控制了经济增长速度，个别的工业城市甚至出现了负增长。例如，在信贷同时被大规模压缩后，1986年2月经济增长率从1984年的最高点15.2%暴跌到0.9%，全年通货膨胀率下降3%；1988年第4季度第二次进行紧缩时将财政支出增长率由以前的两位数减为一位数；1990年经济有所增长，但与1988年相比，在排除价格因素后实际下降了20%。该时期税制的不断调整、完善与改革，增强了财政政策的调控作用，保证了财政收入的稳定增长。

4.3.1.5　建立市场经济初期（1993～1997年）的财政政策

1992年党的十四大将经济增长率由6%提高到8%～9%，1994年开始实施了社会主义市场经济体制。我国运用"适度从紧"的财政与货币政策，逐步调整过高的通货膨胀和过快的经济增长。其内容主要包括：控制固定资产投资规模，调节工资性收入过快增长，减少价格和国有企业亏损等补贴；实行分税制财政体制改革，明确划分中央税、地方税和共享税的范围；公平税负、促进平等竞争，建立符合社会主义市场经济要求的税制体系；深化企业财务和会计制度的改革等。

总体上看，我国社会主义市场经济初期的财政政策促进了市场经济的健康发展，财政收入稳步增长，综合国力和财政实力增强。而税制的全面、科学、规范化的改革是我国税制建设上的历史性突破，有效地促进了经济良性运行与快速发展，如完善关税、实行出口退税和吸引外资优惠政策支持扩大外贸出口，强化土地增值税和印花税等，较好地抑制了房地产和证券市场的过度投机。但该时期的财政政策也有负效应，如财政收支矛盾依然尖锐，国家财力仍感不足，财政职能被肢解的问题并未得到根本性解决等。

4.3.1.6 1998 年实施的积极财政政策

（1）积极财政政策的经济背景。我国 1993 年开始实施"适度从紧"的财政政策与货币政策，成功地实现了经济的"软着陆"。但也出现了诸如财政收入占 GDP 比重、出口贸易和外商投资等逐年下降，投资需求和消费需求增长乏力等问题，加之 1998 年百年不遇的洪水和国有企业战略改组带来下岗分流人员和失业的压力，以及 1997 年 7 月以来亚洲金融危机的爆发，我国经济面临着前所未有的困境。如何应对国内外复杂的经济形势，解决其"通货紧缩、市场趋冷"的问题，1998 年 8 月我国政府实施积极的财政政策。

（2）积极财政政策的主要内容。其财政政策的目标主要是摆脱通货紧缩阴影，实现企业脱困、拉动需求、增加投资、刺激消费、扩大出口，促进国民经济快速、稳定、协调发展。1998 年 8 月全国人大常委会第 4 次会议通过财政部预算调整方案，增发 1 000 亿元国债，配套 1 000 亿元银行贷款，作为专项资金全部用于基础设施建设。至 2004 年实施的财政政策主要包括：一是扩大国债规模，加强基础建设；二是实行税费改革，鼓励社会投资；三是鼓励出口退税，扩大出口贸易；四是调整分配政策，拉动居民消费。

（3）积极财政政策的实施效果。1998 年我国实施的积极财政政策，是在市场经济条件下反周期调节的一次成功尝试，具有里程碑的意义。主要表现在：一是拉动国民经济增长，2003 年经济全线回暖，经济增长质量和效益明显提高；二是启动了"三大需求"，如 2000 年固定资产投资增长率停止下滑（同比增长 9.6%）、消费增长率 9.7% 和出口增长率 27.8%；三是促进经济结构调整，推动产业升级和经济模式的转变等；四是化解财政金融风险，如信贷资金转换为财政投融资资金，通过财政拨款支持"债转股"等。

4.3.1.7 2005 年实施的稳健财政政策

（1）稳健财政政策的经济背景。从经济增长上看，2003 年和 2004 年 GDP 分别增长 10% 和 10.1%；从物价水平上看，2003 年开始由负增长变成正增长，呈现出加速发展的态势。但同时引发了一定程度的通货膨胀和债务风险，存在经济结构不合理、经济增长方式粗放等问题，如钢铁和房地产等行业发展过快，出现了局部过热的现象，相反能源、交通、农业、教育、公共卫生和社会保障等薄弱环节亟待加强。为此，十届全国人大第三次会议提出：2005 年要坚持加强和改善宏观调控，实施稳健的财政政策。

（2）稳健财政政策的主要内容。财政政策的主要目标是加快公共财政体系建设，促进经济社会的全面、协调发展，其内容是"控制赤字、推进改革、调整结构、增收节支"，主要包括：一是适当减少财政赤字，松紧适度，重在传递调控导向信号；二是适当调减国债项目资金规模，腾出更多财力用于支持经济体制改革和经济制度创新；三是调整财政支出和国债项目资金投向结构，即"区别对待、有保有压、有促有控"；四是确保财政收入的稳定增长，严格预算支出，特别是控制一般性支出的增长，提高资金使用效益以替代增量需求。

（3）稳健财政政策的实施效果。1998～2007年我国实施的稳健财政政策取得了积极的、良好的效果主要包括：一是农业生产稳定增长，农民收入继续增加；二是工业生产增长较快，生产能力明显增强；三是投资消费趋于协调，投资结构有所优化；四是外贸出口快速增长，抑制高耗能产品出口政策目标取得初步成效；五是物价水平渐趋平稳，上下游产品差价缩小；六是房地产市场调控效应初步显现，房产价格有所下降或增长趋缓；七是增加社会就业，促进社会事业的全面发展。

4.3.2　2008年以来的财政政策

2008年下半年，爆发了世界性金融危机，我国宏观调控政策再次改弦易辙，开始实施积极的财政政策和适度宽松的货币政策。

4.3.2.1　积极财政政策的经济背景

2008年年初由美国次贷危机引发的全球性金融危机愈演愈烈，并已开始对全球实体经济造成严重影响。我国虽然受到的直接冲击相对较小，但对经济增长带来的负面影响也已经开始显现，经济增速连续5个季度减缓，2008年GDP增速从一季度的10.6%下滑到三季度的9%，前3个季度出口增速回落4.8个百分点，净出口对经济增长的拉动比上年同期减少1.2个百分点。

我国把保持经济平稳较快发展、控制物价过快上涨作为2008年下半年宏观调控的首要任务，控制物价过快上涨的目标基本实现，CPI连续5个月回落。因此，在国内有效需求不足、通货紧缩趋势明显和经济增长乏力，以及为应对世界性金融危机、防范经济危机的关键时刻，国务院作出了"实行积极财政政策和适度宽松货币政策"的重大决定，这是继1998年我国为应对亚洲金融危机之后再次转向实施的积极财政政策。

4.3.2.2 积极财政政策的主要内容

（1）2008～2016年实施积极财政政策的内容。面对国内外复杂的经济形势与变化，我国2008～2010年实施了积极的财政政策和适度宽松的货币政策，2011年开始实施积极的财政政策和稳健的货币政策，共性是扩张，但力度和结构有所不同。2008～2016年积极财政政策的内容主要包括：一是加大投资力度，优化投资结构；二是推进税制改革，实行减税降费；三是调整分配格局，提高居民收入；四是支持科技创新，优化经济结构；五是优化支出结构，加快事业发展。其有关情况见表4-1。

表4-1　　　　　　　　2008～2016年积极财政政策情况比较

年份	实施背景	主要内容	保障措施	基本特点
2008	美国次贷危机引发全球性金融危机；国内有效需求不足和通货紧缩趋势明显、经济增长乏力	加大投资力度，优化投资结构；推进税制改革，实行减税政策；调整分配格局，提高居民收入；支持科技创新，优化经济结构；优化支出结构，加快事业发展	提出促进经济增长的"十项"措施，如大力振兴装备制造业等；制定中央政府投资计划	政策结构特征明显；有助结构性失衡问题解决；明确和谐社会的政策目标
2009	全球性金融危机严重影响我国经济发展，深层次矛盾凸显，出现内需不振、出口下降、增长回落、失业上升、税收下降等一系列问题	扩大政府公共投资，加强重点建设；推进税费改革，实行结构性减税；提高低收入群体收入，大力促进消费需求；优化财政支出结构，保障和改善民生；支持科技创新与节能减排，推动经济结构优化	支持农村改革发展；扩大投资与消费规模；切实保障和改善民生；推进财税制度改革；实行结构性减税政策等	政策具有思路的创新性、范围的侧重性、手段的时效性、节奏的时序性和工具的多样性等特点
2010	全球经济复苏总体较为明显，但各国财政风险聚增加，不稳定的因素依然很多；我国经济发展面临的形势依然十分复杂、严峻	提高城乡居民收入，扩大居民消费需求；用好政府公共投资，优化投资结构；落实结构性减税政策，引导企业投资和居民消费；优化财政支出结构，保障和改善民生；支持经济结构调整和区域协调发展	积极发挥财政政策调控的优势；注重扩大内需，切实保持经济平稳较快增长；注重和保障民生，深化财税改革等	财政政策调控力度大；投资消费、内外需并重；总量调控与结构调整结合；以民生为出发点和落脚点
2011	世界经济虚拟与实体经济异化程度降低，恢复过程缓慢、动荡而曲折；我国经济总体运行平稳，财政支持经济发展和民生建设能力提高	加强财政宏观调控，促进经济平稳较快发展；加大强农惠农政策力度；促进经济结构调整和区域协调发展，加快转变经济发展方式；保障和改善民生；完善公共财政体系；加强财政科学化精细化管理	正确处理积极财政政策与稳健货币政策的关系；合理把握积极财政政策的力度；增加公共产品与服务供给等	财政政策带有明显的扩张性；政策调控更为明显；政策制定实施要领分工配合

年份	实施背景	主要内容	保障措施	基本特点
2012	国际金融危机的负面效应延伸，债务危机在短期内缓解较困难；我国经济发展仍处于重要的战略机遇期，但面临一些问题需认真解决	完善结构性减税政策，减轻企业和居民的负担；增加城乡居民的收入，努力提高消费能力；优化财政支出的结构，保障和改善民生；促进经济结构调整与区域协调发展，推动经济发展方式加快转变	保持宏观经济政策的稳定；保持经济平稳较快发展；保持物价水平的基本稳定；加强地方政府的债务管理等	财政政策结构的调整向民生倾斜；保持政策的连续性和稳定性；增强政策灵活性和前瞻性
2013	欧美经济形势正在经历的新一轮持续震荡，对全球经济形成极大的冲击；"粗放型"扩张对我国经济结构的副作用已经逐渐凸显	适当增加财政赤字和国债规模，保持必要的支出力度；完善结构性减税政策，促进经济结构调整；进一步优化财政支出结构，保障和改善民生；推动经济发展方式转变，提高经济发展质量和效益	税制改革与结构性减税、扩大内需；强农惠农、教育投入、医疗保障、社会保障、保障房建设；厉行节约	保持政策连续性和稳定性，把握好政策的力度、节奏和重点，着力提高针对性、灵活性和有效性
2014	经济总体上仍处于高速增长下的平稳状态；存在着诸如地方政府性债务扩张较快、财政金融风险加大等隐患	体现政策的稳定性和连续性。包括：适当扩大财政赤字和国债规模，保持必要的调控能力；进一步调整财政支出结构，着力保障和改善民生；建立和完善现代财政制度，促进经济的转型升级	加强财政宏观调控；深化财税体制改革；促进经济转型升级；推动农业可持续发展和城镇化；改善民生	稳增长、调结构、惠民生；以增支减收为手段，以财税改革为动力，激发更大的市场活力
2015	错综复杂的国际形势，全球经济持续低迷；实施国内经济结构调整战略；经济增长呈现出明显放缓的态势，步入中高速增长的"新常态"	提高财政赤字率，扩大财政支出规模；增加安排地方政府专项债券；继续实行结构性减税和普遍性降费，进一步减轻企业特别是小微企业负担；进一步优化投资结构，加大教育、卫生、社会保障、保障性安居工程等投入	认真贯彻实施预算法；深入推进财税体制改革；促进经济稳定增长与结构优化；切实保障改善民生；严肃财经纪律	财政工作适应经济发展的新常态；工作的着力点是转方式和调结构；积极财政政策加力增效
2016	国际形势复杂，全球经济持续低迷；全面建成小康社会决胜阶段的开局之年和推进结构性改革阶段的攻坚之年；经济下行压力依然较大	合理扩大财政支出规模；进一步减税降费；优化支出和转移支付结构；加大财政资金统筹使用力度；着力推动供给侧结构性改革；支持做好补齐短板工作；增强风险防控意识和能力；扎实开展国际财经合作	贯彻实施好预算法；加快财政体制和税制改革；提高预算执行效能；创新财政投入方式；加强地方政府债务管理	加大积极财政政策力度；阶段性提高财政赤字率，其目的是稳增长、保民生；全面推开营改增试点

（2）2017年实施积极财政政策为核心的财政工作。财政部部长肖捷在"全国财政工作会议"上，明确提出了2017年"继续实施积极的财政政策"

及其重点财政工作。

第一，继续实施积极的财政政策，促进实现经济增长预期目标。其内容主要包括：财政政策要更加积极有效，继续实施减税降费政策，适度扩大支出规模，促进经济运行保持在合理区间；继续落实并完善"营改增"政策，扩大减税效应；研究新的减税措施；进一步清理规范基金和收费，再取消、调整和规范一批行政事业性收费项目；公开中央和各地收费目录清单；落实好其他已出台减税降费政策；适度扩大支出规模，中央和地方财政通过合理安排收入预算、全面盘活存量资金，确保财政支出强度不减且实际支出规模扩大；增加的支出，主要用于保障重点领域开支需要。

第二，把握经济新常态和供给侧结构性改革做好财政重点工作。其内容主要包括：一是推进供给侧结构性改革，解决供需结构性失衡，如支持落实"三去一降一补"重点任务等；二是深入推进财税体制改革，加快现代财政制度建设，如提出健全地方税体系方案等；三是调整优化支出结构，有效保障重点领域支出，如加大县级财力统筹力度等；四是加强预算执行管理，确保完成年度预算任务，如硬化预算约束、严格预算调整事项等；五是加强地方政府性债务管理，确保财政可持续，如强化地方政府债务限额管理和预算管理等；六是深化国际财经合作，服务好国家政治、经济、外交大局，如进一步推动税基侵蚀和利润转移行动计划项目实施等工作。

4.3.2.3　积极财政政策的实施效果

（1）经济增长的拉动作用逐渐显现。受金融危机影响导致的经济增长率放缓势头于2009年年初达到顶点，谷底时GDP增长率仅为6.1%。但因实施了以提高政府投资力度和结构性减税等为主的积极财政政策，对经济增长的拉动作用在2009年第2季度显现，并连续实现了4个季度的上升。2010年GDP增长10.3%，高出2009年1.6个百分点，2014~2016年GDP增长分别为7.4%、6.9%和6.7%，实现经济增长新常态的预期目标。

（2）全社会固定资产投资快速增长。我国2008年开始实施4万亿元的经济刺激投资计划，全社会固定资产投资增速明显加快，当年实现25%，2009年达到30.1%，为1993年以来的最高水平。2010~2011年全社会固定资产投资增速回落到24%左右，2013年降为19.3%，但仍属于较高水平。2010年以来民间投资增长迅速，2016年占全社会固定资产投资的61.2%，这也说明了积极财政政策的导向作用。

（3）居民消费需求呈逐渐扩张态势。2008 年以来实施的积极财政政策更加着力于提高城乡居民收入水平，我国居民消费需求在一度受到经济危机严重影响的情况下，仍基本保持作为经济增长第一引擎的地位。从社会消费品零售总额指标的情况看，2009 年以来社会消费品零售总额均保持了 14% 以上的增长速度，特别是 2010 年增速达到了 23.3%，而 2014～2016 年分别回落为 12.0%、10.7% 和 10.4%。

（4）外贸出口与利用外资逐步增长。2008 年我国进出口贸易总额仍维持了较高的增长趋势，虽然 2009 年进出口贸易总额出现负增长，但经过两年多积极财政政策的调整，同时也伴随世界经济的缓慢复苏，2010 年对外贸易逐步恢复到危机前的水平，出口总额同比增长 31.3%，2013 年出口总额增长7.9%。2010 年利用外商直接投资实现复苏，同比增长 17.5%，2013 年为5.3%；2016 年实际使用外资 814.2 亿元，同比增长为 5.7%。

4.3.3　实施积极财政政策的比较

我国 1998 年与 2008 年实施的积极财政政策，既有相同之处又有不同之点，即相似的经济背景与实施内容，不同的经济实力与财政工具。

4.3.3.1　相似的经济背景与实施内容

（1）遭受金融危机的冲击。1997 年 7 月以泰国宣布泰铢与美元脱钩为标志，亚洲金融危机爆发，我国 1998 年上半年出口增速逐月放慢，上半年出口增长 7.6%，与 1997 年同期相比增幅回落 18.6 个百分点；2008 年美国次贷危机引发的国际金融危机迅速蔓延，从 2008 年 10 月起国际金融危机冲击我国进出口市场，出口增速逐月下降，伴随外需急剧减少和经济增速趋缓，扩大内需、拉动经济走出下滑的泥沼的要求日益迫切。

（2）满足扩大内需的要求。在同样面临外需减少的情况下，扩大内需成为两次积极财政政策实施的共同着力点。1998 年开始每年发行 1 000 亿元的长期建设国债，主要用于诸如加快铁路、公路、电信、城市环保和绿化等建设，扩大经济适用住宅规模等。2009 年中央公共投资与 1998 年相似，如铁路等重大基础设施建设和城市电网改造投资为 2 100 亿元，廉租房等保障性住房投资 4 000 亿元等，力求扩大内需拉动经济增长。

（3）实施救灾支出的需要。两次实施积极财政政策之前，我国都遭受了重大的自然灾害，这就需要进行财政投入。我国 1998 年的洪涝灾害，中央财政拨付救灾支出达到 130 亿元。2008 年的南方冰冻灾害和"5·12"汶川大地震，使国民经济遭受重大损失，人员出现重大伤亡，灾后重建的预算安排达到 10 000 亿元。

（4）发行国债为主要手段。1998～2004 年我国累计发行国债达到 9 100 亿元，1998 年国家财政债务依存度已达到 29.9%，中央财政债务依存度高达 70.91%；2009 年安排中央财政赤字 7 500 亿元，加上代地方发行的 2 000 亿债券，全国财政赤字达到 9 500 亿元，赤字率接近 3%，国债负担率接近 12%，且近年来保持较高的赤字率，如 2016 年安排 3%。

4.3.3.2　不同的经济实力与财政工具

（1）经济环境有别。1998 年之前我国经济增速放缓呈现"慢刹车"的基本特征：1996 年我国经济软着陆，经济增速下降；通货紧缩迹象明显，1996 年 5 月到 1998 年央行先后 7 次降低存贷款利率；国有企业出现了大量下岗分流人员，失业压力增大等。而 2008 年政策实施之前的经济环境：国企改革取得重大成效，金融部门更加稳健；2004～2007 年经济增速在 10% 以上，2008 年经济增速放缓、下半年呈现"急刹车"的特征。

（2）发展水平不同。1998 年我国 GDP 为 84 402 亿元，人均 GDP 仅有 821 美元，2001 年跃上 1 000 美元台阶，2006 年达到 2 000 美元。而 2008 年 GDP 达到 314 045 亿元（增长 2.72 倍），人均 GDP 3 315 美元，2016 年人均 GDP 8 866 美元，经济发展进入新的阶段。此外在理念上，1998 年财政政策的目标是促进国民经济快速、稳定、健康发展，而 2008 年科学发展、均衡发展观念已深入人心，转变经济发展方式成为财政政策取向。

（3）政府财力悬殊。1998 年国家财政压力巨大，全国财政收入为 9 876 亿元，仅占当年 GDP 的 11.70%，且 1996 年和 1977 年刚刚跨过 7 000 亿元和 8 000 亿元的门槛。但经过连续 10 年税收超常规增长，2008 年财政收入高达 61 330 亿元（是 1998 年的 6.21 倍，占当年 GDP 的 19.53%），2016 年财政收入更是高达 159 605 亿元（是 1998 年的 16.16 倍，占当年 GDP 的 21.44%），这为我国积极财政政策的实施拥有了充足的"弹药"。

（4）政策重心倾斜。1998 年我国积极财政政策的主要投向是基础设施建设，主要包括农林水利、铁路公路交通、重点机场建设、邮电通信、交通通信设施，以及城市环保和供水、供暖、供气、道路和绿化等，实施农村电网改造，扩大经济适用住宅建设规模等。而 2008 年开始实施的积极财政政策的投向除基础设施建设以外，更加突出了"三农"支出、民生支出、促进经济方式转变及区域经济发展支出等方面。

（5）政策工具差异。美国应对本次金融危机的经济刺激方案，其核心就是减税。我国 1998 年实施的积极财政政策，其政策工具主要是发行国债，形式较为单一。而 10 年后，我国财政政策工具更加丰富，主要是扩大公共投资和实行结构性减税两类，具体包括投资、减税、减费、国债、贴息、增支和转移支付等工具的组合。如 2009 年因减税而降低企业和居民负担约 5 000 亿元，2016 年全面推开营改增全年减税 5 736 亿元。

4.3.4　财政政策改革的基本要求

财政政策改革必须按照党的十八大及其三中全会，特别是党的十九大所提出的"加快建立现代财政制度"的要求，即"加快建立现代财政制度，建立权责清晰、财力协调、区域均衡的中央和地方财政关系。建立全面规范透明、标准科学、约束有力的预算制度，全面实施绩效管理。深化税收制度改革，健全地方税体系"予以进行。2017 年 12 月，财政部肖捷部长明确提出了"加快建立现代财政制度"的现实意义和内容要求。

4.3.4.1　建立现代财政制度的现实意义

党的十八大以来，现代财政制度建设取得重要阶段性成果。面对新时代新要求，必须加快改革步伐，完善体制机制，更好发挥财政在国家治理中的基础和重要支柱作用。

建立现代财政制度的现实意义主要表现在：一是加快建立现代财政制度是实现深化财税体制改革重大部署的必然要求；二是加快建立现代财政制度是完善和发展中国特色社会主义制度、推进国家治理体系和治理能力现代化的题中应有之义；三是加快建立现代财政制度是决胜全面建成小康社会、实现中国梦的重要保障。

4.3.4.2　建立现代财政制度的内容要求

（1）确立中央和地方财政关系。即符合"建立权责清晰、财力协调、区域均衡的中央和地方财政关系"的要求，其中权责清晰是前提、财力协调是保障、区域均衡是方向。其内容主要包括：一是权责清晰，形成中央领导、合理授权、依法规范、运转高效的财政事权和支出责任划分模式，合理划分省以下各级政府财政事权和支出责任；二是财力协调，形成中央与地方合理的财力格局，为各级政府履行财政事权和支出责任提供有力保障，继续优化转移支付制度；三是区域均衡，着力增强财政困难地区兜底能力，稳步提升区域间基本公共服务均等化水平，增强省以下政府基本公共服务保障能力。

（2）绩效管理为目标建立预算制度。即符合"建立全面规范透明、标准科学、约束有力的预算制度，全面实施绩效管理"的要求。其内容主要包括：一是全面规范透明，推进全口径政府预算管理，全面反映政府收支总量、结构和管理活动；二是标准科学，遵循财政预算编制的基本规律，根据经济社会发展目标、国家宏观调控要求和行业发展需要明确重点支出预算安排的基本规范；三是约束有力，严格落实预算法，切实硬化预算约束；四是全面实施绩效管理，紧紧围绕提升财政资金使用效益，将绩效理念和方法深度融入预算编制、执行和监督的全过程。

（3）深化税改为目标健全地方税体系。即符合"深化税收制度改革，健全地方税体系"的要求。其内容主要包括：一是着力完善直接税体系，完善个人所得税制度、企业所得税制度和现代房地产税制度；二是健全间接税体系，深入推进现代增值税制度改革，研究调整部分消费税品目征收环节和收入归属；三是推进健全地方税体系改革，完善地方税种，扩大地方税权，统筹推进政府非税收入改革；四是全面落实税收法定原则，力争在 2019 年完成全部税收立法程序，2020 年完成"落实税收法定原则"的改革任务。

4.4　本章小结

★ 本章主要阐述和分析了财政政策基础理论、财政货币政策协调和财政政策实践分析三个问题。财政政策基础理论包括政策的基本含义，财政政策的含义、分类、目标和手段。财政政策按调节经济总量功能可分为积极、紧缩和稳健的财政政策，按调节经济周期作用分为自动稳定和相机抉择的财政政策；目标包括收入公平分配、经济适度增长、资源合理配置、保持物价稳定、实现充分就业、公平社会保障和国际收支平衡；手段包括公共预算、税收政策、财政投资、财政补贴、财政信用、财政法治和财政监察等。

★ 财政货币政策协调包括财政政策与货币政策的关系、优劣和协调。财政与货币政策具有目标的统一性、管理的影响性、环节的分配性、运行的联系性等共性，其差异体现在实施主体、作用机制、运用方式、调节重点、使用工具、调控范围和政策时滞等；财政政策在公平分配、结构调整、经济增长、资源配置和充分就业更有优势，而货币政策优势在于稳定物价和平衡国际收支；财政与货币政策配合的方式主要包括双积极、双紧缩、双稳健、松与紧、适当积极、适度从紧等方式。

★ 财政政策实践分析包括 2007 年以前的财政政策、2008 年以来的财政政策、实施积极财政政策的比较和财政政策改革的基本要求。1998 年和 2008 年实施积极的财政政策既有相似的经济背景与实施内容，如遭受金融危机冲击、满足扩大内需要求、实施救灾支出需要和发行国债作为手段，又有不同的经济实力与财政工具，如经济环境、发展水平、政府财力、政策重心和政策工具等不同；财政政策改革必须按照党的十八大及其三中全会，特别是党的十九大提出的"加快建立现代财政制度"的要求予以进行。

5. 财政管理体制研究

财政管理体制是确定政府间财政分配关系的一项根本制度。它是国家经济管理体制的重要组成部分。为保证有限财力合理、有效的分配，就必须明确各级政府之间、国家与企事业单位之间在整个财政分配活动中的地位和职责，并合理划分和科学规范财政收支范围。财政管理体制研究主要阐述和分析财政体制基础理论、财政管理体制内容和财政转移支付制度的问题，其中财政体制基础理论包括政府财政事权责任、财政体制含义与类型、分税制财政体制基本理论；财政管理体制内容包括财政体制建设历程、现行财政体制内容、税权划分的主要症结和财政体制改革取向；财政转移支付制度包括财政转移支付理论和财政转移支付办法。

5.1 财政体制基础理论

5.1.1 政府财政事权与责任

2016 年 8 月国务院制定了《关于推进中央与地方财政事权和支出责任划分改革的指导意见》（以下简称《意见》），明确了推进财政事权和支出责任划分改革的必要性、指导思想、总体要求、划分原则和改革的主要内容，以及保障和配套措施。

5.1.1.1 财政事权与支出责任

财政事权是一级政府应承担的运用财政资金提供基本公共服务的任务和职责，支出责任是政府履行财政事权的支出义务和保障。但我国中央与地方财政事权和支出责任划分还存在着不清晰、不合理、不规范等问题，这与建立健全现代财政制度、推动国家治理体系和治理能力现代化的要求不相适应，因此必须积极推进中央与地方财政事权和支出责任划分改革。

（1）财政事权的总体要求和划分原则。划分财政事权应坚持中国特色社会主义道路和党的领导，坚持有利于健全社会主义市场经济体制，坚持法治化规范化道路，坚持积极稳妥统筹推进，坚持财政事权由中央决定的总体要求。遵循五项基本原则：一是体现基本公共服务受益范围；二是兼顾政府职能和行政效率；三是实现权责利相统一；四是激励地方政府主动作为；五是使支出责任与财政事权相适应，即按照"谁的财政事权谁承担支出责任"的原则，确定各级政府支出责任。

（2）适度加强中央的财政事权。加强中央在保障国家安全、维护全国统一市场、体现社会公平正义、推动区域协调发展等财政事权管理，逐步将国防、外交、国家安全、出入境管理、国防公路、国界河湖治理、全国性重大传染病防治、全国性大通道、全国性战略性自然资源使用和保护等基本公共服务确定或上划为中央的财政事权。

（3）保障地方履行财政事权。加强地方政府公共服务和社会管理等职责，赋予地方政府充分自主权，依法保障地方的财政事权履行，更好地满足地方基本公共服务需求，逐步将社会治安、市政交通、农村公路、城乡社区事务等受益范围地域性强、信息较为复杂且主要与当地居民密切相关的基本公共服务确定为地方的财政事权。

（4）减少并规范共同财政事权。逐步将义务教育、高等教育、科技研发、公共文化、基本养老保险、基本医疗及公共卫生、城乡居民基本医疗保险、就业、粮食安全、跨省域重大基础设施项目建设和环境保护与治理等体现中央战略意图、跨省域且具有地域管理信息优势的基本公共服务，确定为中央与地方共同财政事权，并明确各承担主体的职责。

（5）建立财政事权划分动态调整机制。待条件成熟时，将全国范围内的环境质量监测和对全国生态具有基础性、战略性作用的生态环境保护等基本公共服务，逐步上划为中央的财政事权；对新增及尚未明确划分的基本公共服务，要根据市场经济体制改革进展、经济社会发展需求及各级政府财力增长情况，将应由市场或社会承担的事务交由其承担，将应由政府提供的基本公共服务统筹研究划分为中央、地方或中央与地方共同财政事权。

（6）完善中央与地方事权和支出责任划分。这是国家治理体系的核心构成要素，也是理顺政府间财政关系的逻辑起点和前置条件。但我国目前事权和支出责任划分不清晰、不合理、不规范，必须进一步深化改革。其主要措施：一是中央的财政事权由中央承担支出责任；二是地方的财政事权由地方承担支出责任；三是中央与地方共同财政事权区分情况划分支出责任。

（7）加快省以下财政事权和支出责任划分。省级政府应加强统筹，并按照中央做法，按照财政事权划分原则合理确定省以下政府间财政事权。将有关居民生活、社会治安、城乡建设、公共设施管理等适宜由基层政府发挥信息、管理优势的基本公共服务职能下移，强化基层政府贯彻执行国家政策和上级政府政策的责任，但避免将过多支出责任交给基层政府承担。

5.1.1.2 财政职能的政府间分工

本书在第一章已阐明市场经济中资源配置、收入分配和经济稳定的财政职能。在多级政府体制下，各级政府事权划分决定了财政职能的层次性，中央政府与地方政府在履行职能时应当有所分工和归属，因而实现财政职能在各级政府间的合理分工已成为财政分权的核心问题。财政职能在中央政府和地方政府之间划分的基本框架，见表5-1。

表5-1 中央政府和地方政府事权划分的基本框架

内容	责任归属	理由
国防	中央	全国性公共产品或服务
外交	中央	全国性公共产品或服务
国际贸易	中央	全国性公共产品或服务
金融与货币政策	中央	全国性公共产品或服务
管制地区间贸易	中央	全国性公共产品或服务
对个人的福利补贴	中央、地方	收入再分配、地区性服务
失业保险	中央、地方	收入再分配、地区性服务
全国性交通	中央、地方	全国性服务、外部效应
地区性交通	地方	地区性服务
环境保护	地方、中央	地区性服务、外部效应
对工业、农业、科研的支持	地方、中央	地区性服务、外部效应
教育	地方、中央	地区性服务、外部效应
卫生	地方	地区性服务
公共住宅	地方	地区性服务
供水、下水道、垃圾	地方	地区性服务
公安	地方	地区性服务
消防	地方	地区性服务
公园、娱乐设施	地方	地区性服务

资料来源：引自马骏，论转移支付［M］．北京：中国财政经济出版社，1998：138～139.

（1）资源配置职能的分工。总体上看，财政资源配置职能是将社会总资源中的一部分用于生产无法由市场提供的公共产品，以及一些以营利为目的的企业、单位和个人不能或不愿提供的公共产品。因此，科学确立纵向的财政关系就是确定哪些公共产品该由中央政府来提供，哪些该由地方政府来提供，并使资源效用达到最大化。

因此，决定资源配置职能如何在中央与地方之间进行分工的原则在于是否有助于实现效率。而效率的实现有利于成本效益的权衡机制的形成，该机制能促使人们审慎地将成本与效益比较。根据上述政府间财政关系理论的分析，资源配置职能在中央与地方政府间的分工应以地方为主、中央为辅。

（2）收入分配职能的分工。市场根据企业和个人拥有的生产要素及其需求进行的收入分配，往往会产生较大的收入差距，这就需要政府通过再分配予以调节。从地区收入再分配看，各地之间的关系是独立和平等的，地区间财政关系只能建立在平等互利基础上，即贫困地区没有强迫富裕地区无偿转让部分收入的权力，而富裕地区也难以自觉给予贫困地区单方面的补助。因此，协调地区之间收入分配的差距，就需要依靠中央政府强制力实施，同时强调中央为主、地方为辅。

从居民之间的收入再分配看，在各地区间产品、资金和人员等各个生产要素可自由流动的情况下，地区之间的收入再分配计划会引起居民的流动。如果某一地区加大收入再分配的力度，即对高收入者多征税、对低收入者发放更多的补助，那么该地区的高收入者就会迁往其他地区，而低收入者就会迁入该地区，从而形成富人区和穷人区，以致不利于收入公平分配目标的实现。因此，这就需要由中央政府在全国范围内形成一个统一的、较低的收入再分配标准予以整体协调。

（3）经济稳定职能的分工。一般认为，地方政府难以担当稳定经济的重任，也不能单独控制地方辖区内的物价和就业等。其主要原因：地方政府缺乏可供操作的货币政策工具，如没有发行货币的权力，要实施独立的货币政策目标是不可能的。此外，地区经济的开放性限制了财政政策的有效性，假如某地方政府单独实行降低地方税率和提供补助等财政政策，居民可能增加消费支出，但在地区间自由贸易往来的情况下，该地区的购买力可能被用于购买其他地区的产品，从而弱化了本地区的政策效应。

当然，地方政府在稳定经济方面的能力受到限制，并不意味着地方政府与稳定经济之间没有任何联系。事实上，地方政府的财政决策作为经济政策的重要组成部分，对国民经济状况有着一定或重要的影响，因而宏观经济稳定需要甚至必须有地方政府的参与。在考察宏观经济政策时，不能只注意中央政府的经济行为。可见经济稳定增长职能的分工，应以中央政府为主、地方政府为辅。

5.1.1.3 政府间的财政收入划分

中央以下各级地方政府的存在，有助于实现地方性公共产品的供给与居民愿意支付的税收水平相符合。那么，各个税种划归如何在不同级次政府间进行划分，不同的国家有不同的做法。有关国家税种在中央政府和地方政府的划分，可见表5–2。

表5–2 若干国家中央与地方之间主要税种的划分

税种	美国	加拿大	德国	日本
关税	联邦	联邦	联邦	中央
公司所得税	联邦、州	联邦、省	联邦、州	中央、地方
个人所得税	联邦、州、地方	联邦、省	各级	中央、地方
增值税	—	联邦	联邦、州	中央
销售税	州	省	—	中央、地方
财产税	地方	地方	州、地方	地方
对用户收费	各级	各级	地方	各级

资料来源：课题组．美国财政制度［M］．北京：中国财政经济出版社，1998：62．

由表5–2可知，在实践中，关税一般作为联邦或中央的主要财政收入；增值税作为中央或共享收入；企业所得税和个人所得税多为共享收入；财产税的税基具有较低的流动性，因而成为地方政府收入的重要来源。

5.1.2 财政体制含义与类型

5.1.2.1 财政管理体制的含义

财政管理体制简称财政体制，是指规定中央与地方之间、地方各级政府之间、国家与企事业单位之间财力管理权责和收支分配的一项基本制度。它是国家经济体制的重要组成部分，属上层建筑的范畴。其实质是正确处理中央与地方、地方各级政府及国家与企事业单位之间财权财力方面的集权与分权关系。

财政体制有广义与狭义之分：广义的财政体制包括预算管理体制、税收管理体制、国有企业财务管理体制、行政事业单位财务管理体制、固定资产投资管理体制和预算外资金管理体制等；而狭义的财政体制仅指国家预算管理体制。本书所言的财政体制主要指狭义的财政体制。

5.1.2.2 财政管理体制的类型

不同国家或同一国家的不同历史时期，财政体制都有一定的差异。根据财力的集中与分散、财政的集权与分权的不同，财政体制总体上可分为集权型与分权型两类四种，即统收统支体制、分级管理体制、分级包干体制和分税分权体制。

（1）统收统支体制。统收统支体制是高度集权的财政体制，即地方组织的主要收入统一上缴中央，地方支出统一由中央拨付的财政体制。其基本特征：一是财政收支项目、标准和办法，由中央政府统一制定；二是财政收支纳入预算管理，权限集中在中央政府；三是留给地方一部分财力，用于解决文教卫事业、市政建设和其他临时性需要。这种高度集中的体制便于集中收入、控制支出，但只适用于财政困难的特殊历史时期。

（2）分级管理体制。分级管理体制是在中央政府统一政策、计划和制度的前提下，按国家行政区域划分预算级次、分级次进行管理的财政体制。其基本特征：一是按中央与地方政府的职责确定各级预算支出的范围，地方预算的收支权和管理权相对较小；二是主要税种的立法权、税率调整权和减免税权等权限集中于中央；三是中央政府对地区间进行协调，财政的收大于支的收入上解，收小于支的部分由中央补助；四是地方预算多以支定收、结余可留用。

（3）分级包干体制。分级包干体制是在中央政府统一领导、明确中央与地方政府收支范围的前提下，实行地方自主收支、自求平衡、激励与制约相结合的财政体制。其基本特征：一是在收入划分上实行分税制，按税种划分收入；二是责权利相结合，扩大地方政府收支范围，多收多支；三是延长体制有效期，由一年一变改为几年不变；四是扩大地方预算职能，除发挥组织收入职能外，还通过财力分配发挥经济调控职能，即优化资源配置、调整产业结构、公平收入分配、促进地区经济协调发展。

（4）分级分税体制。分级分税体制又称分税制财政体制或分级分税预算管理体制，是指在各级政府之间明确划分事权及支出范围的基础上，按照事权、财权相统一的原则，结合税种特性划分中央与地方政府的税收管理权限和税收收入，并辅之以补助的财政体制。分级分税是实行市场经济国家普遍采用的一种财政体制，其主要特征是规范化和法制化，地方预算构成名副其实的一级预算主体。具体内容将在下一个问题中重点论述。

5.1.3 分税制财政体制理论

5.1.3.1 分税制财政体制的特征

分税制财政体制是世界各国普遍实施的一种财政管理体制，我国财政体制也属此类（1994 年开始实施）。从西方各国实践看，分税制财政体制主要体现在以下三个方面：

第一，规范性。各级政府财政支出范围的划分，严格以各自的事权范围为依据；财政收入范围的划分是在与事权相统一的基础上，主要以税种或税源分享的原则划分。各级政府各司其职、各负其责，收入分别征管。

第二，层次性。在分税制预算管理体制下，各级政府自主地安排本级财政收支等活动，各级预算自求平衡。各级政府之间的事权和收支范围都予以明确界定，体现出明显的层次性。

第三，法制性。不同级次的政府之间的事权、财力、税权的划分及其相互关系必须通过一定的法律制度加以规定，以保证财政体制的稳定性，增强财政管理的透明度，以利于依法处理各级政府间的财政分配关系。

5.1.3.2 分税制财政体制的目标

建立分税制财政体制的目标，既要考虑市场经济发展的一般规律，又要兼顾国家的具体国情；既要考虑经济发展的长远目标，又要兼顾当前的客观实际；既要考虑中央的需要，又要兼顾地方的利益。

例如，我国建立分税制财政体制的总体目标是：适应社会主义市场经济发展的客观要求，按税种划分中央和地方收入范围，在科学确定地方财政收支基数的基础上，合理界定中央与地方政府间的财政分配关系，促进社会资源的优化配置和国民经济发展。

5.1.3.3 分税制财政体制的要素

分税制财政体制是实行市场经济体制国家普遍推行的财政体制，尽管各国实施的层次、内容的方式等方面还存在着一定的差异，但作为同种体制类型仍具有共同的要素：

（1）确立财政管理级次。分税制体制实行的是多级财政体制，其管理级次的划分与一国的政权和行政区划有密切的关系。一般来说，有一级政权就有一级财政和一级财政管理主体，各级财政相对独立，自求平衡。

（2）明确财政管理权限。财政管理权限主要包括财政政策和财政管理法律制度的制定权、解释权和修订权；税种的开征与停征权，税目税率调整权；预决算编制和审批权，预算执行、调整和监督权等。

（3）划分财政支出范围。在明确市场经济条件下市场与政府作用界限的前提下，划分不同级次的政府之间各自的事权范围，根据事权范围确定政府之间的支出范围，并据此来安排各级财政支出。

（4）规范财政收入范围。一般是按照税种或税源分享原则来具体划分财政收入。有的国家按税种划分，各级政府有自身的主体税种；有的国家对同一税源按不同税率分别课征。在机构设置上，一般分设中央和地方两套税务机构，实行分税、分征和分管相结合的管理办法。

（5）建立转移支付制度。划分财政收支范围不可能完全解决不同级次政府、同一级次的政府之间的财政收支均衡问题，必须辅之财力无偿转移，使之公平分配和有效使用，以保证各级政府最基本的施政所需财力，以及不同地区能享受大致均等的公共服务。

（6）进行经常性的调整。各国的分级分税体制是在适应本国的政治经济制度和历史传统中逐渐形成的，就体制整体而言是相对稳定的，只是集权与分权关系及其相应的调节方法可以有经常的调整。

5.2 财政管理体制内容

5.2.1 财政体制建设历程

中华人民共和国成立以来，我国从传统的计划经济逐步转向现代的市场经济，已经走过了 60 余年的历程。财政体制改革作为经济改革的"排头兵"，始终扮演着积极、重要的角色，为我国整个经济改革的稳步推进"铺路搭桥"。我国的财政体制改革基本上是按照"让利→放权→分权→分税→非对称性分权→非均衡性让利"这样一个脉络而展开的，相应地在各个不同的历史时期历经多次变革，经历了"高度集中、统收统支—划分收支、分类分成—划分收支、总额分成—划分收支、分级包干—分税制（包括建立现代公共财政体制和理顺省以下财政管理体制）"的制度变迁过程。

5.2.1.1 高度集中的统收统支财政体制（1949～1952 年）

1949～1952 年我国在国民经济恢复时期，实行了高度集中的统收统支财政体制。新中国成立初期，为恢复经济、发展生产、稳定物价和克服财政困难等，中央采取统一财政经济管理的重大决策，财政管理实行高度集中的统收统支办法。1951 年 3 月政务院颁发了《关于 1951 年系统划分财政收支的决定》，该决定把国家财政收支由高度集中统一于中央人民政府，改为在中央的统一领导下实行初步的分级管理。其内容主要包括：

（1）财政级次的划分。国家财政主要分为中央级、大行政区级和省（直辖市）级三级财政。专署及县（市）的财政列入省（直辖市）财政之内。中央级财政称中央财政，大行政区以下的财政均称地方财政。

（2）财政收支的划分。国家财政收入划分为中央财政收入、地方财政收入及中央与地方比例分成收入；按照企业、事业和行政单位的隶属关系和业务范围，将财政支出划分为中央财政支出与地方财政支出。

（3）财政收支的管理。每年由中央核定一次预算，地方收入不足支出的部分由比例分成收入抵补；比例分成收入全部留用后还不能财政收支平衡的，由中央财政补助。如果地方财政收入大于财政支出，则将其大于部分全部上解中央财政。为调动地方增加财政收入的积极性，农业税超收部分的 50% 留给地方。

从总体上说，中华人民共和国成立初期和国民经济恢复时期实行的是高度集中的统收统支财政体制，这种体制在较短时间内改变了过去长期分散管理的局面，在平衡财政收支、稳定市场物价、保证经济发展和促进财政状况好转等方面，都发挥了积极的重要作用。但随着政治经济形势的发展，这种高度集中的财政体制已不适应需要。

5.2.1.2 统一领导、分级管理的财政体制（1953～1976 年）

1953～1976 年，我国在传统计划经济时期（包括"一五"计划、"大跃进"、经济调整和"文化大革命"）实行了"统一领导、分级管理"的财政管理体制。

（1）"一五"时期的财政体制。1953年我国开始进入第一个五年计划时期，实行集中统一与分级管理相结合、侧重集中的财政管理体制。其内容主要包括：一是1953～1956年实行分类分成办法，国家预算实行中央、省（直辖市、自治区）、县三级预算制度，并划分中央和地方的财政收支范围；二是1957年实行总额控制办法，各省、直辖市、自治区在保证收入总额不减少、支出总额不突破的条件下，对各类财政收支（除自然灾害救济和防汛等专款外）可根据国民经济计划和实际情况统筹调剂。从总体上说，"一五"时期实行从分类分成到总额控制办法，逐步健全了"统一领导、分级管理"的比较集中的财政体制，基本适应了当时国家有计划、大规模进行经济建设的需要。但因缺乏经验，强调集中统一有余，注意因地制宜不足，这种体制在一定程度上影响了地方的积极性。

（2）"大跃进"时期的财政体制。1958年我国开始进入第二个五年计划时期，为适应"大跃进"形势需要，财政体制调整为"以收定支，五年不变"的办法。其内容主要包括：一是1958年财政体制进行重大改革的尝试，在中央统一领导下，进一步扩大地方财政管理权限，在保证国家建设的前提下适当增加地方的机动财力；二是1959年实行"总额分成、一年一变"的财政体制。1958年财政体制改革是在总结第一个五年计划的经验基础上，探索适合中国国情的责权利相结合体制的一种尝试，改革方向正确，调动了地方增收节支的积极性。但过多地下放中央管理的企业，过多地扩大地方和单位的财权，分散了国家财力。1959年起实行的"总额分成、一年一变"的财政体制，试图改变财力分散和宏观失控的问题，但受"左"倾思想影响，决策失误，未达到预期的效果。

（3）经济调整时期的财政体制。20世纪60年代初中央提出"调整、巩固、充实、提高"的方针，在经济工作中强调统一领导、统一政策、统一计划、统一行动，在财政体制上开始转向较为集中的体制。这一时期的财政体制比较集中，但与中华人民共和国成立初期和"一五"时期的集中财政体制有所不同，即集中当中有分散，集中得合理，分散得适度，该紧的紧，该松的松，因此收到了良好的成效，国民经济逐渐恢复了生机。从1962～1965年工农业总产值平均每年增长15.7%，财政收入平均每年增长15%。

（4）"文化大革命"时期的财政体制。1966～1976年的"文化大革命"时期，经济处于极端不正常的运行状态，导致财政收入极不稳定，在这种局面下财政体制频繁变动。其内容主要包括：一是1968年实行收支"两条线"

的管理办法，各省、直辖市、自治区的财政收入全部上缴中央财政，地方所需行政事业费和基本建设投资等由中央财政核拨；二是 1971 年实行收支大包干的办法，即"定收定支、收支包干、保证上缴（或差额补助）、结余留用、一年一变"；三是 1973 年试行收入比例留成的办法，即收入按固定比例留成，超收部分另定分成比例，支出按指标包干；四是 1976 年试行收支挂钩、总额分成的办法，这与"文化大革命"前实行的"总额分成、一年一定"的办法基本相同。在"文化大革命"时期，弊病很多，财政体制变动频繁，财政收入极不稳定，基本上是维持过日子。

5.2.1.3 国民经济调整时期的财政体制（1977～1984 年）

党的十一届三中全会决定实行改革开放政策，自此我国经济工作重点转到社会主义现代化建设上来，经济建设进入了一个新的发展时期。财政体制也随着新时期及其不同阶段的特点，作了有益的调整与改革。改革开放初期的财政体制经历了以下两个阶段：

（1）1977～1979 年改进财政体制的探索。改进财政体制的内容主要包括：一是 1977 年在江苏省试行固定比例包干的办法，确定财政收入上缴比例，财政收支自求平衡，财政预算和决算报国家审批；二是 1978 年在 10 个省市试行增收分成、收支挂钩的办法，即采取地方财政支出与收入挂钩，总额分成，地方机动财力增收分成，收支分成比例"一年一定"的办法；三是 1979 年除民族地区实行特殊财政体制以外，其他地区实行"收支挂钩、超收分成"的办法。从总体上看，这一时期财政体制进行了一些有益的探索，为后来进行的财政体制改革作了有益的准备。但限于当时的条件和经济工作中"左"倾影响，财政体制改革没有取得更大的成效。

（2）1980～1984 年财政体制的改革与调整。其内容主要包括：一是 1980 年进行的财政体制改革，在 23 个省、自治区实行"划分收支、分级包干"的办法；二是 1980～1983 年财政体制在执行中的调整，包括实施"总额分成、比例包干"的办法，1981 年适当缩小地方财政的包干范围，1983 年对总额分成比例或定额补助进行较大的调整。这一时期财政体制的特点主要表现为：一是由过去全国"一灶吃饭"，改为"分灶吃饭"；二是财力分配由"条条"为主，改变为以"块块"为主；三是包干比例和补助数额由"一年一定"改为一定五年不变；四是对全国各地的体制不作统一的硬性规定，允许几种体制同时并存。这种财政体制虽然有利于调动地方政府的积极性，但统收的办法被打破而统支的局面却没有大的改变，导致中央掌握财力过少、支出负担过重，只能靠向地方借款过日子。

5.2.1.4　计划商品经济时期的财政体制（1985～1993 年）

（1）1985～1987 年财政体制的调整。1985 年起实行"划分税种、核定收支、分级包干"的财政体制。其内容主要包括：一是按第二步利改税后设置的税种将财政收入划分为中央固定收入、地方固定收入和共享收入，财政支出划分不变；二是各省、直辖市、自治区按规定划分收支，地方固定收入大于支出的地区定额上解中央、小于支出的地区从共享收入中确定分成比例留给地方，地方固定和共享收入全部留给地方仍不足的地区不足部分由中央定额补助，分成比例或上解、补助数额确定后五年不变；三是广东、福建两省继续实行财政大包干制，但对定额上解或补助数额进行相应调整。需要说明的是：党的十二届三中全会以来经济体制改革的变化因素很多，完全实行"划分税种"条件还不具备，为更好地处理中央与地方的关系，1985～1987年暂时实行"总额分成"的过渡办法。

（2）1988～1993 年财政体制的改进。1988 年中央对地方财政包干体制进行改进，规定全国 39 个省、直辖市、自治区和计划单列市，除广州、西安两市财政关系仍然分别与广东、陕西两省联系以外，对其余地区分别实行包干的办法：一是北京、河北、辽宁、沈阳、哈尔滨、江苏、浙江、宁波、河南和重庆，实行收入递增包干的办法；二是天津、山西和安徽实行总额分成的办法；三是大连、青岛和武汉市实行总额分成加增长分成的办法；四是广东省（含广州市）和湖南省实行上解递增包干的办法；五是上海、山东和黑龙江实行定额上解的办法；六是除上述省、直辖市以外的吉林、内蒙古等 14个省、自治区实行定额补助的办法。此外，1992 年在浙江、新疆、辽宁、天津、重庆、武汉、青岛、沈阳、大连 9 个省和计划单列市进行分税包干财政体制试点。

上述 1977～1993 年中央与地方政府间财政分配关系的调整，其共同特征是"包干"体制，这在改革开放初期发挥了积极的作用，主要表现在：改变财权高度集中的做法，赋予地方一定的财权和财力，调动了地方理财的积极性；财力分配由"条条"改为"块块"为主，促使地方财力安排与各地区经济社会发展需要紧密结合；预算管理体制的稳定性和透明度有所增强；财政体制改革对其他领域的改革具有示范、带动的作用。但作为一种过渡的财政体制，随着经济发展和各项改革的深化，其弊端日益明显，主要体现在：体制形式不统一、不规范；财政体制的政策目标不明确，调节效果不明显；中央财政收入在整个财政收入中所占比重呈下降趋势，中央政府的宏观调控功能弱化；财政包干体制变动主要体现在收入划分和收支基数的核定上，而政府之间的事权和支出范围几乎没有变化。

5.2.1.5 建立市场经济时期的财政体制（1994 年至今）

为适应建立社会主义市场经济体制的改革要求，我国从 1994 年建立并实施了分税制财政体制，重新明确中央与地方财政收支范围的划分，分设中央和地方两套税务机构，确定中央财政对地方税收返还额，以及分税制财政体制的配套措施等问题。总体上看，建立了财政收入稳定增长机制，调整了财政收入增量的分配格局，促进了地方财源建设思路的转变。但也存在着诸如某些事权划分和支出责任不明晰，收入划分地区间受益状况苦乐不均，政府间转移支付制度不规范，以及省以下分税制财政体制不完善等缺陷。另参见以下阐述的"财政管理体制内容"。

上述财政管理体制发展情况，见表 5 – 3。

表 5 – 3　　　　　　　　中国财政管理体制发展的基本情况

类型	时间	基本内容
统收统支体制	1949 ~ 1952	高度集中，统收统支
	1953 ~ 1957	统一领导，划分收支，分级管理（分类分成、总额分成）
	1958 ~ 1959	下放管理权限，总额分成，一年一变
	1959 ~ 1970	适度集中，收支下放，计划包干，地区调剂
	1971 ~ 1973	定支定收，收支包干，保证上缴（差额补贴），结余留用，一年一定
	1974 ~ 1975	收入按固定比例留成，超收另定分成比例，支出按指标包干
	1976 ~ 1979	定收定支，收支挂钩，总额分成，一年一变。部分地区试行收支挂钩、增收分成
分灶吃饭体制	1980 ~ 1985	划分收支，分级包干
	1985 ~ 1988	划分税种、核定收支、分级包干
	1988 ~ 1993	财政包干
分税分管体制	1994 ~ 2002	建立分税制财政体制，逐步完善中央对地方财政转移支付制度
	2003 ~ 2004	理顺省以下财政体制，财政"省管县"和"乡财县管"改革试点
	2004 年以来	构建公共财政体制，推进基本公共服务均等化和主体功能区建设

5.2.2 现行财政体制的内容

为进一步理顺中央与地方的财政分配关系，增强中央财力和宏观调控能力，促进社会主义市场经济的发展，针对"包干"财政体制存在的弊端，在借鉴西方国家分税制财政体制的基础上，我国从 1994 年 1 月起实行分税制财政体制。根据 1994 年实行的分税制及其以后的调整情况，现行分税制财政体制的内容主要包括以下四个方面。

5.2.2.1 中央与地方财政支出范围的划分

按照市场经济国家的通常做法，中央财政支出占全国比重一般在 40% 左右。我国根据中央与地方事权划分，中央财政主要承担国家安全、外交和中央国家机关所需经费，调整国民经济结构、协调地区发展和实施宏观调控所必需的支出，以及由中央直接管理的事业发展支出。地方财政主要承担本地区政权机关运转所需支出，以及本地区经济、事业发展支出。中央与地方财政支出的具体划分见表 5 - 4。

表 5 - 4 　　　　　　　　　中央与地方财政支出范围的划分表

中央财政支出	国防费、武警经费、外交与援外支出、中央级行政管理费、中央统管的基本建设投资、中央直属企业的技术改造和新产品试制费、地质勘探费、由中央本级负担的公检法支出，以及文化、教育、卫生、科学等各项事业费支出
地方财政支出	地方行政管理费、公检法支出、部分武警经费、民兵事业费、基本建设投资、地方企业技术改造和新产品试制费、支农支出、城市维护建设费、科教文卫事业费、价格补贴及其他支出等

5.2.2.2 中央与地方财政收入范围的划分

从实行分税制国家的一般情况看，中央财政直接组织的收入占全国财政收入的比重保持在 60% 左右较为适宜。根据这一量化指标，并考虑到各个税种的特殊情况，我国将维持国家经济权益、实施宏观调控所必需的税种划为中央税，将与经济发展直接相关的主要税种划为中央与地方共享税，将适合地方征管的税种划为地方税。具体划分见表 5 - 5。

表 5 - 5　　　　　　　　　　　中央与地方财政收入范围的划分表

收入划分	具体范围
中央固定收入	关税、消费税、由海关代征的消费税和增值税；车辆购置税和船舶吨税；中央企业所得税、地方银行和外资银行及银行金融企业所得税，以及各银行总行、各保险总公司等集中缴纳的收入（包括所得税、利润和城市维护建设税）和中央企业上缴的利润等；外贸企业除 1993 年地方已负担 20% 的部分列入地方上缴中央基数外，以后发生的出口退税全部由中央财政负担；中央企业上交的利润等
地方固定收入	地方企业所得税（不含银行总行、保险总公司、地方银行和外资银行及非银行金融企业所得税）、地方企业上缴利润、城镇土地使用税、固定资产投资方向调节税（停征）、城市维护建设税（不含铁路部门、银行总行、保险总公司集中缴纳的部分）、房产税、车船税、契税、印花税、耕地占用税、土地增值税，以及国有土地有偿使用收入（其中新批转为非农建设用地的部分收入上缴中央财政）等
中央与地方共享收入	增值税中央与地方按 50%∶50% 分成；2005 年各地出口退税超基数部分中央与地方负担比例为 92.5%∶7.5%；企业所得税（纳入共享范围）和个人所得税，中央与地方按 60%∶40% 分成，中央财政增加的收入全部用于对地方（主要是中西部地区）的一般性转移支付；资源税除海洋石油资源税作为中央税外，其余大部分资源税作为地方税；证券交易税中央与地方按 97% 和 3% 分成等

按照上述中央与地方财政收入范围的划分办法，我国 2015～2016 年财政收支主要项目及比例情况，见表 5 - 6。

表 5 - 6　　　　　**2015～2016 年我国财政收支主要项目及比例情况表**　　　单位：亿元,%

项目	2015 年					2016 年					中央占比增长
	国家	增长	中央数值	地方数值	中央比例	国家	增长	中央数值	地方数值	中央比例	
财政收入	152 269	5.8	69 267	83 002	45.49	159 605	4.5	72 366	87 239	45.34	-0.15
税收收入	124 922	4.8	62 260	62 662	49.84	130 361	4.4	65 669	64 692	50.37	0.54
财政支出	175 878	13.2	25 542	150 336	14.52	187 755	6.3	27 404	160 351	14.60	0.07
一般公共服务	13 548	2.1	1 055	12 492	7.79	14 791	9.2	1 209	13 581	8.18	0.39

资料来源：《中国统计年鉴》（2017），有关数据经计算而得。

5.2.2.3　建立专职的税务组织

我国 1993 年以前只设一套税务机构，中央税和地方税都依靠套该税务机关征收。该办法容易造成收入征管职责、权限划分不清，既不利于保证中央财政收入，也不利于调动地方组织财政收入的积极性。

1994 年为使分税制财政体制与财政收入划分办法相配套，我国建立了中央和地方两套税务机构即国家税务局和地方税务局，并分别进行税收征收管理。其中，国家税务局和海关负责征收中央的固定收入和中央与地方共享收入，地方税务局负责征收地方的固定收入。

2018 年十九届三中全会决定改革国税地税征管体制，将省级和省级以下国税地税机构合并，承担所辖区域内各项税收和非税收入征管职责。国税地税合并后，实行以国家税务总局为主与省区人民政府"双重"领导管理体制。

5.2.2.4 建立分税制财政体制配套措施

财政是调节各层级、各行业、各部门分配关系的枢纽，财政体制的改革必然涉及国家预算制度、税收制度、企业初次分配和社会经济的各方面。为保证分税制财政体制的顺利实施，提高分税制的效果，与此同时采取了相关的配套措施。

（1）改革税制和税收管理体制。从 1994 年 1 月起，结合财政分税制改革，对税制也配套实施了建立以增值税为主体的流转税体系、统一企业所得税、简并个人所得税、调整改进其他各项税收制度的改革举措。

（2）改进预算编制管理办法。中央财政对地方财政的税收返还列中央预算支出，地方相应列为收入；地方财政对中央的上解列地方预算支出，中央相应列为收入。改变中央代编地方预算的做法，地方编制预算报财政部汇总成国家预算。

（3）建立国库体系和转移支付制度。根据分税制财政体制的要求，原则要求一级政府、一级财政、一级金库，中央金库与地方金库分别向中央财政和地方财政负责。此外，建立中央财政对地方税收返还和转移支付制度，且逐步规范化。

另外，分税制财政体制的内容还包括了中央财政对地方税收返还额的确定，以及原体制补助（或上解）的处理等转移支付的问题，参见本章"5.3 财政转移支付制度"。

5.2.3 税权划分的主要症结

5.2.3.1 税权划分的主要症结

税权是指主权国家有关课税权利的总称，即通常所说的税收管辖权。它是一国主权的象征，也是国家政权的重要组成部分。税权划分是财政体制的重要问题，但目前存在着体制改革不配套、财权事权不对称、税种划分不合理和税权管理不科学等症结。

5.2.3.2 体制改革不配套

我国分税分管财政体制忽视了政府分级体制的配套问题。世界上不论是联邦制国家，还是单一制国家，在政府及其财政体制上，绝大多数采用三级政府、三级分税，多数地方政府通过地方税和共享税，可满足自身的基本财政支出需要。

我国政府体制则不同，即设有中央、省、市（州、行署）、县（市）、乡（镇）五级政府，一级政府享有一级财权，五级政府按五级分税。由于纳入中央税和共享税的若干主导税种占全部税收的90%以上，加之中央分享比例较高，地方税体系薄弱，目前分税制财政体制仍停留在中央对省级政府分税的层次，部分省（区）政府延伸至省对市（州、行署）分税；如果再要往下延伸，县（市）、乡（镇）两级政府实际上已无税可分。

5.2.3.3 财权事权不对称

（1）事权范围界定不清。目前我国《宪法》中比较笼统明确了中央政府的职能与事权，但没有中央、地方各自专有权力和两者的共享权力，更无科学划分中央与地方的事权的专门法律，如《中央与地方关系法》。在实践中突出地表现为：一方面，事权从中央→省→市→县→乡向下倾斜，且越往下事权弹性越小，而刚性越强，有些事情非办不可，如义务教育和农村教师工资发放等。另一方面，财权从乡→县→市→省→中央向上倾斜，层层相对集中。这种现象印证了国家权力结构的特征，即在国家政治——行政的金字塔结构中，越是位于塔顶的，政治性职能越多；越是位于塔基的，政治性职能越少，公益服务性职能越多。但省及其以下地方政府还要承担一些事先没有界定清楚的事权，如社会保障及一些难以预测的中央政府"请客"，地方政府"买单"的事权。[①]

（2）职权划分模糊多变。我国法律目前没有对中央和地方政府各自的职

---

① 有人总结元朝的财政分成得出：中央得6，地方得4，则政通人和；中央得4，地方得6，则中央政权受到挑战；中央扩大到或7~8后，地方政府支大于收，就会带来官吏腐败，民怨沸腾。2013年我国中央财政与地方财政收入之比为53.7∶46.6。

责范围作出明确规定。除外交、国防等少数专属中央权限外，法律赋予中央政府与地方政府的权限几乎是一致的、对等的，法律也没有划分各级地方政府之间的职权，导致了中央与地方政府及地方各级政府之间职责权限模糊不清、重叠多变，造成中央与地方有权的无职无责，无权的有职有责，职责无法行使，无权的却要承担责任的"错位"局面。

（3）分税制体制不彻底。中央政府在实行分税制财政体制的过程中受到许多特殊利益集团的抵制，或这些特殊利益集团采用经济专租、政治导租等手段影响中央决策，先是开个"小口子"，对某些行业或某些的地区予以减免税，这就会导致其他的地区或行业进行仿效，使得分税制财政体制变形或名存实亡。按照制度设计的理想目标，分税制应从体制上规范和理顺中央与地方的利益关系，但为减少实施中的阻力，在规范的制度中又增加一些属于政策调整范围的非规范化内容，如减免税和税收返还等补充规定。

5.2.3.4 种划分不合理

（1）划分标准有欠合理。税种划分标准不够合理，且存在按税种、行业、部门、企业和征税对象品目等多种标准，结果导致共享税税种过多，几乎涉及所有主要税种。形式上看，仅增值税、资源税、证券交易印花税和城市维护建设税为共享税，实际上企业所得税和个人所得税也具有明显的共享税性质。上述税种在规模上已占税收总收入的80%，共享税比重过大，涉及税种过多，影响了中央税体系和地方税体系的构建。[①]

（2）划分收入效率较低。如地方政府为获取更多的税收返还并参与增量分成，不得不寻求利大税高的产品或投资高税收的项目，影响产业结构的优化；原营业税（已改增值税）属于地方税，诱导地方政府发展第三产业；分税制改革的某些缺陷引起各产业结构内部新的比例失衡，如地方为增加来自地方企业的所得税收入，会倾向于发展轻加工业，从而固化甚至加重基础工业与轻加工业已有的结构矛盾等。

（3）地方主体税种缺位。从地方税体系看，地方主体税种缺位，规模过小，难以支撑地方财政运行；从形式上看，划归地方的税种较多，但多是税源零星分散、征管难度大的税种。营业税改征增值税的推广，特别是取消营

---

① 从本质上说，所得税应是国税，具有调节社会公平功能。从西方发达国家情况看，所得税多采取"税基分享制"，而我国采用了"收入分享制"。

业税全部改征增值税目标的实现，地方主体税种缺位的问题更加突出。由于地方税形不成规模，且具有税种多、税基小、成本高、难度大、收入少的特点，很难保证地方政府的基本财力需要。

5.2.3.5 税权管理不科学

（1）立法权限过于集中。税法统一与分级管理的有机结合，是合理划分税收管理权限的一个重要尺度。但我国的税权划分过于集中在中央，而忽略分级管理，不仅有违合理划分税收管理权限的国际惯例，而且也不符合我国国情。[①] 以地方税立法权为例，我国目前地方立法机构没有立法权，地方仅有房产税、土地使用税、契税和城市维护建设税的细则制定权，资源税和车船税等税的税率选择权，以及纳税困难户房产税等税的减免优惠权等。

（2）地方税立法权缺位。地方无法根据本地特点及时开辟新的税源，使许多潜在的税收白白流失；中央立法开征的某些税种，在某些地区未必有相应的税源，或税源太小而难以征收。上述情况不利于地方因地制宜的调控配置区域性资源，以及地方税收体系的发展与完善，这显然违背了分税制财政体制的初衷，个别地方甚至出现国税和地税部门的混税、混库及征收"探头税"等情况，出现"下有对策"式的问题等。

（3）征收权限划分错位。一般而言，地方税原则上应由地税局征收，但在具体实施时部分地方税交由国税局征收，使责任和权力脱节，不仅造成征收范围的错综交叉、操作中矛盾重重，而且可能导致地方财政收入流失。此外，由于地税系统只是业务上受上级税务部门领导，因而地方政府不均衡地对税务部门的投入，加之地税系统管辖范围广、征管难度大、税额小和所得税收入分享少等因素，从而影响了地方税收征管的积极性。

（4）管理权限不够规范。我国目前对一些税收管理权限没有明确的界定，在税收征管操作上矛盾较大，集中表现在集贸市场和个体税收上。按分税制财政体制规定，集贸市场和个体税收既有中央财政收入，又有地方财政收入，但因其没有明确界定税收征收管理权限，国税、地税部门在实际工作中交叉、重复、推诿或扯皮、拆台的现象时有发生，加之税务信息反馈不及时，造成不征或少征、错征等问题。

---

① 美国各级政府课税权的划分，兼有宪法监督和法律授权的两重性，采取了双管齐下的双重限制方式；日本规定"课税否决制"，体现了中央对地方税权的约束和控制。

5.2.4　财政体制改革取向

1994 年，我国推行的分税制财政体制，是政府间财政分配关系的重大变革，在建立财政收入的稳定增长机制，调整了财政收入增量的分配格局，促进了地方财源建设思路的转变等发挥了重要作用。但也存在一定的问题，如某些事权划分和支出责任不明确，收入划分地区受益状况苦乐不均，省以下分税制财政体制不够完善等。党的十八大和党的十九大分别提出了"加快改革财税体制，健全中央和地方财力与事权相匹配的体制"和"建立现代财政制度"的总体要求，因此必须进一步完善分税制财政体制。

（1）科学处理政府与市场的关系。合理划分政府与市场界限、科学界定政府职能和缩小资金供给范围，这是完善我国分税制财政体制的前提。在市场经济条件下，正确处理政府与市场的关系，必须坚持市场优先原则，即通过市场能够办到的事情，应由市场加以解决；通过市场难以解决的，由市场与政府共同解决，但政府只是起补充作用；通过市场不能解决的问题，才由政府解决。我国目前还处于市场经济体制的过渡期，政府应立足于通过提供公共产品与服务来纠正市场失灵，以满足社会公共需要；应改变政府的"越位"问题，同时弥补"缺位"的领域。

（2）按政府事权界定支出的范围。科学划分中央与地方政府之间的事权范围，并据此确定各级财政支出范围尤为重要。政府间事权范围的划分，可按市场基础、范围、效率、分级管理和法律规范等原则确定，中央政府事权和财政支出范围主要分为三类：一是体现国家整体利益的公共项目，由中央政府直接负责的社会事务，其经费由中央财政安排；二是中央和地方共同承担的社会事务，经费由中央与地方共同承担；三是中央负有间接责任，但应通过地方政府具体负责实施的社会事务如基础教育和公共医疗等，中央政府通过对地方的一般性转移支付来补助。

（3）调整和规范政府间收入分配。从各国实践看，政府间收入划分的原则是按收入项目自身的调节功能强弱确定归属，按税基移动性和均衡性、征管效率、受益征税或费划分等原则确定，也可结合我国实际对分税制财政体制下政府间收入划分作适当调整。由于我国税制已进入新一轮的改革阶段，如已实施新的企业所得税法、取消农业税和营业税改征增值税等改革，其相关税种的税基和税率都有所改变，财政收入划分必然随之调整。因此，加快税费改革步伐，合理划分财政收入，建立调动地方增加财政收入的激励机制，是进一步完善分税制财政体制的重要目标。

（4）完善省以下分税制财政体制。其内容主要包括：为保证分税制财政体制框架的完整性，各地应按中央对省级分税制模式落实到市、县级，有条件的省（直辖市、自治区）可落实到乡（镇）级；各地在执行分税制财政体制中应严格执行，已确定划归中央的收入不得再将其列入地方收入；为保护各级财政培育财源和组织征收增值税和消费税的积极性，各省（直辖市、自治区）对增值税分享的部分和中央对地方返还收入的增量，应按中央对省级财政管理办法执行，在地方税分配上要按税种划分收入；省级财政承担调节辖区内地区间财力的差异。

（5）加强财政支出绩效评价管理。党的十九大报告明确提出了"全面实施绩效管理"的总体要求，其绩效管理覆盖所有财政资金，体现财政权责对等，放权和问责相结合；强化绩效目标管理，建立预算安排与绩效目标、资金使用效果挂钩的激励与约束机制；推动绩效评价提质扩围，提升公共服务质量和人民满意度；注重财政支出的经济性、效率性和效益性，特别应注重有明显社会经济影响项目和服务对象满意程度的评价指标设计；项目选取范围更加广泛，指标体系设计更加科学，评价管理体系更加丰富，评价结果转化更加突出；规范程序内容，增强可操作性等。

5.3 财政转移支付制度

财政转移支付制度是国家为了实现区域间各项社会经济事业的协调发展而采取的财政政策。它是最主要的区域补偿政策，也是世界缩小区域经济发展差距实践中最普遍使用的一种政策工具。

5.3.1 财政转移支付理论

5.3.1.1 财政转移支付的概念

转移支付（transfer）是源自西方财政的一个基本概念，原意指转移、转账。但作为财政学范畴的专有名词，其被赋予特定的含义。转移支付在促进区域经济的协调发展上能够转移和调节区域收入，从而直接调整区域间经济发展的不协调、不平衡状况。美国经济学家格林沃尔德将其定义为："政府或企业的一种不以取得商品或劳务补偿的支出"。本书阐述的转移支付仅限于政府间的财政转移支付。

财政转移支付是指政府间财力的无偿转移，一般是指上级政府（财政）对下级政府（财政）之间的无偿补助或拨款，以及同级政府（财政）之间的无偿援助。中央政府或上级政府对下级政府的补助，一般通过测算地方政府支出需要和收入能力来决定。政府间的转移支付可以解决因人口、地理和资源禀赋等因素所造成的地方之间财政能力的差异，以确保所有地区的公共服务能力实现均等化。

5.3.1.2 财政转移支付的特征

世界各国和一国不同时期的财政转移支付有着不同的内容，但总体上作为规范的、行之有效的财政转移支付制度，通常具有以下六个基本特征：

第一，科学性。为提高财政转移支付的透明度和规范性，财政转移支付对财权与事权的界定和收支因素的考核，以及方式、方法、数量和规模的确定都有明确的规定。财政转移支付一般具有较为合理、周密的计算公式，各项考核因素所占比例和调整系数比重都可在规定中一目了然，各项具体数额都是经过科学论证得出的。

第二，法制性。为保证财政转移支付合理、有效地实施，各国的财政转移支付不仅需要一个法制化的外部运行环境，而且从主要内容到具体操作都要以法律形式进行规范，做到有法可依、有法必依，防止支付的随意性和不公正的问题；同时编制专门的预算、决算和中长期的发展规划，成立专门的组织管理机构等。

第三，双向性。广义的财政转移支付既包括上级政府对下级政府的财政资金下划，也包括下级政府对上级政府的财政资金上解。财政资金上下间的双向流动，构成整体性财政转移支付体系。因此，普通意义的财政转移支付虽是特指财政资金由上而下的运动，但财政资金流动的双向性作为其资金运动所固有的特征仍应予以明确。

第四，公正性。财政转移支付具有政策的公正性和统一性，上级在对下级进行财政资金再分配时，应实施公开明确、公正统一的政策，不得有人为的歧视或偏袒，即政策是相同的、适用是普遍的。除特殊情况外，应保证转移支付政策的统一性，即支付标准和系数等的一致性。

第五，灵活性。中央政府应根据统一的政策标准和各地的实际情况，调整不同地区的财政转移支付系数，以使各地财政转移支付具有一定程度的灵活性；中央政府对地方政府的财政补助，从额度到形式、数量、结构等应有一定的弹性，可随自然、社会、经济等诸多收支因素的变化而改变，其数量也应作相应的调整。

第六，对称性。上级政府转移给下级政府的财权，应以满足其本级事权职责和移交事权需求为标准，不宜过多或过少。如果支付过多既会影响上级本身支出能力，又不能体现财政分配的公正性；支付过少既难以保障下级支出能力的实现，又难以落实好上级宏观调控政策，因而财政转移支付所转移的财权与事权应是基本对称的。

5.3.1.3　财政转移支付模式

确定中央政府对地方政府财政补助数额是财政转移支付制度的核心。世界多数国家按均等化的分配原则，运用一些客观的量化标准和计算公式，确定中央政府对各级地方政府的财政转移支付的数额。各国均等化目标和补助数额确定方法的不同，使财政转移支付制度的模式也有所不同，大体上可分为收支均衡模式和收入均衡模式两类。

（1）收支均衡模式。实行收支均衡转移支付模式的国家，确定一般性转移支付数额是以各地方政府的标准财政收入和支出的差额为依据。标准财政收入是在全国平均收入努力程度下，按各项地方税收所对应的经济项目估算出的收入能力；标准财政支出是在全国同等支出效率的前提下，地方政府达到均衡范围内公共支出项目均等化所需的支出。在这种模式下，只有那些收不抵支、出现赤字的地方政府才能获得均衡拨款，且呈现正相关变化。澳大利亚一般性财政补助被认为是完善的收支均衡模式转移支付的典范，日本地方交付税也是这种模式的运用。其计算公式为：

标准财政收入 = 地方税基 × 标准税率

标准财政支出 = ∑各项公共服务标准财政支出

某项公共服务标准财政支出 = 该项服务单位成本 × 调整系数 × 该项服务单位数量

上述公式中，调整系数是指对各地区因地理环境（精度、维度、海拔等）、人口（人口密度和增长率等）等因素造成的公共服务人均成本与其他成本的差异调整系数；单位数量是指某项公共服务中基本单位的个数，如义务教育中学生或教师的人数、公共医院的病床数和公路维修项目中的公路面积等。标准财政收入和标准财政支出计算出来之后，即可按以下公式计算均衡拨款额：

均衡拨款额 = 标准财政支出额 − 标准财政收入额

（2）收入均衡模式。实行收入均衡转移支付模式的国家，确定一般性转移支付数额不需要考虑财政支出，而是只以财政收入方面的指标为依据。加拿大的均等化拨款和德国的横向均衡机制被视为收入均衡型转移支付制度比较完善的代表。

加拿大均等化拨款的基本内容：一是均等化拨款是地方政府收入的重要内容，均等标准人均化；二是采用标准财政收入，建立代表性税收制度；三是选择若干有代表性省份的人均标准财政收入作为均等化基准；四是未达到基准的省份可享受均等化补助，补助额为该省人均收入、基准收入能力的缺口与该省人口数的乘积。

5.3.2　财政转移支付办法

1994 年我国实施分税制财政体制后，财政转移支付逐步形成了税收返还和转移支付两种管理办法。

5.3.2.1　*税收返还办法*

为保证地方既得利益格局，逐步达到改革的目标，中央财政对地方财政按一定的基数和税收收入情况确定返还数额，即税收返还。

（1）增值税和消费税返还。1994 年我国税制改革中，以 1993 年为基期年，以地方净上划收入数额（消费税的 100% 加上增值税的 75% 减去中央下划收入）作为中央对地方税收返还基数，以后逐年递增。其递增率按地方增值税和消费税（简称"两税"）收入平均增长率的 1∶0.3 系数确定返还，即"两税"增长 1% 中央给予地方税收返还增长 0.3%。地方政府税收返还比照中央对地方办理，其中省对各市返还系数 0.15，市对各县（区）返还系数 0.1。

税收返还的基本特点：一是各省（直辖市、自治区）税收返还数额都有一定的增长，所占的相对份额较为稳定，也说明其"两税"都有了一定的增长，且增幅较为均衡；二是税收返还规模和经济发展水平表现为正相关，即经济较发达地区得到的税收返还规模较大，反之较小；三是"两税"规模与各地区经济结构有关，如云南省整体经济总量不高，但因是烟草大省，消费税数额大而获得其税收返还也大。

（2）其他情况的税收返还。其内容主要包括以下两种情形。

① 所得税基数返还。所得税基数返还是以 2001 年为基期，为保证地方的既得利益，对按改革方案确定的分享范围和比例计算出的地方分享的所得税收入小于地方实际收入的差额部分，由中央作为基数返还地方。

② 成品油价格和税费改革税收返还。实施成品油价格和税费改革后，中央按地方原有的公路养路费等"六费"收入基数给予的返还。具体额度以 2007 年的"六费"收入为基础，考虑地方实际按一定的增长率确定。

5.3.2.2 转移支付办法

（1）转移支付的总体要求。自 2009 年起，我国将中央对地方的转移支付简化为一般性转移支付和专项转移支付两类：前者能发挥地方政府了解居民公共服务实际需求的优势，有利于地方因地制宜统筹安排财政支出和落实管理责任；后者能更好地体现中央政府的意图，促进相关政策的落实，且便于监督检查。2016 年中央对地方转移支付规模为 5.3 万亿元，其中一般性转移支付 3.2 万亿元、专项转移支付 2.1 万亿元，这对推进基本公共服务均等化、促进区域协调发展和保障落实民生政策等起到了重要的作用。

2014 年 12 月国务院制定的《关于改革和完善中央对地方转移支付制度的意见》（以下简称《意见》）中明确提出了改革和完善转移支付制度的具体措施，其总体要求：按照党中央、国务院的决策部署和新预算法的规定，围绕建立现代财政制度，以推进地区间基本公共服务均等化为主要目标，以一般性转移支付为主体，完善一般性转移支付增长机制，清理、整合、规范专项转移支付，严肃财经纪律，加强转移支付管理，充分发挥中央和地方两个积极性，促进经济社会持续健康发展。

（2）一般性转移支付。一般性转移支付是指为弥补财政实力薄弱地区的财力缺口，均衡地区之间财力差距，实现地区间基本公共服务能力的均等化，中央财政安排给地方财政的补助支出由地方统筹安排。它是实现区域地区之间公共服务均等化最有效的手段。我国从 1995 年起中央对财力薄弱地区实施过渡期转移支付（2002 年改称一般性转移支付），旨在缓解地方财政运行的突出矛盾，解决"老少边穷"等地区的财政困难。其资金规模从 1995 年的 21 亿元增至 2006 年的 1 530 亿元，2016 年高达 3.2 万亿元（占全部转移支付的 60.5%），是 1995 年的 1 523.81 倍和 2006 年的 20.92 倍。其中 2016 年"老少边穷"地区转移支付，由 2013 年的 1 081 亿元增至 2016 年的 1 538 亿元，年均增长 12.5% 。

① 一般性转移支付的内容。按照规范和公正的原则，根据客观因素计算确定各地区的标准财政收入和标准财政支出，以各地标准财政收支的差额作为分配依据。主要是按照公平、公正和适当照顾"老少边穷"地区的原则，参照标准财政收入与支出的差额、可用于转移支付的资金数量等因素计算。其计算公式为：

某地区一般性转移支付额 =（该地区标准财政支出 − 该地区标准财政收入）× 该地区的转移支付系数

② 一般性转移支付的管理。按照《意见》规定，一般性转移支付按照国务院规定的基本标准和计算方法编制；科学设置均衡性转移支付测算因素的权重，充分考虑老少边穷地区底子薄、发展慢的特殊情况，真实反映各地的支出成本差异，建立财政转移支付与农业转移人口市民化挂钩机制，促进地区间基本公共服务均等化；规范老少边穷地区转移支付分配，促进区域协调发展；建立激励约束机制，采取适当奖惩等方式，引导地方将一般性转移支付资金投入到民生等中央确定的重点领域。

（3）专项转移支付。专项转移支付是指中央政府为实现特定的经济和社会发展目标无偿给予地方政府，由接受的政府按照规定用途安排使用的预算资金。专项转移支付预算资金的来源包括一般公共预算、政府性基金预算和国有资本经营预算。专项转移支付重点用于教育、医疗卫生、科技、环保、社会保障和"三农"等公共服务领域。专项转移支付在每年预算编制时列中央财政支出，预算执行中划转给地方，由地方按规定用途使用。专项转移支付规模从 1993 年的 361 亿元增至 2006 年的 4 412 亿元，2016 年更是高达 2.1 万亿元，是 1993 年的 58.71 倍和 2006 年的 4.76 倍。

① 专项转移支付的制度规范。为强化和规范专项转移支付管理，我国制定了一系列有关专项财政转移支付的规章制度，涉及范围包括农业、教育、地区、企业、建设项目、社会保障和行政管理等领域或项目。如 2007 年 6 月财政部和教育部制定的国家奖学金、国家助学金、国家励志奖学金、研究生国家奖学金四个管理暂行办法，2009 年 12 月财政部和农业部制定的《中央财政农作物良种补贴资金管理办法》，2011 年 4 月财政部等部门制定的《绿色能源示范县建设补助资金管理暂行办法》，2012 年 11 月和 2013 年 1 月财政部制定的《国有冶金矿山企业发展专项资金管理办法》和《中央财政现代农业生产发展资金管理办法》，财政部 2015 年 12 月修定的《中央对地方专项

转移支付管理办法》等。

② 专项转移支付的类型。按照事权和支出责任划分，专项转移支付可分为委托类、共担类、引导类、救济类和应急类五类。其中委托类专项按照事权和支出责任划分属于中央事权，中央委托地方实施而设立；共担类专项是按照事权和支出责任划分属于中央与地方共同事权，中央将应分担部分委托地方实施而设立；引导类专项按照事权和支出责任划分属于地方事权，中央为鼓励和引导地方按照中央的政策意图办理事务而设立；救济类专项按照事权和支出责任划分属于地方事权，中央为帮助地方应对因自然灾害等发生的增支而设立；应急类专项按照事权和支出责任划分属于地方事权，中央为帮助地方应对和处理影响区域大、影响面广的突发事件而设立。

③ 专项转移支付的设立。设立专项转移支付，应由中央主管部门或省级政府向财政部提出申请，财政部审核后报国务院或由财政部直接提出申请报国务院批准；专项转移支付经批准设立后，财政部应制定或会同中央主管部门制定资金管理办法；建立健全专项转移支付定期评估机制和专项转移支付项目退出机制等。

④ 专项转移支付的预算编制。专项转移支付预算应分地区、分项目编制，并遵循统筹兼顾、量力而行、保障重点、讲求绩效的原则；专项转移支付预算总体增幅应低于中央对地方一般性转移支付预算总体增幅；中央基建投资安排的专项转移支付，主要用于国家重点项目、跨省（区、市）项目以及外部性强的重点项目。

⑤ 专项转移支付的预算绩效管理。各级政府财政部门和主管部门，必须加强专项转移支付预算绩效管理，建立健全全过程预算绩效管理机制，提高财政资金使用效益；逐步推动专项转移支付绩效目标信息公开，接受社会公众监督；及时开展专项转移支付绩效评价工作，并加强对专项转移支付绩效评价结果的运用等。

⑥ 专项转移支付的监督检查。各级政府财政部门和主管部门应加强对专项转移支付资金使用的监督检查，建立健全专项转移支付监督检查和信息共享机制；管理专项转移支付资金的部门及使用专项转移支付资金的部门、单位及个人，应依法接受审计部门的监督，对审计部门检查发现的问题应及时进行整改。

（4）专项转移支付的改革取向。2016 年 12 月财政部部长肖捷在第十二届全国人民代表大会常务委员会第 25 次会议上，报告深化财政转移支付制度改革情况，明确提出了七个方面的措施，主要包括：一是促进转移支付与财政事权和支出责任划分相适应；二是加大转移支付资金统筹力度；三是进一步清理整合专项转移支付；四是逐步取消竞争性领域专项；五是建立健全专项转移支付设立、定期评估和退出机制；六是不断强化转移支付管理；七是推动地方完善财政转移支付制度等。

5.4　本章小结

★ 本章主要阐述和研究了财政体制基础理论、财政管理体制内容和财政转移支付制度三个问题。财政体制基础理论包括政府财政事权及其责任、财政体制的含义与类型、分税制财政体制基本理论。财政事权是一级政府应承担的运用财政资金提供基本公共服务的任务和职责，支出责任是政府履行财政事权的支出义务和保障。财政管理体制是指规定中央与地方之间、地方各级政府之间、国家与企事业单位之间财力管理权责和收支分配的一项基本制度。分税制财政体制具有规范性、层次性和法制性的特征。

★ 财政体管理制内容包括财政体制建设历程、现行财政体制内容、税权划分主要症结和财政体制改革取向。中华人民共和国成立以来，我国财政体制基本按照"让利→放权→分权→分税→非对称性分权→非均衡性让利"展开的；现行财政体制的内容包括中央与地方财政支出、收入的划分及其配套措施；税权划分的症结主要包括体制改革不配套、财权事权不对称、税种划分不合理和税权管理不科学。因此，应按照党的十八大和党的十九大的总体要求深化财税改革，进一步完善分税制财政体制。

★ 财政转移支付制度包括财政转移支付理论和财政转移支付办法。财政转移支付制度是国家为了实现区域间各项社会经济事业的协调发展而采取的财政政策。财政转移支付是指政府间财力的无偿转移，是指上级政府（财政）对下级政府（财政）之间的无偿补助或拨款，以及同级政府（财政）之间的无偿援助。其特征主要包括科学性、法制性、双向性、公正性、灵活性和对称性；其模式可分为收支均衡模式和收入均衡模式两类；其管理办法包括税收返还和转移支付两种。

6. 财政风险规避研究

财政风险已经直接或间接地存在于各级财政管理运行中，已引起政府及学界的高度关注。财政风险管理研究主要阐述和分析财政风险基础理论、财政风险成因分析和财政风险规避策略的问题，其中财政风险基础理论包括财政风险的含义、分类和特征；财政风险成因分析包括制度、收支和管理因素形成的财政风险；财政风险规避策略包括强化风险意识、规范政府职能、推进税费改革、加强财源建设、优化支出结构和建立监管制度。

6.1　财政风险基础理论

6.1.1　财政风险的含义

目前我国财税理论界对财政风险有两种不同的看法：一是财政风险是指政府不适当的财政活动或财政行为（作为事件）给政府本身，以及进一步的财政活动给社会经济带来的各种潜在危害的可能性；二是财政风险是专指财政领域中因各种不确定因素的综合影响而导致财政资金遭受损失和财政运行遭到破坏的可能性。

我们认为，财政风险是指政府不当的财政行为或财政领域中各种不确定因素给政府财政活动和社会经济带来的各种潜在危害的可能性。对财政风险含义可从两个方面理解：

第一，假定特定行为主体（政府、公众等）的特定行动（财政活动）所引发了的财政风险，其减少或规避风险的途径主要在于改变行为主体的活动范围、方式与方法。

第二，假定行为主体活动是合理的，但最终结果受各种客观存在的风险和不确定性因素影响，其减少或规避风险的途径在于改善环境因素。

6.1.2　财政风险的特征

6.1.2.1　财政风险的一般特征

（1）风险存在的客观性。与私人在其经济活动中常常面临的各种风险一样，政府与国民面临的财政风险本质上也是客观存在的，这主要源于经济生活里大量不确定的因素。但财政风险属于可能性范畴，这类风险不是必然发生的；相反，如果事先采取了有效措施，所有风险都可以防范，或者予以规避。如果政府在财政活动中表现出较大的随意性且长期置风险于不顾，那么财政风险就会真正地发生并给政府、国民和社会带来危害。

（2）风险性质的公共性。主要体现在：一是财政风险承担的主体是政府，财政分配担当着优化资源配置，公平收入分配和稳定经济发展的公共职责，财政风险是国家通过政府进行经济、政治、行政和管理等因素综合作用的结果；二是财政风险本身就是公共风险，因为政府行为属于公共行为，政府在履行其职能时的权力来自于公众，其配置的资源也是公共资源；三是社会公共风险需要政府或社会组织去面对和化解，在此过程中的社会公共风险会向财政转化和传导，积聚着财政风险。

（3）风险表现的集中性。财政风险表现的集中性是由于财政行为本身具有集中性。财政活动要纳入政府预算，由此而形成的风险通过政府预算执行情况体现出来，具有鲜明的集中性特征。而非财政风险则因产生风险的行为是企业、家庭的个别行为，而不是集体的一致的行动，所以产生的风险具有分散性。正因为非财政风险是分散的，由众多的企业和个人分别承担，所以尽管可能对单个的企业或个人而言会超出其承受能力，但是对整个社会而言却不会产生严重影响。

（4）风险范围的社会性。财政风险无论最终是造成损失或带来收益，其影响范围都是社会性的，即风险要由全体社会成员来承担，只不过由于社会成员在社会分工体系中所处的地位、拥有的生产要素种类和数量不同，有的会承担得多一些，有的则承担得少一些。而企业、家庭风险则不同，其影响的范围通常局限在一个企业或家庭范围内。在特殊情况下，如风险超出了企业或家庭的承受能力，也可能使风险的影响范围超出企业或家庭的界限，但一般不会产生社会性的影响。

（5）风险化解的艰巨性。任何风险的化解都具有一定的难度，需要根据主体的承受能力，在高风险与高收益、低风险与低收益之间作出权衡。但财政风险化解的艰巨性更为明显，因为财政风险涉及社会政治、经济生活的方方面面，风险化解也是一个复杂的系统工程，需要财政机关乃至整个公共经济部门的协调配合。但非财政风险因主体的非政府性和决策的分散性，往往可由主体相机确定化解风险的对策，风险的化解相对容易。

（6）风险过程的长期性。政府与公共经济部门活动的规模庞大，相对于私人企业和家庭，其承受风险的能力较强，这意味着一种财政行为即便风险很大，也需要较长的时间才能发生。这种风险过程的长期性，一方面为政府提供了充分的时间，即便政府行为出现失误、蕴涵较大风险，政府也有可能及时采取措施解决；另一方面，财政风险具有一定的隐蔽性，使人们极易忽视财政风险，对其缺乏足够的警惕，从而加大财政危机出现的可能性。

6.1.2.2 财政风险的特殊特征

我国财政风险除具有财政风险的一般特征外，其特殊性还表现在以下五个方面：

第一，风险所处的艰难性。我国目前正处于市场经济体制转轨的深化改革时期，其改革本身就有风险，且风险主要是由财政承担的。放权让利的渐进式改革，财政收入占 GDP 的比重降低，为保持社会政治、经济秩序稳定并没有减少财政支出，从而出现改革以来连年财政赤字的局面，政府债务规模逐年扩大。实践表明：成功化解财政风险有助于经济体制改革的深入，而体制的规范化又必将为化解财政风险创造有利条件。

第二，涵盖范围的广泛性。我国的财政风险与西方国家相比包含更为广泛的内容。如国有企业财务风险，西方国家由于国有经济所占比重较小而不将其算作财政风险的重要组成部分，但我国由于国有经济占有较高比重，且市场经济体制建立与改革时期国有经济活力不足，资产负债率偏高，这在政府财政和国有企业所有权归属统一性的条件下，使得国有企业的改革风险成为财政风险的重要组成部分。

第三，风险程度的深刻性。广泛性风险是指风险在横向的覆盖面，深刻性是指风险在纵向所达到的程度。无论是我国显性的债务风险、投融资风险和赤字风险，还是隐性的金融风险、国有企业财务风险及社会保障风险，就其程度都具有深刻性。认识到我国财政风险的深刻性并增强风险意识，对我们正确认识和规避财政风险的艰巨性，并积极寻找切实可行的化解财政风险的措施具有重要的现实意义。

第四，风险发展的机遇性。我国财政风险大多属于此类，即风险所对应的得到收益或遭受损失未形成确定的趋势，因而应加强财政风险意识，积极摸索财政规律，及时调整财政行为，这样财政风险就有降低或没有发生的可能。如我国政府通过举债来弥补赤字，可能会使政府陷入债务泥潭而不能自拔，但也存在合理使用债务收入、提高投资收益，进而具有偿还债务、促进经济发展的可能，后一种可能显然就是一种机遇。

第五，影响因素的复杂性。我国财政风险的艰难性特征，其本身就表明了财政风险的复杂性。长期以来，我国国有经济所处的地位和发挥的作用始终没有合理界定，导致国有企业效益不高，银行呆账、坏账比重高、国有资产流失严重，由此而形成的财政风险是少见的。我国财政工作者对市场经济条件下的理财规律还不能充分地理解和运用，在财政实践中出现盲目性是难以完全避免的，由此而导致的财政风险也属正常。

6.1.3　财政风险的分类

6.1.3.1　以财政风险成因为标准的分类

按照财政风险成因标准划分，可分为内生性财政风险和外生性财政风险两类。其中：内生性财政风险是指由于财政系统内部的各种不确定因素所引发的财政风险，如财政人员的选拔和财政政策的推行等所产生的风险。外生性财政风险是指由于财政系统外部各种不确定性因素所引起的财政风险，如自然灾害和社会经济运行等所引致的财政风险。

内生性财政风险具有理论意义上的风险属性，而外生性财政风险实际上属于财政活动过程中的不确定性。在财政分配过程中最有可能有效防范、化解的财政风险，实际上是内生性风险。只要找到诱发内生性财政风险的具体原因，然后采取有针对性的制度手段、技术手段，特定财政活动受内生性风险影响的程度就完全可以降低到最低限度。

6.1.3.2　以财政风险程度等为标准的分类

（1）以财政风险发展程度为标准的分类。按财政风险发展程度标准划分，可分为初始性财政风险、发展性财政风险和结局性财政风险。其中：初始性财政风险是指财政风险的早期阶段，在该阶段财政风险所对应的两种可能性尚未充分显露出来，即还不容易判定财政运行是朝有利的方向发展，还是朝不利的方向发展。

发展性财政风险是初始性风险的发展和继续，在该阶段财政运行是朝有利的或不利的方向发展已明确显露出来，但发展方向仍然有调整、逆转的可能。财政行为主体完全可以通过行为方式的调整使财政运行向着有利的发展方向、避免不利的发展方向。

结局性财政风险是指财政分配活动所对应的发展方向已经有了确定的趋势，虽结果尚未最终出现，但财政行为主体已丧失了通过调整行为方式来实现好的发展方向的可能。之所以还称为风险是因为从理论上仍然存在风险控制的可能性。

因此，就财政风险的防范和化解而言，主要是针对前两种风险。因为后一种财政风险无论是对应收益还是损失，其发展方向都具有了确定性。

（2）以财政风险显露状况为标准的分类。按财政风险显露状况标准划分，可分为显性财政风险和隐性财政风险。其中：显性财政风险是指各种风险因素已显露出来，人们可以较为容易地认识到、感觉到的风险，如财政赤字风险和公债风险等。

隐性财政风险指各种风险因素尚处于隐蔽状态，不易被察觉感知的财政风险。其起因于政府的或有负债，即没有纳入政府预算的负债。这些或有负债并不构成政府的现实债务，但一旦出现问题，其中的一部分必然由政府承担最后的偿债责任。

（3）以财政风险影响层次为标准的分类。按财政风险影响层次标准划分，可分为宏观财政风险、中观财政风险和微观财政风险。其中：宏观财政风险是指财政的宏观资源配置行为和宏观调控行为存在的风险。其影响是经济的总量和水平。

中观财政风险是指财政在宏观资源配置比例确定的条件下，在确定自身的资源配置结构及对私人经济部门的资源配置结构调整时所面临的风险。其影响是经济结构和水平。

微观财政风险是指财政的微观资源配置行为即财政对具体支出项目、方案的选择和财政对私人经济部门微观资源配置行为调整所面临的风险，其影响是经济的行为和水平。

由于宏观财政风险和中观财政风险所造成的影响是社会性的，所以二者成为我国财政理论界研究财政风险的主要内容。

（4）以财政管理层次为标准的分类。按财政资金管理层次标准划分，可分为核心性财政风险、分配性财政风险和摩擦性财政风险。其中：核心性财政风险是指财政作为社会资源配置的一个基本领域，其资金规模过大或过小都可能带来的资源配置的效率损失。该风险关注的是政府部门和私人部门之间的资源配置问题。

分配性财政风险是指在政府部门和私人部门之间实现资源合理配置的基础上，财政机关和私人部门内部可能存在的资源不合理配置的风险。其中财政机关内部横向和纵向的资源分配造成的效率损失形成财政的体制性风险。私人部门的收入分配格局失衡将加大财政转移支付的压力，从而导致私人部门内部的分配性财政风险。

摩擦性财政风险总体上可分为技术性和社会性财政风险两大类：前者是指财政性资金由于管理制度不健全、实际执行者出现差错等原因，导致财政资金管理的低效率；后者是指由于"设租、寻租"等腐败因素带来的财政性资金损耗。

（5）以财政风险行为主体为标准的分类。按财政风险行为主体标准划分，可分为中央财政风险和地方财政风险。其中中央财政风险是指中央财政存在的风险。

地方财政风险是指地方财政存在的风险，按照政府主体级次又可分为省、市、县、乡财政风险。由于各级财政在政府职能实现过程中担当的任务各不相同，因而不同级别的财政运行所面临的风险内容也各有不同。

此外，按财政风险内容标准划分，可分为税收风险、公债风险、预算风险、财政投融资风险、社会保障风险和财政宏观调控风险等。

6.2 财政风险成因分析

6.2.1 制度因素形成的财政风险

（1）制度错位形成的财政风险。制度错位主要包括财政制度的越位和缺位，前者主要是指财政做了自己不该做的事情，后者则是指财政没有承担起自己应有的责任，从而产生了影响财政的制度性风险。财政制度错位而产生的财政风险是转轨国家所特有的，因为在具有较为完善的市场经济体系的发达国家中，政府财政往往具有多年运作经验下的有效模式，财政制度问题一般不会对财政可持续发展产生重大影响。

（2）目标冲突形成的财政风险。所谓目标冲突是指财政政策的目标体系由于无法达到协调一致而造成财政工具运用的冲突或问题。在某项具体的财政政策运用中，会出现基于不同目标而价值截然相反的行为。如果不能在多元化的财政政策目标体系中寻找出一个均衡的标准，那么从长期来看政府财政行为很可能对经济社会产生根本的损害，由此可以认为由于财政政策目标冲突而产生宏观层面上的财政风险。

（3）社会保障形成的财政风险。健全社会保障体系是经济良性运作和社会保持稳定的一个重要机制。从支出上看，财政是社会保障活动的财力来源和支柱；从筹集上看，不稳定、不足额的收入最终会增加财政负担；从投资上看，社保资金保值增值困难或集中性支付乏力，财政面临着巨大压力；从预期上看，社会保障资金长期性的潜在风险，如人口老龄化和退休高峰的到来，社会保障资金负担沉重成为财政隐患。

（4）债务机制形成的财政风险。债务管理机制不健全是导致财政风险的重要因素。主要表现在：有些贷款项目论证不充分，项目立项临时"抱佛脚"，为项目执行带来隐患；贷款立项是由主管部门或发改委或银行等部门负责，形成多头管理，债务管理不规范，贷款与还款责任相脱节；贷款项目经济效益不高，偿债难度加大；有些外债贷款调查、申报和拨款的程序多，资金到位的时间较长，造成预期效益长时间不能实现。

6.2.2　收支因素形成的财政风险

（1）财政增长形成的财政风险。即指财政收入增长速度远快于GDP增长速度。在较长的时期内，我国财政收入增长过快，政府在GDP分配中的份额过大，影响社会经济的可持续发展。1997～2016年的20年，我国财政收入增速明显高于GDP名义增速，约为1.4倍。财政收入过快增长，意味着社会经济资源日益向政府部门集中，资源配置权也日益流向政府部门，整体上导致资源配置效率在一定程度上有所降低。

（2）收入周期形成的财政风险。即指财政收入表现为"顺周期"的趋向。我国财政预算强调收支平衡，容易带来财政收入执行的"顺周期"情况。当经济下行时，一些财税部门为完成任务则收"过头税"，造成经济"雪上加霜"；而经济过热时，一些财税部门完成收入任务后为不抬高基数又容易"藏富于民"，应收未收造成经济"热上加热"。这既不符合依法治税的要求，也会影响财政政策调控的效果。

（3）经济支出形成的财政风险。即指财政支出对经济建设投入较大。我国基础建设较为薄弱，社会事业发展对滞后，社会保障总体标准低，农村人口所占比例高，地区间及城乡间基本公共服务水平差距大。但有限的财力对经济建设介入过多，其民生性与公共性不足，提升人民生活水平的财政长效机制尚未形成。例如，2001～2015 年我国财政用于固定资产投资的预算内资金的平均增速是同期公共财政支出增速的 1.3 倍。

（4）财政结构形成的财政风险。即指财政支出结构呈僵化、固化趋势。我国目前与财政收支增幅或 GDP 挂钩的重点财政支出涉及七类，其中由相关法律规定的财政支出挂钩机制包括教育、科技和农业三个领域，由国家中长期规划及其政策性文件所规定的包括文化、医疗卫生、社保和计划生育四个领域。2013 年上述与财政收支增速或 GDP 挂钩的重点支出也只占全国财政支出的 47.5%，显然这个占比是较低的。

（5）公债发行形成的财政风险。即指公债发行及赤字率居高不下。红线 3% 的赤字率和 60% 的负债率是一个国际惯例，而近年来我国财政赤字和公债规模逐步扩大，赤字率空间大幅缩小，社会舆论压力增大。我国从 2008 年实施积极财政政策以来，赤字率从 0.6% 稳步攀升至 2016 年的 3.0%。随着目前宏观经济下行压力犹存及地方政府举债机制的规范化，积极的财政政策需要提升的赤字率已经面临着红线制约。

（6）或有债务形成的财政风险。即指政府所面临的或有债务风险。2015年后中央及地方政府依法合规的债务规模（显性债务）已经清晰，但其或有负债（担保＋承担救助）仍不确定，比较认可的数据：2014 年末地方政府或有债务为 8.6 万亿元，2015 年末城镇职工基本养老保险个人账户空账高达 4.7 万亿元（空账率超九成），简单合计达到 14 万亿元，估测地方政府尚未纳入偿债和隐性债务高达 24 万亿元。

6.2.3 管理因素形成的财政风险

（1）政府行为形成的财政风险。有些地方政府特别是一些县乡（镇）政府，其短期行为造成沉重的财政包袱。如重大经济行为决策程序简单化，造成有限人力、物力的浪费；形式主义严重，在工资不能准时发放、教育事业等滞后的情况下，各种"形象工程、献礼工程、政绩工程"等层出不穷，导致财政负担过重；一些重要决策出台后，由于缺乏调查研究而不得不进行再调整，浪费了大量资源，导致县乡财政负担加重。

（2）税收流失形成的财政风险。税收流失是直接诱发财政风险的主导因素。主要表现在：非税收入膨胀，如对企业搞"包税"或变相"包税"，再通过其他办法把一部分应税收入转化为非税收入，形成财政收入的"体外循环"；拖欠税款较为普遍，特别是"死欠"上升，税收流失日益严重；偷逃税现象普遍，财政收入不能做到应收尽收；财政收入虚增，为保证完成征收任务造成财政收入虚增实亏，给财政增长带来风险。

（3）意外因素形成的财政风险。现代社会虽然应对社会危机能力已大大增强，但当某种危机足以动摇整个社会基本运行时，政府财政就会面临相应的风险。一方面，某种危机对国内多数行业都会产生一定的负面影响，尤以旅游业、餐饮业为甚，导致这些行业的税收大幅减少；另一方面，为有效地避免产生的社会性危机，政府必须拿出大量的资金用于相关保障，其巨大财政资金压力成为财政风险的诱因。

（4）其他风险转嫁的财政风险。财政风险是最深层次的宏观经济风险最初可以在其他领域以其他风险的形式表现出来，如金融风险、企业风险和国债风险等。因此，从财政风险产生的根源来看，无论是内生性的风险，还是外生性的风险，一般最早不是由财政运行引发的，而主要是由经济的不良运行、国家宏观政策调整造成其他领域的风险，逐步传导到财政领域而形成了财政风险。

6.3 财政风险规避策略

财政风险是经济生活中深层次矛盾长期积累的结果，既有财政自身和管理的原因，也有外部和宏观方面的因素，因此必须运用综合手段才能有效规避财政风险。

6.3.1 强化风险意识，树立防范风险理念

增强财政风险意识、超前研究财政风险和强化风险信息管理，树立防范风险理念，这是规避财政风险的思想保障。

（1）增强财政风险意识，做好宣传工作。财政风险具有政府性、社会性、潜伏性、转轨性、传导性和波及性等特点。就地方财政而言，风险不仅存在，而且有时还表现得较为严重，如财政赤字加大、收支矛盾加剧和债务

规模过大等。因此，各级政府和财政部门必须增强财政风险意识，充分认识规避财政风险的必要性和积极作用；应积极做好财政风险的宣传工作，包括规避的积极意义、内容和措施等方面的宣传，使全社会知晓财政风险的危害性和规避的艰巨性，并全力支持财政风险的规避工作。

（2）超前研究财政风险，正确估价风险。把建立稳固、平衡的国家财政作为各级财政工作的出发点，把规避财政风险作为整个财政系统乃至整个经济工作的一项重要任务；在制定财政政策、安排财政收支等活动中，应将各种不确定性因素考虑进去，预算安排留有余地，预算执行应力争增收节支；积极组织力量研究财政风险问题，采取有针对性的政策与措施，杜绝"风险上解"和"等靠要"的思想与做法；正确估价财政风险，既要注意研究规避的办法，又不能因噎废食、不能适度举债而失去经济发展的良机。

（3）强化风险信息管理，提高防范水平。影响财政风险项目主要包括法定支出、欠发工资、政府担保、隐性负债、社保资金、国企负债和亏损、地方金融机构资本缺口和不良资产，以及其他财政欠账和挂账等。这些项目中是直接风险或者是或有风险，但后者比前者更难估量。及时掌握风险项目的发展变化极为重要，各级地方财政应逐级上报财政风险报告，逐步扩大财政报告的内容及覆盖面，相关财政信息公开化、制度化，加大财政风险尤其是或有风险的透明度，并采取针对性、有效性措施加以防范和化解。

6.3.2 规范政府职能，理顺财政管理体制

规范政府经济职能、合理划分管理权限和建立公共财政体系，理顺财政管理体制，这是防止财政风险的有效措施。

（1）规范政府经济职能，实现分配归位。我国目前正处于"经济全面改革"的重要时期，但政府经济职能的"越位"或"缺位"问题依然存在。因此，各级政府就必须按照市场经济要求而有所为、有所不为，"越位撤、缺位补"，改变政府尤其是基层政府不顾实际搞政绩、形象工程和重项目、轻效果的问题。对以营利为目的建设，应充分发挥市场机制的作用；转换国企经营机制，切断政府、财政与其亲缘关系、行政关系、无偿资金拨付关系，形成政策关系和扶持、借贷关系，真正实现企业自我生存与发展。

（2）合理划分管理权限，完善财政体制。从国内外经验看，规范、合理划分各级政府间的事权与财权，既能明晰地界定风险责任，又能有效地控制财政风险。从市场经济要求和公共产品层次规范各级政府的事权与财权，符

合受益范围和职权下放的基本原则；对需要各级政府共同承担的事务，可按支出责任和受益程度确定其支出比例，避免因政府包揽过多、财力分散而影响财政对经济良性运行的积极作用。此外，应合理完善财政体制，规范省级以下体制，保障各级政府有充足的财政能力来规避或降低各种风险。

（3）建立公共财政体系，理顺分配关系。从收入上看，应按税种科学划分中央、地方与共享收入，尤其在省级以下各级财政收入的划分应合理、公平、准确、清晰。从财政支出上看应有主有次、有一般有重点。其措施主要包括：正确界定财政分配次序，确保工资、农业、科技、教育和基础设施建设等公共支出；控制竞争性领域投资，逐步将直接投入变为间接投入（如贴息和补助等）或不投入；规范事业单位的财政供给方式，逐步取消一般性事业单位的财政补助；进一步完善政府采购制度，提高财政资金使用效益。

6.3.3 推进税费改革，确保财政收入增长

不断提高财政比重、深化税费制度改革和堵塞税收征管漏洞，确保财政收入增长，这是规避财政风险的重要任务。

（1）不断提高财政比重，保证财政收入。从全国来看，"十二五"时期财政收入占GDP的比重在20%左右，中央财政收入占全国财政收入的比重在55%左右，这与发达国家平均30%以上的水平相差甚远。因此，逐步提高财政收入占GDP比重，力争在"十三五"时期达到25%水平、财政收入增长略高于GDP增长，中央财政收入占全国财政收入的比重达到60%，以及地方财政收入占地方GDP的比重达到25%左右的目标，以增强国家及各级政府财政抗风险能力，这也是今后我国财政工作的一项重要任务。

（2）深化税费制度改革，完善税收体系。税费的改革的关键在于清理与治理：包括消除垄断，鼓励竞争；加强财政监督，严格"收支两条线"；将用于提供公共产品和服务、弥补政府经常性收支差额的收费改为征税，如教育类的收费改征教育税等。税的改革从税种及其征收范围、税率、减免税等方面，应根据新形势及其法制问题考虑；适时开征遗产税等新税，特别是地方主体税种及其体系等。此外，在地方税收征管上，应给予地方政府较大的自主权，以调动地方组织税收的积极性，用增收方式来降低财政风险。

（3）堵塞税收征管漏洞，保证足额入库。其主要措施：加大税收宣传力度，从根本上强化纳税人自觉、主动、依法纳税意识；积极推行网络化税收管理，为纳税人提供优质高效服务；建立征管目标责任制，责权分明，完善

和落实好奖惩办法；制定切实可行的地方税收征管实施办法，依法计税、征税、查税，纠正低率预征、缓征、变相免征、协议征收等弹性和变通执法的行政行为；强化税务稽查和征管手段，从根本上杜绝偷税、逃税、骗税、抗税等违法行为的发生；加大清理欠税的力度，压陈欠、控新欠，做到应收尽收。

6.3.4 加强财源建设，增强财政发展后劲

经济决定财政，确立财源建设目标、研究财源建设途径，增强财政发展后劲，这是规避财政风险的根本措施。

（1）确立财源建设目标，壮大财政实力。在培植财源上，各级财政部门应结合本地区的地缘、资源和区位优势，制定切实可行的财源建设规划；在财政政策上，发挥政策导向功能，保持财政促进经济发展的主动适应性；在财源格局上，分清主次、把握重点；在财政资金投入上，对全局性财源建设项目予以重点支持；在总体措施上，加大地方财源建设力度，逐步建成现实财源、后续财源、潜在财源的稳定壮大、梯次发展的财源体系，逐步形成"经济发展—财源稳固—持续增长—财政安全"的良性运行机制。

（2）研究财源建设途径，增强财政后劲。继续把"抓产业、上项目"作为经济工作的重要任务，全面落实重点产业布局规划，突出抓好产业项目筹划，进一步完善招商引资机制，探索多元化的园区建设模式。其财源建设途径主要包括：改造传统产业，汲取财力财源；发展现代产业，拓展支柱财源；加快园区建设，扶持新兴财源；推进招商引资，规范政策财源；壮大县域经济，夯实地方财源；调整地方税收，优化结构财源；创新财政机制，实现持续财源；建立评价体系，科学规划财源。

6.3.5 优化支出结构，完善转移支付制度

加大财政支出改革的力度，优化支出结构，严格财政支出，完善转移支付制度，这是规避财政风险的必然选择。

（1）不断优化支出结构，严格支出管理。按照市场经济公共财政的要求不断优化支出结构，加大财政预算管理改革力度，规范编制基本支出、单位项目和政府采购等预算；进一步加强财政支出管理制度，实行工资支出银行发放、公用支出政府采购、项目支出直接拨付、行政支出下管一级、资源性支出共享办法、消费性支出"一票否决"制、财务管理会计委派制等。通过科学调度资金和均衡组织收入等措施，努力保证重点领域、项目支出需要；

通过严控支出，减少损失浪费，最大限度地降低财政支出风险。

（2）完善转移支付制度，改进计算方法。实行财政转移支付制度是国内外普遍采用和直接化解地方财政风险的有效办法。受各级政府分工及相关因素的影响，存在着财政上的纵向和横向的不平衡，省级财政风险一般可由中央财政弥补缺口，省级以下由财政逐级弥补。我国应按国际惯例完善财政转移支付制度，将基数法改为因素法计算，并考虑人均 GDP、城市化程度、人口数量与密度等因素。按公式化方式确定各级财政转移支付额，能够增强其透明度、可预见性和客观公正性，提高财政管理的科学化和规范化。

6.3.6　建立监管制度，完善风险防范体系

财政风险尤其是债务风险，许多是由于财政监管不力或权治、人治行为所致，因此建立行之有效的监管制度是规避财政风险的必要手段。

（1）编制财政风险预算，建立预警体系。按照财政风险类型、项目、额度、风险程度等项编制财政风险预算，做到事先有防范、事中有监管、事后有措施，尽最大可能来规避财政风险，逐步建立一套相对完备的财政风险预警指标体系。财政部门应根据实际状况设定风险值区间，划分风险信号级别（如没有风险、轻度风险、中度风险、严重风险和财政危机）。如根据省级以下地方财政状况，地方财政风险预警指标体系包括经济环境、财政收入、财政支出和综合评价四个一级指标，据此再分二、三级指标。

（2）建立财政风险基金，保障支付能力。为保证经济稳定发展与安全运行，应建立一项稳定可靠的、可逐年延续不断增加的财政风险基金。其基金的来源和标准包括：按财政总支出的一定比例提取；上级专项拨付给下级的专项风险基金；经济发达地区专项上解的风险基金；各级地方财政年度内尚未动用的后备财力；国内外和其他地区的非专项性援助等。财政风险调度使用权属同级人民政府，由财政部门负责具体执行。各级政府和财政部门应做好财政风险基金管理工作，确保资金及时到位、专款专用、合理使用。

（3）严格举债审批手续，强化债务管理。适度举债有利于缓解资金紧张、促进经济发展，但必须通过强化债务管理规避可能引发的财政风险。其措施主要包括：科学制定政府债务计划，合理确定债务规模，充分考虑财政承受能力；讲求举债项目的经济效益和偿还能力，严格审批举债项目，避免举债的权治和政绩工程；严格政府债务担保行为，防止借贷单位无法偿还债务转嫁于财政；加强贷款项目的监管和跟踪问效，建立起有效的还贷制约机

制；建立还款责任制，抓好债务偿还工作，确保还款计划落到实处。

（4）强化风险监管职能，提高人员素质。在经济、财政体制改革与发展过程中，财政各类风险尤其政府债务风险日益突出，在有些地区已经日趋严重。因此，进一步强化财政风险监管职能，就显得十分重要和迫切。各级财政部门要在统一、规范财政风险监管职责的基础上，认真分析经济形势、问题及其对策、法令执行效率、风险预测因素；制定财政规避风险管理办法，科学确定财政风险监控管理指标体系；各级财政部门应建设一支高素质的风险监管专业队伍，不断提高其政治与业务水平。

6.4　本章小结

★ 本章主要阐述和分析了财政风险基础理论、财政风险成因分析和财政风险规避策略三个问题。财政风险基础理论包括财政风险的含义、分类和特征。财政风险按发展程度成因可分为内生性的外生性的可分为初始性、发展性和结局性的，按显露状况可分为显性和隐性的，按影响层次可分为宏观、中观和微观的，按资金管理可分为核心性、分配性和摩擦性等；我国财政风险具有风险所处的艰难性、涵盖范围的广泛性、风险程度的深刻性、风险发展的机遇性和影响因素的复杂性等特征。

★ 财政风险成因分析包括制度、收支和管理因素形成的财政风险。制度因素主要包括制度错位、目标冲突、社会保障和债务机制，如制度错位是财政制度的越位和缺位；收支因素主要包括财政增长、收入周期、经济支出、财政结构、公债发行或或有债务形成的财政风险，财政收入增长速度远快于GDP增长速度；管理因素主要包括政府行为、税收流失、意外因素和其他风险转嫁等形成的财政风险，如地方政府短期行为或者"形象、献礼、政绩程"等工程层出不穷，导致财政负担过重等。

★ 财政风险规避策略是综合手段的有效运用，如强化风险意识、规范政府职能、推进税费改革、加强财源建设、优化支出结构和建立监管制度。包括：增强财政风险意识，超前研究财政风险，强化风险信息管理；规范政府经济职能，合理划分管理权限，建立公共财政体系；不断提高财政比重，深化税费制度改革，堵塞税收征管漏洞；确立财源建设目标，研究财源建设途径；不断优化支出结构，完善转移支付制度；编制财政风险预算，建立财政风险基金，严格举债审批手续，强化风险监管职能。

7. 外国财政管理研究

外国财政管理是各国及其财政部门贯穿于财政分配活动始终、几乎覆盖所有财政领域及其管理的经常性工作。外国财政管理研究主要阐述和分析外国财政管理理论、外国财政收支管理和外国财政管理比较，其中外国财政管理理论包括财政管理的相关概念、理论基础和主要内容；外国财政收支管理包括美国、德国和韩国的财政收支管理；外国财政管理比较包括财政管理体制、税收制度结构、政府预算管理和财政绩效管理的比较。

7.1　外国财政管理理论

7.1.1　财政管理相关概念

7.1.1.1　财政管理的基本含义

财政管理（fiscal management）是指政府为履行职能对所需的物质资源进行的决策、计划、组织、协调和监督活动的总称。即政府筹集、使用、监管和评估财政资金的活动，强调财政管理的公共属性。它既是政府管理活动的重要组成部分，又是政府活动的物质保障。就财政管理对政府管理的重要性而言，是由财政的政治和经济的双重属性决定的。

西方发达国家公共财政管理的基本特征是相对分权化的财政体制框架和相对集权化的财政管理框架。财政管理的目标大体上可分为三个层次：一是宏观层面解决现代财政的制度化问题；二是中观层面解决财政运行的机制和过程问题；三是微观层面解决具体的财政管理实践问题。

7.1.1.2　财政公共治理的方式

人们认识公共治理与经济发展之间的联系很早，但在财政管理中引入与公共治理相关的制度和实施机制，则始于 20 世纪 80 年代。目前许多发达国家（主要是 OECD 国家）致力推动的核心工作就是促进良好的公共治理，而健全的财政管理是实现良好的公共治理的基石。人们普遍认为，规范的财政公共治理方式主要包括以下五个方面：

（1）财政受托责任。受托责任要求政府官员具有管理与服务能力，财政官员受托政府管理财政。其责任主要包括：一是要求政府对公众负责，即政府有责任在规定的质量、成本及时间上向公众提供公共产品和服务；二是行政对立法负责，即政府有责任定期内就资金去向及其效果等问题接受立法机构的质询，并对相关财政事项及其行为后果负责；三是上下级间的财政官员相互负责，即财政管理中的宏观经济预测、财政政策的制定和咨询，以及支出预算的执行相互承担强有力的内部受托责任。因此，受托责任的履行不仅在于提高财政资金的利用率，更重要的是提高公共部门的运作效率。

（2）财政的透明度。根据西方经济学家们的解释，财政的透明度是指公众以较低的成本获取与政府财政财务管理有关的所有有用的财政信息，包括政府的结构和职能、财政政策取向、公共部门账目和财政筹划等。着重强调明晰的财政职能和责任，预算编制、执行和报告过程的公开操作，公众获取信息的可能性，对财政预测、财政信息和各账目进行独立审核等。1998 年国际货币基金组织（IMF）就明确财政角色、财政责任和公开事项，这些规定对发达国家、发展中国家和转轨国家都具有可应用性。因此，保证财政信息的可靠性、真实性、完整性、安全性和针对性是极为重要的。

（3）政策的预见性。政策的可预见性来源于法律法规的清晰性、预先可知及统一和有效的实施。财政资源的预测能力直接影响到政府官员对战略性优先项目的选择和公共服务规划的制定，而这又直接影响到私营部门对其生产、营销和投资过程中的决策。财政资源缺乏"可预见性"将会破坏资源分配的战略优先性，因此制定并实施统一有效的法律法规增强公共部门对财政资源的预测能力，以使财政官员能对政府支出总额及其在各部门之间的配置做出客观的预测，提高预算的准确性。

（4）绩效导向管理。绩效导向型财政管理是以绩效为导向，以财政成本效益为衡量标准，以财政支出效果为核心的财政管理方式，也是以改进公共服务质量为宗旨的财政管理改革。将绩效管理贯穿于财政收支管理过程，以及政府预算编制、执行、决算和评价等环节，加强财政绩效评价结果的反馈和应用，可增强财政预算决策的科学性；将财政预算绩效管理作为提高财政资金使用效益的有效手段，以提高财政支出效果并作为财政监管的重点，以财政绩效评价结果的公开来回应社会的质疑。

（5）社会公众参与。政府财政预算是政府为公众提供公共产品和服务的计划和成本核算工具，因此支出预算的制定和顺利实施，必须有各相关利益主体以适当方式的参与，以获得社会的广泛认同和政治上的可接受度。可以说，健全的公共预算管理，需要有政府官员、雇员和其他与财政利益相关者的积极参与，包括监管财政支出机构的营运效率和服务质量。此外，对政府服务的便利程度和质量优劣，以及相关项目的运作效率进行监控，也必须有服务客户的反馈信息和外部实体的积极参与。

上述财政公共治理的五个要素是一个有机的整体，任何一项均不能单独存在，每一项要素都对实现其他四项要素将会起到重要的推动作用，而只有五个要素的有机结合才能实现稳健发展的财政管理目标。

7.1.2 财政管理理论基础

7.1.2.1 联邦主义的财政理论

（1）财政联邦主义的基本含义。联邦主义（federalism）是国家政府与地区政府分享宪制上的主权，以及拥有不同事项管辖权的政治体系。联邦主义财政理论也称财政联邦主义，它是联邦主义一词的延伸，虽是经济学概念，但仍具有政治意义上联邦主义的基本特征：一是中央与地方的分权；二是中央与地方政府职能的划分。从某种意义上说，它是一种关于财政分权的理论学说，是给予地方政府一定的税收权力和支出责任范围，并允许地方政府自主决定其预算支出规模与结构，其重点是在明确中央政府和地方政府财政职能分工的基础上，强调地方财政的自主性和独立性。

马斯格雷夫认为，围绕"财政联邦主义"的问题，实际上是关于财政事务的空间安排及在各种管辖权内对这些事务的管理；萨缪尔森和诺德豪斯认为，财政联邦主义就是指不同层次政府的财政责任划分。可见，财政联邦主义最简单的含义就是指多级政府间进行财政职能分工的体制或原则。政治上是单一制的国家，在财政上有可能是联邦主义。财政联邦主义要解决的问题是各级政府间的财政收支关系如何确定，财政体制如何建立更能充分体现财政职能，如何使财政体制的运行更加有效等。它是处理中央政府与地方政府之间财政关系的一种制度设计，是对财政分权理论的一种概括。

（2）传统的财政联邦主义理论。传统财政联邦主义理论研究财政分权问题，其代表人物为蒂布特（Tiebout，1956）、马斯格雷夫（Musgrave，1959）和奥茨（Oates，1972）等。蒂布特模型证明了地方政府存在的合理性，为奥茨的分权定理及后来财政分权理论的发展提供了思想的起源。马斯格雷夫强调，为地方政府制定正确的税种和支出可以改善该地区的福利，他在《公共经济理论》中的理论观点为新财政联邦主义指明了方向。

传统的财政联邦主义理论认为，通过财政分权，由一组分散化的地方政府与中央政府分工提供公共产品具有显著的优势，因为地方政府可更切实地掌握本地居民的多样化偏好而更好地满足其需求，提供公共产品可提高供给效率。该理论是一种规范分析，从系统视角考察官员的动机，且前提假设公共政策的制定者是善良的社会福利最大化的践行者。但该理论强调过多的财政分权，可能引起配置扭曲、区域不平等及财政不稳定等问题。

（3）新财政联邦主义理论框架。一个前提：财政分权比集权能为政府提供更好的激励来推动市场的发展和经济的繁荣；两个新重点：即抛弃政府天然良善的前提，强调地方政府拥有其政治和财政动因；两个问题：即何种情形下地方政府有最大化福利的动因，透过财政问题探讨在政府与经济代理人之间的一般关系；两种机制：将地方政府利益与经济繁荣保持一致，即地方辖区间竞争使中央对地方干预可能丧失生产要素，地方财政收支的紧密联系意味着地方政府可能有强烈愿望激励一个兴盛的地方经济。

在传统的财政联邦主义的基础上，温加斯特（Weingast）等人引入了政府的内部激励问题，从而形成了新的财政联邦主义理论。该理论认为，政府是会追求自己的私利，因而强调政府内部激励对政府行为的约束作用。蒙蒂、钱和温加斯特（Montinola，Qian and Weingast，1995），麦金农和韦特（McKinnon and Weight，1997）等人主张的"市场维护型的财政联邦主义"进一步发展了第二代的财政联邦主义。可见，财政联邦主义理论的发展伴随着各国经济实际不断丰富，研究范围也不断扩展与细化。①

7.1.2.2　政府间财政关系理论

（1）施蒂格勒最优分权理论。美国经济学家乔治·施蒂格勒在 1957 年

---

① 吴俊培，李森焱. 财政联邦主义理论述评［J］. 财政监督，2012（33）：23 – 28.

发表的《地方政府功能的有理范围》一文中对"为什么需要地方财政"的问题作了公理性解释，他的研究主要集中在地方政府存在的合理性方面，其结论主要包括：一是与中央政府相比，地方政府更接近于自己的民众；二是一国国内不同的人们有权对不同种类和不同数量的公共服务进行投票表决。

由此施蒂格勒认为，为实现资源配置的有效性和分配的公平性，决策应在最低行政层次的政府部门进行。有些学者认为，他的结论过分强调了分级财政管理的必要性，对中央政府决策的否定偏于极端。事实上，施蒂格勒本人并没有完全否定中央政府的作用，他认为行政级别较高的政府对实现配置的有效性和分配的公平性也十分必要，尤其对解决分配的不平等和地方政府之间的竞争与摩擦问题，中央政府是恰当的选择。

（2）夏葡政府职能分权理论。美国经济学家夏葡认为，不同级次的政府及部门具有不同的职能，相互间不能替代。因而应明确各级政府职能，把特定职能分派给执行最有效的政府，然后再依据各级政府正常行使职能的财力需要，相应划分财政管理权限。从国家经济职能看，实现经济调控职能要由中央政府实施，社会福利分配职能也应由中央政府执行。

资源配置的目的是获得最大的效用，消费者的满足程度应是选择资源配置取向的参照标准。从公共产品需求而言，消费者的意愿一般具有明显的地域性，而地方政府恰好能敏感地顺应其区域利益，可取得资源配置的最佳效果。显然，该理论与施蒂格勒的分权理论如出一辙，其主要区别是：施蒂格勒着重公众需要，而夏葡着重政府职能发挥。

（3）埃克斯坦受益原则分权理论。美国经济学家埃克斯坦认为，应按受益原则划分中央政府和地方政府的财政权力。其基本含义是指依照公共产品的受益范围来有效地划分各级政府的职能，并以此作为分配财权的依据。因此，有益于某一地区的公共产品应当由地方政府来提供，而有益于全体国民的公共产品应当由中央政府来提供。

有些公共产品虽只涉及某阶层或某些人，但因对全社会和国家发展至关重要，也要由中央政府来提供，如对残障儿童的特殊教育、特困地区和受灾地区的专项补助等。同时埃克斯坦深入阐述了政府职能划分的依据，表达了力主分权的倾向。

（4）特里西偏好误识分权理论。美国经济学家特里西（Ricard W. Tresch）认为，以往的分权理论由于把中央政府放在最优环境下进行分析，而未考虑中央政府有可能错误地认识社会偏好，从而错误地把其偏好强加于全民。他通过数学模型证明，如果一个社会能获得完全的信息，且社会经济活动也是完全确定的，那么由中央政府还是由地方政府对社会公众提供公共产品都是无差异的。

社会经济活动并不完全具有确定性，假定地方政府十分了解本地区居民偏好，能以完全的确定性知晓任公民个人偏好中的边际消费替代率，而中央政府则对全体公众的偏好了解得不清楚、不细致，那么中央政府在确定每一个居民的边际消费替代率时是有随机性的，并在提供公共产品过程中发生偏差，即公共产品提供或过多或不足，在此情况下为回避风险就应让地方政府来提供公共产品。

上述理论从多角度说明，财政在中央政府与地方政府之间进行的财政分权本身是有意义的，完全否定财政分权的观点是不成立的。在一定条件下，某些公共产品由地方政府提供就比中央政府提供更有效率，这也为市场经济条件下绝大多数国家实行集权与分权相结合的、多级化的财政体制提供了充足的理论依据。

7.1.3 财政管理主要内容

西方国家财政管理的内容主要包括公共财政的组织管理、决策管理、部门管理和信息管理四个方面：

（1）公共财政的组织管理。西方学界认为，公共财政的组织结构内涵承接于公共财政职能。而对职能表述比较一致的观点是资源配置、收入分配和经济稳定。履行公共财政职能必须凸显财政管理体制作为财政管理核心的管理制度，其实质是国家管理、规范财政分配关系、划分各级政府间财权和财力或同级政府各财政机构间职责分工的根本制度。

（2）公共财政的决策管理。西方学界普遍认为，公共财政决策既是公共财政管理的起点，又贯穿于公共财政管理过程的始终。公共财政管理过程是一个不断决策和实施决策的过程，从一个孤立的管理过程看，公共财政管理过程可分为财政决策制定、决策实施、决策评估和决策终结等环节。

（3）公共财政的部门管理。西方发达国家财政部门设置的基本原则是一级政权、一级财政，其目的是保证各级政府财权和事权的统一。财政管理从上到下形成了一个以财政税务部门为主体，其他有关单位为辅助的管理系统。在联邦或中央设置财政部（署）、预算署和税务总局，在地方各级政府设置财政局、国家税务局和地方税务局等，分别负责编制预算和组织财政收支管理等。

（4）公共财政的信息管理。西方国家公共财政的信息化程度很高，为公共财政管理实施提供了重要的基础和保证，能比较全面、及时、准确地提供公共财政管理决策和计划所需信息。同时还为财政活动进行有效控制和监督提供了重要依据。

7.2　外国财政收支管理

7.2.1　美国财政收支管理

7.2.1.1　美国财政总体概况

美国全称美利坚合众国，英文为 United States of America 或 America。总人口为 3.2 亿人（2016 年统计），首都华盛顿。美国是典型的联邦制共和立宪国家，分为联邦、州和地方三级政府，但地方政府的概念与单一制国家不同。例如，中国是单一制国家，地方政府指中央政府隶属下的各级政府，包括省、市、县和乡（镇）四级。美国地方政府指州及州以下的各级政府，有50 个州政府、1 个特区（即华盛顿哥伦比亚特区）、89055 个地方政府，且形式多样，包括县郡、自治市、镇和特别区等。

美国宪法是最重要的法律来源，其他法律都源于宪法并低于宪法效力，任何法律不得与宪法相抵触。其经济高度发达，经济总量长期居世界首位（国际货币基金组织公布 2016 年的 GDP 为 18.57 万亿美元），人均 GDP 高达10.32 万美元。2017 年 12 月美国参议院通过、总统特朗普签署了 1.5 万亿美元税改法案。美国财政体制与三级政府相适应，各级政府均拥有各自的财政收入和支出范围，权利和责任既有区别又有侧重，同时又是相互交叉和互为补充的关系。美国财政法制非常健全，故此财政管理也较为科学、规范。

7.2.1.2　美国财政支出状况

（1）政府支出责任范围。美国宪法中明确政府的主要职责，各级政府在事权与支出责任中需要提供大量的公共服务。其中，联邦政府主要承担受益范围和需求具有全国性的公共服务，其经济职责是保持宏观经济健康发展，向州和地方政府提供拨款、贷款和税收补贴；州和地方政府主要承担受益范围和需求具有地方性的公共服务，其主要职责是提供公共服务，如公共教育、公路、供水及污水处理和法律实施等。

美国联邦政府负责国防、国际事务、社会保险和公共福利,以及其他州和地方政府不涉及的事务;州政府主要负责医疗卫生、高等教育和中学、养老、公共福利事业、高速公路运输和公共安全等事务,其中医疗卫生和教育支出是州政府的主要支出,养老、福利事业、交通运输、公共安全和一般公共管理事务支出是州政府的重要支出。

(2) 全国财政支出规模。随着美国社会经济的发展,其政府的事权和支出范围也随之不断扩大。20 世纪 30 年代末,政府财政支出占 GDP 比重达到 20% 以上;第二次世界大战期间,美国军费开支急剧增加,1945 年高达 51.8%,成为历史峰值;1985 年政府财政支出占 GDP 的比重为 35%,并在 1990 ~ 1991 年经济衰退时增至 36%,1992 年降至 32.8%,2009 年达到近年来的 41.4% 最高值。2001 年美国 "9·11" 事件后国防开支增加,其占比稳定在 35% ~ 40%,2017 年为 36.3%,见表 7 - 1。

表 7 - 1　　　　　　　　2008 ~ 2017 年美国联邦、州和
地方政府财政支出情况　　　　　　单位:千亿美元,%

财政年度	GDP	全国财政支出	联邦政府财政支出	联邦政府转移支出	州政府直接支出	地方政府直接支出	全国支出占 GDP	联邦占总支出
2008	147.19	53.56	29.83	-4.61	12.60	15.75	36.4%	55.7%
2009	144.19	59.69	35.18	-5.38	13.41	16.47	41.4%	58.9%
2010	149.64	59.60	34.57	-6.08	14.58	16.53	39.8%	58.0%
2011	155.18	61.51	36.03	-6.07	15.09	16.46	39.6%	58.6%
2012	161.55	61.40	35.37	-5.45	14.97	16.51	38.0%	57.6%
2013	166.92	60.87	34.55	-5.46	15.17	16.62	36.5%	56.8%
2014	173.93	61.91	35.06	-5.77	15.50	17.19	35.6%	56.6%
2015	180.37	64.62	36.88	-6.24	16.34	17.63	35.3%	57.1%
2016	185.69	67.19	38.53	-6.58	17.08	18.16	36.8%	57.3%
2017	191.62	69.47	39.81	-6.82	17.80	18.69	36.3%	57.3%

资料来源:美国政府支出网 www.usgovernmentspending.com. 数据整理。

(3) 政府财政支出情况。从美国各级政府财政支出情况看,2017 年联邦政府直接财政支出为 3.98 万亿美元,占全国财政支出的比重为 57.3%;州政府直接财政支出为 1.78 万亿美元,占比为 25.6%;地方政府直接财政支出为 1.87 万亿美元,其占比为 26.9%。从近年来州和地方政府财政支出规

模看，2008 年地方政府明显高于州政府，而 2017 年两者差距明显缩小，地方政府财政支出数额略高于州政府。这说明联邦政府事权有下移的趋势，州政府事权明显增加，地方政府事权相对稳定。

（4）政府财政支出结构。在政府财政支出结构中，其支出主要集中在国防、社会保障（包括养老金、卫生保健、福利等）、教育、社会服务（社会保护、一般政府支出、其他支出等）和经济支出（交通运输、公债利息）等方面。从 1980 ~ 2017 年政府支出类别结构看，社会保障支出大幅增加，卫生保健支出增长最多，教育支出总体呈上升趋势，交通运输支出有所下降，社会保护支出有所上升，一般政府支出则相对稳定，见表 7 - 2。

表 7 - 2　　　　　　　　　**1980 ~ 2017 年美国政府支出结构**　　　　单位：千亿美元

年度	养老金	卫生保健	教育	国防	福利	社会保护	交通运输	一般支出	其他支出	利息支出	总支出
1980	1.48	0.87	1.52	1.68	0.95	0.28	9.57	0.34	1.10	0.67	9.40
1990	3.10	2.25	3.05	3.42	1.64	0.75	1.04	0.60	2.65	2.34	20.83
2000	5.58	5.01	5.57	3.59	2.27	1.47	1.65	1.08	3.29	2.93	32.46
2010	9.73	11.09	9.21	8.48	6.71	2.52	2.77	1.66	4.43	3.02	59.60
2011	10.14	11.83	9.03	8.79	6.33	2.54	2.74	1.65	5.07	3.38	61.52
2012	10.61	11.78	9.20	8.51	5.50	2.54	2.82	1.70	5.42	3.29	61.40
2013	11.28	12.34	9.15	8.20	5.16	2.55	2.80	1.69	4.40	3.30	60.87
2014	11.84	12.97	9.63	8.01	4.70	2.61	2.89	1.68	4.22	3.36	61.91
2015	12.38	14.29	10.26	7.99	4.48	2.70	2.99	1.71	4.55	3.29	64.62
2016	12.79	15.32	10.45	8.14	4.48	2.78	3.08	1.77	4.92	3.45	67.19
2017	13.17	15.90	11.06	8.24	4.36	2.82	3.19	1.79	5.26	3.68	69.47

资料来源：根据美国支出网 www.usgovernmentspending.com. 整理。

（5）联邦政府财政转移支付。美国的联邦、州和地方政府，有各自的事权和支出责任。2007 ~ 2017 年，联邦政府财政支出占全国财政支出均在 55% 以上，其中每年将一部分财政收入转移给州和地方政府，扣除转移支出后形成本级政府支出。州和地方政府对转移支付的依赖性强且差别较大，如地方政府从联邦政府获得的转移支付远小于州政府，但联邦对州政府的补助有的则从州政府转移到了地方政府，并在统计中作为州政府的转移支付。

美国联邦政府向州及地方政府的财政补助有公式补助和自主补助两种方

式，其中前者是根据数学公式和相关统计数据确定有资格的补助对象和补助金额，旨在将有限的财政资金公平、有效地分配给补助对象；后者是财政部根据具体情况决定的、非固定公式和程序的、年度性的财政补助。其公式补助额占总补助额比重多达70%～80%，一般是通过具体项目予以下拨，且涉及众多领域、类型各异，每个项目都有与之对应的补助公式。

7.2.1.3 美国财政收入状况

（1）政府财政收入规模。美国财政收入规模在很大程度上取决于财政支出规模，决定着政府职责和范围，从而影响经济增长和社会发展。为满足政府公共财政支出需要，必须有政府财政收入作为保障。1980年美国财政收入为0.89万亿美元，2000年达到3.68万亿美元，2017年高达6.23万亿美元（占GDP的32.51%），与1980年相比增长了6.0倍。从全球视角看，美国财政收入占比在发达国家属中等水平，但其绝对规模世界排名第一。联邦直接财政收入占总收入的一半，在均衡联邦、州和地方政府财政收入中，其收入分配格局与其支出责任是一致的，见表7-3。

表7-3　　　　　　　1980～2017年美国联邦、州和
地方政府直接财政收入　　　　　　　单位：千亿美元

财政年度	GDP（%）	全国财政收入	联邦政府财政收入	州政府财政收入	地方政府财政收入	财政收入占GDP（%）
1980	28.62	8.86	5.17	2.13	1.56	30.95
1990	59.80	19.28	10.32	5.06	3.90	32.24
2000	102.85	36.76	20.23	9.87	6.64	35.74
2010	149.64	47.19	21.63	14.65	10.92	31.53
2011	155.18	50.97	23.04	16.76	11.18	32.84
2012	161.55	48.95	24.50	13.68	10.77	30.30
2013	166.20	55.98	27.75	16.68	11.55	33.54
2014	173.93	60.64	30.22	18.14	12.29	34.87
2015	180.37	60.11	32.50	15.55	12.06	33.33
2016	185.69	61.30	32.68	16.04	12.58	33.01
2017	191.62	62.30	33.15	16.26	12.90	32.51

资料来源：美国政府收入网 https://www.usgovernmentrevenue.com. 总收入/GDP数据计算整理。

（2）政府财政收入结构。联邦政府直接财政收入包括税收、商业及其他收入和债务收入，其中个人所得税、社会保障税和公司所得税等是税收的主要来源；州政府直接财政收入包括税收、收费、商业和其他收入，以及债务和转移支付收入，其中社会保障税、销售税、个人所得税、公司所得税和运输税等是税收的主要来源；地方政府直接财政收入来源和州政府相似，但财产税、销售税和社会保障税等是其税收主要来源。

1913 年美国引入所得税，并逐步取代关税和销售税而成为联邦税收的主要来源，20 世纪 20 年代公司所得税和个人所得税占联邦税收收入的比重约为 60%，30 年代后期社会保障税（工薪税）逐渐成为仅次于个人所得税的第二大税种；州政府税收以销售税为主（约为 50%），其次为所得税、消费税和遗产税等；地方政府税收以财产税为主（一般在 70% 以上），其次为销售税和个人所得税等。

7.2.2 德国财政收支管理

7.2.2.1 德国财政总体概况

德国全称德意志联邦共和国，德语为 Bundesrepublik Deutschland，英文为 Germany。总人口为 8 627 万人（2016 年统计），首都柏林。与美国政府体制相同，德国也是一个联邦制的国家，分为联邦、州、地区三级政府，共有 16 个州、14 808 个地区。其国家公共权力分散在联邦、州和地方政府，州和地方政府虽拥有较大的自主权，但必须在联邦法律允许的范围内。德国是一个欧洲老牌的发达工业国，具有特色的社会市场经济体制，各级财政管理部门都需要依照宪法和立法程序办事，且其受相应的司法审查监督。

德国州政府自治程度较高，联邦政府不能强制要求州政府实施指令，也不能越过州政府直接向地方政府下达指令。因而在财政方面需要联邦政府和州级政府相应的财政管理机构之间予以协调。德国联邦制与美国联邦制的财政差异主要表现在：一是明确规定联邦与州的权限，实行专有立法权和共同立法权，联邦和州具有税收立法权；二是政府和议会在预算管理过程中担任重要的角色，税收征管具有统一性和地方性；三是实行以共享税为主体的分税制财政体制。可见，德国强调各地区公共服务水平的一致性和责任性。

7.2.2.2 德国财政支出状况

（1）政府支出责任范围。德国按照《德意志联邦共和国基本法》（简称

《德国基本法》）规定各级政府所辖事权，确立了各级政府财政支出的自身责任和共同责任。其政府事权与财政支出责任紧密相连，事权越多越复杂，其相应的财政支出责任也就越大。

根据《德国基本法》规定，联邦政府主要职责是：国防、外交和国际事务、邮电、铁路和航空、水运、高速公路和远程公路、社会保障、重大科学研究与开发，跨区域发展，海关和联邦货币金融管理，以及联邦一级的行政事务、财政管理等；州政府主要职责是：卫生健康、医院保健设施、环境保护、住房、治安和司法管理、社会文化、教育事业和科学研究，以及州一级政府的行政事务和财政管理等；地方政府主要职责是：地方行政事务、基础设施建设、社会救济、地方性治安保护、公共交通和乡镇公路建设，以及地方城市发展建设规划、当地城镇煤水电等公用事业、公共福利、卫生、文化设施、能源供给、垃圾和污水处理、普通文化教育事业、成人继续教育、社会援助和社区服务等。

根据《德国基本法》规定，各级政府财政支出的共同职责：地区经济结构调整、交通运输、高等教育、农业发展、能源和水资源供给等事项由联邦与州共同负责，这些共同职责对整个社会是重要的，而联邦的参与是改善生活条件所必需的；对社会保障等事项，联邦可委托专门的公共法人机构负责。此外，各州承担和完成联邦委托的事务，所需开支全部由联邦负担，但必须专款专用；属于联邦与州共同承担的职责由双方协议负担比例，对超过各州财政负担的事务，联邦政府有义务通过拨款支付的方式予以协助。这些规定有利于减少事权和职责划分不清而产生的问题。

（2）政府财政支出规模。德国政府财政支出规模较大，且呈现逐年增长的态势，但其财政支出控制较为严格。2013 年德国政府财政支出达到 10 577.17 亿欧元，GDP 达到 28 094.80 亿欧元，财政支出占 GDP 比重为 37.65%，其中重要的财政支出是社会保障支出、一般公共服务支出和教育支出，分别占 GDP 比重的 12.43%、9.91% 和 5.25%。

2013 年，德国联邦政府、州政府和地方政府的财政支出分别为 4 160.84 亿欧元、4 052.63 亿欧元和 2 363.7 亿欧元，分别占全国财政支出比重的 39.34%、38.31% 和 22.35%，中央财政支出不足全国财政支出的 40%。

（3）政府财政支出结构。德国政府财政支出包括一般公共服务和社会保障等 10 类项目（见表 7-4）。

表 7 - 4　　　　　　　　2013 年德国政府公共支出结构　　　　　单位：亿欧元

职能范围	全国		联邦政府		州政府		地方政府		政府支出占GDP（%）
	财政支出	占比（%）	财政支出	占比（%）	财政支出	占比（%）	财政支出	占比（%）	
全部支出	10 577.17	100.00	4 160.84	39.34	4 052.63	38.31	2 363.70	22.35	37.65
一般公共服务	2 784.41	26.32	1 253.76	45.03	1 102.54	39.60	428.11	15.38	9.91
国防	345.30	3.26	345.30	100.00	—	—	—	—	1.23
公共事务和安全	492.48	4.66	50.41	10.24	362.47	73.60	79.60	16.16	1.75
经济事务	1 168.02	11.04	392.49	33.60	469.94	40.23	305.59	26.16	4.16
环境保护	187.41	1.77	45.30	24.17	39.19	20.91	102.92	54.92	0.67
住房和社区设施	150.63	1.42	21.36	14.18	43.37	28.79	85.90	57.03	0.54
医疗卫生	210.48	1.99	64.49	30.64	105.37	50.06	40.62	19.30	0.75
娱乐文化和宗教	270.66	2.56	20.19	7.46	91.41	33.77	159.06	58.77	0.96
教育	1 475.36	13.95	59.19	4.01	1 039.85	70.48	376.32	25.51	5.25
社会保障	3 492.42	33.03	1 908.35	54.64	798.49	22.86	785.58	22.49	12.43

资料来源：根据 http://stats.oecd.org/德国数据计算整理。

从表 7 - 4 可以看出，2013 年最大支出项目为社会保障支出，由于健康支出也是广义的社会保障支出，因而政府用于全部社会保障支出的占比一般在 50%（本身占比 33.03%）以上。其次较大的项目是一般公共服务支出26.32%；教育和经济事务相对较高，分别为 13.95% 和 11.04%；其他依次为公共事务和安全、国防、娱乐文化和宗教、医疗卫生、环境保护、住房和社区设施，支出规模相对较小（占比为 1.42%~4.66%）。

从各级政府财政支出构成的重要性看，即占比超过 40% 的项目，联邦政府财政支出包括国防 100%、社会保障 45.64% 和一般公共服务 45.03%；州政府财政支出包括公共事务和安全 73.60%、教育 70.48%、医疗卫生 50.06%和经济事务 40.23%；地方政府财政支出包括娱乐文化和宗教 58.77%、住房和社区设施 57.03% 和环境保护 54.92%。

7.2.2.3　德国财政收入状况

（1）政府财政收入规模。总体看，德国政府财政收入呈缓慢增长的趋势。例如，2007 年政府财政收入 10 807.68 亿欧元，占 GDP 比重 43.06%；2013 年财政收入 12 494.34 亿欧元，占 GDP 比重 44.47%，仅增长 1.41 个百分点，2007 ~ 2013 年年均占比 43.78%（见表 7 – 5）。从绝对额看，与 2007 年相比仅增长 15.61%。财政支出占 GDP 的比重逐渐下降，使政府能摆脱之前较为严重的财政赤字，甚至出现少量的财政盈余。

表 7 – 5　　　　　　　　2007 ~ 2013 年德国政府财政收入占
GDP 及财政收入占比情况

年份	政府财政收入（亿欧元）	财政收入占GDP（%）	税收收入占政府财政收入（%）	社会缴款占政府财政收入（%）	补助金等收入占政府财政收入（%）
2007	10 807.68	43.06	52.48	37.41	10.11
2008	11 117.68	43.46	52.70	37.10	10.20
2009	10 907.86	44.40	50.84	38.10	11.06
2010	11 104.48	43.10	50.09	38.38	11.53
2011	11 794.77	43.70	50.78	37.49	11.73
2012	12 178.37	44.29	51.24	37.30	11.45
2013	12 494.34	44.47	51.42	37.24	11.33
年均	—	43.78	51.36	37.57	11.06

资料来源：http：//www.oecd – ilibrary.org/数据整理。

德国财政收入在总体上升的前提下，各级政府收入增长差别较大。以 2007 ~ 2013 年为例，联邦政府财政收入占全部财政收入的比重从 2007 年的 28.74% 增至 2013 年的 30.83%，增长了 2.09 个百分点；州和地方政府财政收入占比逐渐下降，即从 22.29% 和 11.56% 降至 21.98% 和 8.34%，分别降低了 0.31 个和 3.22 个百分点。此外，社会保障账户收入占比增长缓慢，即从 37.41% 增至 37.91%，增长了 0.50 个百分点。

（2）政府财政收入结构。德国政府财政收入主要包括税收收入、社会缴款及补助金等其他收入，其中税收收入是政府财政收入最重要的部分，主要包括所得税、流转税和财产税三类。2007 ~ 2013 年税收收入占财政收入的比重稳定在 50% ~ 53%，年均 51.36%；社会保障制度较完善，社会保障缴款占比稳定在 37% ~ 39%，年均为 37.57%；补助金等其他收入占政府总收入比重稳定在 10% ~ 12%，年均为 11.06%（见表 7 – 5）。

（3）政府税收收入结构。德国有 50 多种税，三大税类中的所得税包括个人所得税、公司所得税和社会保障税，流转税包括增值税、营业税、保险税、消费税和矿物油税等；财产税包括土地税、土地交易税、房产税、遗产税和赠与税等。德国税收主要税种是社会保障税、增值税、个人所得税、公司所得税和消费税等。2015 年联邦、州和地方政府税收收入占比分别为 50.03%、36.44% 和 13.53%，有关税收占比见表 7 - 6。

表 7 - 6　　　　　2015 年德国相关税收占政府财政收入情况　　　　单位：%

项目	联邦政府	州政府	地方政府
总税收收入	50.03	36.44	13.53
1000：收入、利润和资本所得税	40.89	38.11	21.00
1100：个人所得税	43.45	39.80	16.76
1200：企业所得税	26.42	28.56	45.03
4000：财产税	5.82	53.71	40.47
4100：周期性不动产税	—	—	100.00
4200：周期性财富净值税	100.00	—	—
4300：房地产、遗产赠与税	—	100.00	—
4400：金融资本交易税	—	100.00	—
5000：商品服务税	65.37	32.68	1.95
其他税收	—	67.84	32.16

资料来源：http://www.oecd - ilibrary.org 数据计算整理。

7.2.3　韩国财政收支管理

7.2.3.1　韩国财政总体概况

韩国全称大韩民国，英文为 Republic of Korea。总人口约为 5 125 万人（2016 年统计），首都首尔（旧称汉城）。韩国政体为民主共和制，具体为议会制总统共和制，又称半总统制，总统掌握着全国最高行政权力。韩国政府由中央政府和地方政府构成，地方政府由广域自治团体（高级地方政府）和基础自治团体（低级地方政府）构成，行政区划分为 1 个特别市、6 个广域市和 9 个道。

韩国实行单一制的财政体制，坚持"为经济增长服务、出口第一"的原则和"小政府、大市场"的管理目标。韩国 1982 年引入中期财政规划及配套预算改革以来，通过确定支出优先顺序来分配财政资源，不断优化财政支出结构，逐步减少用于经济增长的财政支出，增加教育和医疗等方面的支出，较好地解决了财政赤字扩大、债务高筑等问题，助推了经济转型和结构调整。

7.2.3.2 韩国财政支出状况

（1）政府支出责任范围。韩国是建立在分税制基础上的分级预算管理体制，逐步形成了"分工合理、权责一致"的国家权力纵向配置体系和运行机制。根据现行自治法规定，中央和地方政府间事权划分为国家事务、地方委任事务和地方事务三类。其中：国家事务由中央政府直接处理，经费原则上由中央政府全额承担，包括外交、国防、国家税收管理、产业结构调整、失业救济、社会保险与保障、邮政、电信、铁路、航空和大学教育等。

地方政府的事务，包括自治事务、团体委任事务和机关委任事务等，其经费负担主体或财源分担体系不同。各级地方政府承担着提供地方性公共服务的基本责任，地方政府支出按照用途主要包括管理支出、社会福利支出、工业和经济支出、公共工程支出、公共安全支出和教育支出六个方面。也可在进一步划分，如管理支出包括日常管理、财政、文化和公共信息管理等；社会福利支出包括保健、公共卫生和其他社会服务等。

韩国中央政府支出责任很大，需要对地方政府包括高级地方政府和低级地方政府给予转移支付；高级地方政府主要负责协调各级政府间横向与纵向的关系，因而支出责任最小；低级地方政府的支出责任介于两者之间。2006～2015 年中央政府净支出占总支出的比重整体呈下降趋势，但在 59%～64% 浮动，低级地方政府净支出占总支出的比重在 22%～26% 浮动，而高级地方政府净支出占总支出的比重在 13%～16% 浮动。

（2）政府财政支出规模。韩国 GDP 总量在全球排名较高，从 2001～2007 年保持在第 10～13 位，但 2008 年下降至第 15 位，2009～2013 年保持在第 14 位，2015 年又升至第 11 位，2016 年韩国 GDP 总量达到 14 112 亿美元（第 11 位）。2006～2015 年韩国的 GDP 从 2006 年的 966.05 兆亿韩元增长至2015 年的 1 558.59 兆亿韩元，增长了 0.61 倍，年均增长 5.16%（见表 7 - 7）。

表 7 - 7　　　　　　　2006～2015 年韩国财政支出情况　　　　单位：兆亿韩元

年度	GDP		财政支出		财政支出占 GDP（%）
	数额	增长率（%）	数额	增长率（%）	
2006	966.05	—	277.42	—	28.72
2007	1 043.26	7.40	286.20	3.07	27.43
2008	1 104.49	5.54	320.80	10.79	29.05

续表

年度	GDP		财政支出		财政支出占GDP（%）
	数额	增长率（%）	数额	增长率（%）	
2009	1 151.71	4.10	369.51	13.18	32.08
2010	1 265.31	8.98	358.04	-3.20	28.30
2011	1 332.68	5.06	371.50	3.62	27.88
2012	1 377.46	3.25	393.37	5.56	28.56
2013	1 429.45	3.64	415.85	5.41	29.09
2014	1 486.08	3.81	421.08	1.24	28.33
2015	1 558.59	4.65	457.03	7.87	29.32
年均	—	5.16	—	5.28	28.88

资料来源：根据韩国国家统计局（KOSIS）http：//kosis. kr/eng/数据整理。

韩国财政支出总体上持续增长，即由 2006 年的 277.42 兆亿韩元增至 2015 年的 457.03 兆亿韩元，增长了 0.65 倍，年均增长 5.28%，与 GDP 增长率基本同步，财政支出增长率略高于 GDP 增长率 0.12 个百分点，财政支出占 GDP 的比重从 2006 年的 28.72% 增至 2015 年的 29.32%，稳定在 27% ~ 33%，年均占比 28.88%。

（3）政府财政支出结构。财政支出按照用途分类，中央财政支出可分为人工费支出、商品与服务支出、经常性转移支出、资产收购支出、偿还贷款支出、转移支出、预备金及其他支出七类。其中：商品与服务支出包括一般运营支出、特别运营支出、业务推进支出、工作运营支出、研究开发支出和差旅费；经常性转移支出包括一般性补偿支出、捐款和其他转移支出；资产收购支出包括发放贷款、投资、储备金、土地收购支出、建设成本支出、有形资产支出、无形资产支出、证券购买支出和存款支出等。例如，2015 年韩国中央政府各项财政支出中占比最高的是经常性转移支出和转移支付，分别为 54.43% 和 15.96%（见表 7 - 8）。

表 7 - 8　　　　**2015 年韩国中央和地方财政支出情况（按用途分类）**　单位：兆亿韩元

类别	中央政府		地方政府				
	财政支出	比例（%）	类别	财政支出	净支出	转移支付	比例（%）
人工费支出	30.96	9.40	工资薪金支出	19.17	19.97	—	8.15
商品与服务支出	24.21	6.71	商品与服务支出	11.75	11.75	—	4.80
经常性转移支出	177.36	54.43	经常性转移支出	113.69	68.84	-44.85	46.38

续表

类别	中央政府		地方政府				
	财政支出	比例（%）	类别	财政支出	净支出	转移支付	比例（%）
资产收购支出	36.32	10.03	资本性支出	64.23	52.22	-12	26.20
偿还贷款支出	11.76	3.31	融资与投资支出	2.94	1.41	-1.53	1.20
转移支付	53.52	15.96	保全财源支出	6.87	5.79	-1.08	2.80
预备金及其他	1.97	0.15	内部转移支出	23.31	13.40	-9.91	9.51
—	—	—	预备金及其他	2.37	1.95	-0.41	0.97

资料来源：韩国内政部（MOI）http：//lofin. moi. go. kr/portal/main. do，2006～2015。

地方财政支出按用途分类，可分为工资薪金支出、商品与服务支出、经常性转移支出、资本性支出、融资和投资支出、保全财源支出、内部转移支出、预备费与其他支出八类。其中，工资薪金支出包括政府工作人员的基本工资和津贴；商品与服务支出包括维持地方政府正常运行的基本经费；经常性转移支出，包括一般性补偿支出、移民与灾害补偿支出、奖励金、养老金、赔偿金、捐款、转出金、贷款利息及其他转移支出等。例如，2015 年韩国地方政府各项财政支出中占比最高的是经常性转移支出和资产性支出，分别为46.38% 和 26.2%。

财政支出按照职能分类，中央财政支出可分为一般公共行政支出、公共秩序与安全支出、外交事务与民族统一支出、国防支出、教育支出、文化与观光、环境保护支出、社会福利支出、医疗健康支出、农林渔业及海洋事务支出、产业与中小企业支出、交通运输与物流支出、通信支出、国土与区域开发支出、科学技术支出和预备金支出 16 类。如 2015 年中央一般公共行政支出占比最大为 17.21%，其次是 15.98% 的教育支出等。地方财政支出按照职能标准分类，分为一般公共行政支出、公共秩序与安全支出、教育支出、文化与观光支出、环境保护支出、社会福利支出、医疗健康支出、农林渔业及海洋事务支出、产业与中小企业支出、交通运输与物流支出、国土与区域开发支出、科学技术支出、预备金支出和其他支出 14 类。以 2015 年为例，地方政府财政支出中社会福利支出占比最大为 30.57%，其次是一般公共行政支出的 12.64% 等。

7.2.3.3 韩国财政收入状况

（1）政府财政收入规模。韩国政府财政收入规模是随着经济发展水平的提高，而呈现逐步上升的趋势。例如，2006 年韩国政府财政收入为 319.27 兆亿韩元，2015 年增至 517.95 兆亿韩元，10 年间增长了 62.23%。2006～2015 年中央政府净收入中的占比均超过 55% 以上，高级地方政府净收入占比在 24%～26% 浮动，低级政府净收入的占比最大不超过 21%（见表 7-9）。

表 7-9　　　　2006～2015 年韩国各级政府财政收入情况　　　单位：兆亿韩元

年度	中央政府财政收入		政府间转移支付		中央政府净收入		高级地方政府净收入		低级地方政府净收入		总计财政收入
	绝对额	比例(%)	绝对额	比例(%)	绝对额	比例(%)	绝对额	比例(%)	绝对额	比例(%)	
2006	206.21	64.59	26.77	8.38	179.45	56.20	77.37	24.23	62.46	19.56	319.27
2007	216.04	62.79	23.71	6.89	192.33	55.90	83.54	24.28	68.21	19.82	344.08
2008	232.18	62.61	28.17	7.60	204.01	55.02	89.51	24.14	77.29	20.84	370.81
2009	261.34	63.95	32.33	7.91	229.01	56.04	99.41	24.33	80.25	19.64	408.67
2010	261.22	65.55	29.16	7.32	232.06	58.24	95.99	24.09	70.43	17.68	398.49
2011	270.5	65.32	28.68	6.93	241.82	58.40	100.59	24.29	71.69	17.31	414.11
2012	282.37	64.95	31.65	7.28	250.72	57.67	105.62	24.29	78.42	18.04	434.76
2013	292.87	63.90	31.16	6.80	261.71	57.10	112.15	24.47	84.46	18.43	458.32
2014	298.74	63.55	32.50	6.91	266.24	56.63	118.22	25.15	85.64	18.22	470.10
2015	328.13	63.35	37.69	7.28	290.44	56.07	134.51	25.97	93.00	17.95	517.95

资料来源：韩国内政部（MOI）https：//lofin.moi.go.kr/portal/main.do。

（2）政府财政收入结构。韩国中央政府财政收入主要包括两种方式：一是按会计账户类别将其分为一般会计收入和特别会计收入；二是按照用途将财政收入分为经常性收入和资本性收入。其中，经常性收入又可分为税收收入和税外收入，资本性收入又可分为出售固定资产收入、出售存货收入、出售土地和无形资产收入。韩国中央政府财政收入以经常性收入为主，经常性收入中的税收收入是中央财政收入的主要来源。

韩国地方政府财政收入可分为地方税收收入、地方税外收入、转移支付收入和地方债收入。其中：地方税收收入和地方税外收入属于地方自身财政收入，平均占比为地方财政收入的 50% 左右，说明地方政府财政要满足日常的支出还需要通过中央政府或上级地方政府的财政转移支付和发行地方债债务；地方税外收入通过地方自筹的方式获得经费，可分为经常性税外收入和临时性税外收入；转移支出收入是地方政府的第一收入来源，依据《韩国地方交付税法》的规定，主要包括地方交付税、调整交付金及财政保全金和补助金。

（3）各级政府税收结构。韩国政府实行中央政府和地方政府两级课税制度，税收在政府财政收入中占有重要的地位。例如，2006～2015年政府税收收入从179.3兆亿韩元增至288.9兆亿韩元，增长了61.13%；其税收收入占政府财政收入比重，在51%～60%浮动，年均比重为56.80%。此外，中央税收占全部税收收入的比重较大，地方税收收入占比相对较小，中央税收占比在77%～79%浮动，年均比重为78%（见表7－10）。

表7－10 　　　　　　　国税和地方税规模及比例 　　　　　　　　单位：兆亿韩元

年度	政府财政收入	政府税收收入		中央税收收入		地方税收收入	
		绝对额	税收占财政（%）	绝对额	中央税收占政府税收（%）	绝对额	中央税收占政府税收（%）
2006	319.27	179.3	56.16	138.0	77	41.3	23
2007	344.08	205.0	59.58	161.5	79	43.5	21
2008	370.81	212.8	57.39	167.3	79	45.5	21
2009	408.67	209.7	51.31	164.5	79	45.2	22
2010	398.49	226.9	56.94	177.7	78	49.2	22
2011	414.11	244.7	59.09	192.4	79	52.3	21
2012	434.76	256.9	59.09	203.0	79	53.9	21
2013	458.32	255.7	55.79	201.9	79	53.8	21
2014	470.10	267.2	56.84	205.5	77	61.7	23
2015	517.95	288.9	55.78	217.9	75	71.0	25
年均	—	—	56.80	—	78	—	22

资料来源：韩国内政部（MOI）https：//lofin. moi. go. kr/portal/main. do 数据计算整理。

（4）各级政府非税结构。韩国政府有大量的收费和基金等非税收入，是各级政府财政收入的重要来源。其收费名目繁多，广义非税收入分为两类：一是稳定的非税收入，包括经常性收入和事业型收入，前者包括公共设施的使用费、手续费和公共财产租赁、财政性资金的融资收入，而后者包括自来水收费、地铁收费、住宅开发和下水道收入；二是不稳定的非税收入，包括财产处置、融资资金回收、地方债和捐赠收入等。地方政府非税收入占比较高的原因主要是由于存在大量的财政结转金，如财产收入、手续费、使用费收入、公共事业收益、地方证券、罚款和滞纳金征收收入、地方公营企业经营收入和利息收入等项目，其中近80%来自于罚款和滞纳金征收收入。

7.3 外国财政管理比较

7.3.1 财政管理体制比较

7.3.1.1 财政管理体制的模式

从世界各国实践上看，财政管理体制主要包括财政联邦制模式和财政单一制模式两类。

（1）财政联邦制模式。联邦制国家中在宪法未明确的联邦权属之外，州和地方政府有财政立法权及其实施权。通过联邦政府、州与地方政府之间的行政权力划分，财权比较分散，联邦以下各级政府拥有较大的财政决策权和管理权。美国、德国、加拿大和澳大利亚等国家属于该种模式。在该模式下，中央和地方都有较大的财政独立性，有利于防止政府集权和专制，以及发挥中央和地方两个方面的积极性，也有利于提高财政效率。但也容易造成政府间政策不一致的情况，导致非均衡发展，从而引起过度的财政竞争，形成地方"割据"的局面。

（2）财政单一制模式。与财政联邦制相对应的是财政单一制模式，单一制国家的地方政府虽受中央政府管制的程度较高，但仍有部分自主的财政权力。国家财政收入仍以中央政府财政收入为主，地方财政收入占比较小，地方政府财政支出主要依靠中央转移支付。日本、韩国、英国、法国和意大利等国家属于该种模式。该模式使得地方政府财政缺乏独立性、自主性和灵活性，更多地表现为中央的"代理人"。中央对地方实施统一管理，积极缩小区域间发展的差距，但也容易导致地方政府财政效率低，形成中央专制和地方依赖的局面。

7.3.1.2 财政体制的类型

从世界各国实践看，实行市场经济体制的国家普遍建立了分税制财政体制。其类型主要包括分税种式、分税源式和分税权式三种分税制财政体制。

（1）分税种式财政体制。分税种式财政体制是以税种为标准划分各级政府财政收入的分税制财政体制。其基本特征：一是税种由中央统一立法，地方政府具有制定某税种实施办法的权力；二是全部税种一般分为中央税、地方税、中央与地方共享税，中央与地方都有其固定的收入来源；三是地方固定收入不能抵补支出的用共享税调剂，共享税全部划归地方仍不能抵补支出的由中央财政拨款补足。分税种式财政体制强调国家的集权性，世界上多数国家属于此类，我国实施的也是该种体制。

（2）分税源式财政体制。分税源式财政体制是以税源为标准划分政府各级财政收入的分税制财政体制。它是在划分税源的基础上，中央与地方政府各自具有独立的税收立法权和征管权，即中央税由中央立法，由中央税务机关负责征收管理；地方税由地方立法，由地方税务机关负责征收管理。在没有设中央税务机关的条件下，中央税可由地方税务机关代为征管。在地方财政收不抵支时，由中央财政拨款补助。分税源式财政体制赋予地方较大的自主权，实行联邦制的国家多采用这种分税制。

（3）分税权式财政体制。分税权式财政体制是以税权为标准划分政府各级财政收入的分税制财政体制。它是集分税种、分税源、分税权于一体的复合型分税制财政体制，具有分税种式和分税源式的一般特征，同时又具有自身的特点，主要表现在：对部分税源按税种划分为中央税和地方税；对部分税源通过法律规定划分中央与地方各自的征税权，不准交叉征税；对部分税源规定中央和地方均可行使征税权，但课税权有一定的限制，各级政府的征税权有主次之分。美国属于分税权式分税制财政体制。

7.3.1.3　财政体制的差异

美国、德国和韩国均实行分税制财政体制，但其内容又不尽相同。

（1）美国的财政体制。美国是典型的三权分立联邦制国家，自1787年成立联邦政府以来实行联邦、州和地方三级政府管理体制和分税权式的分税制财政体制，各级政府均拥有各自的财政收入与财政支出范围。从税权配置上看，美国没有全国统一的税法，各级议会在宪法框架下分别制定各自的税法，联邦、州和地方三级政府分别行使属于本级政府权限为的税收立法和执行权，根据实际情况开征或停征某些税种，税收征管机构、税率及税收减免等内容均自行确定。

美国税制以立法作为保障，税收建立在国家法律体系基础之上，并实行立法、执法和司法分开、各司其职和相互制约的管理办法，强调税收不要过多干预经济活动，把税收优惠限制在最小的范围之内。联邦政府可开征除财产税以外的各种税，州政府可开征除关税以外的税种并决定其适用税率，地方政府以不动产为标的的征税。各级政府按照事权和财权相统一的原则划分税收收入，税收收入约占财政收入的85%，其中联邦、州、地方政府税收收入约占全国税收收入的60%、25%和15%。

美国宪法对各级政府税收没有过多的限制，但联邦宪法对州和地方予以限制。例如，"对从任何一州输入的货物不得征收直接税或间接税""无论何州，不经国会同意，不得对进出口货物征收进口税或间接税，不得征收船舶吨位税"等，但这些规定不能与联邦宪法冲突。州以下地方政府税收管理权限由州法律赋予，地方政府在联邦和州宪法规定的范围内可制定本地的税收法规。各州都有征税和借债的权力，且仅受其各州法律约束，如对地方财产税设定最高税率，并对全部财产税设定收入增长幅度。

（2）德国的财政体制。德国实行共享税为主体的分税制财政体制，且比较规范、纵横平衡。德国联邦和州政府具有税收立法权，地方政府没有税收立法权。根据《基本法》规定，联邦政府掌握主要税收管理权限，享有关税和国家专卖税的专属立法权、共享税的优先立法权，以及其他税收的竞争立法权。地方性的消费税，各州具有立法权，可部分转移给地方政府，地方政府有制定本地税收标准的权力。州和地方政府拥有地方税管理自主权，如对财产税等地方税可自行决定开征、税率、减免或加成。在协商立法中，有联邦立法的，州不得自行立法；立法涉及州、地方利益的，由各州派员参加计划财政委员会审核。

德国是现行分税制财政体制国家中，分税制税收体系较为完善的国家之一。按照各税性质不同，税收分为共享税、联邦税、州税和地方税，实行以共享税为主的税收体制。在划分三级政府专项税收的前提下，对主要税种确立为共享税，其税基、税率和分成比例等由法律确定，以保证税收收入的规范性。德国分税制的突出特点在于以共享税为主要的税收分配主体，从而有效调节区域间的税收结构，稳定三级政府税收收入。共享税收入在各级政府收入中占有较大的比重，所得税分享比例由《税收基本法》确定；增值税和地方营业税具有分配调节的性质，分享比例由联邦和州协商。

除共享税之外，德国各级政府还有自己的专享税。联邦税收主要包括关税、消费税（如盐税、烟税、烧酒税、泡沫酒税、香槟酒税、石油税、矿物油税、咖啡税、茶税、糖税和照明器材税等）、保险税和附加所得税等；州税主要包括遗产（赠与）税、机动车税、交通工具税、消防税、啤酒税、赌场税、赛马税、彩票税、土地购置税和不动产转让税等；地方税收主要包括土地税、不动产税、饮料税、娱乐税、酒类零售许可税、养犬税、狩猎税和第二住宅税等。

（3）韩国的财政体制。韩国实施彻底的分税制财政体制，中央政府具有税收立法权和征管权，地方政府只有部分税收管理权；具有规范的税收返还和转移支付制度，财政收入集中程度高，无共享税。其基本做法：中央税收主要包括个人所得税、企业所得税、土地超过利得税、不当利得税、附加价值税（增值税）、特别消费税、酒税、继承税（遗产税）、赠与税、资产再评价税、电话税、印花税、证券交易税、教育税及关税15种；地方税收主要包括注册登记税、取得税、免许税、住房税、农地税、屠宰税、财产税、马券彩票税、机动车税、烟草消费税、事业所税、综合土地税、地域开发税、都市计划税和共同设施税15种。目前，中央税收约占全国税收的80%。

韩国地方政府预算的一般要求是量入为出、自求平衡、不打赤字，但各地区之间经济发展的不平衡和财源分布的差异性，导致一些地方政府财政收入还不能弥补其必要支出，因此实施地方政府转移支付制度，其方式主要包括一般性转移支付、特殊转移支付、财政调整补助和政府补助。其内容主要包括：一是地方交付税制度，是中央政府为保证地方政府最低限度的行政费支出设置的补助，除首尔外其他省市均有分享；二是让与金制度，是中央政府将特定的中央税以其全部或部分收入让渡给地方政府，地方自定项目、自主使用；三是国库补助金制度，是中央政府为支持地方政府指定事业而设置的专项补助。目前，中央政府和地方政府实际支配的财力，分别占财政总收入的60%和40%。

7.3.2　税收制度结构比较

7.3.2.1　税收制度结构的变迁

从税制结构较为成熟的欧美发达国家看，税制结构是伴随着经济发展的不同阶段经历了"原始直接税—间接税—现代直接税"为主体的历史变迁。

第一阶段，原始直接税制。在农业经济时代，生产力水平低下，社会剩余产品由农业生产提供（虽有少量的手工业和商业，但均不构成独立的产业体系，只是依附于农业而存在），土地是社会收益的主要源泉，因此农业经济时代的生产力和社会收益特征决定了农业收入是税收的主要来源。而传统农业生产自给自足的非商品特征决定了土地和人力作为课税对象，实行等额征税。这种不考虑纳税人负担能力的税收，一般称之为原始、古老和简单的直接税制。

第二阶段，由原始直接税制到间接税制。进入工业经济时代，由于工业兴起、分工加速、市场发展和商品经济盛行，工商业在国民收入中所占的比重逐渐超过农业经济的贡献水平，社会收益的来源和分配呈分散状态，产生了新的税源与结构，故此税收收入的主要来源已转换为工商业经营收入，课税对象和主体由此转换为工商企业和商品与劳务的销售收入，以商品和劳务的流转额作为课税对象的间接税制取代了古老和简单的直接税成为税制结构的主体，税制结构的复合性、合理性得到发展。

第三阶段，由间接税制到现代直接税制。第二次世界大战后，技术革命和社会生产力的进步，工业化高度发展，经济结构向服务业演进，社会收益来源和分配结构更加多样化，使得税制结构有了更大的选择和发展空间。近代以来形成的社会价值观和文化传统的差异，西方国家完成了以关税、消费税等间接税为主体的税制向现代直接税制的历史演变，也完成了从古老简单的直接税到现代直接税的回归；在直接税内部完成了由土地和人头税到现代所得税和财产税的转变，以及在间接税内部完成了由落后的关税和流转税为主体到现代以增值税和消费税为主体的税制结构转型。

7.3.2.2　税收制度结构的简析

（1）发达国家税制结构趋势简析。进入 21 世纪以来，发达国家（以 OECD 成员国为例）的所得税仍是最主要的税收来源，占税收收入比重的 50%~60%；货物与劳务税比重较低，在 30%~35%；财产税则稳定在 5% 左右。个人所得税、社会保障税及增值税贡献最大，前两者各为 25% 左右、后者约占 20%。在 2008 年之后，OECD 国家的税制结构有了较大波动，主要税种也有较大的调整或改变，"双主体"税制结构趋势较为鲜明，主要表现在以下三个方面：

第一，所得税收入下降明显。例如，2005 年德国个人所得税，由 22.9%~51% 调减为 15%~42%。被称为史上最强的 2017 年美国"特朗普税改方案"，企业所得税税率从 35% 降至 20%（小企业最低为 9%），个人所得税最高税率 39.6% 降至 38.5%，大幅提高起征点并降低最低纳税额。此外，各国社会保障税有增有减的结构性调整，在人口老龄化与劳动税负过高的两难境地中寻求平衡。

第二，流转税收入逐步上升。近年来，增值税成为发达国家增加财政收入、减少赤字的重要工具，诸多国家提升了增值税税率或扩大征税范围，如德国基本税率由 16% 调高为 19%；消费税略有增加，如提高奢侈品类、烟酒类、资源类消费品的税负，2013～2014 年有 15 个欧盟国家提高了能源产品和电力的消费税（无降低者）；关税在低水平上保持稳定，其收入比重自 2008 年以来保持在 0.5% 左右。

第三，其他税类的相应调整。主要表现在：一是资源环境税收入略有下降，在金融危机初期，有些国家降低企业生态税负担，有 14 个国家提高了资源环境税税率；二是财产税收入相对稳定，其占比保持着相对稳定的态势（5% 左右），但 2013～2014 年有 11 个欧盟成员方提高了财产税标准税率或特殊税率，还有部分国家拓宽遗产与赠与税的税基等。

（2）发展中国家税制结构的趋势简析。21 世纪以来，越来越多的发展中国家的税制结构开始呈现"双主体"的特征，但其所得税征收率远落后于发达国家，尤其是个人所得税税基较窄，征收力度不够，因而所得税等直接税比重仍有较大的上升空间。此外，货物与劳务税比重有所下降，环境资源类税收和财产税占比较低，但各国重视程度普遍加强。其内容主要表现在：

第一，所得税收入稳步提升。2000 年以来，发展中国家重视研究与实施税率结构扁平化改革，以提高纳税遵从度、扩大税基，从而增加个人所得税收入，使得个人所得税比重逐步得以提升；为降低企业负担、避免效率损失，发展中国家采取了降低税率和扩大税基等改革措施，使得企业所得税收入有了稳定的增长；随着经济发展水平及居民收入的不断提高，发展中国家的社会保障税比重有所提升。

第二，流转税收入明显降低。增值税向"广覆盖、低税率"发展，为减少重复课税，导致货物与劳务税收入下降，因而有的国家正逐步增加增值税应税项目；作为各国流转税第二大税种的消费税比重变化较小，主要是侧重于结构性调整，如降低普通消费品或节能产品的税率，提高高耗能产品、奢侈品和烟酒等货物或商品的税率；而受全球经济的影响，各国关税税率普遍下降，课税范围也在缩小。

第三，其他税类的合理调整。主要表现在：一是资源环境类税收比重逐步上升，如 2000 年以来，发展中国家开始高度关注资源环境类税收，增设了新税、提高税率或提升资源产品的消费税税率，借以提高资源环境类的税收收入；二是财产税收入基本稳定，发展中国家相比于发达国家，其财产税比重在低水平上保持稳定，因此改革财产税、增设新税种已成为发展中国家优化税制结构的重要内容。

7.3.2.3　税收制度结构的差异

（1）美国的税制结构。20 世纪 20 ~ 30 年代，美国完成了以关税、消费税等间接税为主体的税制向现代直接税制的历史变革，是世界上税种最多的国家。联邦税制主要包括个人所得税、公司所得税和社会保障税；州政府主体税是销售税，辅助税包括所得税、消费税和遗产税等；地方主体税是财产税，辅助税包括销售税和个人所得税等。各级政府设立了多个分税种式的共享税，如个人所得税和销售税等。

美国各级政府都有隶属于本级政府的税收征管机构。作为分权管理的重要前提之一的联邦税收征管机构是国内收入局（IRS），下设管理中心和地区管理署（不按州设置），管理中心负责税收征集、选择需要审计检查的纳税人，地区管理署负责审计检查并负责征收拖欠的税款。州和地方有自己的税务局，负责本级税收的征管。

（2）德国的税制结构。德国税制基础是税收基本法，主要规定税收立法权，联邦、州税收征管权限的划分和税收收入的分享规定等。德国税法较为完备、范围广泛，即便是很小的税种也要以法律形式确定下来，其规定的内容非常详细，特别在税基上几乎涉及业务的方方面面，由此构成了庞大、完整的税收法律体系。各级政府设立联邦财政部、州财政部和地方财政局，区域税务管理局是由联邦和所在州财政部双重领导的机构，负责联邦税、州税和共享税征收管理，地方财政局下设地方税务局，仅负责地方税征收管理。

德国目前有 50 多种税，分为所得税、流转税、财产税和其他税收。其中，所得税主要包括个人所得税、公司所得税、营业收益税和团结统一税等税种；流转税包主要括增值税、进口增值税、消费税和关税等；财产税主要包括营业资本税、财产净值税、房地产税和遗产税；其他税收主要包括社会保障税、资本利得税、资本流转税、保险税、环境保护税和交易税等。德国税制实行收入平均化，即在分税制的基础上进行横向和纵向的税收平衡。

（3）韩国的税制结构。韩国拥有比较完善的税收制度，透明度较高，执法较严。在税制结构上，现行税收分为国税和地方税，2015 年国税主要包括国内税、交通税、关税、防卫税、教育税和农渔村特别税六种，国内税包括直接税、间接税、印花税、过年度收入税四种，而直接税包括所得税、法人税、土地超标利润税、遗产及馈赠税、资产再评估税和非法利润税六种，间接税包括增值税、特别消费税、酒税、电话税和证券交易税五种；地方税主要包括区域资源设施税、购置税、休闲税、财产税、车辆税、地方消费税、烟草消费税、登记执照税、地方教育税和居民税所得税 11 种。

韩国在税务机构建设方面，1934 年设地方税务局和税务署，1965 年设国家税务管理局，1966 年设国税厅，1975 年设国家税收法庭，2001 年成立国家税务综合洽谈中心，税务机构管理目标确定为：提供最优质税务服务，建立公平的税务机制，扩大纳税人参与机会等；征管法制方面，1962 年、1965 年和 1974 年分别制定了"逃税惩罚法""减免税管理法""国家税收基本法"，以及"绿色申报表制度"（1969 年）和"收入诚信申报确认制度"（2011 年）等；在税收现代化管理方面，20 世纪 70 年代中期推行增值税时利用电子计算机进行税收管理，特别运用计算机税务核查上更是走在诸多国家的前列。

7.3.3 政府预算管理比较

政府预算一般又称财政预算或公共预算，是指按照一定的法律程序编制和执行的政府年度财政收支计划。世界各国国情、经济体制和财政体制的不同，决定了各国政府预算的差异性，这里以美国、德国、韩国为例来阐述和分析其共性与个性特征。

7.3.3.1 美国的政府预算管理

1921 年美国政府预算已经形成比较系统、规范的编审方法和机制，表明各级政府及其部门如何使用经议会批准的财政款项和使用效果，财政预算已经成为各级政府财政管理体系中的重要组成部分。

（1）政府预算管理机构。美国政府预算管理机构由行政部门和立法部门组成，它们各有一套参与预算编制和审核的系统，各有侧重、互相制约、共同配合，其中行政部门包括行政管理和预算局、财政部，立法部门是国会（参议院和众议院）。

美国行政管理和预算局（OMB）是美国总统府幕僚机构之一，原名为预算局，1970 年改为现名。该局独立于财政部之外，直接向总统负责，是协助总统编制和审核国家预算的机构。其主要职责：根据各部门、机构提出的预算方案，经核查后统一汇编出联邦预算由总统审核提交给国会；经国会批准后，按项目分配资金并监督行政部门的预算执行，保证其实现预算目标，促进政府内部机构之间的合作与协调；制定政府采购的政策、规章和程序、实施定员定额管理和常规预算的审查工作等。

美国财政部 1789 年设立，主要管理国内收入、组织预算执行和其他财政金融活动，现行主要职责是：根据历年收入情况和经济发展预测，编制收入预算表（支出预算表由总统预算办公室编制），供总统预算办公室参考；根据国会批准预算，组织资金供应；拟定经济、金融及财政政策；执行有关预算法令；印铸货币；管理公债、国家政策性银行和国家金银。目前，财政部下设 24 个司（局），其中经济政策司参与财政预算的编制，税收政策司负责联邦财政预算、预算中期调整、税式支出的预测与估计等。

美国国会（参议院和众议院，简称两院）是政府预算的审批机构，两院各有一套审核联邦预算编制的庞大机构，包括拨款委员会、筹款委员会、预算委员会、国会预算办公室（CBO）和会计总监局（审计局 GAO），其中两院拨款委员会是负责拨款法案的常设机构，各下设 13 个小组；筹款委员会是负责税收法案审议的常设机构；预算委员会是总统行使行政预算审议的常设机构；CBO 是一个专业的、非党派的机构，主要负责研究预算和经济方面的有关政策；GAO 是审计政府财务活动的专业机构。

（2）政府预算编制管理。美国联邦预算、州预算和地方财政预算相对独立，上级政府不汇总下级政府预算，因而没有全国预算。联邦政府预算的财政年度为 10 月制，即自然年度的 10 月 1 日至下一年度的 9 月 30 日。但多数州政府实施的财政年度为 7 月制，即自然年度的 7 月 1 日至下一年度的 6 月 30 日。确定财政年度主要考虑的因素主要包括：本国经济活动周期，通过主要经济活动对收入和支出进行估计；与政策和经济统计资料编制的一致性或可利用性；与经济有密切关系的年度保持同步性等。

美国联邦预算按编制形式分为一般预算和基金预算，前者是指联邦政府预算内收支的计划；后者主要是指来源于特定财政收入的计划，如社会保障基金、燃油税和医疗保障基金等。以经济性质为标准，可分为强制性预算和选择性预算，其中前者是指按法律规定或客观实际必须安排的财政支出，如退伍军人补贴和公务员工资等；后者是指政府可选择和可控制的项目支出，如研制或购买军事武器支出等。

美国联邦预算是总统对资源优先配置的财政建议，主要包括财政支出水平、结构和政府融资方式。一般而言，联邦预算是按单式预算编制的，地方预算按照复试预算编制。联邦预算编制时间一般为 9 个月，通常要经过 3 个自上而下和自下而上的步骤；审批时间一般也是 9 个月，通常要经过审议听证、通过决议、起草法案、两院协调、通过法案、总统与国会协调、总统签字等过程。

（3）政府预算执行管理。美国联邦政府预算草案经总统签署后，即成为具有法律效力的预算法案，并移交总统管理与预算办公室统一执行。为确保预算法案顺利实施，在预算执行过程中，应保证预算支出单位按预算法案规定的用途使用资金，任何行政手段延迟预算支出都必须向国会报告；各机构资金使用的详细情况必须向财政部和预算与管理办公室报告，由财政部负责国库收支，并出版联邦政府财政状况的月度和年度报告，从而确保各部门依照财政政策法令赋予的权限执行预算等。

美国预算执行主要由管理与预算办公室和政府各部门负责。其内容主要包括：一是支出计划和审计，管理与预算办公室和审计部门根据各部门提交详细的支出计划和拨款申请，确认支出授权及资金无误后予以拨款；二是税收计划与现金支付，税收计划执行主要是确定课税对象、征收税款和纳税审计，国内税务局（IRS）负责税收征收管理，预算收入和现金支付由财政部负责；三是政府采购，由政府各部门设立的专业机构负责，其方式是招标、签约和进货验收等。

美国政府预算监督方式主要包括：一是年中审查，管理与预算办公室负责审查各部门的预算执行状况，并在每年 7 月发布"中期审查报告"；二是国会立法调查，国会通过提案、安排专项调查和举行公开听证会等方式，审查部门在预算执行中的非法行为；三是建立经常性的监督机制，如联邦政府在各部门内部设置监察长和财务长职位，其中前者主要是实施定期的经常性审计，后者主要是加强定期的会计监督和绩效审核；四是实行追加和追减预算，国会至少有 3 次预算调整会议，且严格依法管理。

（4）部门决算报告审计。美国政府各部门需要对预算执行状况编制决算报告即部门决算报告，是在内部审计的基础上做出并接受外部审计。其审计的基本功能是确认会计系统的正确操作，判定责任授权、政策方向和内部管理的合法性，以利于发现浪费、管理不善和效率低下问题。

美国预算外部审计的形式主要包括：一是立法部门审计，GAO 有一项涉及广泛的调查议程，可对政府项目的全部细节进行检查；二是联合型单一审计，1996 年国会修订的"单一审计法案"规定，在年度内接受联邦资金 30

万美元以上的州、地方政府和非营利组织，必须接受会计系统及联邦资金处理问题的审计，审计人员来自联邦资金管理部门、GAO 和受聘的美国六大会计师事务所。国会根据审计报告举行听证会，批准决算报告。

7.3.3.2 德国的政府预算管理

德国政府和议会在预算管理过程中都发挥着重要的作用，前者注重强化预算编制和执行管理，后者注重强化预算审批和决算。德国政府预算编制程序严谨，形成的预算草案是经多个部门博弈后的结果；在预算执行与监督方面，各部门设有专职的预算执行长，部门下属机构设立预算执行专员，由此形成专门的执行管理系统。

（1）政府预算编制管理。德国联邦、州和地方政府拥有各自的财政预算管理主权，根据德国基本法规定，各级政府在编制预算时不能机械地决定政府收入和支出，应充分注意总体经济的平衡和对整体经济发展的调控，符合保持物价稳定、实现充分就业、确保对外收支平衡、保证经济持续适度增长等管理目标。

德国预算法规定，各级政府预算编制应遵循总体平衡、借贷适度、计划指导、统一分类和国会调整五个基本原则。为使各州（地区）财政收支具有可比性，德国预算法对联邦、州和地方政府预算规则也作出了统一的要求，便于达到统一的评价标准，即预算的经济性和节约性、真实性和明晰性、总体覆盖、债务到期、单项预算和前瞻性等。

德国政府预算编制管理程序周期相对较短，从编制到立法一般不超过一年。联邦财政年度采取历年制，且联邦财政部要提前一年编制预算草案。每年3月1日前各部门预算草案要提交财政部和联邦审计院审查，前者从预算总收支是否平衡、支出是否符合相关标准等审核，后者从预算编制的合法合规性及重大项目的可行性等提出意见。

（2）政府预算审计管理。德国联邦和各州均设有相应的审计院，各自在法律规定的框架内工作。审计工作只服从于法律，负责对国家预算资金支出使用情况监督，发现问题予以及时纠正。审计决定原则上等同于法庭的合议制，以保证联邦和各州审计机构的权威性。

德国联邦、州及地方议会审计委员会主要负责对各部门提交议会的年度预算、决算草案、审计报告进行审议，并提出相关的意见和建议。其中联邦议会审计委员会是一种专业机构，由议会预算委员会的成员组成，主要负责决算报告审议，并参考联邦审计署报告对预算执行情况作出结论，并向议会提出预算决议草案。

联邦、州审计署及其所属地方审计局主要负责审查预算单位的支出是否符合法律、是否经济节约，重点是经济性。其审计程序主要包括确定审计预案、审计工作的分工和重点、送审计单位、收集资料和审查方法；宣布审核名单、审核期原、审长人员并开始审计；审计结束后下达审计通知，提出改进的要求和建议。其审计方法包括总部审计和蹲点审计。

7.3.3.3 韩国的政府预算管理

韩国各级政府具有独立的预算管理权限，中央政府预算与地方政府预算分开管理，即分别编制、量入为出、不打赤字、自求平衡。

（1）政府预算编制管理。韩国政府财政预算收支制度称为预算会计制度，政府采取部门预算编制方法，即实行"零基预算"的转移支付编制方法，不以上年度预算作为确立所需经费的决策基础。每年由政府有关部门制订预算编制方案及其部门预算，再由政府汇总编制后提交国会审议，经国会审批后的预算才具备法律效力，并交由各部、处、所执行。

韩国政府预算编制管理机构：一是财政与经济部，作为评估和收取税收单位，根据政府财政计划控制预算执行，并严格收支账户、政府安全和资产的国库账户；二是计划与预算部，代表副总理和总统将各部门不同的预算编制成一个可接受的预算草案，对预算资金分配具有极大责任和影响力，其职责主要包括政府预算编制、执行和决算。

根据韩国宪法规定，计划预算部每年3月31日前向支出各部委下达预算指标确定的基本原则，5月31日前提交预算评估书；经预算办公室审议和修改，5月底政府各部门提交预算要求书；6~8月预算部审议并形成预算案草案；8月中旬至9月中旬对预算草案作出进一步的调整，10月2日前向国民大会递交预算草案，并在12月2日前批复。

（2）中期预算编制管理。1982年韩国开始编制中期预算，并实施滚动调整。当时作为内部资料使用，建立并强化"支出规模必须在收入框架下"的财政纪律。中期预算是以5年为单位滚动而建立中期财政规划，并作为国家发展战略具体化上报国民大会。它是在财政收支预测的基础上，通过确定政策支出优先顺序来分配财政资源，与年度预算衔接来指导年度预算分配，当年预算要基于中长期展望来编制预算。

韩国中期预算由广域及基础自治团体设立，其对象是地方自治团体的单独事务、国库补助项目、全额国库投资项目和吸引民资项目等。中期预算时间为 5 年，第 1 年为当年预算，第 2 年提出预算编制标准，第 3 年后具有发展计划性质。财政经济院和内务部确定中期预算编制规则，各自治团体以此编制市道中期预算。根据韩国财政法规定，政府须在预算年度开始的 120 日前向国会提交中期预算。

7.3.4 财政绩效管理比较

从管理学意义上讲，绩效管理是指各级管理者为达到组织目标，共同参与的绩效计划制定、辅导沟通、考核评价、结果应用、目标提升的持续循环过程。其绩效管理的目的是持续提升个人、部门和组织的绩效。财政绩效管理是一种追求财政效率的管理方式，即要求在财政管理中充分利用政府活动产出与成果的数量化信息，将财政资金分配与政府部门的绩效更紧密地结合起来，是一种结果导向型的财政管理。基于各国不同的实际情况，其财政绩效管理也不尽相同。

7.3.4.1 西方国家政府绩效管理概述

（1）政府绩效管理的由来。20 世纪 80 年代，西方国家普遍遇到的问题主要是经济停滞、财政危机和公民对政府满意程度下降乃至出现政府信任危机。面对种种难以破解的棘手问题，各国政府不得不寻求治本良策，即将现代企业管理中已经成熟的绩效管理引入政府管理中。

由此，各国政府从过去单纯追求行政效率和管理秩序，转而侧重服务质量、成本效用和"顾客至上"理念，尝试运用尽可能少的人力、财力和物力消耗获得更好的效果，提高政府管理效率和效益。在此背景和前提下，美国等发达国家开始研究政府内部管理改革，引入和实施了政府绩效管理与评估机制。

（2）政府绩效管理的内容。政府绩效管理强调政府目标和人员目标的一致性，形成"多赢"局面，体现着"以人为本"的思想，在政府绩效管理的各个环节中需要管理者和人员的共同参与。其内容主要包括以下四个方面：

第一，调整权力资源配置。寻求政府权力作为一种重要资源是政府效率和效益服务的新途径，政府权力在哪一个层级上能够发挥最大效用就赋予其拥有该项权力。

第二，强化落实责任机制。将公共服务内容分解，把责任分配到每个工作岗位，每个工作岗位上的人员承担的责任与其享有的权力和实际利益相联系，做到责权利一致。

第三，评估结果作为导向。针对传统政府财政管理中投入导向和规则导向产生的弊端，引入结果导向，评估政府行为的结果是否符合经济、效率和效益三原则。

第四，公民为本服务宗旨。政府公共服务必须努力使公民满意，就是尽量运用较少的公共资金和其他公共资源提供更多、更好的公共服务，最大限度地实现了公民福祉。

7.3.4.2　美国政府的绩效预算管理

美国财政绩效管理是以绩效预算改革为突破口和核心，是世界各国中最早提出绩效预算并带动公共管理改革的国家。但美国绩效预算改革是在不断摸索试错中逐步改进与发展的，即从探索、发展改革到成熟完善。目前，美国联邦政府部门及多数州政府已建立和实施了财政绩效管理，其重心已转入城市及县级的财政绩效管理。

（1）政府绩效预算形成与发展。一般认为，1907 年纽约市政研究局提供的"改进管理控制计划"报告是绩效预算理念的萌芽。20 世纪 30 年代美国田纳西流域管理局和农业部最早采用绩效预算；1951 年联邦政府预算首次使用"绩效预算"一词；90 年代美国等 OECD 国家推行"新绩效预算"，1993 年制定了"政府绩效与成果法案"，成立国家绩效评估委员会；2010 年奥巴马政府制定了"政府绩效和结果现代化法案"等。

新绩效预算的核心是主张政府预算须与政府中长期战略计划相结合，实行以政府职能整体目标为导向，用绩效目标为约束手段，强调高层机构对支出总量进行控制，将自由使用预算资金的权力赋予中低层管理者，在预算中实现政策（目标和结果）与管理（产出和激励）的有机融合。从实践看，新绩效预算在制止财政资金浪费和实现财政收支平衡等效果是明显的，其"效率、绩效"理念对各国预算改革具有普遍的借鉴意义。

（2）政府绩效预算管理的内容。美国各级政府设定规范的绩效预算程序，推出科学的绩效评价方法，加强绩效信息运用与公开，逐步取得了良好的成果。其内容主要包括以下三个方面。

第一，绩效预算与战略计划衔接。美国各州和地方政府活动战略计划是绩效预算管理的基础，其战略计划是确保政府采纳一种长期的观念来明确层次目标和活动宗旨，主要包括组织目标、目标变化和所需资源，以及资源政策、使用和配置等。美国各州政府的战略性计划体现在机构层次或全州范围内，编制年度绩效预算，通过绩效预算管理明确其面临的主要问题、战略目标、战略对策和具体举措。

第二，强化绩效预算的编制管理。美国各级政府编制预算应将绩效预算融入其中，明确合理的预算收支管理计划。其内容主要包括：一是各部门的战略计划，确定各级政府部门要承担的责任和将要达到的目标；二是年度绩效计划，在合理分析、分解规划的基础上编制预算；三是以政府绩效目标为导向，各部门按照绩效目标分配财政资源；四是对各部门的年度财政资源需求汇总编制总的资金预算，并对绩效预算进行审议。

第三，具有规范的绩效评估过程。绩效预算评价是指运用一定的评价方法、量化指标和评价标准，对部门所确定的绩效目标实现程度，以及预算执行结果进行的综合性评价。美国各州为达成在预算绩效评估方式设计、评价方法和评价结果运用上的共识，州长、州议会和政府部门三方通过协调来选择。如爱荷华州每月由州长召集财政和其他部门召开每月进度分析会，研究讨论有意义的绩效预算评价等问题。

（3）政府绩效预算管理的特点。其特点主要表现在以下五个方面：

第一，依法推行绩效预算管理。从美国预算管理发展历程看，绩效预算改革在不同阶段都有相关专门法律法规的支持，包括预算管理框架、加强政府预算控制、建立以"结果为导向"的预算资金分配机制，其法律法规贯穿绩效预算管理的各环节，且绩效管理内容的每个部分须有详细陈述、能够量化考核。

第二，给予管理者较大的权力。美国政府预算绩效管理具有鲜明的分权化特征，绩效管理中的战略规划、年度绩效计划、年度部门公共活动绩效报告、绩效预算报告和信息利用完全由各个部门独立运行。这使得预算支出部门拥有更多的自主权力，可因地制宜构建绩效预算管理体系。

第三，创新绩效预算评估体系。美国政府根据不同层次的绩效评估需要开发各具特色的标准化操作工具，降低绩效预算实施成本。行政管理和预算局重要职能之一是负责联邦政府的绩效管理的推进、组织和协调工作；总统预算与管理办公室开发的计分卡评级工具，是推动绩效预算改革的重要工具，有利于强化部门预算支出责任。

第四，预算编制的可操作性强。美国政府预算编制过程严谨规范，分工明确且具有协调性。预算编制内容范围全面、长短期目标有效结合，可根据项目轻重缓急来安排各项目支出，能够有效避免预算过程中的盲目性；预算编制以权责发生制为基础，在预算系统中引入完全成本的概念，从而把绩效和成本有机结合起来。

第五，注重政府预算信息公开。美国实施公开透明的政府绩效预算报告制度，包括绩效预算管理规范和基本要求，以及各部门的战略规划、年度绩效计划和绩效报告公开，有助于开展对政府预算的社会监督。此外，强化政府预算透明度还有助于引导利益相关方提前参与政府预算决策，并提高其民主化和科学化水平。

7.3.4.3 其他发达国家的财政绩效管理

（1）德国的财政绩效管理。20 世纪 90 年代以来，德国政府开始推行公共支出绩效评价工作，不断推进以绩效为导向的财政管理改革，经过不断的探索逐步建立了预算绩效评价体系，如创新管理和强化绩效管理的理念，制定较为规范的财政管理规章制度，增强预算决策科学性，提高财政资金使用效益，增强政府公信力等。

第一，项目资金使用目标明确。德国联邦财政部规定，各部门对 500 万元欧元以上的单个预算项目须提交预算编制绩效报告，详细列明项目达到的社会、经济效益目标，同时列明达到上述目标的不同方式，以及选择现有方式的具体计算方法。

第二，部门绩效评估管理规范。德国部门预算执行时，各部门要将其绩效预算报告上报联邦财政部，联邦财政部一般选择 10% 左右的部门项目进行评估，重点是评价项目是否达到绩效要求，同时要求部门绩效报告均向社会予以公布。

第三，绩效评估手段丰富多样。德国政府编制绩效报告须通过专家论证咨询、社会调查和听证会等方式，广泛听取社会公众意见。在绩效评估中引入信息化技术，采取货币化方法量化项目指标，并将不同时间点的项目资金回归到资金现值进行比较分析；无法量化的项目指标进行社会价值分析，最后综合分析结果得出评价结论。

（2）英国的财政绩效管理。英国政府绩效预算改革始于 1998 年，政府对中央各部门的财政开支进行全面评估后提出绩效评估的要求。政府绩效预算是在政府主导下循序渐进，没有立法的严格要求。在制定绩效评估指标体系的过程中，绩效目标、评价指标和标准的制定以部门为主，预算管理机构辅助指导，征求其他专家和民众的意见。在预算执行过程中，英国政府赋予各部门和机构较大的灵活性和自主性。

（3）法国的财政绩效管理。2001 年法国颁布了新的《财政法组织法（LOLF）》，改革预算基本框架。新 LOLF 引入绩效预算机制，确立国家预算新结构，即"任务—项目—行动"层级的新公共预算框架。其项目负责人拥有较大的资金自主权及资源分配权，但必须对既定的绩效目标负责，不仅项目负责人的工作成果将被纳入绩效考核体系，资金和资源的实际分配情况也要在预算执行后详细列明。

（4）韩国的财政绩效管理。韩国政府绩效预算是"大爆炸"改革方式的典型，主要包括项目绩效评估与评级和预算调整。在各部门项目绩效开展自我评价的基础上，战略与财务部启动项目绩效评级。此外，建立财政绩效管理两个工作小组：一是改革领导小组，其主要职责是反映各部门要求、协调部门之间行动，决定财政资金分配比例；二是绩效管理提升小组，其主要职责是识别和开发新方法，推动绩效要素与预算过程的融合。

7.3.4.4　发展中国家的财政绩效管理

可以说，绩效预算改革的浪潮不仅席卷了以美、德、英等国为代表的发达国家，也在一些发展中国家和转型国家产生了影响。1965 年联合国出版了"项目和绩效预算手册"，以指导发展中国家推行以结果为导向的绩效预算改革，诸多的发展中国家将预算绩效管理改革作为政府改革的一个重要组成部分，以此提高政府效率和服务质量。

（1）亚洲国家的绩效预算管理。例如，1954 年菲律宾政府开始编制绩效预算，1956 年有 12 家政府部门采用绩效预算模型，支出按计划和项目大类列入预算；此后新加坡和马来西亚引入绩效预算，强调公共支出的优先顺序和顾客满意度；2001 年泰国正式发布战略性绩效预算；越南 2006 年在 4 个部委实施绩效预算；2004 年印度尼西亚诸多的地方政府引入基于绩效的预算体系和一站式的公共服务。

（2）非洲国家的绩效预算管理。例如，从 20 世纪 90 年代开始，坦桑尼亚和乌干达政府就开始逐步推进财政分权，将复杂而有序的管理责任下放给民选区（或更下一级）地方政府，将很多基本的服务权力授予地方或下级部门管理，如教育、卫生和基础设施等。1999 年南非制定了"公共财政管理法案"，要求各政府部门向国会提交其绩效目标、产出方法和评价指标等。

（3）拉美国家的绩效预算管理。例如，智利在 20 世纪 90 年代初引入以政府结果为导向的绩效预算，至 1998 年约有 70% 的政府部门研发其绩效预算指标体系，且推广范围在不断扩大。而巴西、阿根廷和玻利维亚等国，则多从参与式预算的角度开展政府绩效预算制度改革，鼓励本国居民积极参与到预算决策中，让社会公众参与资源分配，并对公共支出进行监督。

7.3.4.5　各国绩效预算管理的简析

政府绩效预算管理在各国都取得了良好的成效，虽然改革历程和侧重点不同，但有相似的观念，形成了一些共性的经验。通过比较各国政府绩效预算管理发现，其改革背景都是在政府运行危机的情况下，通过绩效引领政府预算改革，逐步形成以结果为导向的政府绩效预算模式；其目的是为通过各部门的协同合作，提高财政资源配置效率，使之形成具有透明度、灵活性和使命感的政府。

从政府绩效预算管理推行机制视角看，可分为渐进式和激进式两种。渐进式以美国为代表，各国在改革过程中从试点学习并逐步修正，有能力来调整制度，有时间来争取各界人士的支持。但费时较长，易引发分散的利益风险。而激进式以韩国为代表，政府绩效预算改革费时较少，能建立统一的预期目标和提供各项改革的综合框架，给予各部门压力和动力。但具有潜在的高风险，也可能导致代价昂贵的错误。

因此，政府绩效预算管理改革无论采用哪种方式，都需要政府有效的法律和财力作保障。这就要求各国政府持续、强力推进以提高公共部门绩效为目的的财政管理改革，并以立法的形式来保障绩效预算及评价工作的规范化、制度化和经常化；建设有利于绩效预算的制度环境，提升部门实施效率与预算的透明度；赋予部门预算管理者较充分、较灵活的自主管理权，同时建立政府绩效预算管理的问责机制。

7.4　本章小结

★ 本章主要阐述和分析了外国财政管理理论、外国财政收支管理和外国财政管理比较三个问题，其中外国财政管理理论包括财政管理的基本含义、公共治理、理论基础和主要内容。财政管理是指政府为履行职能对所需的物质资源进行的决策、计划、组织、协调和监督活动的总称。公共治理方式主要包括财政受托责任、财政的透明度、政策的预见性、绩效导向管理和社会公众参与。其理论基础包括联邦主义的财政理论和政府间财政关系理论。其内容主要包括公共财政的组织管理、决策管理、部门管理和信息管理。

★ 外国财政收支管理包括美国、德国和韩国的财政收支管理。美国宪法中明确政府的主要职责，政府财政支出占 GDP 比重 2007～2017 年稳定在 35%～40%，联邦政府财政支出占全国财政支出均在 55% 以上；德国按照《德国基本法》确立了各级政府财政支出的自身责任和共同责任，政府财政支出规模较大，政府财政收入呈现缓慢增长的趋势；韩国中央和地方之间事权可划分国家事务、地方委任事务和地方事务，财政支出总体上持续增长，2006～2015 年年均增长 5.28%。

★ 外国财政管理比较包括财政管理体制、税收制度结构、政府预算管理和财政绩效管理的比较。财政管理体制包括财政联邦制模式和财政单一制模式，类型包括分税种式、分税源式和分税权式三种分税制财政体制；税制结构较为成熟的欧美发达国家，税制结构是伴随着经济发展的不同阶段经历了"原始直接税—间接税—现代直接税"为主体的历史变迁；美国、德国和韩国的税制结构有着较大的不同；各国政府预算具有差异性，美德英法韩和亚洲、非洲、拉美等国的财政绩效管理也不尽相同。

★ 外国财政管理比较包括财政管理体制、税收制度结构、政府预算管理和财政绩效管理的比较。财政管理体制包括财政联邦制模式和财政单一制模式，类型包括分税种式、分税源式和分税权式三种分税制财政体制；税制结构按照税种多寡或税制繁杂程度，可分为单一税制和复合税制两类，模式大体上包括流转税类为主体、所得税类为主体、流转税和所得税双主体、个人所得税为主体税制模式四种类型；各国政府预算具有差异性，美、德、英、法、韩和亚洲、非洲、拉美等国的财政绩效管理不尽相同。

下 篇
税收理论与政策研究

税收是一个古老的历史范畴，是国家调控经济的重要杠杆。随着中国新时代社会主义思想的建立与市场经济的发展，税收正越来越深刻地影响着人们的社会经济活动。税收理论与政策篇包括税收基础理论研究、税收效应理论研究、税收思想原则研究、税收政策机制研究、税收负担问题研究、国际税收问题研究和税收制度改革研究7章内容。

8. 税收基础理论研究

税收基础理论研究主要阐述和分析税收基本概念界定、税收相关理论分析和税收学科体系构建的问题。税收基本概念界定包括税收的产生、含义及与税务、收费、税制、税法的关系，以及应注意税收的误区与导向；税收相关理论分析包括税收的特征、分类、职能和依据；税收学科体系构建包括税收学科体系问题的提出、现行税收学科体系的缺陷和完善税收学科体系的构想。

8.1 税收基本概念界定

8.1.1 税收产生的条件与过程

8.1.1.1 税收产生的条件

对税收产生的条件，我国学界还有着不同的认识和看法。主要包括两类观点：一是政治（前提）条件和经济条件，这是多数人的看法；二是物质条件（剩余产品）、社会条件（公共需要）、经济条件（独立经济主体）和上层条件（公共权力）。其中，政治（前提）条件还存在着国家的产生、国家的产生与存在（发展）、国家公共权力和国家政治权力等分歧，经济条件也存在着私有制、财产私有制、剩余产品、生产发展和经济水平等见解。我们赞同第一种观点，即税收的产生取决于相互联系的政治和经济两个方面的条件：

（1）税收产生的政治条件——国家的产生与存在。国家的出现同税收产生有着本质的联系。因为税收是国家实现其职能的物质基础，只有出现了国家之后，才有为满足国家政权行使职能而征税的客观需要。税收是以国家为主体的，以国家政治权力为依据的特定分配，只有产生了国家才有课征税收的主体，也才有课征税收的政治权力，从而使税收的产生成为可能。如果国家不复存在，税收也就失去了意义。

（2）税收产生的经济条件——财产私有制的存在。私有财产制度的出现同税收的产生有着直接的联系。税收是凭借国家政治权力而不是财产权力的分配形式，只有社会上存在着私有财产制度，而国家又需要将一部分不属于自己所有或不直接支配使用的财产转变为国家所有的情况下，才有必要采取税收的强制方式。可以说，税收是国家对私有财产行使支配权的表现，也是对私有财产的一种"侵犯"。

8.1.1.2 税收产生的过程

我国税收产生经历了较为漫长的发展过程，大体可分为雏型和成熟两个阶段。

（1）夏商周时期的"贡助彻"——雏形阶段。我国第一个奴隶制国家夏代产生后，即有了贡法。贡是王室对其所属部落及本国平民的一种强制性课征。分为两种：一是与主从关系相连的土贡，夏代的贡品为土特产品，商代和周代为"九贡"，贡品包括牲畜、丝织品、用器用具、珠宝和珍品等；二是与耕种土地相联系的贡，即平民耕种土地向国王的贡纳，是根据土地若干年的收获量核定平均数，并对其抽取一定的比例。

到了商代，贡法逐渐演变为助法。助法是指民力助耕公田的一种劳役租赋制度。商朝的井田制是按630亩的土地，依"井"字分为9个区，其中8个外区称为私田，分给8家农户耕种，其收获供其养家糊口之用；中区为公田，由8家农户共同义务耕种，公田上的收获全部归王室所有，即公田收获为助。根据《孟子·藤文公》记载"殷人七十而助……助者借也"，因而助法属力役形式的缴纳。可见，助法是一种劳役形态的税收。

到了周代，助法又演变为彻法。助法的"私田收获归私、公田收获归公"做法，导致农户勤在私田、懒于公田，周代于是而"彻"。彻法是指按亩征收实物的课税制度，即"一夫受田百亩，计亩均分，民得其九"。《孟子·滕文公上》记载"夏后氏五十而贡，殷人七十而助，周人百亩而彻，其实皆什一也"。但也有学者认为，彻法的缴纳与否、多少，一般视粮食收成而定。彻法按土地数量进行课征，比贡法和助法有了很大的进步。

（2）春秋时期鲁国的"初税亩"——成熟阶段。春秋时期是我国奴隶社会向封建社会的转变时期，税制也发生了巨大的变革。为了增加财政收入和抑制开垦私田，鲁国鲁宣公十五年（公元前594年）开始对井田以外的私田征税，不论公田和私田一律按亩征税，史称"初税亩"。此后，楚国、郑国和晋国等也陆续实行了税亩制。

"初税亩"字面上的"初"即开始的意思，"税亩"指按土地亩数对土地征税。其方法是公田之法、十足其一，今又履其余亩、复十取一，即相当于20%的税率。但有学者认为，鲁国按田亩征税，不分公田与私田，凡占有土地者均按土地面积纳税，税率为产量的10%。实行初税亩以后，土地所有者只要纳税，全部收获可以归自己支配。

孔子修《春秋》时记载"初税亩"为"非礼也"；《谷梁传》中记载"初税亩，非正也"。客观地说，初税亩的实施对鲁国经济实力及国力的增强起到了一定的作用。它是土地私有制前提下平等赋税制度的最初形式，顺应了土地私有制的发展趋势，是历史上一项重大的经济改革，也是我国农业税制从雏型阶段进入成熟时期的标志。

（3）关市之赋与山泽之赋——最早的工商税收。春秋战国时期对商业和手工业征收的关市之赋与山泽之赋，即指对经过关卡或上市交易的物品及山林川泽产品进行征税，一般认为是我国最早的工商税收。关市之赋主要包括市税、门税和关税；山泽之赋主要是对伐木、狩猎、捕鱼、煮盐和采矿业（银、铁、铅和金等矿产）进行征税。

关市之赋是我国古代在关塞要隘上征收通行税和在市场上征收商税的统称。东周时期宋齐等国在边关设卡盘查进出关的货物并征税，西周末年在集市设廛人负责征收市场的各种商税和其他赋税，即为关市之赋。秦始皇统一中国后废除关税；汉武帝时期因财政和抑商政策的需要，重新开始在贾市、集市和边境的关市进行征收。

山泽之赋是我国古代对山林川泽产品征税的统称。在西周后期开始对山泽征税，设官管理对金、玉、锡等矿产品的征课；秦汉时期对砍伐竹木、开挖矿藏、采摘果实、猎取鸟兽和捕捞鱼虾等征税；魏晋南北朝时期，对山泽之财允许百姓开采时征税或实行专卖。此后杂税渐多，鱼、盐、茶、矿产品等先后成为专门的税种，山泽之赋提法不再多见。

8.1.2 税收含义的争论与界定

何谓税收，这是国内外专家学者争论的历史问题。由于人们所处的社会时代、政治主张和经济环境等差异，因而对税收的解释也不尽相同，甚至是截然相反的看法。

8.1.2.1 税收过去的名称

税收在我国历史上有过许多的名称，可谓"五花八门"。如曾将税收称为贡、助、彻、租、赋、税、捐、课、调、役、银和钱等数十种，其中使用范围较广的有贡、赋、税、租和捐五种。贡是最古老的税收名称，后世基本不再使用，而税、赋、租、捐则沿用到近代。

（1）税。"税"字最早见于我国春秋时期鲁宣公十五年（公元前594年）实施的"初税亩"制度。"税"在我国古代有特定的含义，"税"由"禾"和"兑"两字组成，禾代表农产品，兑表示交换的意思，"税"即为农民交纳农产品给国君，以换取国君对他们的土地和人身安全的保护。后世"税"的使用范围不断扩大，泛指国家凭借政治权力、无偿地对整个社会产品进行课征的实物和货币。

（2）赋。"赋"在我国古代有特定的含义。"赋"由"贝"和"武"二字组成，贝代表珍宝、货币，武说明用于军事、战争，"赋"即为向人民征收货币而用于军事开支。《汉书·食货志》中有"有税有赋，税以足食，赋以足兵"的记载；又载"税谓公田什一及工商衡虞之入，赋共车马甲兵士徒之役。"这些也说明在古代，赋和税是有区别的。春秋时赋和税混用，后世赋和税的区别逐渐消失。

（3）租。"租"字在古代与税字通用。按照《说文解字》中的解释："税，租也，田赋也；赋，敛也。"即租、税、赋三字的古解是一致的，是通用的。我国奴隶社会有一种土地王有制的观念，在此观念下国家向诸侯、公卿和大夫征税，似乎同天子以土地所有者的身份向诸侯、公卿和大夫的收租是同等的。我国在唐代以前对土地征收的税一直称为租，但现代的租与税的含义显然是不同的。

（4）捐。"捐"是"手"与"肙"的组合，原意是指丢弃细小、很少的东西。《说文》中解释：捐，弃也。古代的"捐"最初为通过捐献财物获取政治地位的行为；以后才为税的一种别称，如车捐、房捐、地捐、路捐和懒捐等数十种，发展至清代演变为捐税。捐税即指国家以民间自愿捐纳的名义获取的捐款收入。对清代百姓可谓苛捐杂税、苦不堪言，如清代歌谣中就有"卖掉棉衣交捐税，晚上睡觉滚稻草"的写照。

8.1.2.2 税收含义的争论

（1）西方学界对税收含义的认识。其代表性的观点列举如下：

① 英国著名经济学家大卫·李嘉图认为：赋税是一国的土地和劳动的产品中由政府支配的部分，它最后总是由该国的资本或该国的收入支付的。

② 英国著名经济学家阿瑟·赛斯尔·庇古认为：为了获得最小的总牺牲，各项赋税应该如此分配，使纳税的货币边际效用对一切纳税人都是相等的。

③ 日本财税学家小川乡太郎认为：税收是国家为了支付行政经费而向人民强制征收的财物。

④ 英国现代税收专家西蒙·詹姆斯在其所著的《税收经济学》中解释为：税收是由政权机构实行不直接偿还的强制性征收。

⑤ 美国经济学家萨缪尔森认为：国家需要钱来偿付它的账单，它偿付支出的钱的主要来源就是税收。

⑥ 美国《经济学辞典》中解释为：税收是居民个人、公共机构和团体向政府强制转让的货币（偶尔也采取实务或劳务的形式）。

⑦ 苏联《简明政治经济学辞典》中解释为：税收是私人、企业和机关必须向国家预算或地方预算缴纳的款项。

⑧ 日本《现代经济学辞典》中解释为：税收是国家或地方公共团体为筹集满足社会共同需要的资金，而按照法律的规定，以货币形式对私人的一种强制性课征。

⑨ 英国《新大英百科全书》中解释为：在现代经济中，税收是国家财政收入最重要的来源。税收是强制的和固定的征收，通常被认为是对政府财政收入的捐献，用以满足政府开支的需要；税收是无偿的，不是通过交款来取得。

（2）世界伟人对税收含义的认识。其代表性的观点列举如下。

① 马克思认为：赋税是政府的经济基础，而不是其他任何东西。国家存在的经济体现就是捐税。

② 马克思、恩格斯认为：废除捐税的背后就是废除国家。税收是喂养政府的奶娘。

③ 列宁认为：所谓赋税，就是国家不付任何报酬而向居民取得东西。

④ 斯大林认为：一切收入和工资，毫不例外都应征收所得税。

⑤ 里根（美国前总统）认为：提高税收不会使预算平衡，而会鼓励政府增加开支，减少私人投资。

⑥ 毛泽东同志认为：对于一切有益于国民经济的工商业征收营业税，必须以不妨碍其发展为限度。

⑦ 陈云同志认为：税收最要紧，神圣不可侵犯。一个县宁肯暂缺一个组织部长，也要配备一个税务局长。

⑧ 邓小平同志认为：在税收方面，坚持不多收也不少收的政策。凡属不合理者应主动调整；凡属合理者必须坚决征收，并与逃漏现象作斗争，以保证税收任务的完成。

（3）我国学界对税收含义的认识。其代表性的观点列举如下。

① 有关辞海、汉语词典的解释：税收是国家对有纳税义务的组织和个人征收的货币和实物；税收是国家凭借政治权力参与国民收入分配的方式；税收是财政收入的主要来源；税收用于维持政府机构的开支，以执行国家的各种社会职能。

② 刘志诚、王绍飞主编的《中国税务百科全书》认为：税收是国家为了满足社会公共的需要，依据其社会职能，按法律规定，参与国民收入中剩余产品分配的一种规范形式。

③ 金鑫、许毅主编的《新税务大辞海》认为：税收是国家为了实现其职能，制订并依据法律规定的标准，强制地、无偿地取得财政收入的一种手段。

④ 张复英、郑树模、张同青主编的《税收辞海》认为：国家为了实现其职能，按法定标准无偿地集中一部分社会产品所形成的分配，是国家取得财政收入的一种主要形式，本质上体现为国家为主的分配关系。

⑤ 周维清主编的《国家税收》（中等财经学校统编教材）认为：税收是国家为了实现其职能，凭借政治权力参与社会产品和国民收入分配的一种方式，是按照法律规定的标准无偿地取得财政收入的一种手段。

⑥ 赵文主编的《国家税收》（高等财经专科学校统编教材）认为：税收是国家为了实现其职能而凭借政治权力向经济单位或个人无偿征收货币或实物，以取得财政收入的一种方式，也是国家用以控制调节经济的重要工具。

⑦ 王诚尧主编的《国家税收》（高等财经院校统编教材）认为：税收是国家凭借政治权力，按照预定标准，无偿地集中一部分社会产品形成的特定分配关系。

⑧ 财政学家许毅教授认为：税收是国家出现以后国家为执行社会职能参与社会产品分配的一种经济关系，有时国家运用法权作用于经济基础最强大的经济杠杆。

⑨ 法学家刘剑文教授认为：从经济角度看，税收是国家（政府）以其政治权力为依托而强制、固定、无偿获取的不具备惩罚性的财政收入；从法律角度看，税收是国家根据法律所明确规定的税收要素和征收程序而向国民所取得的财政收入；从宪法角度看，税收是国家基于宪法的规定，并依据符合宪法理念的法律规定而向国民征收的财政收入。

⑩《李炜光说财税》作者李炜光教授认为：作为法律上的权力与义务主体的纳税人（公民）以享受宪法规定的各项权利为前提，以从宪而制定的税收法律为依据，履行纳税义务，以使国家具备为公民提供公共服务的能力的活动。

⑪《大系统价值学说》作者王志华教授认为：税收是政府管理功能在公民生产、生活中创造的价值，也是公民对社会环境保障的必要投资与报酬。

（4）对税收含义不同观点的归类。上述对税收含义的认识，大体分为七类学说：

① 国家需要说：侧重对税收地位的认识。

② 政治权力说：侧重对税收权力的认识。

③ 民主宪政说：侧重对税收立法的认识。

④ 分配关系说：侧重对税收本质的认识。

⑤ 财政收入说：侧重对税收职能的认识。

⑥ 工具手段说：侧重对税收作用的认识。

⑦ 实物货币说：侧重对税收形态的认识。

此外，各类观点对税收含义的表述又不尽相同，其观点是站在不同的角度来认识税收和解释税收的，都有一定的根据或道理。我们赞同财政收入说的认识，下面作进一步的阐述与分析。

8.1.2.3 税收含义的界定

我们认为：税收是指国家凭借其政治权力，强制和无偿地参与国民收入分配所取得财政收入的一种手段。税收在财政收入中占主导地位，是征收面最广、最稳定可靠的财政收入形式。对税收的理解可从以下方面去考虑：

（1）税收的主体。包括征税主体和纳税主体两个方面。征税主体即指国家，在我国，代表国家行使税收权力的是国家的立法机关、执法机关和司法机关，主要包括全国人民代表大会及其常务委员会，国务院、财政部、国家税务总局和海关总署，以及各级财政机关、税务机关和海关，其中最主要的主体是各级税务机关。纳税主体即指经济组织、单位和个人。两者的基本关系是：征税主体凭借国家政治权力向纳税主体征税，前者始终处于主动地位，后者始终处于被动地位并依法服从前者。

（2）税收的权力。国家取得任何一种财政收入，总是要凭借国家的某种权力予以实施。如国家收取的贡物凭借的是统治者的权力，国家土地收入和国有企业利润收入凭借的是国家对土地和生产资料的所有权，特权收入凭借的是国家对山林、水流、矿藏等自然资源的所有权等。这些权力可概括为财产权力和政治权力，国家取得财政收入凭借的也是这两种权力，但税收凭借的只是唯一的政治权力，即国家政治权力是税收权力的保障。一般而言，政治权力是指政治主体对一定政治客体的制约能力，在税收上体现为国家税收法律制度的约束力。

（3）税收的特征。其特征表现为强制性、无偿性和固定性。强制性是指税收通过法律形式对国民收入进行强制的征收，负有纳税义务的单位和个人必须依法履行，否则要受到法律制裁；无偿性是指国家向纳税的单位和个人进行的无须偿还的征收，国家也不需要支付任何报酬；固定性是指国家通过法律形式预先规定征税范围、计税标准及征收比例等办法进行征收。税收的三个特征是各种社会制度下的税收共性。

（4）税收的范畴。从历史上看，税收是一个古老的历史范畴，是人类历史发展到一定阶段的产物。从经济上看，税收是体现征纳关系的一种经济活动，属于经济基础的范畴。从社会再生产上看，税收属于分配范畴，即国家征税的过程就是把一部分国民收入从纳税单位或个人手中转变为国家所有的分配过程；同时由于税收分配凭借的是国家政治权力，因此税收分配所体现的分配关系是一种特定的分配关系。

（5）税收的形态。从历史演变过程来看，税收的形态有力役、实物和货币三种。力役是中国历代政府强制征收的劳役，为徭役形式之一，是税收的特殊形态。但有人认为，力役不属于税收形态。实物和货币尤其是货币为税收的主要形态，在奴隶社会和封建社会，税收以实物和力役形态为主；封建社会末期尤其是资本主义社会，税收形态从实物过渡到以货币为主，甚至全部采用货币征收。目前我国税收采用货币形式。

8.1.3　税收与相关概念的辨析

8.1.3.1　税收与税务、收费的关系

（1）税收与税务的关系。目前在理论与实践中，对税收与税务两词经常混用，且学界对"税务"一词解释尚无统一的认识。如《现代汉语词典》释义：关于税收的工作；《税收辞海》（张复英等主编）释义：税收的事务，有广义与狭义之分，前者是指国家税收活动全部工作事务，后者一般指税收的征收、管理工作。此外，税务还指高等教育专业设置的一种名称，如经济学类税务（代码020110W）和税务专硕（代码025300）。

我们认为，税收与税务的共性都是与税组合、与税密切相连，其差异在于"收""务"之分。"税"是国家征收的货币或实物；"收"基本字义有接到、接受、取得、藏好、找回、合拢、控制、结束、逮捕和约束等；"务"基本字义有事情、从事、致力、追求、必须、关卡、地名和姓氏等。与税密切相关的"收"是取得之意，"务"是事情之意。从而看字面含义：税收是税的取得；税务是税的事情。

从上述分析，税务可理解为：税务是有关税收活动及其工作的总称。包括国家税收法律制度制定与实施，税务机构的设置及其人员管理，税款的征收、减免和退补，税务登记和纳税的辅导、鉴定、申报及财务、发票、票证管理，税务检查、违章处理、行政复议与诉讼，税收计划、会计与统计，国际税收谈判、协定签订和税务关系的协调，税务科研、学会、刊物，以及与税收有关的其他事务工作。

此外，从税收管理与税务管理认识税收与税务的区别。一般认为，税收管理是指国家及其有关部门对税收分配的全过程所进行的计划、组织、协调和监督工作，旨在保证财政收入及时足额入库。狭义的税务管理是指税务机关依据国家税收法律制度所进行的税款征收活动；广义的税务管理即指税收管理。按照我国《税收征收管理法》的规定，税务管理包括税务登记、账证管理、纳税申报和税款征收。

（2）税收与收费的关系。收费是指按照等价有偿的原则，以为他人提供某种财产使用权或服务而取得的各种名目的代价。一般不具有普遍的约束或制约力。收费种类主要包括政府收费（证照类收费等）、公用事业收费（邮政与电信资费等）、公益服务收费（教育和医疗收费等）和其他收

费（经营性收费和基金及附加费等）。其中政府收费是指政府行政和事业单位在向社会提供管理服务或事业服务时，以管理者或供应者的身份向被管理对象或服务的消费者收取的费用。本文以政府收费为重点阐述税收与收费的关系。

税收与收费（以下简称税与费）作为一种分配形式具有一定的共性。主要包括：一是税与费征收主体均为政府部门及其拥有的众多机构或单位；二是税与费都是政府的财政收入，其中税是财政收入支柱；三是税与费都是政府参与国民收入分配的一种方式，从性质上都属于财政性资金，应纳入国家预算统一分配和管理；四是税与费一般具有强制性和固定性，但在违法违规乱收费问题较为严重的情况下，收费的随意性较大，显示费没有这种固定性的特征，但这只是在制度不完善的情况下才出现的。

从税与费的性质和特点看两者的区别：一是税收机构集中性，其机构是代表社会公共权力的政府，而收费主体分散性，其主体是政府所属的行政和事业单位，收费与可支配资金成正比；二是收税机制无偿性，税款缴纳后没有任何东西回报，即公共服务消费与税款缴纳分离，而收费机制有偿性，即收费直接与交费者选择相关，更多地体现受益原则；三是征税程度固定性，税收通过立法方式对征税程度予以约束，而收费定价垄断性，收费定价一般没有竞争，由政府部门单方确定，消费者对收费价格没有选择余地。

从税与费的作用和影响看两者的区别：一是公共支出筹资，公共支出的资金来源主要是强制、无偿和集中征收而课征的税收，满足提供公共产品与服务的需要，而收费可满足公共事业开支的需要；二是社会经济调节，税收可调节经济水平和缩小收入差距等，而收费能抑制人们对政府提供的某些准公共物品的过度消费，如教育和医疗卫生等；三是收入行为规范，现代税收置于法律制度和公众监督之下，征税行为规范和透明，防止财政收入的随意性，而收费在增进社会福利和降低筹资成本等方面，具有积极的效应。

8.1.3.2 税收与税制、税法的关系

（1）从三者的概念上分析。一般来说，税制是指国家及其有关部门制定的各种税收法令和征管办法的总称；税法是指国家制定的用以调整国家与纳税人之间征纳活动的权利与义务关系的法律规范的总称；税制与税法属于上层建筑，由国家立法机关及其政府有关部门制定并付诸实施，具有税收法律制度的相对稳定性和执行的相对灵活性等特点，其调整对象是国家与纳税人

的税收分配关系，即参与税收征纳关系的主体之间所发生的经济关系、因税务管理所发生的行政关系和因税务监督所发生的社会关系。

（2）从三者的联系上分析。总体上说，税收、税制与税法三者是辩证统一、互为因果的关系。主要表现在：税收、税制与税法都是以国家为前提条件，与财政收入密切相关；国家对税收的需要决定了税制与税法的存在，而税制与税法的存在决定了税收的分配关系，是税收内容的具体规范和权力保证（法律强制性征收）；税收既是税制与税法的执行结果，又是衡量税制与税法权威性、科学性、合理性的重要标准；严格意义上所说的税法，是税制的核心内容，而税制涵盖税法、是税法的必要解释和有益的补充。

（3）从三者的区别上分析。在范畴上，税收属于经济基础的范畴，税制与税法则属于上层建筑的范畴。在立法上，税法的制定权必须归属于国家的立法机关或其授权的国家行政机关；而税制的制定权，除包括税法的制定部门外以，还应包括财政机关、税务机关和海关等，税制的内容应遵循税法规定的内容，是在税法基础上的具体说明或补充。在效力上，税法具有法律强制性的约束力，而税制具有行政约束力和一定的法律效力；在税收管理工作的实践中，当税制与税法不一致或矛盾时，应以税法规定的内容为准。

8.1.3.3 应注意税收的误区与导向

（1）税与税收的区别。有人将"税"解释为：税是纳税人缴纳的实物和货币。其错误在于：以纳税人来解释"税"是一种逻辑上的颠倒，因为纳税是"税"的派生词，不可能先于"税"的产生而出现。上述说法，显然不同于"先有鸡还是先有蛋"的争论。

政府及其有关部门、领导讲话和诸多的著述、论文中，写成或说成"税收收入"。其错误在于：税收收入等于是税的收入的收入。因为税收是"税的收入"的简称，表明国家征税取得的收入，如同利润收入和个人收入等名称一样，所以应为税的收入。

（2）税收宣传上的误区。错误的宣传口号：依法纳税光荣，偷漏税可耻；一切公民都有向国家纳税的义务。正确的应是：依法纳税义务，偷逃税犯罪；中华人民共和国公民有依照法律纳税的义务；向纳税人致敬；纳税人是中华人民共和国的血脉；依法诚信纳税，共建和谐社会；税收·发展·民生；世上只有死亡和税收不可避免等。

8.2 税收相关理论分析

税收相关理论包括税收的概念、特征、分类、职能、依据和原则。税收概念是重要的税收基础理论，上述 8.1 中以"税收基本概念界定"进行了相关研究。税收原则的内容丰富，将单独列章进行探讨，因而本节主要研究税收的特征、分类、职能和依据。

8.2.1 税收的特征

8.2.1.1 税收特征的含义

特征是指一个客体或一组客体特性的抽象结果，是一事物区别另一事物的标志。税收特征是指税收有别于其他财政收入的基本标志。包括税收基本特征（形式特征）和税收本质特征，前者是指税收在不同社会制度下或同一社会制度不同时期所具有的共性特征；后者是指税收在同一社会制度下所具有的个性特征。

8.2.1.2 税收的基本特征

（1）税收基本特征的内容。一般认为，税收的基本特征包括税收的强制性、税收的无偿性和税收的固定性，即税收的"三性"，其含义及其内容可参见"8.1.2.3 税收含义的界定"。税收"三性"是一个相互联系、缺一不可的统一体，只有同时具备这三个基本特征才是真正意义的税收，否则就不是税收。可以说，税收的强制性、无偿性和固定性，这是税收区别诸如利润上缴、收费收入、债务收入、罚没收入等其他财政收入的标志。

在理论上，税收"三性"之间的基本关系为：无偿性要求征税方式的强制性，强制性是无偿性和固定性的保证，而固定性又是强制性和无偿性的基础。在实践中，国家满足社会公共需要、提供公共产品必须无偿征收，而无偿征收在财产私有制、纳税观念不强的前提下必须借助法律手段，强制与无偿地征收又必须具有固定性，如果随意征税就会造成经济秩序的混乱，影响和损害国家的经济权益。

（2）对税收基本特征的争论。除上述三个税收基本特征以外，有的专家学者还提出了以下八个基本特征。

第一，主体性。税收分配是以国家及其税务机关为征税主体，且国家具有相对的、单方的、为主的征税权力。

第二，权威性。税收是凭借国家政治权力、法律制度进行征收管理，依法所作出的征税和处罚行为具有权威性。

第三，普遍性。税收与再生产各环节、各种经济活动紧密相连，涉及各行各业，以及有收入的单位和个人，税源普遍。

第四，稳定性。税收与经济的关系是辩证统一的，税收会随着经济的增长而增长，以保持税收的稳定增长。

第五，连续性。经济活动的连续性决定了税收的连续性。而诸如公债和罚没收入等其他财政收入是间断的、次数是有限的，甚至是一次的。

第六，及时性。在税收制度中规定有纳税期限、违法处理等规定，较好地保证了纳税人的自觉性和积极性，否则就会受到税法的制裁。

第七，服务性。为纳税人提供文明、优质的纳税服务是税收工作的重要职责，各级税务部门也设立了纳税服务机构，体现了税收服务性的特征。

第八，阶级性。社会主义税收体现劳动人民的整体利益，代表着无产阶级；资本主义税收体现资本家的个人利益，代表着资产阶级。

8.2.1.3 税收的本质特征

我国社会主义税收的本质特征，一般认为体现在以下三个方面：

第一，纳税的自觉性（或强制性与纳税的自觉性相结合）。国有企业是我国税收的主要纳税人，纳税的主动性和积极性不断提高；其他纳税人除纳税较为自觉外，所偷逃税额占总体税收总额的比例较小。

第二，间接的返还性（或无偿性与间接的返还性相结合）。我国社会主义税收充分地体现了"取之于民、用之于民"的性质，且税收关注民生、惠及于民；诸如城市维护建设税等税种，更体现了专用性和服务性。

第三，执法的灵活性（或固定性与执法的灵活性相结合）。我国地理的复杂性、地域的差异性、人口的特殊性，使地区间的经济发展不平衡，这就决定了税收有法可依及执法中的固定性、原则性与灵活性的有机结合。

8.2.2 税收的分类

8.2.2.1 税收分类的基本含义

税收分类是指按照一定的标准将性质、特点相同或相似的税收归为一类的方法。现代世界各国都采用复合税制的税收体系，其税种纷繁复杂、名称各异。为便于研究不同国家或同一国家不同时期的税收性质、结构、特点和负担等，各国一般要按照不同的标准对税收进行分类，以便从不同角度来观察分析税制结构，比较其优劣，以使各税种相互协调、配合，更好地发挥税收的经济杠杆作用。税收分类可依据不同的标准进行，采用何种标准，主要取决于分类的目的和需要说明的问题。

8.2.2.2 税收分类的一般方法

税收分类的一般方法即是税收分类中较为常见的方法，范围广泛、应用较多。大体上有以下 10 种，即：

（1）以税制的复杂程度或税收设计为标准，可分为单一税和复合税。

（2）以税收地位或税制模式为标准，可分为主体税和辅助税（或称客体税、补充税）。

（3）以征税对象为标准，可分为流转税、所得税、资源税、财产税和行为目的税五类，或分为流转课税、所得课税和财产行为课税三类。

（4）以税款用途为标准，可分为一般税（普通税）和特定税（目的税）。

（5）以计税标准为标准，可分为从量税和从价税。

（6）以存续时间为标准，可分为经常税和临时税。

（7）以管理权限或收入归属为标准，可分为中央税（联邦税或国税）、地方税和共享税。

（8）以税收形态为标准，可分为劳役税、实物税和货币税。

（9）以税负转嫁或征收技术为标准，可分为直接税（转嫁税）和间接税（隐蔽税）。

（10）以税收与价格的关系为标准，可分为价内税和价外税。

8.2.2.3 税收分类的特殊方法

税收分类的方法，除上述分类方法以外，还有一些特殊的方法。大体有以下 18 种分类方法：

（1）以税收政策为标准，可分为调节税、激励税和限制税。

（2）以税收源泉为标准，分为资本税、财产税和所得税。

（3）以纳税主体或纳税人为标准，可分为法人税和自然人税。

（4）以税收客体为标准，可分为对人税、对物税和对事税。

（5）以税收基础为标准，分为对人税、家户税、所得税、流通税和消费税。

（6）以适用税率为标准，可分为定额税、比例税、累进税和累退税。

（7）以征收方式为标准，可分为配赋税（摊派税）和定率税。

（8）以征税手段为标准，可分为簿册税（底册税）和机会税。

（9）以征收地点为标准，可分为境内税、境边税和境外税。

（10）以管辖对象为标准，可分为国内税（内地税）和国外税。

（11）以税收目的为标准，可分为财政税和调控税。

（12）以收支项目为标准，可分为收入税和支出税。

（13）以税收负担为标准，可分为量能税（即能力税）和受益税（即利益税或利益税）。

（14）以税收作用或收入大小为标准，可分为独立税（正税）和附加税。

（15）以税收管理或税务统计为标准，可分为农村税、集市税和城市税。

（16）以税种特征或收入机关为标准，可分为工商税、农业税和海关税。

（17）以课征环节或社会再生产过程为标准，可分为生产税、流通税、分配税、消费税、投资税和财产税等。

（18）以税收种类或税制设计为标准，可分为增值税、消费税、烟叶税、关税、船舶吨税、企业所得税、个人所得税、资源税、土地增值税、城镇土地使用税、耕地占用税、房产税、车船税、契税、印花税、车辆购置税、环境保护税、城市维护建设税和投资方向调节税等。

从上述分类的方法上看，不同国家、不同时期或不同学者对税收分类的角度、标准和内容不一，即使是同一标准，划分的类别也不尽相同。借鉴上述的分类方法，对全面、科学地进行税收分类是极为必要的。

8.2.2.4 OECD 和 IMF 的分类

从国际税收惯例上看，采用一个大体一致的标准对各国税收进行分类是必要的。主要包括 OECD 和 IMF 税收分类两类：

（1）OECD 的税收分类。经济合作和发展组织（Organization for Economic Co-operation and Development，OECD）是由市场经济国家组成的政府间的国际经济组织，旨在共同应对全球化带来的经济、社会和政府治理等挑战，并把握全球化带来的机遇。1961 年在巴黎成立，目前成员方有 34 个。

OECD 的年度财政统计手册将其成员方税收划分为六类：一是所得税，

包括对所得、利润和资本利得的课税；二是社会保障税，包括对雇员、雇主及自营人员的课税；三是薪金及人员税；四是财产税，包括对不动产、财富、遗产和赠与的课税；五是商品与劳务税，包括产品税、销售税、增值税、消费税等及进出口关税；六是其他税。

（2）IMF 的税收分类。国际货币基金组织（International Monetary Found，IMF）是根据《国际货币基金协定》，于 1945 年 12 月在华盛顿成立。其职责是监察货币汇率和各国贸易情况，提供技术和资金协助，确保全球金融制度运作正常。国际货币基金组织所采取的税收分类标准与经合组织的税收分类标准基本一致，其差别之处：国际货币基金组织把商品与劳务税、进出口关税分为两类；经合组织将社会保障税作为税收，而国际货币基金组织则将其认定为非税收入。

IMF 将税收分为七类：一是所得税，包括对所得、利润和资本利得的课税；二是社会保障税，包括对雇员、雇主及自营人员的课税（按非税收入统计）；三是薪金及人员税；四是财产税，包括对不动产、财富、遗产和赠与的课税；五是商品和劳务税，包括产品税、销售税、增值税、消费税等；六是进出口关税；七是其他税收。

8.2.2.5 税收分类方法的比较

上述税收分类方法，其中较为重要的，对我国税制建设有着积极现实意义的，主要有以下五种。现对主要分类的税收的优缺点及其适用范围比较如下：

（1）流转税、所得税、资源税、财产税与行为目的税的比较。对于流转税、所得税、资源税、财产税与行为目的税的分类方法，是各国重要的分类方法，也是我国最常见、最主要的税收分类方法。

流转税是指以货物流转额和劳务（或服务）收入额为课征对象的税收。如产品税、消费税、销售税、货物税、营业税、增值税和关税等。流转税制为世界各国，尤为发展中国家所重视与运用。流转税的优点：税基广泛、课征普遍；调节生产和消费简捷有效，便于国家加强宏观控制和微观调节；税源旺盛，财政收入及时足额；税款含于价内一并征收，纳税人无痛苦感；收入具有"刚性"，不受成本费用影响，能保证国家财政收入；计税依据容易查核，税务行政费用较低；征税方便易行，极为适宜文化和管理水平较低的国家。其缺点是：税收弹性较小；实行比例税制具有累退性，不公平；贫富收入悬殊，却承担着同等税率，不合理；商品（或劳务）流转次数与纳税次数成正比，对商品生产和消费不利；按流转额全额课征，造成税负重课，不利于专业化协作的发展；征税费用零散，纳税隐蔽，公民无自动申报与纳税习惯；税负易转嫁。

所得税是指以纳税单位和个人取得的各种所得或利润额为课征对象的税收。如各国对所得课征的个人所得税和企业所得税等。所得税制一般用于国民收入较高、个人收入差距较大及国家紧急支出时，市场经济高度发展或文化管理水平较高时的所得征税。所得税的优点：累进税率随所得的增加而加速增高，收入弹性较大；实行累进税制，税负与所得成正比，较为公平；规定起征点，多征富有者，照顾贫穷者，较为合理；对所得额课征，不影响生产与商品流通；纳税较直接，可培养居民自动申报与纳税习惯；税负不易转嫁。其缺点：税基窄，征税范围难以普遍，尤其在国民收入和人均收入水平较低的国家中更为突出；所得税率过高，对储蓄和投资有明显抑制作用；在所得收入不稳定的国家中，对财政收入有影响；按所得直接征收，纳税人易感痛苦；所得范围不易明确，受成本费用的直接影响，在审核不严时易减少财政收入；计税查证手续烦琐复杂，易生逃漏和舞弊。

资源税是指以纳税人利用各种资源所获得的收入为课征对象的税收。分为一般资源税与级差资源税，前者是对使用某种自然资源的单位和个人而征收的税收，如农业税等；后者是根据使用的自然资源丰瘠和收入的多少，就其级差收入而征收的税收，如我国现行的资源税等。资源税一般适用于对利用自然资源、技术、设备和人才资源等所获收益或级差收入的征税。资源税制的优点：筹集财政资金稳定、及时、可靠；促进资源、设备、资金等的合理使用与配置；调节级差收入，节制资源浪费；征税范围清晰，计税依据确实；征收简便、易行，征收费用较低。其缺点是：一般只考虑级差收益的多少，不考虑纳税人的负担能力有违负担能力原则；制定各类符合实际变动情况的适用税率较为困难，实行定额或比例税率难以与实际级差收益相适应；课征范围狭窄，不如流转税课征普遍。

财产税是指以纳税人拥有或支配财产数量或价值为征税对象的税收。如各国的不动产税、房产税、车船税、遗产税与赠与税等。财产税重课富有财产者，以平均社会财富；重课财产闲置者，以促进合理使用；有时财产税作为临时税种，以满足国家资金紧急需要。财产税的优点：能防止财产过于集中；可节制利用财产投机取巧和财产闲置浪费，促进其合理使用；重课不劳而获财产，比较公平合理；收入稳定，不受经济波动的影响；固定财产不易逃税，可弥补流转税、所得税等税调节不足；税负不易转嫁。其缺点是：征税范围难以普及到全部财产；征税对象多为不动产或动产，价值高、体积小的容易隐瞒藏匿，故难以征收而有失公平；核实财产计税依据往往因年代久远和缺少凭证，或因财产性质、结构千差万别而评估困难，易生弊端；财产权利划分比较困难，不利于税收征收管理；在经济落后的国家、地区征收财产税，会阻碍资本积累的形成。

行为目的税是指以某些特定行为及实现国家特定的政策目标为征税对象的税收。如特种行为消费税、博彩税和印花税等。行为目的税具有较大的灵活性，运用得当，对有效调节社会经济生活、增加地方财政收入、弥补主体税种不足等方面有着重要的积极作用，因而通常适用于国家为实现某种经济政策、限制特定行为而开设。行为目的税的优点：能有效地配合国家贯彻特定的政治与社会经济政策，限制、引导某些特定行为来达到预期的目的；开征范围较为广泛，选择面较大，设置和废止较灵活，具有因时因地制宜的特点；调节及时、直接，见效快，可弥补主体税之不足，并可筹集一定的财政资金。其缺点是：税源易变动、不稳定，征管较为困难；对纳税的调节和引导，难以掌握适度；节制特定行为过分严格，易致过滥、过乱和流弊。

（2）主体税与辅助税的比较。主体税一般是指某种税或某类税在税制结构或税收总额中占有主要地位的税收。如美国和日本等国的所得税，丹麦和挪威等国的销售税。在我国现行税制中是以流转税和所得税并重为主体税。主体税的优点：保证国家财政收入的稳定增长，是财政收入的主要支柱；课征普遍，税源旺盛；有利于国家制定税收计划，编制政府财政预算；征税范围明确，便于计征管理；有利于合理安排征管力量，加强重点税源的管理。其缺点是：对财政收入影响较大，不利于对主体税种的及时修订与完善；不宜过多提高税率，税负偏重一方有失公平；可能造成纳税人过重的税收负担，易产生偷逃税之弊；专注重点税源课征，不利于国民经济的平衡发展；确定科学的主体税，较为困难。

辅助税是相对主体税而言的，它是在国家税制结构中起补充和配合、协调主体税发挥作用的税收，故又有"补充税"之称。如美国、日本等国的销售税，丹麦、挪威等国的所得税，以及我国的财产税和行为目的税等。辅助税的优点：与主体税相配合，有利于税收充分全面发挥其职能作用；课征普遍、公平、合理；税收弹性较大，可为国家筹集一定的财政资金；设立、废止较灵活，有利于完善税制。其缺点是：财政收入难以充分，国家巨额资金难以满足；税收种类繁杂，易使人们有"苛捐杂税"之感；调节经济面较广、量较大，不利于税收征收管理；税源分散零星，税务稽征管理不严时易生逃漏之弊。

从以上两类税收的优缺点来看，其适用范围显然有很大的差别。作为主体税的所得税通常适用于经济高度发达、人均国民收入较高和管理水平较先进的国家，流转税适用于商品经济发展的初期阶段及管理水平较低的国家；所得税与流转税并重为主体税种适用于经济较为发达的国家；财产税则适用于经济极不发达时期的各国。作为辅助税各类税收，则相对主体税种而适用。

（3）从量税与从价税的比较。从量税是指以征税对象的数量、重量、容积、面积、吨位和件数等为标准计征的税收。如我国现行的资源税是以"吨"或"立方米"为标准计算征收。一般适用于以实物形态稳定、规格统一、计量单位明确为征税对象的税种。从量税的优点：计量单位明确，便于计征；税额随征税对象而变化，不受价格高低影响，收入稳定可靠；多采用差别税额，税负相对稳定。其缺点是：税额不随价格高低而增减，负担不平衡；仅对具有统一实物形态的对象征税，随机性较强；调节范围受限，不如从价税广泛。

从价税是指以征税对象的价格或价值为标准计征的税收。如我国的增值税和营业税等。从价税一般适用于对商品和非商品流转额的征税。从价税的优点：按价格征税，开征范围广泛；配合价格调节生产与消费作用明显，税源易于追寻，计征简便；税额随着价格高低而增减，随机性较强；对优质价高者多征税，劣质价低者少征税，较为公平合理。其缺点是：税额受价格高低制约，税负不稳定；在市场机制充分发挥下，物价变化不定，其计税依据难以"估实"，征管困难；在一定条件下，不利于产品改进包装。

（4）价内税与价外税的比较。价内税是指税款属于计税价格组成部分的税收。如我国现行的消费税等税种。价内税一般适用较为稳定的、有标价的商品和财产额的征税。价内税的优点：税款含于价格内，易于人们接受；有利于及时、稳定地组织财政收入；税额随价格变化而"水涨船高"，收入富有弹性；计税方式简便，征收费用较低。其缺点是：易致商品价格与价值背离，造成价格失准；不能适应市场机制价格，对计划价格调节作用较小；容易发生税负转嫁。

价外税是指税款属于计税价格以外附加的税收。如我国的增值税。价外税一般适用于市场机制下商品价格波动较大的征税对象，或用于国家引导某些经济行为的征税。价外税的优点：税价分离，税额不受价格影响，收入较为稳定；促进企业降低生产成本，提高产品质量，引导经济活动尤其适合某些保护性贸易；利于改进发票制度，促进税制的完善与发展。其缺点是：征税不普遍，有一定的局限性；负税人易生反感，不利于商品销售；收入缺乏弹性，与纳税人的利益不能直接挂钩。

（5）中央税、地方税与共享税的比较。中央税又称联邦税或国税，是指税的收入和管理权限归属于中央一级政府的税收。如我国的消费税、关税和环境保护税等。中央税一般适用于收入较大、征收范围广泛，在政策、立法、管理上需要全国统一的税种。中央税的优点：能保证中央行使其职能需要，利于财权与事权结合；税源式中央税可避免中央与地方之间的重复征税，分成式中央税能统筹兼顾、集中征收，附加式中央税能保持税法的统一性。其缺点是：收入受各种客观因素的制约，而不能充分得以满足；税源式中央税事权与财权不易协调统一，分成式中央税往往影响预算的编制，附加式中央税易生重复征税。

地方税是指税的收入和管理权限归属于各级地方政府的税收。如我国现行税制中的房产税、车船税、城镇土地使用税、契税和环境保护税等。地方税一般适用于税源比较零星分散，与地方经济发展联系密切，由地方政府自定征管办法的税种。地方税的优点：征税范围广泛，收入渠道较多，税收调节灵活；政策性强、涉及面广，利于地方对特定行为的引导或限制；地方有固定的收入来源，地方财权与事权相结合，可培养地方自治能力，有利于调动地方税收征管的积极性。其缺点是：采用方式不当，易造成重复征税的问题；易滋生各自为政、不利统一之弊；征管繁杂，工作量较大。

共享税是指税的收入归属于中央和地方各级政府共有的税收。如我国现行的增值税和资源税等。共享税一般适用于那些税源较大，与中央、地方联系较为密切，既能调动中央与地方两方面的积极性，又能兼顾各方面经济利益的税种。共享税的优点；能兼顾中央与地方各方面的经济利益；有利于中央与地方之间的灵活调节，平衡预算收入；中央与地方共同组织税收收入，有利于调动中央与地方两个方面的积极性。其缺点是：手续繁杂，变动较大，容易影响政府预算的及时编制；在税收收入划分上，难以做到公平合理；确定的税种，符合客观实际需要较为困难。

8.2.3 税收的职能

8.2.3.1 税收职能的争论

（1）西方学界对税收职能的认识。西方学界一般认为，税收具有四个职能：一是筹集资金，即税收是国家财政收入的主要来源和满足财政支出的主要手段；二是资源配置，即税收在筹集财政收入的过程，客观上改变了经济资源原有的配置状况；三是再次分配，即税收可改变国民收入或社会财富的分配状况，从而适当调整由市场机制造成的收入分配不平等情况；四是经济稳定，即通过增减税收、减少或增加私人消费支出，稳定经济并发挥"内在稳定器"的自动调节功能。

（2）我国学界对税收职能的认识。我国学者对税收职能的认识也是存在分歧的，主要有以下三类观点：第一，税收职能多少的分歧。其观点主要包括：一是税收只有财政一个职能；二是税收具有财政和经济两个职能；三是税收具有财政、经济、监管三个职能。应该说，以上观点各有一定的道理，其中第三种观点得到了较为普遍的认同。第二，税收三个职能的分歧。我国学界多数专家学者对税收三个职能是认同的，但其内容的表述除上述外还包括：一是税收具有分配、聚财和调控职能；二是税收具有组织收入（财政收入、筹集资金）、调控经济（稳定经济、调节经济）和监督管理职能等。第三，税收职能增加的分歧。其观点主要包括：一是增加政治职能，税收法律制度要体现一国的政治需要，如 WTO 的要求和报复性关税等；二是增加政策职能，税收法律制度应全面贯彻国家政策的具体要求；三是增加服务职能，税收法律制度要为国家的政治、经济和社会（如下岗职工等）等方面服务，特别是我国当前对纳税服务工作的重视。

8.2.3.2 税收职能的特征

一般认为，税收职能是指税收分配在一定社会制度下所固有的功能和职责，是税收的一种长期固定的属性。其特征主要包括以下三个方面：

（1）税收职能的内在性。税收职能是税收本身所固有的内在属性。税收本质是国家为向社会提供公共品，同时对社会产品进行的强制、无偿和规范的分配，这种本质属性必然要体现在税收职能之中。税收职能与税收共生共存，是不可分割的。

（2）税收职能的客观性。一方面，税收职能表现在人们无论是自觉或尚未充分认识、是正确或错误运用，它都依然客观存在，只是影响大小、好坏之分；另一方面，它还要受到客观条件的制约，如税收职能在自然经济、商品经济和市场经济下有着明显的差异。

（3）税收职能的稳定性。税收职能作为税收本质的一种固有属性，无论在内涵和外延方面都是稳定的。尽管人们对税收职能的认识还应有一个不断深入、运用能力有一个不断提升的过程，但它不会因为国家需要的变化而发生根本性的改变。

8.2.3.3 税收职能的内容

税收职能是税收满足国家财政资金需要的内在能力。一般认为，税收具有财政、经济和监管三种职能：

（1）税收的财政职能。税收的财政职能是指税收为国家组织财政收入的功能。税收是国家凭借其政治权力，通过法律形式把企业和个人的收入等通过征税方式变为国家财政收入，以满足国家财政支出的需要。税收自产生之日起就具备了筹集财政收入的职能，是最基本的税收职能。古今中外各国，税收在财政收入比重较大，是国家财政的主体支柱，成为国家机器运转的经济基础。如果没有税收，国家的职能就无法实现。

税收的财政职能不仅内在于税收取得财政收入的量上，而且在于税收取得财政收入的质的规定性上。国家为实现其职能，就需要大量的、更多的财政资金。由于税收具有强制性、无偿性和固定性的三个基本特征，因此决定了税收在取得财政收入上具有广泛、可靠、及时、均衡及不需偿还的基本功能，能够满足国家实现其职能对财政收入的质的要求，而这些功能是其他财政收入形式所不具备的或不完全具备的。

（2）税收的经济职能。税收的经济职能是指国家运用税收来调控经济运行的功能。国家对单位和个人征税将一部分国民收入转为国家所有，必然要改变原有的分配关系，对生产结构、消费结构、生产关系结构等方面产生一定的影响。而这种影响可能是积极的，也可能是消极的；可能是促进经济发展的，也可能是导致经济停滞或倒退的；可能是有意识的，也可能是无意识的。但无论如何，税收对经济的影响始终是客观存在的。

税收经济职能与其他经济调节手段相比，也具有自身的质的规定性。税收是国家运用法律形式征收，可依法运用其达到调节经济的预期目的，体现税收调节经济的权威性；税收征收不受所有制限制，可涉及国民经济的各部门、行业及再生产的各环节，体现了税收调节经济的广泛性；税收制度可规定税收调节的对象和要求，在实践中还可根据需要调整，体现税收调节经济的灵活性。这些特性构成了税收调节经济的特殊功能。

（3）税收的监管职能。税收的监管职能是指国家通过税收政策法令来约束纳税人社会经济行为的功能。税收是一种无偿性的分配，它本身就要求必须具有监管功能。国家通过税收将一部分国民收入征为国有，就必须做到应收尽收，必须进行税收的管理、检查、纠正、统计、预测和调查等一系列工作。税收一方面能对企业和个人的经济活动进行有效的监管；另一方面，能反映有关的经济动态，为国家经济管理决策提供参考。

税收监管贯穿于税收活动的全过程，包括从税收法律制度的制订、税款征收到缴入国库。否则国家财政收入得不到保障，税收调节经济的目的也就难以实现。我国税收监管的范围十分广泛，就经济性质而言，涉及国有、集体、私营、个体、外资、合资、乡镇、街道、个人和各种经济联合体；就再生产过程而言，涉及生产、交换、分配、消费和投资等环节；就企业运行而言，涉及生产、供销、成本和利润分配等经营活动。

8.2.4　税收的依据

国家或政府为什么要征税，不同的国家、不同的学者，因所处的不同时代、站在不同的立场，有着不同的认识和解释。

8.2.4.1　西方学界的税收依据理论

（1）西方国家课税依据理论的演变。早在 17 世纪，西方学界就政府课税的依据进行着不断的研究与争论，从而产生了各种不同的学说和观点。

第一，税收公需说。又称税收福利说，是 17 世纪资本主义初期以德国重商主义官方学派为代表的经济学家提出的税收依据理论，在当时代表了资本主义初期反对君主专制国家横征暴敛、任意使用课税权的一种思潮。该学说认为，国家的职责在于满足公共需要和增进公共福利，国家尽其职责就需要费用支出，因而政府向国民征税就是国民对这种公共需要的共同负担。其主要代表人物柏左尔德认为，税收是为公共福利而课征的；克洛克认为，税收倘非出于公共福利需要者不得征税，如果征税就不能认为是正当的税收；赫格尔、塞利格曼也认为，税收是为供给公共需要而征收。

第二，税收交换说。又称税收利益说、税收交易说、税收均等说或税收代价说等，是随着 17 世纪资本主义初期国家契约主义思潮的流传而逐渐形成，盛行于 18～19 世纪。最初由英国重商主义学派代表人物霍布斯提出，并由英国著名思想家洛克、古典经济学派代表人物亚当·斯密和法国思想家卢梭等人加以发展。该学说以社会契约论和自由主义国家观为基础，将商品交换法则引入税收领域，认为国家课税的目的在于保护国民的财产和人身安全，国民作为一种交换的纳税是为保证国家更好地为国民提供利益，即税收与利益相交换。该学说在资本主义发展初期曾起到了一定的积极作用。

第三，税收保险说。由税收交换说派生出来的一种学说，或者说，税收保险说是税收交换说的变形。该学说认为，国家保护国民财产安全和社会公共秩序，其国民就应向国家支付费用，国家与国民的关系如同保险公司与投保者的关系，税收是国民向国家交纳的保险费。其代表人物法国的梯埃尔认为："国民各依其在社会所受的利益为比例而纳税，与被保险人向保险公司各依其风险分摊比例所交纳的保险费相类同"。该学说否认了税收的强制性和无偿性，把国家满足社会整体需要只看作向个人承担保险的业务。税收保险说因其特殊的保险观念，在西方税收学说史上占有一定的重要地位。

第四，税收牺牲说。19 世纪有德国历史学派提出的税收依据理论。其主要代表人物有德国的瓦格纳、英国的巴斯特布尔和法国的萨伊等。该学说认为，国家有权向国民征税，不管个人是否从国家享受到利益都必须纳税；国家征税对国民是一种强制行为，国民对国家是一种牺牲。瓦格纳认为："税收是国家的一种强制索取，是人民的必要牺牲，国家可强制人民纳税，不必考虑人民是否从国家活动中得到何种利益"；巴斯特布尔认为："税收是政府的一种强制课征，它没有接受纳税人意见的余地，意味着纳税人的牺牲"；萨伊认为："税收是一种牺牲，其目的在于保存社会与社会组织。"

第五，税收义务说。又称税收分担说，该学说源于 19 世纪英国的税收牺牲说，其主要代表人物有意大利的科萨和法国的勤华波略等。税收义务说以黑格尔的国家有机体说为基础，认为国家与国民的关系是主从关系，国家可以强制国民纳税，而国民纳税是对国家应尽的义务，是无偿的、牺牲性的支付；国家是公共集体为维护自己的生存和履行公共职责，必须有足够用以满足其公共支出的需要，而国民是公共集体的组成分子，对公共需要就不能不分担一定的份额。该学说既反对将税收视为利益的交换，也不同意将纳税与交付保险费等同起来，而是视为一种纯粹的义务，纳税人不会因为纳税而获得任何具体的代价。

第六，社会政策说。这是流行于 19 世纪末期强调政府课税社会意义的一种学说。其主要代表人物有英国的约翰·穆勒、美国的塞里格曼、汉森和德国的瓦格纳等人。该学说认为，政府课税不仅是为取得财政收入，而且是为通过课税矫正社会财富悬殊、实现社会改良的政策目标。瓦格纳认为，税收一是有纯财政的目的，二是应树立社会政策的目的，税收政策的目的就是以调节在自由交易下所产生的分配不平等；从社会政策的意义来看，税收是在满足财政需要的同时，或者说不论财政有无必要，以纠正国民所得和国民财产的分配，调整个人所得和以财产的消费为目的而征收赋课物。

（2）现代西方国家的课税依据理论。主要包括税收价格论和市场失灵说两种理论。

第一，税收价格论。又称新税收利益说，该学说起源于税收的公需说和交换说，主要是基于高度发达的市场经济、浓厚的民主政治与社会契约观念而形成的。其本质是税收交换说，是将交换过程中的税收用价格标签来予以定性，使社会契约论中契约的实质与精神体现得更为明显。其基本内容：公民为获得政府提供的公共产品而支付价格，税收与政府提供的公共产品是政府与公民之间税收契约的客体。税收价格论与上述的税收利益说或交换说不同之处在于：该理论认为，国家可分解构成国家的个人，国家满足公共需要就是满足每个人共同的私人欲望，因而个人的纳税就像为满足私人欲望而购物时所支付的价款。

作为政府提供公共服务的公共产品，由社会成员私人消费与享受，政府由此而付出的费用也就必须由社会成员通过纳税来补偿。法律经济学家波斯纳认为："税收主要是用以支付的公用事业费，一种有效的税收应该是要求公用事业使用人支付其使用的机会成本的税收"。税收价格论不仅揭示了税收的价格属性，而且也揭示了税收价格仍遵循"等价交换的市场本性"，税收征纳双方之间存在着根本的平等关系，反映到税法领域就是税收法律关系的平等性，即税收宪法性法律关系的平等性——政府（国家）与人民（纳税人）之间的平等，以及为税收征纳法律关系的平等性——征税机关和纳税人之间的平等。

第二，市场失灵说。又称经济调节说，它是资本主义发展到垄断阶段后出现的凯恩斯理论的重要观点。该学说认为，由于存在市场失灵，市场机制不能进行资源的有效配置和公平分配社会财富，因而需要社会经济政策予以调节和矫正。而税收则是完善市场机制、调节经济运行和社会分配的重要手段，这就是国家课税的依据。在现代市场经济国家，西方国家的一些经济专家学者较为普遍地认为，国家课税的依据主要是市场失灵的存在和对公共物品的需要——税收效应。实际上市场失灵说与上述的学说都存在一些合理的成分，且这些学说之间存在着一定的内在联系。

现代西方经济学家认为，社会存在私人的个人需要和社会全体的公共需要两种需要，即满足个人需要的物品，如一般生活必需品等；满足公共需要的物品，如国防、司法、治安、消防及某些公共设施等。公共物品与私人物品相比，具有效用的不可分割性、消费的不可排他性与受益的不可阻止性的特点。而市场提供公共物品成为无效的方式后，就需要一个非市场的提供方式，即由公共部门——政府来提供并通过税收筹集资金；同时运用税收政策工具来实现：即调整资源的配置以实现资源的有效利用，调节国民收入与财富的分配以增进社会福利，刺激有效需求、调节社会总供给及产业结构以促进经济的稳定增长。

8.2.4.2 我国学界的税收依据理论

（1）我国近代税收依据理论的研究。我国古代对税收的记载多为有关税收政策、策略的实际运用等，而对国家或政府课税的必要性的论述尚未见到或较少，其原因是与长期的封建统治、强烈的封建人身依附关系有关，在"朕即国家"的制度下，"普天之下，莫非王土；率土之滨，莫非王臣"，课税似乎是天经地义的。

直到近代，因受西方思想的影响，我国学者如严复、胡善恒、李超英和周柏棣等人对税收依据问题进行了研究。如严复认为，"治人者"向"治于人者"征税是出于实现"公利"的需要，因而缴纳税赋乃是"国民之公职"；胡善恒认为，政府课税是为谋求公共利益，课税权缘于政府的统治权；李超英认为，课税依据是政府的强权，其目的是为了满足公共利益；周柏棣认为，政府依强权课税以供给政府一般费用。

（2）中华人民共和国成立后的税收依据理论。中华人民共和国成立后60多年的探索与研究，形成了以下几种有代表性的观点：

第一，国家存在决定论。该观点认为，我国社会主义税收的存在是由于国家的存在而产生的，因为税收是为国家实现职能服务的。只要社会主义国家存在，税收就必然存在。如董庆铮（1981）认为："在社会主义，由于还存在着国家，税收作为国家组织财政收入的重要形式，调节经济活动的重要杠杆，配合国家进行政治斗争的重要工具，因此，在社会主义制度下，税收依然是必不可少的。"

第二，经济条件决定论。该观点认为，我国社会主义经济条件是决定税收存在的主要因素。如王诚尧（1980）认为，税收存在的因素：一是国家无偿地取得各种经济成分的一部分收入，税收是最好的分配方式；二是税收作为一种价值工具和经济杠杆，在利用价值规律、调节管理经济中能发挥更重要的作用；三是税收能对经济活动进行有效的监督；四是税收是贯彻平等互利、维护国家主权、促进国际经济发展的必要手段。

第三，国家与经济条件论。该观点的赞同者较多，也代表着我国现代税收理论界的主要观点。我国社会主义税收存在的原因：一是国家为履行其职能进行社会扣除只能依靠国家政治权力，而税收则是最好的方式；二是我国仍存在着多种经济形式，要正确处理国家与其之间的关系，只能运用税收手段；三是商品经济的存在要求政府运用税收重要杠杆去调节市场，促进公平竞争；四是促进对外经济交往，维护国家财政利益更不能没有税收。

此外，我国学术界还存在着对国有企业征税客观必然性的认识问题。一般认为，其依据主要来自于国有企业是具有独立的经济实体，这一点已取得共识，不过在具体表述上还有所差异，如国有企业本身就是纳税的企业，对原国营企业"利改税"就是一种法律突破等。

从上述观点看，中西方税收依据理论的最大差异在于：西方国家更注重税收必要性的抽象研究，而我国学者多将这一研究打上阶级的烙印。我们赞成"对税收必要性的研究必须两者结合，兼而论之。"①

8.3 税收学科体系构建

税收作为国家参与调控经济活动的重要工具，在长期的理论研究与实践探索中逐步形成较为科学的理论与法制管理体系，其特定的理论及其方法在社会实践中逐步得到验证与提升、循环往复。构建与完善税收学科体系的出

---

① 於鼎丞. 税收概论研究［M］. 广州：暨南大学出版社，2003：7-9.

发点和理论依据应立足于协调税收分配关系，探索税收分配的内在规律，在融合与区别于其他社会科学的基础上逐步形成了具有中国特色的社会主义税收学科体系。

8.3.1 税收学科体系问题的提出

税收自产生以来，就发挥着保证国家财政收入、促进社会经济发展的重要功效。税收一直在西方国家财政中占有极为突出的地位，因而西方国家专家学者十分重视税收理论与政策的研究。从其发展上看，历经重商主义、重农学派、古典综合学派、社会政策学派和凯恩斯主义的税收理论，发展为现代货币学派和供应学派的税收理论等。他们注重税收理论与政策等方面的研究，对巩固和发展资本主义经济起到了积极的推动作用。

中国税收虽起源较早，但将税收作为一门科学研究较晚，同时在财税理论界和社会实践中，对税收职能作用和地位的认识也经历了一个复杂的变化过程。随着社会进步、科学发展和学科分类的深入，2012 年 9 月教育部颁发的《普通高等学校本科专业设置规定》明确了税收学的专业地位，税收学从财政学中逐步独立并成为一门学科。在世界各国重视运用税收管理及税收作为国家财政支柱的现实，研究如何建立和完善中国社会主义税收学科体系的问题显得尤为重要，这对深化经济体制改革、迎接新技术革命、提高征管工作质量、加强国际学术交流和实现税收管理现代化等方面，都具有积极的现实意义。

随着我国社会主义市场经济的快速发展和市场经济体制的深化改革，以及科技新成果日益广泛应用，传统税收理论在更新，税收职能在扩展，税收制度在完善，税收管理在改进，税收效益在提高。有鉴于此，只有深入研究改革中的新情况、新问题，及时吸收实践中的先进经验，才能使税收学科得以不断完善，新税收学科体系才能科学建立，以适应税制改革和税收管理的要求。党的十八大和党的十九大明确提出了财税体制改革、建立现代财政制度和健全地方税体系等要求。因此，税务工作者尤其是财税理论工作者，有责任对如何建立税收学科体系及加强税收理论研究作进一步的努力。

8.3.2 现行税收学科体系的缺陷

随着我国财经教育事业的发展和税收学专业的确立，以及科学技术的飞速发展，现行税收学科体系的缺陷越加明显。主要表现在以下几个方面：

第一，税收学科种类较少。现代科学发展的趋势是各学科的整体化、综合化、系统化、技术化和渗透化。有鉴于此，税收学科仅满足于当前《税收学》《中国制度》《税务稽查》《税务管理》《国际税收》《税收史》等学科研究领域或方向是不够的。因此，积极拓宽税收研究视野，创设一些新的税收学科种类，增加有关税收经济理论与政策研究等刊物，在税收的纵向研究（如经典税收论和税务代理学等）、横向研究（如税收商品学和税务统计学等）及其综合学科和边缘学科（如税收社会学和税收心理学等）上有所研究和突破，都有着重要的、积极的现实意义。

第二，学科之间内容重复。在财政学、税收学、中国税制（或税法）和税务稽查等内容上有着诸多重复的、交叉之处，如增值税、消费税和企业所得税等基本内容。这些重复交叉又给税收理论研究和教育教学管理工作带来不便或混乱，尤其表现在教学管理上，由于税收课程某些内容的重合、又缺乏新意，只能是"炒冷饭"、浪费精力与财力。税收学（税务）专业主要是培养熟悉税收基本理论和掌握税务工作技能的应用型、复合型和创新型人才的系科，因此研究税收学科体系、重视专业课程设置，其教学管理中的实践无疑会对税收学科的发展起到积极的推动作用。

第三，与税收实践相脱节。如税务管理中的管理形式、方法与手段等内容，与实践中的征收管理不相一致；税务稽查只注重检查的重点问题，而缺乏对偷逃税及避税形式、方法、技巧、手段等内容的创新研究，特别是运用现代技术方法进行审查等重视不够。税收理论研究落后于经济工作实践，如面对电子信息技术手段在财税、会计和其他业务领域中的应用普及化，对大量、普遍，且日趋严重的偷逃税的防控措施，税务管理与稽查的内容显得陈旧、落伍，尤其是系统论、信息论、控制论和博弈论的理论与方法至今未能在实践中加以科学、综合与协调予以应用。

第四，与财税改革不协调。主要表现在：一是我国当前实施全面深化改革，财政、税收、信贷、工资、奖金、价格、劳动、物资、管理等制度或体制也都进行了不同程度上的改革，税收应如何改革且与其他改革相协调，还有待于深入研究；二是面对全球经济一体化及国内外新的社会、经济形势，税收应如何管理，税收模式如何建立，税制如何完善等问题，而当前税收理论与实践研究的深度和广度还不够；三是市场经济的快速发展，要求强化宏观与微观经济、直接与间接控制有机结合的税收调控，还需要进一步研究科学的税收学科体系，以提高税收效益、实现税收管理现代化。

8.3.3 完善税收学科体系的构想

税收学科是研究国家税收分配关系及其进行税收管理活动的科学，税收学科体系是对税收理论和实践发展的概括和总结。税收学科体系的建立、完善与发展，直接反映了一个国家的税收发展及其研究水平。基于税收科学的本质、属性与特点，根据税收的职能作用及其发展趋势，兼顾现行税收学科体系与内容，我国社会主义市场经济税收学科体系的总体设想是：构建"税收基础学、税收制度学、税收管理学、税收历史学"4 类 37 门科学的税收学科体系（见表 8－1）。

表 8－1　　　　　　　　　我国社会主义税收学科体系基本情况

类别	学科分类	学科名称
税 收 学	1. 税收基础学	（1）基础税收学（2）经典税收论（3）税收经济学（4）国际税收学 （5）税收文化学（6）税收政治学（7）税收社会学（8）税收心理学
	2. 税收制度学	（1）税收政策学（2）税制设计学（3）中国税制学（4）税收商品学 （5）税收价格学（6）海关税收学（7）外国税制学（8）比较税收学
	3. 税收管理学	（1）征收管理学（2）税收信息学（3）税收电算学（4）税收预测学 （5）税源管理学（6）纳税服务学（7）税务代理学（8）税务筹划学 （9）税收计划学（10）税收会计学（11）税务统计学（12）纳税评估学 （13）税务稽查学（14）税务行政学（15）税务审计学（16）税务监察学 （17）税务公文学
	4. 税收历史学	（1）中国税收史（2）中国税收思想史 （3）外国税收史（4）外国税收思想史

8.3.3.1 税收基础学

税收基础学是研究和阐述税收基本知识和基础理论的科学。它既是税收学科入门的基础性知识，又是其主要内容的高度抽象和概况，属于纯粹的税收学科。税收基础学主要包括八门科学。

（1）基础税收学。研究和阐述税收基本理论问题及其税收分配规律的一门科学。属于税收学的基础性学科。其内容主要包括：基础税收学绪论；税收的含义、产生与发展；税收依据及税收分配的基本原理；税收的性质、本质、特征、职能与作用；税收的分类与原则；税收效应分析；税收负担与转嫁归宿问题；税收制度与社会经济发展等。

（2）经典税收论。研究和阐述中外领袖、伟人及名人有关税收的观点和认识的一门科学。其内容主要包括：经典税收绪论；马克思、恩格斯、列宁、斯大林、毛泽东、陈云、邓小平和江泽民等，以及美国总统杜鲁门、艾森豪威尔、尼克松、里根、克林顿等的政治经济思想，以及对税收的思想认识与论断；经典税收的历史作用与现实意义等。

（3）税收经济学。研究和阐述税收与经济关系及其发展规律的一门科学。属于税收学与经济学融合的基础性学科。其内容主要包括：税收经济学基础理论；税收经济效应，行为经济与税收政策；税收对经济决策和均衡产出的影响；税收负担均衡分析；最优税收与税制理论；逃税经济问题；税制改革经济；税收竞争与经济全球化中的国际税收等。

（4）国际税收学。研究和阐述国家与国家之间税收分配关系的一门基础性科学。其内容主要包括：国际税收学绪论；国际税收的含义、特征、形成与发展；国家税收管辖权及其行使；国际重复征税与免除方法；国际收入和费用的分配；国际避税与反避税措施；避税地及避税方式；国际税收负担原则；国际税收协定；国际税收的发展趋势。①

（5）税收文化学。研究和阐述税收与文化活动及其发展规律的一门科学。属于税收学与文化学交叉的边缘性学科。其内容主要包括：税收文化学绪论；税收文化的含义、产生与发展；税收文化的特征、作用与内容；税收文化与税收法制的关系；税收文化的原则与政策；税收文化软实力构建；税收文化建设与评价；中西方税收文化比较等。

（6）税收政治学。研究和阐述税收与政治活动及其发展规律的一门科学。属于税收学与政治学交叉的边缘性学科。其内容主要包括：税收政治学绪论；税收政治的含义、特征与内容；税收的政治基础及其影响；税收与政府职能、政治服务；税收与政治文化、政治博弈；税收公平与代际公平；税制改革与政治决策；中西方税收政治比较等。②

（7）税收社会学。研究和阐述税收与社会活动及其发展规律的一门科学。属于税收学与社会学交叉的边缘学科。其内容主要包括：税收社会学绪论；税收社会的基础理论；税收与和谐社会、社会政策、社会制度、社会文化；税收意识、税收宣传、税收控制、税收组织、税收环境、税收矛盾、税

---

① 杨志清. 国际税收［M］. 北京：北京大学出版社，2010.
② ［美国］彼得斯. 郭为桂，黄宁莺译. 税收政治学：一种比较的视角［M］. 南京：江苏人民出版社，2008.

收伦理和税收文明；税收公决与公共支出。①

（8）税收心理学。研究和阐述税收征纳活动心理与行为及其规律的一门科学。属于税收学与心理学交叉的边缘学科。其内容主要包括：税收心理学绪论；税收征管的心理学依据、原则和方法；征税人与纳税人的心理特征；税收征纳活动与税收遵从行为；税收心理效应及不良效应防范；税收征纳差错与偷逃税防控；税收激励、惩处与评价机制等。

8.3.3.2　税收制度学

税收制度学是阐述和研究税制理论、设计和各国税制的科学。属于税收学与制度学等学科交叉、融合的学科。税收制度学主要包括八门科学。

（1）税收政策学。研究和阐述税收政策制定与实施活动的一门科学。属于税收学与政策学交叉的边缘学科。其内容主要包括：税收政策学绪论；税收政策的基础理论；税收政策的目标与工具；税收政策与税收制度；税收政策的制定、实施、变更和监控管理；西方和中国税收政策的演变和内容，中西方税收政策的比较等。

（2）税制设计学。研究和阐述税制设计的基本理论、内容与方法的一门科学。属于税收学与设计学交叉的边缘性学科。其内容主要包括：税制设计学绪论；税制设计的理论依据与原则；税收模式和税制结构总体设计；税收负担衡量与设计；税种及税制构成要素设计，税收管理制度、体制与机制设计；税制设计的科学性、可行性与保障性；税制审批管理等。

（3）中国税制学。研究和阐述中国税制的演变及现行税制体系与内容的一门科学。其内容主要包括：中国税制学绪论；税制与税法的基础理论；税收立法与税收法律关系；中国税制的产生与发展及现行税制体系；增值税等流转税制；企业所得税等所得税制；资源税等资源类税制；房产税等财产税制；印花税等行为目的税制；税收管理体制等。

（4）税收商品学。研究和阐述应税商品的性能、用途、劳务服务及确定其适用税目税率等的一门科学。属于税收学和商品学交叉的边缘学科。其内容主要包括：税收商品学绪论；商品（含劳务，下同）流通理论，商品课税理论；流转税与商品的关系；商品的课税范围、征免界限、计税依据和税目税率；课税商品的监管控制；电子商务与税收等。

---

① 王磊著. 税收社会学［M］. 北京：经济科学出版社，2011.

（5）税收价格学。研究和阐述税收价格的基本理论、内容与方法的一门科学。属于税收学与价格学之间交叉的边缘学科。其内容主要包括：税收价格学绪论；税收价格的基础理论；税收价格论及其经济影响；税收价格与价值理论；税收与价格的关系；价内税及构成分析；价外税的运用与分析；宏观税负与税收价格；税收价格标准与评估等。

（6）海关税收学。研究和阐述海关税收分配活动及其发展规律的一门科学。其内容主要包括：海关税收学绪论；海关税收的含义、演变、特征、分类、职能与效应；海关税收的保护理论与政策；关税的基础理论，进出口货物的完税价格、原产地规则及税额计算；船舶吨税；进口货物增值税、消费税和出口退免税；海关税收的优惠与管理等。①②

（7）外国税制学。研究和阐述世界各国税制理论、内容及其发展趋势的一门科学。其内容主要包括：外国税制学绪论；外国税制的基础理论；外国税制结构与体系；发达国家税制，发展中国家税制，以及俄罗斯及东欧国家税制；外国税收管理体制、征收管理和法制管理；世界各国税制的比较；外国税制改革趋势、影响及对中国税制改革借鉴等。③

（8）比较税收学。研究和阐述不同社会、不同国家、不同时期的税收理论和税制异同及其变化规律的一门科学。属于比较经济学的分支学科。其内容主要包括：比较税收学绪论；税收理论、税收政策的比较；税收种类、税收制度的比较；税收总体负担的比较；税收收入的比较；税收管理机构和体制的比较；税收征收管理的比较等。

8.3.3.3 税收管理学

税收管理学是研究和阐述税收管理理论及其程序、技能、组织和监管的学科。属于税收学与管理学等学科交叉、融合的学科。主要包括17门科学。

（1）征收管理学。研究和阐述税收征收管理理论、内容与方法及其发展规律的一门科学。属于税收管理学的基础性学科。其内容主要包括：征收管理学绪论；税收征收管理的基础理论；征收管理的内容与方法；国有经济的征收管理；税务管理、发票管理、税款征收、纳税申报、税务稽查和违章处理；税务行政复议与诉讼与赔偿等。

---

① 钟昌元等. 海关税收制度［M］. 北京：中国海关出版社，2011.
② 李九领等. 关税理论与政策［M］. 北京：中国海关出版社，2010.
③ 付伯颖. 外国税制教程［M］. 北京：北京大学出版社，2010.

（2）税收信息学。研究和阐述税收分配信息科学管理及其发展规律的一门科学。属于税收学和信息学交叉的边缘学科。其内容主要包括：税收信息学绪论；税收信息的基础理论；税收信息的分类、整理、加工、贮存、传输和反馈；税收信息数学分析；税收信息管理机构及管理人员；税收信息文化建设；税收信息管理体系及现代化等。

（3）税收电算学。研究和阐述税收征收管理中电子计算机应用的一门科学。其内容主要包括：税收电算学绪论；税务系统微电脑的选用和操作；税收语言程序设计；税收电子计算机系统和咨询系统；税源计算机控制；税收计划、统计与报表的计算机处理；中国税收征管信息系统（CTAIS）；税务系统计算机网络的自动化管理等。

（4）税收预测学。研究和阐述与税收活动有关的各种客观事物发展趋势的一门科学。属于税收学和预测学交叉的边缘学科。其内容主要包括：税收预测学绪论；税收预测基础理论与原理；税收预测的系统、形式与程序；税收预测的模型与方法；税收政策及税收风险预测；税收工作发展和税源变化趋势预测，税收计划任务预测等。

（5）税源管理学。研究和阐述税源管理的理论、内容和方法的一门科学。其内容主要包括：税源管理学绪论；税源管理的基础理论；税源管理效应及影响因素；税源调查、培育与保护；税源管理制度、体制与机制；税源控制与分类管理；税源专业化、团队化、动态化与现代化管理；税源经济综合管理系统；税源管理服务体系等。

（6）纳税服务学。研究和阐述纳税服务理论与方法及其发展规律的一门科学。其内容主要包括：纳税服务学绪论；纳税服务的基础理论与依据；纳税服务的制约因素、内容与方式；纳税服务机构的设置及其管理；税务咨询与纳税辅导；纳税风险回避及纳税成本管理；税政公开与服务热线；纳税服务的优化与评价；纳税服务体系构建与完善。

（7）税务代理学。研究和阐述税务代理理论和方法及其发展规律的一门科学。其内容主要包括：税务代理学绪论；税务代理基础理论；税务师与税务代理机构；税务代理的适用范围；税务代理关系的确立、实施与终止；税务代理职业规范与代理责任；税务代理业务与实务；税务行政复议与诉讼代理；税务代理执业风险及管理等。[①]

---

① 丁芸. 税务代理 [M]. 北京：北京大学出版社，2010.

（8）税务筹划学。研究和阐述税务筹划理论和方法及其发展规律的一门科学。其内容主要包括：税务筹划学绪论；企业纳税的基础理论与原理；会计政策选择及组建、生产经营等管理全过程的纳税筹划；增值税等税的纳税筹划；跨国经济活动的纳税筹划；征税筹划的基础理论与原理；增值税等税的征税筹划；税务筹划与税制改革等。①②

（9）税收计划学。研究和阐述税收计划的编制、组织、实施、监管及理论与方法的一门科学。属于税收学与计划学交叉的边缘学科。其内容主要包括：税收计划学绪论；税收计划的基础理论；税收计划与依法治税；经济税源调查与管理；税收计划管理的目标与方法；税收计划的编制、审批、分配、调整及执行分析；税收计划资料管理等。

（10）税收会计学。研究和阐述税收资金运动及企业纳税会计核算的一门科学。属于税收学与会计学交叉的学科。其内容主要包括：税务会计学绪论；税收会计的原理与方法；税收会计核算单位、会计职责及工作制度；税收会计核算的程序及内容；税收票证及会计资料管理；增值税、消费税、企业所得税和其他各税的会计核算等。③

（11）税务统计学。研究和阐述税收分配活动数量统计的理论和方法的一门科学。属于税收学与统计学交叉的边缘学科。其内容主要包括：税务统计学绪论；税务统计的基础理论；税务统计的依据、范围、内容与方法；税务统计的资料、账册与报表；税务统计调查、整理与分析；概率论和数理统计在税务统计中的应用；税务统计管理等。④

（12）纳税评估学。研究和阐述纳税评估理论、内容和方法的一门新兴科学。属于税收学与评估学交叉的边缘学科。其内容主要包括：纳税评估学绪论；纳税评估的基本流程、方法与模型；纳税评估系统与组织机构；纳税评估的质量控制与处理方式；纳税评估的主要分析指标；增值税等税的评估指标与应用分析；国外纳税评估经验与借鉴。⑤

（13）税务稽查学。研究和阐述税务机关依法对纳税人履行纳税义务情况进行检查的理论、内容与方法的一门科学。其内容主要包括：税务稽查学

① 盖地. 税务筹划学［M］. 北京：中国人民大学出版社，2009.
② 倪俊喜. 税收筹划学［M］. 天津：天津大学出版社，2007.
③ 毛夏鸾、叶青. 税务会计学［M］. 北京：首都经贸大学出版社，2012.
④ 陈晓春、王瑞昌. 税务统计学［M］. 北京：中国人民大学出版社，1991.
⑤ 马海涛、白彦锋. 纳税评估［M］. 北京：经济科学出版社，2010.

绪论；税务稽查的任务、要求和作用；税务稽查的内容、形式和步骤；税务稽查的方法和技能；流转税、所得税、财产税和其他各税的检查；税务稽查报告与违法处理；税务稽查后的整顿与建设等。

（14）税务行政学。研究和阐述税务机关行政事务管理的基本理论、内容与方法的一门科学。属于税收学与行政学交叉的边缘学科。其内容主要包括：税务行政学绪论；税务行政特征、职能和目标等基础理论；税务行政组织及其管理；税务人事管理与公务员制度；税收政策与公共决策实施；税务环境与税务依法行政；税务执法管理与行政变革等。[①]

（15）税务审计学。研究和阐述审计机关对税收分配及其管理活动正确性、合法性检查的理论、内容与方法的一门科学。其内容主要包括：税务审计学绪论；税务审计的产生与发展、特征、分类和作用等基础理论；税务审计的依据、标准、程序、内容与方法；税收征收管理等依法行政审计；税款征免、解缴与提退审计；税务审计报告；税务审计后的整改等。

（16）税务监察学。研究和阐述税务机关贯彻执行国家税收政策法令和制度情况进行监督检察的一门科学。其内容主要包括：税务监察学绪论；税务监察的基础理论；税务监察管理机构与人员管理；税务监察的权力、程序和方法；税务机关内部控制管理；税务人员培训与管理制度；税务人员的职业道德和工作责任制；税务人员违纪违法处理等。

（17）税务公文学。研究和阐述税务机关公文写作的基本理论、内容与方法的一门科学。其内容主要包括：税务公文学绪论；税务公文的分类等基础理论；税务公文信息收集，文件资料管理与运用；税务机关公文的种类与写作方法，税务公文写作的错误与规范化；税务工作计划、规章制度和综合文稿的写作方法与规范；税务行政公文日常管理等。

8.3.3.4 *税收历史学*

税收历史学是研究和阐述国家税收的演变及其发展规律的学科。它是税收历史经验的概括和总结，属于经济史学的范畴。税收史按内容划分为赋税史和税收思想史；按历史时期划分为古代赋税史、近代赋税史和现代税收史；按国别划分为中国赋税（思想）史和外国赋税（思想）史。税收历史学主要包括四门科学。

---

① 周敏．税务行政管理学［M］．北京：社会科学文献出版社，2005.

（1）中国税收史。研究和阐述中国税收产生与发展过程及其变化规律的一门科学。属于中国经济史的范畴。其内容主要包括：中国税收史的研究对象与范围；先秦、秦汉、三国两晋南北朝的税收；隋唐、宋辽金、元代、明代、清代的税收；国民党统治时期的税收；新民主主义革命时期的税收；中国古代税收的经验教训等。

（2）中国税收思想史。研究和阐述中国古代名家税收思想内容的一门科学。它是中国经济思想史的组成部分。其内容主要包括：中国税收思想史的研究对象与范围；管仲、儒家、道家和墨家的税收思想；商鞅和桑弘羊的税收思想；杨炎、王安石和张居正的税收思想；中国革命根据地时期的税收思想；中国税收思想的评价与借鉴。

（3）外国税收史。研究和阐述各国税收产生与发展过程及其变化规律的一门科学。属于外国经济史的范畴。其内容主要包括：外国税收史的研究对象与范围；外国税收的产生与发展；发达国家（如美国、日本、法国、英国、俄罗斯和匈牙利等）税收史；发达国家（如伊朗、泰国和南非等）税收史；外国税收发展的评价与借鉴等。

（4）外国税收思想史。研究和阐述外国经济学派等税收思想内容的一门科学。它是外国经济思想史的重要组成部分。其内容主要包括：外国税收思想史的研究对象与范围；重商主义、重农学派、古典学派和社会政策学派的税收思想；凯恩斯主义的税收思想；现代货币主义的税收思想；供应学派的税收思想；外国税收思想的评价与借鉴。

8.4　本章小结

★ 本章主要研究和分析了税收基本概念界定、税收相关理论分析和税收学科体系构建三个问题。税收基本概念界定包括税收的产生、含义及其与税务、收费、税制和税法的关系，以及应注意税收的误区与导向。税收产生的条件是国家的产生与存在、私有财产制的存在；春秋时期鲁国的"初税亩"是税收产生的标志；税收是国家凭借其政治权力，强制和无偿地参与国民收入分配所取得财政收入的一种手段；税收与税务、收费、税制、税法既有联系又有区别；应注意税与税收的区别，以及税收宣传上的误区。

★ 税收相关理论分析包括税收的特征、分类、职能和依据。税收的基本特征是税收的强制性、税收的无偿性和税收的固定性，我国社会主义税收本质特征是纳税的自觉性、间接的返还性和执法的灵活性；税收分类是指按照一定的标准把性质、特点相同或相似的税种归为一类的方法，包括一般方法、特殊方法、OECD 和 IMF 的分类，以及税收分类方法的比较；税收职能是指税收分配在一定社会制度下所固有的功能和职责，具有财政、经济和监管职能；税收的依据包括西方学界和我国学界的税收依据理论。

　　★ 税收学科体系构建包括税收学科体系问题的提出、现行税收学科体系的缺陷和完善税收学科体系的构想。其缺陷主要表现在：税收学科门类相对较少，与现代科学发展的趋势不相适应；税收理论及税制研究，与经济发展和财税体制改革不协调；现行税收学科体系中的某些学科，与税收实践活动相脱节；现行国家税收与财政学、税务管理等学科有许多重复之弊。我国社会主义税收学科体系设置及其研究内容的总体设想：建立"税收基础学、税收制度学、税收管理学、税收历史学" 4 类 37 门科学的税收学科体系。

9. 税收效应理论研究

税收效应理论研究主要阐述和分析税收效应基础理论、税收经济效应理论和企业经营税收分析的问题，其中税收效应基础理论包括税收效应的概念和分类；税收经济效应理论包括税收对储蓄、消费和工作的影响等税收微观经济效应理论，以及国民收入的税收因素、税收乘数的效应分析等税收宏观经济效应理论；企业经营税收分析包括税收与企业的经营环境、经营决策和企业财务管理。

9.1　税收效应基础理论

9.1.1　税收效应的概念

9.1.1.1　税收效应的含义

我国学术理论界对税收效应的解释，主要包括以下两类观点：

（1）国家视角下的税收效应。税收效应是指国家征税后所引起的各种反应。国家征税的程度和效果，不一定完全符合国家的意愿，纳税人或社会的反应可能与国家目标保持一致，但也可能是与国家的意愿相反。如税负过重或征收方法不合理，可能会造成纳税人不敢全力地发挥其生产能力；国家征收某种税，旨在促进社会资源配置优化，但结果可能会适得其反。诸如此类的反应，即属于税收的效应。

（2）纳税人视角下的税收效应。税收效应是指纳税人因纳税活动而在其经济选择或行为方面做出的反应。国家征税的目的除满足财政收入外，还要对经济活动施加某种影响，即通常所说的税收经济调节作用，而该作用就会带来税收的超额负担。所谓税收的超额负担是指由于征税引起的相对价格的改变，从而引起纳税人对消费、生产和投资动机的改变，因而减少了征税以前经济选择所能取得的经济福利。

9.1.1.2 税收效应的形式

（1）税收的行为效应。行为效应是指由于国家征税而导致的对纳税人经济或社会行为方式的各种影响。如征税或增加某种税收，而使纳税人经济境况发生改变等。

（2）税收的财政效应。财政效应又称结算效应，是指税收对经济交易形成的收入影响。有时这种影响比对交易本身所施加的影响更大，并最终反映到财政收入的数量上。

（3）税收的告示效应。告示效应是指国家通告在征收该种税之前，对那些涉及范围内的货物和财产的相对价格或交易方式受到的影响。

（4）税收的连锁效应。又称一般均衡效应，是指对某一经济变量课征的税收通过间接方式对一系列其他经济变量发生的影响。

9.1.2 税收效应的分类

税收效应在理论上，可分为正效应与负效应、收入效应与替代效应、激励效应与阻碍效应、中性效应与非中性效应。

9.1.2.1 税收的正效应与负效应

税收的正效应是指纳税人履行纳税义务或产生的效果与国家征税目的一致的状况。一般而言，国家开征的绝大部分税种，即属此类。税收负效应是指纳税人履行纳税义务或产生的效果与国家征税的目的相背离的状况。国家征收某种税，究竟是产生正效应还是产生负效应，可用征收该税取得的收入环比增长率来测定。其计算公式为：

$$收入环比增长率 = \frac{本期收入 - 上期收入}{上期收入} \times 100\%$$

如果国家征税的主要目的是为筹集财政收入，上式中收入环比增长率为正数时，则该税产生的效应是正效应；如果比率为零或为负数时，则说明该税没有产生正效应甚至可能产生负效应。如 1747 年英国开征的窗户税，其目的是国家为取得财政收入，但结果是纳税人为逃避该税纷纷将窗户堵塞。显然窗户税的征收不仅未能增加财政收入，反而使纳税人将窗户封塞而减少了舒适，则该税为负效应。

9. 税收效应理论研究　*247*

如果国家征收该税的主要目的是为限制经济活动向原有方向发展或促进其向新的方向发展，那么上式中的环比增长率为负数时，说明该税产生的效应为正效应；如果为零或正数时，则说明该税产生的效应是负效应。如我国1982年7月开征的烧油特别税，其主要目的是为限制和压缩烧油、实现以煤代油。1991～1993年烧油特别税收入分别为2 595万元、1 684万元和109万元，则1992年和1993年该税环比增长率分别为－35.11%和－93.53%，这就说明烧用应税油品行为在逐渐减少，达到了国家征税的目的，该税的效应为正效应，因而我国于1994年取消了烧油特别税。

9.1.2.2　税收的收入效应与替代效应

从税收对纳税人的影响来看，一般能产生税收收入效应或替代效应，或两者兼有。所谓税收收入效应是指国家征税减少纳税人可自由支配的所得或改变纳税人相对所得的状况，即税收引起纳税人可支配收入的减少。对纳税人在货物购买力方面的影响，表现为纳税人收入水平的下降，从而降低货物购买量和消费水平。税收收入效应本身并不会造成经济的无效率，它只表明资源从纳税人手中转移到政府手中，但因其收入效应而引起纳税人对劳动、储蓄和投资等所作出的进一步反应，则会改变经济的效率状况。

税收替代效应是指当某种税影响相对价格或相对效益时，人们就会选择某种消费或活动来代替另一种消费或活动。如果税前纳税人的经济行为和决策是"理性"的，那么征税就会改变或打破这种最佳状态，也就会减少他们可能获得的经济福利。如累进税率的提高，使得工作的边际效益减少，人们就会选择休息来代替部分工作时间；对某种货物征税可提高其价格，从而引起个人消费选择无税或轻税的货物。税收的替代效应一般会妨碍人们对消费活动的自由选择，进而导致经济的低效或无效。

9.1.2.3　税收的激励效应与阻碍效应

税收激励效应是指国家征税（包括增税或减税）使得人们更热衷于某项活动；而阻碍效应则是指国家征税使得人们更不愿从事某项活动。国家的征税究竟是产生激励效应还是产生阻碍效应，主要是取决于纳税人对某项活动的需求状况。

例如，对个人所得征税，纳税人可自由支配的所得减少，即产生所得效应。在此情形下如果纳税人对税后所得需求弹性很小，则征税会激励人们更加努力工作，赚取更多的收入，保证其收入所得不因征税而有所减少；如果纳税人对税后所得需求弹性大，则征税会妨碍人们去努力工作，因为与其努力工作赚取收入付税，还不如少赚收入不付税。

9.1.2.4　税收的中性效应与非中性效应

税收中性效应是指国家征税不打乱市场经济运行，即不改变人们对商品消费、在支出与储蓄及工作还是休闲之间的抉择。起到中性效应的税可称之为中性税，而中性税只能是对每个人一次性征收的总额税——人头税，因为人头税是不随经济活动的变化而变化。但人头税由于课及所有的人，可能会影响到纳税人家庭的人口规划。现代社会完全意义上的中性税，是不存在的。

与税收中性效应相反，税收非中性效应是指国家征税影响了经济运行机制，改变了个人对消费品、劳动、储蓄和投资等的抉择，进而影响到社会资源配置、收入分配和公共抉择等。一般认为，几乎所有的税收都会产生非中性效应，因而现代社会的税收均属非中性税收。但有些人却认为，现代社会具有一定意义上的中性税是增值税。

9.2　税收经济效应理论

税收经济效应是指国家征税对纳税人经济活动引起的反应，以及对经济稳定和增长造成的影响。一般而言，国家征税行为总会对经济活动造成不同程度的影响，这种影响可从微观经济主体行为变化中考察，也可从国民经济宏观层面进行分析。

9.2.1　税收微观经济效应理论

税收微观经济效应是指因国家征税纳税人对经济行为作出的反应。其考察的对象是微观经济主体——纳税人，目的是研究微观经济主体因国家征税对储蓄、消费、工作等经济行为的影响。

9.2.1.1　税收对储蓄的影响

（1）税收储蓄效应的定量分析。个人所得税对储蓄的影响，其主要原因是它对个人实际收入水平的影响。对个人所得是否征税及征税的多少，会减少个人实际可支配的收入，并减少个人的储蓄率。设 S 为储蓄，b 为边际消费倾向，Y 为收入，C 为消费，那么税前个人储蓄 S_1 为：

$$S_1 = (1 - b)Y$$

其中，（1 - b）表示边际消费倾向，以 C、Y 分别表示消费增量和收入增量，则：

$$(1 - b) = (Y - C)Y$$

那么，在征收所得税以后，税后个人储蓄 S_2 为：

$$S_2 = (1 - b)(1 - T)Y$$

其中，T 为个人所得税税率，当个人收入 Y 和边际消费倾向不变的情况下，对个人收入征税将减少个人储蓄额。

（2）税收储蓄效应的定性分析。一般而言，税收影响储蓄，也具有刺激储蓄增加的效应。以所得税为例，纳税人缴纳所得税后，如果所得不能与其缴纳的税款同等增加，那么纳税后所得用于储蓄的数额必将减少。由于大部分人所得需求弹性小，因而他们希望在工作时期多储蓄一些钱财，以留作补助衰老时收入的不足；或为防备意外死亡，准备足够的钱财储蓄留作辅助家属之用。在前种情况下，课征所得税对于刺激储蓄的效应较小；而在后一种情况下课征所得税，对刺激人们的储蓄心理有很大的效应。

所得税对私人储蓄的效应是激励还是阻碍，主要取决于不同纳税人各自的所得大小及其储蓄愿望与需要。一般而言，低收入者大部分不需纳税，即使纳税额度也很少，因而所得税对储蓄的影响很小；高收入者课征所得税后不愿将大部分所得用于储蓄，而是将税后所得多用于消费，充分享受现时的快乐，故此所得税的储蓄效应也较小；企业所得税的储蓄效应更小，因为企业不论其组织形式和所有制性质，也不论课征所得税的多少，它都必须将一定数额的未分配利润储蓄起来，以备必要时使用。

就我国情况而言，无论是个人所得税还是企业所得税都对储蓄利息所得进行征税，进而影响企业和个人的储蓄状况。但对储蓄的激励效应或替代效应是不明显的，这是因为人们对储蓄的态度主要取决于所得税以外的其他因素，诸如企业为扩大生产经营规模，人们为子女生计着想、每个人所享受社会保障制度的差别和通货膨胀等因素。

9.2.1.2 *税收对消费的影响*

一般而言，国家征税会影响消费者对消费的选择。在西方国家，无论征收流转税和所得税，也不论是对全部货物征税或只对某一部分货物征税，因收入效应与替代效应则会改变人们对消费的自由选择。在收入效应方面，国家征税会使消费者可支配的收入减少，从而降低其消费水平；在替代效应方面，国家征收消费税和个人所得税（利息征税）后，会引起居民支出中消费与储蓄的替代选择，即居民愿意增加消费而减少储蓄，同时也会增加轻税货物的购买而减少重税货物的购买。

在我国，对货物和劳务课征的流转税而言，虽然会产生税收收入效应和替代效应，但由于增值税具有一定的中性效应，消费者一般不需要缴纳消费税，且消费税税额包含在价格中，加之可供替代的无税货物或轻税货物（劳务）非常有限（极少），因而流转税对个人消费抉择的效应较小。由于我国现行个人所得税的免征额不断提高、税率较低，缴纳所得税的个人较少、且占个人收入的比重较低，因而个人所得税对纳税人可支配收入和消费水平的影响不大或可忽略不计，故此对消费抉择的效应也是较小的。

9.2.1.3 税收对工作的影响

国家开征一种税或增加税收，会对工作产生收入效应和替代效应。一般来说，开征某税的目的是希望该税的收入效应能激励纳税人更勤奋工作，即产生激励效应，因为由于征税使纳税人收入减少，人们就不得不减少闲暇等其他方面的享受而加倍努力工作。收入效应或激励效应的大小，取决于纳税人对税后纯所得的需求意愿。税收对工作努力的替代效应是指税收对人们在工作与闲暇之间作选择时所发生的影响。例如，如果个人所得税税率提高，工作的边际效益减少，人们就会选择用闲暇来替代部分工作时间；反之，税率的降低人们则会选择努力工作而放弃休闲。

在我国，个人所得税对工作努力的阻碍效应一般要大于激励效应，这主要是因为个人所得税规定的免征额较高，个人达不到纳税点或纳税较少。如果人们有可能减少闲暇去从事额外工作而挣得额外收入，且其额外收入和正常收入总额超过个人所得税的免征额或纳税较多，人们就会感到减少闲暇挣得收入来纳税不值得。因此，从心理效应看，人们情愿去休闲，也不愿更加努力工作去纳税。如果免征额较高而人们收入较低，既使勤奋工作也很难达到纳税起点，从这一角度看个人所得税又能对工作努力起到激励作用。对富人阶层，个人所得税同样缺乏激励效应，因为他们的收入多为非勤劳收入，即使缴纳个人所得税，其税后收入所得也足够满足生活等的需要。

9.2.2　税收宏观经济效应理论

税收宏观经济效应是从国民经济总量平衡和整体运行的角度来考察税收对国民经济的影响状况。它以微观经济效应为基础，是无数微观经济效应的综合。我们不能忽略宏观效应与微观效应之间的有机联系。当然，在具体的分析方法上，两者是完全不同的。

9.2.2.1　国民收入的税收因素

国民收入是指一国生产要素在一定时期内提供生产性服务所得报酬的总和。假设三部门经济社会，即由消费者、厂商、政府部门组成。通过对总供给和总需求的构成分析，可以得到国民收入水平的公式。从总供给上看，国民收入是一定时期内各生产要素收入的总和，即工资＋利息＋利润＋地租。可将其分解为消费、储蓄、税收。则决定国民收入的公式表示为：

国民收入＝消费＋储蓄＋税收，即 $Y = C + S + T$

从总需求上看，国民收入指一定时期内各项支出总和。其公式表示为：

国民收入＝消费＋投资＋政府支出，即 $Y = C + I + G$

由于总供给＝总需求，我们可以这样表示国民收入构成的基本公式：

$$C + I + G = Y = C + S + T$$

由于需求和供给在实际生活中经常出现变化会形成经济波动，因此税收 T 与政府支出 G 则作为政府调节经济的杠杆，维持总供给与总需求平衡。如当 $C + I$ 不足时，引起失业人数的增加，经济增长缓慢，政府可通过增加政府支出 G，减少税收 T，来维持总需求平衡，刺激经济增长。反之，当 $C + I$ 过多引致通货膨胀时，政府则可减 G 增 T。

可见，税收不仅是构成国民收入的一个重要因素，而且在维持总量平衡方面起着特殊的调节作用。

9.2.2.2　税收乘数的效应分析

（1）税收乘数的基本原理。税收乘数是指政府增加或减少税收所引起的国民收入变动的程度，体现为税收作用的力度。它是用来反映税收变动与其引起的国民收入变动的倍数的关系。一般包括两种情况：一是税率变动对总收入的影响；二是税收绝对量变动对总收入的影响。

税收是对个人、企业收入的扣除，其高低会影响企业、个人收入水平及投资，进而影响国民收入。税收变动与国民收入呈反方向变化，即税收增加则国民收入减少，税收减少则国民收入增加。若以 K_f 表示税收乘数，ΔY 表示收入数量，ΔT 表示税收变动额，则税收乘数的公式为：

$$K_f = \Delta Y / \Delta T$$

根据投资乘数理论将消费支出看成投资，则 $\Delta Y / \Delta C = 1/(1-b)$，$\Delta Y = \Delta C/(1-b)$，其中 ΔC 表示消费增量，$\Delta C/\Delta Y$ 表示边际消费倾向。由消费增量和税收增量的关系可知，征税额变动与消费变动额之绝对值应为征税变动额乘以边际消费倾向，即：

$\Delta C = -b \cdot \Delta T, \Delta T = \Delta C/(-b)$，因此

$$K_f = \Delta Y / \Delta T = [\Delta C/(1-b)]/[\Delta C/(-b)] = -b/(1-b)$$

税收乘数要比投资乘数小，且是负数。这是由于税收的最初影响可支配收入，而投资乘数的最初影响是国民收入。若以 K 表示投资乘数，则税收乘数可表示为：

$$K_f = -(K-1) = 1 - K$$

（2）税收乘数的作用机制。税收乘数效应是税收的增加或减少对国民收入减少或增加的程度。一般而言，增加税收，消费和投资需求就会下降。一个部门收入的下降又会引起另一个部门收入的下降，如此循环下去，国民收入就会以税收增加的倍数下降，这时税收乘数为负值；反之，税收乘数为正值。税收乘数是一个负数，表明税收与国民收入之间是一种反向关系。当政府增加税收时，国民收入则成倍减少；当政府减少税收时，国民收入则成倍增加。

税收乘数的大小由边际消费倾向 β 决定。从税收乘数公式看，边际消费倾向越大，则税收乘数的绝对值越大，对国民收入的倍数影响也越大。假设国家增税 100 亿元，若边际消费倾向 0.8，则税收乘数为 $K_t = -0.8 \times (1/1 - 0.8) = -4$，意味着国民收入将减少 400 亿元（$4 \times 100$ 亿元）；若边际消费倾向 0.6，则税收乘数为 $K_t = -0.6 \times (1/1 - 0.6) = -1.5$，意味着国民收入将减少 150 亿元（$1.5 \times 100$ 亿元）。假如国家变增税为减税而其他条件不变，则国民收入将会增加，增长量与减税时国民收入减少量相同。

如果考虑到增税和减税对纳税人消费偏好的不同影响，则增税带来的国民收入减少往往大于减税带来的国民收入增加。原因是：当增税时，纳税人

可支配收入下降或实际收入降低，此时边际消费倾向上升，而边际储蓄倾向则下降；当减税时，纳税人可支配收入或实际收入水平增加，边际消费倾向下降而边际储蓄倾向则上升。增税时边际消费倾向上升和减税时边际消费倾向下降时使增税引致的国民收入减少，大于同一数量的减税引致的国民收入增加。

税收乘数对国民收入的影响还可结合政府购买支出乘数和政府转移支付乘数予以分析。政府支出乘数是政府购买支出变化给国民收入带来的倍数效应，其公式 $K_g = 1 \div (1 - \beta)$；政府转移支付乘数是政府转移支付变化给国民收入带来的倍数效应，其公式 $K_{tr} = \beta \div (1 - \beta)$。两个乘数综合，就是政府总支出对国民收入的效应。从公式上看，这两种效应都是正相关效应，支出增长会带来国民收入增加。只有把税收乘数和政府购买支出乘数、政府转移支付乘数有机结合起来，才能体现政府收支行为对国民收入的综合影响。通过政府的财政收支和国民收入的减增，以维持国民收入的总量平衡，确保国民经济的稳定增长。

9.3　企业经营税收分析

总体上看，税收影响企业经营活动，它与企业的经营环境、经营决策和财务管理密切相关，如税收与企业的地址选择、投资方向、产品定价、货物销售等决策均有着内在的联系或直接的影响。

9.3.1　税收与企业经营环境

企业经营环境一般包含企业生产经营的社会、经济和自然等环境，还可进一步划分为社会制度、政策法律、经济体制、分配制度、税收分配、人员素质和文化教育等多重子系统。从整体上看，企业的经营活动都离不开这些外部环境的影响和制约，其中税收因素是一个很重要的方面。

9.3.1.1　税收对企业经营环境的影响

（1）税收对企业经营行为产生外部效益。税收作为国家宏观政策手段对企业经营环境产生影响，进而对其具体的生产经营行为产生影响。因为企业是市场经济资源配置和运行的主体，国家征税减少了企业既得利益，可能会影响和改变企业的生产、投资和筹资等，从而影响着企业的行为选择。

（2）税收影响企业经营活动的构成要素。税收通过对企业生产经营活动构成要素产生影响，使企业行为打上税收烙印。如征收所得税会减少企业利润，进而影响企业的生产与扩大再生产；在市场经济竞争中，企业把产品安排在价格等于边际成本的水平上，但税收会增加边际成本，减少最大利润产出，可能迫使企业压缩生产经营规模。

9.3.1.2 企业经营环境对税收的要求

（1）企业经营活动环境对税收法律制度的要求。从现代市场经济客观要求看，企业经营活动要求社会遵循有序、有效、竞争、公平、充满活力，允许有一定的经营自主权，因而确定税收法律制度就必须符合企业活动的客观和内在要求，具体包括以下三个方面：

第一，实行统一的税收法律制度，防止扰乱企业正常的经营环境。从企业行为看，企业经营活动的最终目的都是增加收入、取得盈利。税收是以分割一部分企业创造的剩余产品价值实现的，如果税收法律制度不统一，势必造成一些企业生产的社会剩余产品不参与或少参与税收分配，而另外一些企业生产的社会剩余产品却过多地被税收分配，从而形成获利机会的不公平状态，不利于社会主义市场竞争机制的良性运行。

第二，实行平等的税收法律制度，防止因征税产生企业经济的低效。衡量企业税收环境好坏的关键，是企业负税程度与能力的适应状况。企业负税能力与负税程度相吻合，说明企业的外部环境处于良好状态，否则为非良好状态。使企业生产经营活动外部环境处于良好状态的基本条件：一是对经济行为普遍征税；二是按税负与纳税能力相适应原则，制定包括零级税率在内的累进税率制度；三是实施多种税、多环节的征收制度。

第三，实行有效的税收法律制度，防止税收造成企业经济资源的额外损失。有效的税收法律制度能正确、合理确定税收总量在全社会剩余产品中的比例，实行税收总量控制，搞好企业促产增收和纳税服务工作。它应是有限的、适度的税收征收，尤其应避免税收上的"杀鸡取卵"和"竭泽而渔"的做法。因此，有效的税收法律制度还应正确、有效地确定不同税种的征收范围和幅度，避免对企业产生重复征税的问题。

（2）社会经济运行环境对税收法律制度的要求。上述是从企业经营活动环境分析对税收法律制度的需求，但这些方面只是构成了企业经营外部环境的一个侧面。事实上，税收作为影响企业经营行为外部环境的组成部分，不仅应从企业自身考虑其经营活动的外部环境，而且还应从社会经济运行的角度来考虑企业生产经营的外部环境。

税收在影响社会经济运行时必须考虑：一是为减少经济波动造成企业损失，税收必须具有顺应经济波动变化对企业经营行为要求的传导机制和调控措施，即发挥税收"自动稳定器"的作用；二是税收应保证企业经营活动不会由于资源供求中间调配手段的过失而产生盲目扩张或收缩，保证企业总规模与资源供给总规模的适应、协调；三是当社会经济政策作调整时，税收分配的内容也要相应地发生改变。

9.3.2 税收与企业经营决策

9.3.2.1 税收影响企业的经营决策

企业经济行为的重点在经营，而经营的重点在决策。企业经营决策主要包括企业经营方针、产品方向、生产规模、发展规划、人员培训、竞争对策和资金筹措等。现代企业经营决策的基本要求：确定企业的各项经营目标，使其符合大众及市场、经济及社会发展的需要；掌握市场变化趋势及经济社会变动的状况，调整经营方针和战略；研究和正视企业自身的实力，从实际出发量力而行。

在企业经营决策中，税收法律制度的具体规定及其变化，往往是与企业内部生产经营各要素有关的参量。从知己方面说，税收对企业内部生产经营各要素的影响，迫使其必须对税收造成的企业内部生产经营要素之间的冲击力和抵消予以关注；从知彼方面讲，也必须对外部环境中税收的存在和产生的作用力，保持足够的适应力和应变力。这样，企业经营决策才有可能充分利用税收的功效，抵消税收产生的不利于企业经营的因素。

9.3.2.2 税收与企业地址选择决策

企业地址的选择，往往关系到企业的经济效益。一般说来，企业选择地址都会牵涉级差地租问题。若级差地租在税收分配中不能得到充分考虑或予以重视，那么势必形成企业间因级差地租差异而产生的获利机会及竞争的不平等。因此，企业在决策中，生产经营地址的选择应是企业对级差收入及相应利润予以重视的一个重要方面。

新办企业在选择地址时应考虑税收因素，进行税收可行性研究。如耕地占用税、城镇土地使用税和土地增值税等税种，与企业选址有着直接的、密切的联系。当然，税收也只是其中的因素之一，企业选址时还应考虑市场和交通等诸多条件，综合考虑得出最佳的选址方案。

9.3.2.3 税收与企业投资方向决策

企业投资是有风险的，而风险投资要考虑必要的概率数值、损益期望值及各种方案的比较损益期望值等因素。这些数值和期望值与税收有着一定的关系，主要是税收的变化和调整对风险投资的影响系数，比一般企业投资承受的影响系数大。具体表现为：一是风险的变动因素使投资本身承受的税收影响往往会发生变化，即使税率和风险程度不变，实际上也意味着税收的变化；二是对风险投资的有关行业享受的税收待遇，通常要比一般税率更容易发生变化和调整。

企业投资包括内部投资和外部投资两种。企业内部投资是企业为增加经营利润而加大本企业自身经营能力的投资，其选择主要有两种：一是利用借入资金，即取得贷款进行企业扩建；二是筹措股本，即以加大企业股份的方式取得生产经营所需资本。在正常的情况下，借入资金的贷款利息可计入成本费用而减少计税所得，而筹措股本不需付利息，因此借入资金投资方式的税后利润一般要高于筹措股本投资方式。但应考虑两个问题：一是现金净流入水平，即企业是否能在规定的年限内还清借款的本金和利息，若有此能力则可借款，若无此能力则应筹措股本，因为筹措股本更为稳健；二是企业所得税法中允许计入成本的利息支出是按金融机构同期同类贷款利率所计算的利息，若企业借入资金利率高于同期同类贷款利率甚至高出许多，这时企业应对借入资金决策慎重考虑或另行决策。

企业外部投资是企业利用自有资金对本企业以外的其他企业的投资，该投资也有两种选择：一是对外参股性投资，利用短期、长期投资取得高于本企业税后利润水平的投资收入；二是对外控股性投资或建立全资子公司，以通过子公司的活动提高本企业的利润，并取得投资收益。税收对企业外部投资的影响主要表现在企业利润分割方面，即集团化经营企业由总机构统一汇总缴纳所得税，企业对外投资取得收入已缴纳所得税部分可在缴纳所得税时抵免，体现税不重征的原则。企业对外投资应考虑的税收因素主要包括：一是企业向所得税率高于25%的国家、地区的投资，会加重税收负担，因为我国所得税法规定对外投资取得收入所缴纳所得税税款的抵免限额，仅限于对外投资所得收入按我国税法规定计算缴纳的所得税税额；二是企业向所得税税率低于25%的国家、地区和国内其他地区进行投资是有利的，且在国内其他地区投资时可采用总机构统一汇总缴纳所得税的方式，否则企业应补缴因地区差、政策差而少缴的企业所得税。

9.3.2.4 税收与企业货物定价决策

企业在市场经济竞争中，其货物如何定价，在采用价外税、使用增值税专用发票、划分一般与小规模纳税人的情况下是企业需要考虑的问题。在一般纳税人的销售货物价格与小规模纳税人含税价格一致的前提下，企业属于小规模纳税人应按规定不得抵扣进项税额，要自己全部承担销项税额；而属于一般纳税人可享有从销项税额中扣除进项税额，显然一般纳税人的企业税负要轻于小规模纳税人的企业。即使某些地区采取一些对小规模纳税人的照顾措施，如会计核算健全的企业，可由当地税务机关代开增值税专用发票扣除该环节的增值税，但无论从社会标准价格还是含税价格上考虑，小规模纳税人的企业仍不占优势而难于与一般纳税人进行竞争。

按照税法规定，不同规模的纳税人在税额计算上有较大的差异，因而企业货物定价与不同的购买者密切相关。从纳税人视角出发，货物定价应从以下三个方面考虑：一是企业都是一般纳税人时，因企业纳税负担和税额计算方法相同，货物售价可按增值额考虑；二是企业都是小规模纳税人时，货物售价可按社会标准价值及本环节负担的进项、销项税额的税负考虑；三是企业的购销在一般和小规模纳税人之间进行，小规模纳税人的企业销售货物时可由税务机关代开增值税专用发票等，其货物售价要低于一般纳税人售价的2.12%时才容易被一般纳税人接受；若不能由税务机关代开增值税专用发票，其货物售价则要低于一般纳税人价格的14.12%左右，以满足一般纳税人不增加税负的要求。

9.3.2.5 税收与企业销售货物决策

税收对企业销售货物决策有一定的影响，即增值税对一般纳税人和小规模纳税人销售货物的影响。从增值税对一般纳税人销售货物的影响看，一般纳税人将货物销售给一般纳税人，企业可填开增值税专用发票，从而以销项税额抵减本期进项税额，这对企业是有利的；若销售给小规模纳税人，企业最好也填开（按规定可以不开）增值税专用发票，从而扣除进项税额；而向消费者销售应税货物不得开具增值税专用发票，在其售价高于批发价格时对企业一般也是有利的。

从税收对小规模纳税人销售货物的影响看，增值税规定小规模纳税人按销售收入的3%计算销售税金，若降低货物售价使其接近不含税价格，只损失3%的收入。这样，小规模纳税人企业可利用价格上的优势以降低售价的方式实施促销活动。相比而言，一般纳税人企业若以降价方式销售货物，损失就会较大。

9.3.3 税收与企业财务管理

税收与企业财务管理有着十分密切的关系，企业应正确理解和掌握两者的关系，遵守税收法律制度及其要求，加强经济核算和财务管理，更好地履行纳税义务。

9.3.3.1 税收对企业内部分配的影响

在企业内部分配中，补偿基金和工资基金的核算及扣除是否正确，是影响到税收分配是否真实可靠的关键，同时税收分配对企业财务分配起着监督和制约的作用。因此，企业税金的正确核算和及时缴纳是税收分配得以实现的重要前提。

（1）税收分配对企业内部分配有关方面的影响。税收是影响企业扩大再生产和职工或股东既得利益的决定因素。一般而言，税收总量增加必然减少企业税后利润，因而企业用于扩大再生产和消费需求的部分也会减少；反之亦然。在市场经济机制中，体现独立资本意识的企业往往以扩大再投资和竞争能力为目标，而压缩扩大消费支出；体现主体资本意识的企业，往往是把主要资本所有者的意志强加于企业；体现全民资本意识的企业，其税后利润必然体现全体劳动者的意识。对任何一个企业来说，其税后利润用于再投资和发放红利、股息的数额都有其限度，通常这个限度是社会性的标准。

（2）税收分配对股息、红利、职工收入的影响。税收在分割企业剩余产品价值时应如何消除税种间征税对象的重叠，成为实现企业有效内部分配的重要环节。对企业利润征收所得税后，如果再对其纳税后分给股东及个人的股息、红利、奖金、津贴征税，则会产生对同一笔收入的双重征税。消除一国境内的双重征税是关系到有关纳税企业、个人生产经营的生产积极性，以及社会投资量能否有效增长的问题。因此，国家要将这种双重征税压低到最低程度，其消除或缓解的方法主要有扣除法和轻征法两种。我国主要采用轻征法，即对分红、股息以制定低税率的方法来减少纳税人的税收负担。

9.3.3.2 税收对企业会计核算的影响

我国增值税纳税人认定为一般纳税人和小规模纳税人的标准是销售规模和会计核算健全两个条件，尤其是后者，即会计核算健全的企业可按一般纳税人来缴纳增值税。由于小规模纳税人的税负高于一般纳税人，因而增值税对纳税人的划分标准会形成一种利益机制，促进企业特别是一些小企业为自身经济利益，主动地健全会计核算。这就意味着企业必须对税收法律制度有足够的理解，主动地按税法要求健全账目，提高会计核算水平，进而依法减轻税负，获取在税收优惠中的有利条件。

企业的财务损益和应税所得的计算是会计核算的主要内容，新企业所得税法采用应税所得与会计利润相分离的方法，并规定纳税人在计算应税所得时，其会计处理办法与税收规定不一致的，应按税法规定进行调整。依照税法对企业收益及与收益有关的成本、费用、资产、债权、债务等事项进行税务处理，既有利于进一步规范企业的利润核算、公平税负、与国际税收惯例接轨，也有利于保护税基、维护国家税收利益。因此，各类企业都应树立双重的损益核算观念，将应税所得额的确定转到新税法上来。

9.3.3.3 税收对企业纳税管理的影响

企业为适应税制改革的新变化，应树立独立计算应纳税款和主动申报纳税的意识，掌握社会化的税务、会计工作程序，不断改进会计核算技术及提高财务管理水平，依法进行纳税核算并缴纳税款，合理、合法地提高其经济效益。此外，从税收征收管理制度的进一步完善和发展上看，企业的纳税管理应积极做好以下三个方面的工作：

（1）普遍建立纳税申报制度。要求企业由过去依赖税务机关征税，而转为主动、自觉地依税法规定履行纳税义务和行使权力，主要包括自行申报纳税、计缴税款、提供资料、接受检查及申请行政复议与诉讼等。

（2）建立税务咨询和代理制度。要求企业认识税务中介机构功效，借助税务咨询、代理机构等社会中介力量代办纳税事务，以提高企业纳税会计工作效率，降低纳税成本，维护自身的经济权益。

（3）加速推进税收征管计算机化的进程。企业尽快改进会计核算手段与方法，及时调整修改原纳税系统软件。按新纳税申报软件进行运作，以适应新税制的要求，逐步全面实现财务会计核算特别是纳税核算的电算化。

9.4　本章小结

　　★ 本章主要阐述和分析了税收效应基础理论、税收经济效应理论和企业经济税收分析三个问题。税收效应基础理论包括税收效应的含义、形式和分类，其中税收效应是指国家征税后所引起的各种反应；其形式包括税收的行为、财政、告示和连锁等效应，类型包括正效应与负效应、收入效应与替代效应、激励效应与阻碍效应、中性效应与非中性效应。税收正效应是指纳税人履行纳税义务或产生的效果与国家征税目的一致的状况；税收负效应是指纳税人履行纳税义务或产生的效果与国家征税的目的相背离的状况。

　　★ 税收经济效应理论包括税收微观与宏观经济效应理论。税收微观经济效应是指因国家征税纳税人对经济行为作出的反应，其考察对象是微观经济主体，研究税收对储蓄、消费和工作的影响。一般而言，税收影响储蓄，也具有刺激储蓄增加的效应；国家征税会影响消费者消费的选择；开征一种税或增加税收，会对工作产生收入效应和替代效应。税收宏观经济效应是从国民经济总量平衡和整体运行的角度来考察税收对国民经济的影响。它是无数微观经济效应的综合，重点是国民收入的税收因素和税收乘数。

　　★ 企业经营税收分析包括税收与企业的经营环境、经营决策和财务管理。总体看，税收影响企业经营活动；从经营环境关系看，税收对企业经营行为产生外部效益，影响企业经营活动的构成要素，同时企业经营活动和社会经济运行环境对税收法律制度提出一定的要求；从企业经营决策看，税收影响企业的经营决策，与企业地址选择、投资方向、货物定价、销售货物等决策有着密切的关系；从税收财务管理看，税收对企业的内部分配、会计核算和纳税管理等都有一定的影响。

10. 税收思想原则研究

税收思想原则既是税收理论的重要内容，也是中外学界长期研究且有分歧的重要问题。税收思想原则研究主要阐述和分析税收思想原则理论、当代西方税收原则和我国税收原则研究的问题，其中税收思想原则理论包括税收思想原则理论认识、我国古代税收思想原则和西方税收原则历史演进；当代西方税收原则包括西方税收原则理论内容和西方税收原则发展取向；我国税收原则研究包括不同时期税收原则理论、学界对税收原则的争论和本书对税收原则的认识。

10.1　税收思想原则理论

10.1.1　税收思想原则理论认识

（1）对税收思想原则含义的争议。对于何谓税收思想原则，国内外学界的认识不尽一致，甚至存在着较大的分歧。例如，在税收原则认识上，学界多数人认为，税收原则一般是指国家制定税收制度所应遵循的基本准则。

但有人却认为，税收原则、税制原则、税法原则是三个不同的概念，且内涵也是不同的；也有人认为，税收原则又称税制原则，两者与税法原则是两个概念；还有人认为，税收原则与税制原则、税法原则三者是相同或相似的，只是提法或侧重点不同。

（2）本书对税收思想原则的认识。"思想"和"原则"是多义的，如思想是指客观存在反映在人的意识中经过思维活动而产生的结果，是人类一切行为的基础，人因思想而伟大；或指想法、心里的打算，或指考虑，或指想念，或指意识形态的、观念的。原则指说话、行事所依据的准则，即言行的准则；或指事物的本质、事物的原生规则；或指看待问题、处理问题的准则等。一般认为，思想是原则的基础，原则是思想的保障。

我们认为，税收思想原则是税收思想和税收原则的统称，税收思想是指人们对税收分配活动及其规律的认知与反映；税收原则是指国家进行税收分配活动所遵循的理论标准和基本准则。因此，对税收思想原则的认识，往往会受到人们立场、观点、方法和时期等方面的影响。只有准确、客观反映税收分配活动及其客观规律的税收思想原则，才是正确的，这是做好税收理论研究与实践工作的基础与保障。

（3）税收、税制、税法原则关系。税收原则是反映税收活动的根本属性，是一定时期治税思想的直接体现。其内容包括税制和征管两个方面，前者如公平税负、适度合理、稳定经济等；后者如依法行政、依率计征、方便纳税等。所谓税制原则是指国家制定和修订税制所应遵循的一般准则。由于税收原则的核心和主体是税制原则，故有时又将其称为税制原则，但两者是有区别的。

税法原则是指国家在一定的政治、经济和社会条件下制定的指导税法活动的准则，是构成税收法律规范的基本因素。从法理学视角分析，税法原则主要包括基本原则和适用原则两个层次：前者包括法定原则（税收法律主义）、效率原则（税收效率主义）、公平原则（税收公平主义）、民主原则（税收民主主义）、公众信任原则、实质课税原则；后者包括法律优位原则、新法优于旧法原则、程序法优于实体法原则、法律不溯及既往原则、特别法优于普通法的原则和实体法从旧程序法从新原则等。

10.1.2　我国古代税收思想原则

（1）古代税收原则的提出。我国税收原则的萌芽可追溯到儒家思想。如早在儒家就提出"轻徭薄赋"，即减轻徭役、降低赋税等税收思想；春秋时期管仲则明确提出"相地而衰征"，即取之有度、少扰人民的税收原则；秦汉时期傅玄提出了"至平、税俭而趣公、有常"的税收原则；明代张居正提出了"资商利农、税制简化"的税收原则等。

我国古代的税收原则较为全面，主要体现在四个方面：一是稳定统治秩序，强调征税要符合道义、公平、为公为民等原则；二是发展经济需要，强调征税要坚持适时、有度、培养税源等原则；三是组织财政收入，强调征税要采用普遍、弹性、税为民所急等原则；四是加强税务管理，强调征税要贯彻明确、便利、统一、有常规、有效益等原则。

（2）古代税收原则的内容。我国古代税收原则的内容既相辅相成、相互促进，又相互矛盾、相互制约。这些原则的基本含义阐述如下：

① 有义原则。即国家征税要符合道义。如孔子认为："义然后取，人不厌取"。"有君子之道，其使民也义"（《论语》）。这里强调的"义"即实行仁政、轻徭薄赋。因为"财聚则民散，财散则民聚"，轻征赋税有利于争取民心，以使统治者长治久安。

② 有度原则。即国家征税要适度、适量。如《管子》提出的"地之生财有时，民之用力有倦，而人君之欲无穷，以有时与有倦养无穷之君，而度量不生于其间，则上下相疾也"。历代思想家都强调取民有度，但其标准不一，多强调征税不能超过负税能力。

③ 有常原则。即国家赋税要有常规、固定。如傅玄针对魏晋时期赋役制度兴废无常时提出赋税有常原则，即"国有定税，下供常事，赋役有常，而业不废"，而有常的关键在于决策者和官吏行为的规范。傅玄强调赋税的稳定性，但并不反对其改革。

④ 统一原则。即国家赋税政策要统一。如商鞅主张"上一而民平，上一则信，信则臣不敢为邪"（《商君书·垦令》）。即国家税政应统一，对所有的人应一视同仁、没有歧视，人民就会感到赋税的公平，就能取信于民，官吏也不便营私舞弊。

⑤ 弹性原则。强调赋税征收要有伸缩性，依条件的变化而变化。如孟子反对课征定额税收，主张丰年多征、灾年少征；《管子》将年成分为上中下三个等级，提出不同的年成依不同的税率征收，最坏的年成"不税"成"驰而税"（《大匡》）等。

⑥ 普遍原则。强调征税范围要宽，纳税人要普遍。根据《周礼》中所载，从事各种职业的人都要缴纳赋税。即耕田的贡谷，经商的贡货物，从事牧业的贡鸟兽，从事手工业的贡器物，连无职业的人也要"出夫布"等。

⑦ 均平原则。强调征税中应做到的均平合理。但其思想家强调的角度不同，主要包括：一是按负担能力征税，才算均平合理；二是征税不分贵贱强弱、一律平等对待，方为均平合理；三是坚持"横向均平"，又要坚持"纵向均平"。

⑧ 明确原则。强调征税的有关规定要明白确定。如《管子》提出"审其分，则民尽力也"，让人民知道赋税征收的比例是适合的；苏绰认为，赋税的明确原则对征纳双方都有利；刘晏在理财治税中强调，要"知所以取人不怨"（《新唐书·刘晏传》）。

⑨ 适时原则。强调征税的时间和时限要适当。诸多的政治家、思想家都强调征税要适时。孔子提出"使民以时"；荀况提出"无夺农时"；《管子》认为，纳税时限的规定应适当，时限越短，纳税人所受的损失越大。

⑩ 便利原则。强调定税应尽量给征纳双方以便利。《史记》载，夏禹时就注意在定税中应方便纳税人，即"禹乃行，相地宜所有以贡，及山川之便利"。而当商品经济发展到一定程度、货币税取代实物税后，又进一步给纳税人带来便利。

⑪ 为公为民原则。强调国家只能为公为民而征税。如荀悦认为，国君应有"公赋而无私求"，"有公役而无私使"；严复认为，赋税收入不应只供少数统治者享受，应"取之于民，还为其民"，为民兴公利、除公害（《原富》）。

⑫ 为民所急原则。强调对必需的生活、生产用品征税，保证赋税丰裕和可靠。桑弘羊在汉武帝为筹军费实行过盐铁酒专卖，寓征税于价格之中；刘晏也认为："因民所急而税之则国用足"。在战争或财政困难时，统治者常采用该原则。

⑬ 涵养税源原则。强调国家治税中要重视税源培养。荀况提出国家应"节其流，开其源"；管仲提出"强国必先富民""薄赋敛，则民富矣"；司马光提出，要"养其本而徐取之"；刘晏提出"理财常以养民为先"等。

10.1.3 西方税收原则历史演进

较早提出税收原则的人，主要有英国托马斯·孟、托马斯·霍布斯、威廉·配第和德国尤士弟等，他们对税收原则提出了一些见解。其后，亚当·斯密、萨伊、西斯蒙第、瓦格纳、庇古和马斯格雷夫等人，都提出了有一定影响的税收原则，其中最有影响力的当属亚当·斯密和瓦格纳的税收原则。亚当·斯密的"税收四原则"是前人的继承和总结；重大发展时期则是瓦格纳，他集前人之大成提出"四项九端"的税收原则。

10.1.3.1 *托马斯·霍布斯的税收原则*

托马斯·孟（Thomas Mun，1571—1641）是重商主义的代表人物、英国贸易差额论的主要倡导者。其代表作《英国得自对外贸易的财富》（1630）中，从"财富是战争的命脉"视角出发，主张国防财政论和重税无害论。

托马斯·孟税收原则主要包括：一是交换原则，即国民以纳税来负担国防费用，进而保障国民自身的安全；二是节约原则，即税收如果被国王享用则是国家的损失；三是民主原则，即国王征税必须取得议会和全体国民的同意，并对两个阶级采取公平的立场。

10.1.3.2　托马斯·霍布斯的税收原则

托马斯·霍布斯（Thomas Hobbes，1588—1679）是英国的政治家、哲学家，理性主义的奠基人，也是著名的重商主义财政学家。著有《利维坦》《论公民》《论物质》《论政体》《论社会》《法律要指》等。霍布斯在《利维坦》（1651）等著作中阐述了其赋税思想。他率先探讨了国家建立及其人民应向政府缴纳赋税的原因，也支持税收交换说、利益说的观点；同时从税收"利益交换说"出发，批判封建国家以直接税为主体的不公正的税制，主张实行平等课税的原则。

霍布斯所言的平等课税原则，即指按照人民从国家享受到的利益成比例的纳税。国家提供的利益并非平均分配给每个公民，而是有的受益多，有的受益少。其衡量受益程度包括个人拥有的财产数额和个人消费的数额两个标准，主张按照两个标准之一和比例平等地向政府纳税。霍布斯站在反封建的立场上，认为财产税等税制赋予封建贵族、僧侣等阶层的赋税豁免特权，是鼓励消费的奢侈和浪费，也无法满足国家日益增长的财政支出。为此他主张征收国内消费税，因为消费税能鼓励节约、节制奢侈；同时符合税收平等原则，人人要消费，人人要纳税，还可保证国家税收。

10.1.3.3　威廉·配第的税收原则

威廉·配第（Willian Petty，1623—1687）是英国的经济学家、统计学家，英国古典政治经济学创始人。配第一生的著作很多，手稿有50多箱，如《赋税论》（1662，全名《关于税收与捐献的论文》）、《献给英明人士》（1664）、《政治算术》（1672）和《爱尔兰政治剖析》（1674）等。在最著名的代表作《赋税论》和《政治算术》中，他比较深入地研究了税收问题，第一次提出了税收原则（他当时称之为"税收标准"）理论。按西方税收学者的说法，配第是税收原则最早的提出者。

配第认为，过分征收赋税会相应减少国家资本的生产力，是国家的一种损失。他主张在国民经济循环过程中把握住赋税的经济效果，并根据其优劣决定税制结构的取舍。配第的税收原则主要是围绕公平负担这一基本观点来论述的，提出赋税应贯彻公平、简便、节省三个标准。他认为，所谓公平就是税收要对任何人、任何东西"无所偏袒"，税负也不能过重；所谓简便就是征税手续简单、方法简明、征收方便，应尽量给纳税人以便利；所谓节省就是征税费用不能过多，尽量注意节约。

10.1.3.4 尤士弟的税收原则

尤士弟（Heinrich Gotelob Von Justi，1717—1771）是德国官方学派的代表人物，重商主义经济学家。其主要著作包括《国家经济论》（1755）、《赋税及捐税研究》（1762）和《财政体系论》（1776）等。尤士弟认为，国家财政收入包括官产收入、特权收入、赋税收入和其他收入（含公债收入）。他深入探讨当时国内消费税流行的原因及其利弊，反对国内消费税，但考虑到增加国家财政收入的需要，又主张折中主义。

尤士弟以征收赋税必须不得妨碍纳税人的经济活动为出发点，就征收赋税的方法方面提出了六大原则：一是自愿缴纳，即运用促进自发纳税的征税方法；二是合理征税，即赋税不得侵犯臣民的合理自由，不危害其生活和幸福，不得有害于国家的繁荣和工商业的发展；三是平等征税，即赋税的征收要做到公平合理；四是课税明确，即赋税要有明确的目标和法律依据；五是费用最低，即选择征税费用最低的货物征税；六是手续简便，即纳税手续简便易行，纳税时间安排适当。

10.1.3.5 亚当·斯密的税收原则

西方学界认为，第一次将税收原则提高到理论高度、明确而系统地阐述者是亚当·斯密的税收原则，在当时被称为"金科玉律"。亚当·斯密（Smith Adam，1723—1790）是英国古典政治经济学家，经济学的主要创立者。他在其经济学名著《国民财富的性质和起因的研究》（简称《国富论》，1776）中，主张经济自由放任和反对国家干预经济，提出了税收的四项原则：

（1）平等原则。即国民应根据其纳税能力承担政府的经费开支，按在国家保护下所获收入确定纳税的额度。包括：取消一切免税特权，即取消贵族僧侣的特权，使其与普通国民一样依法纳税；税收中立，即征税尽量不使财富分配的原有比例发生变化、经济发展不受影响；依税收负担能力课征，即依每个国民在国家保护下所获收入课征。

（2）确实原则。即课税必须明确规定，不能随意变更。如纳税日期、纳税方法及缴纳数额等，都应当让所有的纳税人和其他人了解清楚明白，否则纳税人将不免要受到税吏权力的任意左右。该原则是为杜绝征税人的任意专断征税，加重税收负担，以及恐吓、勒索等行为的。斯密认为，税收不确定对人民的危害比税收不公平更为严重。

（3）便利原则。即各种赋税完纳的日期与方法，应给予纳税人以最大的便利。在时间上，应在纳税人收入丰裕时征税，不使其感到纳税困难；在方法上，应力求简便易行，不让纳税人感到手续繁杂；在地点上，应将征收机关设在交通便利的场所，使纳税人纳税方便；在形式上，应尽量采用货币形式，以免纳税人因运输实物而增加额外负担。

（4）节约原则（最少征收费原则）。即向国民征税要适量，且征收费用较少。斯密强调，在赋税征收过程中，应尽量减少不必要的费用开支，所课征的赋税尽量归入国库，使国库收入同人民缴纳的差额最小，即征税费用最少。也就是说，一切赋税的征收，须设法使国民所付出的，尽可能等于国家取得的收入。

斯密还认为，人民所付出多于国家所收的，很可能是由于弊端之故：如税吏过多，他们不但要耗费大部分税款贪污中饱，且为获得额外收入而另征附加赋税；赋税妨碍生产活动，使可供纳税的资源缩减乃至消失；对逃税者的处罚、没收逃税者的资本导致其破产，从而使其丧失通过运用资本所获收益，造成社会的损失；税吏频繁地登门及可厌的稽查，常使纳税人遭受极不必要的麻烦、困扰和压迫，成为纳税人负荷的一些黑费用。

10.1.3.6 萨伊的税收原则

让·巴蒂斯特·萨伊（Jean-Baptiste Say，1761—1832）是法国庸俗经济学创始人。萨伊所处的时代是法国资产阶级革命后社会矛盾开始激化的时期。他认为，国家征税就是向私人征收一部分财产，充作公共需要之用，且课征后不再返还给纳税人。由于政府支出不具有生产性，所以最好的财政预算是尽量少的花费，最好的税收是税负最轻。因此，他提出了税收的五项基本原则：

（1）征税的最适度。国家征税是剥夺纳税人用于满足个人需要或用于再生产的产品。而对纳税人剥夺越少，则对再生产破坏也就越小。

（2）节约征收费用。萨伊以赋税征收费用对人民是负担和对国家无益处为由，主张节省征收费用。一方面，尽量减少纳税人的负担；另一方面，不给国库增加困难。

（3）国民负担公平。当每个纳税人承受同样（相对的）赋税时，每个人负担必然是最轻的。如果税负不公平，则损害个人利益和国家收入。

（4）最小妨碍生产。所有的赋税都是有害于再生产的，因为它妨碍生产资本的积累，最终危害生产与发展，所以对资本的课税应是最轻的。

（5）国民道德提高。赋税除财政作用以外，还能改善或败坏人民的道德、促进勤劳或懒惰及鼓励节约或奢侈，因而国家征税须普及有益的社会习惯和增进国民道德。该项原则是萨伊对税收原则理论的补充和发展。

10.1.3.7　西斯蒙第的税收原则

西斯蒙第（Sismondi, Jean Charles Lnard Simonde de, 1773—1842）是法国古典政治经济学的完成者，经济浪漫主义的奠基人。西斯蒙第处于欧洲国家产业革命后资本主义经济发展时期，他从发展资本主义经济视角出发，在肯定斯密税收原则的基础上，在其《政治经济学新原理》（1819）中补充和发展了斯密税收原则理论，主要包括五个方面：

（1）按照收入课税。即对个人收入征税，国家只是支出个人所应支出的东西；对资本征税，就是毁灭应该用于维持个人和国家生存的财富。

（2）生计收入免税。即赋税是公民换得享受的代价，不应向得不到任何享受的人征税，即永远不能对纳税人维持生活所必需的收入征税。

（3）以轻税为标准。即任何赋税使百姓向国家缴纳的收入越多，危害也就越大；任何赋税国家征税越少，越是好税。

（4）保证赋税遵从。即任何赋税要求人们接受监督越广，对公民自由破坏越重越是坏税；使人产生隐瞒企图越小、受得监督越少，自愿完纳成分越大越是好税。

（5）避免财富外逃。即所定赋税对最易逃税的财富应特别缜密考虑，绝不应因征税而使应税的财富逃出国外，也绝不应触及保持该财富所必需的那部分收入。

西斯蒙第是从资本主义经济发展的角度来研究税收的，他认为如果对资本征税，"国家就会很快地陷于贫困、破产，甚至灭亡"。此外，为适应资本积累要求，西斯蒙第着力倡导轻税原则，其第三项、第四项原则补充了斯密在经济方面的空白，是一种新的贡献。

10.1.3.8 *瓦格纳的税收原则*

阿道夫·瓦格纳（Adolf Wanger，1835—1917）是德国最著名的财政学家，社会政策学派的主要代表人物。瓦格纳自称是国家社会主义者，他认为财政是一种独立于私人经济的生产性的国家经济活动，这是公共经济学最初的思想。瓦格纳1872年出版的《财政学》名著，引起西方经济学界的极大反响，一些财政理论和观点至今仍具有重大的现实意义。他提出：从财政的意义来看，赋税是作为对公共团体事务设施的一种报偿，根据一般的原则与标准，按公共团体单方所规定的方法课税。赋税除财政收入外，又可体现对财产与所得干预和社会政策的调整。其税收原则归纳为"四项九端"（即四大项九小点）：

（1）财政收入原则。该原则又称财政政策原则，即指赋税要以供给财政支出，满足国家实现其职能的经费需要为主要目的。其内容主要包括：一是收入充分原则，是指赋税必须能充分满足财政的需要，即其他非税收入不能取得充分的财政收入时，可依靠赋税充分满足国家财政需要，以避免产生财政赤字；二是收入弹性原则，是指赋税必须能充分适应财政收支的变化，即赋税要能随着财政需要的变动而相应增减，特别是在财政需要增加或赋税以外的其他收入减少时可通过增税或自动调节来增加财政收入。

（2）国民经济原则。即指国家征税尽可能有助于资本的形成，不应阻碍国民经济的发展，更不能危及税源本身。其内容主要包括：一是慎选税源原则，是指税源选择适当，以所得为最适税源，以免侵及资本，即从发展经济角度考虑，以国民所得为最好税源，若出于国家经济、财政或社会政策的需要，也可适当选择某些资本或财产；二是慎选税种原则，是指最好选择不宜转嫁的所得税作为税种，即税种选择要考虑税负转嫁的问题，因为它关系到收入分配和税负公平，所以尽量选择难以转嫁或转嫁明确的税种。

（3）社会公平原则。即指赋税应在各阶级、各人之间进行公平分配，矫正社会财富分配不均、贫富两极分化，达到赋税改革社会的目的。其内容主要包括：一是普遍原则，是指对一切有收入的国民普遍征税，即征税应普及到每个社会成员，不可因身份或社会地位特殊而免税，要做到不偏不倚；二是平等原则，是指根据纳税人纳税能力的大小征税，即纳税人的赋税负担与其能力对应，采用累进税制对高收入者高税，对低收入者低税，对无收入者或贫困者免税，同时对财产和不劳而获所得加重征税。

（4）税务行政原则。即指对税务行政管理方面的要求，是对斯密赋税原则第二项至第四项的继承与发展。主要包括：一是确实原则，是指赋税法令简明确实，即赋税征收事项必须预先规定清楚，使纳税人有所遵循，税务机关和官员不得任意行事；二是便利原则，是指课税考虑纳税人方便，即纳税手续简便，纳税的时间、地点、方式等尽量给纳税人以便利；三是征税费用节约原则，是指赋税管理开支费用力求节省，即赋税征收尽量增加国库的实际收入，同时也应减少纳税人因纳税而负担的费用。

瓦格纳所提出的税收原则是资本主义从自由竞争阶段进入垄断阶段，在社会矛盾激化过程中产生的一个多中心的税收原则。在他的税收原则中，各家的学说都得到了相应的归纳和反映。正因为如此，西方税收学界视瓦格纳为前人税收原则理论的集大成者，同时也进一步发展了税收原则理论。

10.1.3.9　庇古的税收原则

阿瑟·赛斯尔·庇古（Arthur Cecil Pigou，1877—1959）是英国著名的经济学家，剑桥学派的主要代表人物，被誉为"福利经济学之父"。曾任剑桥大学经济学讲座教授，英国皇家科学院院士、国际经济学会名誉会长等。其代表作主要有《财富与福利》（1912）、《福利经济学》（1920）、《产业波动》（1926）、《失业论》（1933）、《社会主义和资本主义的比较》（1938）和《就业与均衡》（1941）等。税收贡献主要是庇古税理论和税收原则理论。庇古税的基本思想是：根据污染所造成的危害程度对排污者征税，用税收来弥补排污者产生的私人成本和社会成本之间的差距，使两者相等。

庇古认为，政府征税应符合公平和效率两项原则。其中税收公平原则的含义：一是横向的公平，即指对经济情况相同的人应课以相同的税收；二是纵向的公平，即指对经济情况不同的人应当课以不同的税收。可以说庇古的税收原则，对现代各国税收原则研究具有积极的借鉴意义。

庇古的税收效率原则即指课税时应考虑税收对工作、储蓄、投资、冒险革新、资源合理有效配置等产生的影响。其含义包括：一是税收征纳，应尽可能达到确定、便利和节约费用；二是最小牺牲是税收的最高原则，税收课征应尽可能避免额外负担，理想的税收是最不扭曲经济行为的中性税收，即除使人民纳税而遭受金钱的牺牲外，最好不要使人民遭受其他额外负担或经济损失；三是税收课征应尽可能促使市场经济有效运行，即税收对市场经济活动应保持中性原则，尽可能发挥市场机制的作用。

10.1.3.10　马斯格雷夫的税收原则

马斯格雷夫（R. A. Musgrave，1910—1989）是当代世界著名的经济学家，并在财税理论方面有较高的学术研究。马斯格雷夫生于德国，在美国获哲学和法学博士学位，曾任哈佛等大学教授、美国经济学会副会长、国际财政研究所名誉副所长等职。其主要代表作《财政理论》（1959）和《财政制度》（1969），与他人合著的《哥伦比亚的财政改革》（1971）和《财政理论与实践》（1973）等，其中《财政理论与实践》是西方财政学专业必读的教科书。其税收主要贡献是将税收理论与宏观经济学、微观经济学、福利经济学、政治决策理论、社会公共部门理论等融为一体，大大拓宽了税收经济学的研究领域。

马斯格雷夫在其代表作《财政理论与实践》中，对亚当·斯密以来的经济学家的税收原则理论进行了研究与总结，并提出自己的六项税收原则：一是税收分配应是公平的，使每个人都支付他"适当的份额"；二是税收选择应尽量不干预有效的市场决策，以使税收的"超额负担"最小化；三是如果税收政策被用于实现刺激投资等其他目标，那么应使其对公平性的干扰尽量最小；四是税收应有助于以经济稳定和增长为目标的财政政策的实现；五是税收制度应明晰而无行政争议，且要便于纳税人理解；六是税收的管理和征纳费用，应在考虑其他目标的基础上尽可能地较少。

10.2　当代西方税收原则

10.2.1　西方税收原则理论内容

当代西方国家专家学者对税收原则的研究，主要是围绕着税收在现代经济生活中的职能作用进行的。其研究的思路是"社会发展——政府管理——税收原则"，人类社会发展目标可界定为社会福利的最大化，其路径依赖是效率与公平，是政府管理的目标，因而税收原则体现为效率、公平、稳定三项原则。

10.2.1.1　税收公平原则

税收公平原则是指国家征税要使各个纳税人承受的负担与其经济状况相

适应，以保证各纳税人之间负税均衡的原则。按照西方税收界解释，税收公平主要包括横向公平和纵向公平：前者指经济能力或纳税能力相同的人应缴纳数额相同的税收，即税制以同等的方式对待条件相同的人；后者指经济能力或纳税能力不同的人应缴纳数额不同的税收，即税收如何对待条件不同的人。西方经济学家就税收公平原则的标准提出过诸多观点，大体概括为受益标准和能力标准两种。

（1）受益标准。受益标准又称"利益说"标准，是指根据纳税人从政府中享受利益的多少判定其应纳多少税或其税负为多大，即享受利益多的人应纳较多的税，反之则缴纳较少的税，没有享受利益的人不纳税。该税收原则的理论基础是自愿交易理论和成本收益理论，将税收视为公共产品价格，以自愿交易为基础对公共产品缴纳税金。

利益标准考虑征税与受益两个方面，理论上可行，诸如燃油税等税；而在实践中大部分税收是行不通的。其局限性在于：一是在多数情况下，税收的具体受益人是谁、受益多少无法确定，如国防等；二是政府给予穷人和残疾人的福利补助要多于富人，如果按受益多少来纳税，那么穷人、残疾人就要负担比富人较重的税，这显然是行不通的。

（2）能力标准。能力标准又称"能力说"标准，是指根据纳税人的纳税能力判定其应纳多少税或其税负应为多大，即纳税能力大者应多纳税，纳税能力小者可少纳税，无纳税能力者则不纳税。主要包括客观能力说和主观能力说两类观点：

① 客观能力说。主张以纳税人拥有财富的多少作为测量其纳税能力的标准。由于财富多用收入、财产和消费来表示，因而对纳税能力的测度也就分为收入、财产和消费三种尺度，但也有不同的意见。

第一，收入标准。该标准认为，收入能反映个人或企业的纳税能力，收入多即纳税能力大，且所得税比其他税种更易于采用累进税制，能体现公平原则。其收入标准的局限性在于：收入不能真实、全面反映财富水平，如某人收入为零但他有黄金；货币、实物或其他利益所得，以及勤劳所得、偶然所得或不劳而获所得等，不易衡量其能力。

第二，财产标准。财产来源一般包括：一是个人的自身积累；二是遗产继承、婚姻、赠予等途径增加财富。其财产标准局限性在于：财产为零（有存款）并不等于没有能力；等额财产并不等于等额收益；财产多者并不一定富有（有负债）；财产情形多样，数量与价格查实困难，特别是无形资产价格难以估量；财产税存在重复征税的问题。

第三，消费标准。该标准认为，消费支出可衡量一个人、一个家庭的支付能力，实质上是等于对储蓄意愿或消费水平的衡量。其消费标准的局限性在于：如果有钱的人愿意储蓄（攒钱越多越好）而不愿意进行消费，没钱的人愿意借钱进行消费；延误征税期限，影响国家税款及时入库；不同个人和家庭的习惯，影响着不同的支出结构和消费能力。

② 主观能力说。主张以纳税人因纳税而感受的牺牲程度大小，以作为测定其纳税能力的尺度。主观能力说又分为均等牺牲、比例牺牲和最小牺牲三种尺度。

第一，均等牺牲。又称"等量绝对牺牲"，是指每个纳税人因履行纳税责任而牺牲的总效用相等，即缴纳相同数额的税收。

第二，比例牺牲。又称"等量比例牺牲"，是指每个纳税人因履行纳税责任的效用与其收入具有相同的比例，即缴纳相同比例的税收。

第三，最小牺牲。又称"等量边际牺牲"，是指全社会成员因履行纳税责任而蒙受的总效用牺牲最小，即征税后收入相同。

10.2.1.2　税收效率原则

税收效率原则是指国家征税要有利于资源的合理配置和经济机制的有效运行，以提高税务行政管理效率的原则。它要求以最小的费用获得最大的税收，并利用税收的经济调控作用最大限度地促进社会经济发展。其内容主要包括：一是要有利于资源的最佳配置，达到帕累托最优；二是对经济活动的干预最小，使税收的超额负担尽可能小；三是提高税务行政效率，使征税费用最少。税收效率主要包括税收经济效率和税收本身效率。

（1）税收经济效率原则。税收经济效率是指税收对资源配置和经济机制运行的影响而使税收额外负担的最小化和额外收益的最大化。即征税对经济的影响是正常的，或对经济发展具有积极的效应。

① 税收分配的额外负担。税收分配过程中可能给社会带来两个方面的额外负担：第一，资源配置的额外负担。征税既可以减少私人部门支出，又可以增加政府部门支出。如果国家征税导致私人经济利益损失大于征税增加的社会经济利益，就发生了税收在资源配置方面的额外负担。第二，经济机制运行的额外负担。如果征税对市场经济运行发生不良影响，干扰了私人消费和生产的正常或最佳决策，同时相对价格和个人行为方式随之变更，就形成

税收在经济机制运行方面的额外负担。

②降低税收的额外负担。一般而言，税收额外负担是不可避免的，如何降低税收额外负担，以较小的税收成本取得较大的经济效率，则是该原则的核心。提高税收经济效率应在经济有效运转的前提下，一是尽可能降低税收数额，减少税收对资源配置的影响；二是尽可能保持"税收中性"，并在市场机制失灵时运用税收调节杠杆予以有效纠正。

为进一步说明税收超额负担的问题，这里引入英国两位税收专家对该问题的分析：假定产品 X 的供给和需求情况如图 10 – 1 所示。

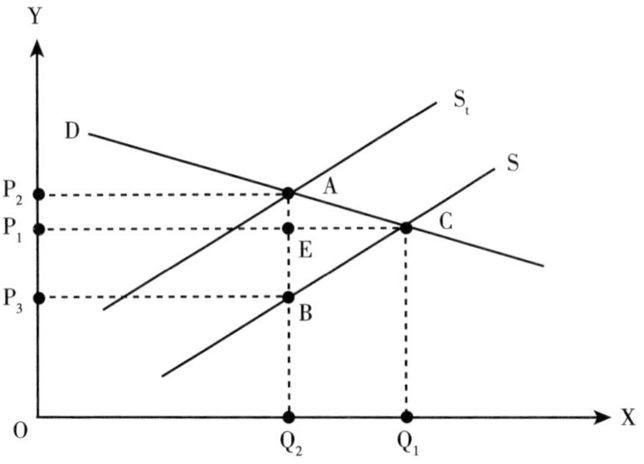

图 10 – 1　产品 X 的供给和需求曲线

图 10 – 1 中供给曲线 S 反应在没有外部影响因素、市场运行正常时生产产品 X 的社会机会成本，D 代表个人消费商品 X 所获得的效益（由自愿付给的数值表示），Q_1 表示商品 X 在此时的产品均衡点，P_1 表示消费者购买产品 X 所必须支付的价格。现假定对每一单位产品 X 征税 T（这里假定是生产者而不是消费者负责向国家纳税），由于征税产品 X 的生产成本将提高至 T，供给曲线上移到 S_t，市场价格将提高到 P_2，但纳税的生产者的每单位产品价格只为 P_3，即市场价格 P_2 减去税金 T；随着市场价格提高到 P_2，其产品的均衡水平就从 Q_1 降到 Q_2；由纳税人支付给政府的收入等于 T 乘以单位商品销售数量，即图中 P_3P_2AB 所围成的部分。由于价格上涨使消费者情况变坏，其数量程度如 P_1P_2AC 所示，但政府从中得到的仅为 P_1P_2AE，两者差额 AEC 为消费者剩余（消费者不必支付而获得效益）的净损失；同样，生产者剩余（生产者所得的价格减去成本）的净损失为 ECB。因此，税收的超额负担即为 ABC。

上述说明，国家征税使消费者行为发生扭曲（因价格提高而减少需求量），从而导致消费者剩余的减少大于实际课征的税收，同时征税也使生产者行为发生扭曲。因此，国家征税应遵循这样一个原则：征税必须使社会承受的额外负担为最小，以最小的额外负担换取最大的经济效率，即倡导的税收"中性"。在现实经济生活中，税收对经济的影响不可能限于征税数额本身而保持"中性"。因此，倡导税收中性的实际意义在于：尽可能减少（非完全避免）税收对经济的干扰作用"度"，尽量压低（非完全取消）因征税而使纳税人或社会承受的额外负担"量"。①

（2）税收本身效率原则。税收本身效率是指国家在充分取得税收收入的基础上使税务费用最小化。其标准是税收成本占税收收入的比重，或以最小的税收成本取得最大的税收收入。税收成本是指税收在征纳过程中所发生的各类费用。有狭义和广义之分，狭义的税收成本又称税收征收费用、税收管理费用，是指税务机关为征税和管理所支出的费用。其费用主要包括：一是税务人员的工资、薪金和奖金支出；二是税务部门办公用具和设施支出；三是税务部门征税过程中支付的费用；四是由其他部门提供而无须支付的劳务等。税收征收费用计算相对容易，一般可用税务管理费用占全部税收收入的比重来估算。

广义的税收成本包括税收征收费用和税收奉行费用。而后者又称税收执行费用，是指纳税人在纳税过程中所支出的费用。其费用主要包括：一是纳税人因税务登记、纳税申报等事宜雇用会计师、税务顾问、律师或职业报税者所花费的费用（机会成本）；二是企业等单位为个人代缴税款所花费的费用；三是纳税人花在申报税收方面的时间和交通费用；四是纳税人不满现行税制千方百计逃税和避税，由此而花费的时间、精力、金钱及逃税未成功而受到的惩罚等。税收奉行费用则相对不易计算，特别是纳税人所花时间、心理支出更无法用金钱来计算，也无精确指标加以衡量，也有人将其称之为"税收隐蔽费用"。

在西方税收学界看来，降低税收成本、提高税收本身效率的途径，主要包括：一是要运用先进科学的方法管理税务，防止税务人员贪污舞弊，以节约征收费用；二是要简化税制，使纳税人员易于理解掌握，并尽量给纳税人

---

① 於鼎丞. 税收概论研究［M］. 广州：暨南大学出版社，2003：54－55.

以方便，以压低税收奉行费用；三是尽可能将纳税人所花费的税收奉行费用转化为税务部门的征收费用，以减少纳税人负担或费用分布的不公，或增加税务部门的征收费用，进而达到压缩税收成本的目的。

10.2.1.3　税收稳定原则

税收稳定原则是指国家通过税收加强对宏观经济的干预，以减少经济波动，实现经济稳定的原则。该原则的理论依据是税收具有负乘数效应。税收乘数是指 GDP 的变动量与引起这种变化的税收变动量之间的比率，即政府增加或减少税收所引起的国民收入变动的程度，体现为税收作用的力度。一般而言，增加税收可压缩总需求，从而减少 GDP；反之，减少税收可扩大总需求，增加 GDP。

运用税收的经济杠杆作用，引导经济趋于稳定的主要途径：一是发挥税收"内在稳定器"作用，在累进税制下经济繁荣时期会自动增加税收，从而抑制经济的过度扩张；经济萧条时期会自动减少税收，从而阻止经济的进一步衰退；二是发挥税收"相机抉择（人为稳定器）"作用，加强税收对宏观经济的干预，通过采取税率增减、减免税等要素及税制的改革与完善，发挥税收对经济的调控作用，促进经济的稳定与良性运行。

税收的效率与公平是密切相关的，互为前提、互相促进。即税收效率是税收公平的前提，如果税收活动阻碍经济发展，尽管公平，但毫无意义，是无本之木；税收公平也是税收效率的基础，失去公平的税收也不是高效率的税收。过分强调一方，就会损害另一方，故而必须兼顾税收的公平与效率原则。此外，税收稳定原则是实现税收公平与效率的基础，也是税收公平与效率原则要达到的目的。因此可以说，税收的公平、效率和稳定原则是一个有机的整体，在税收工作实践中必须综合、协调予以运用。

10.2.2　西方税收原则发展取向

10.2.2.1　税收原则理论的发展取向

20 世纪 80 年代中后期，西方主要发达国家相继进行了大规模的税制改革，这不仅是西方国家历史上重大的税制变革，也是对半个世纪以来对税收原则的重新确认，同时进入 21 世纪而呈现出减税的趋势。这里以 2017 年美国特朗普税改（以下简称美国税改）为重点，来阐述和分析现代西方税收原则的变化及其发展取向。

（1）税收公平的原则：由偏重税收纵向公平转向追求税收横向公平。美国的税制改革虽仍将公平作为目标之一，但税收公平的重点却由纵向转为横向。主要表现在：一是给予低收入和中等阶层利益减税，如扩大儿童保育税收优惠力度，即将现有每个孩子 1 000 美元提至 1 600 美元，成年纳税人本人和家中大学生每人还可享受 300 美元的额外税收扣除等；二是由多级累进税制向比例税制靠拢，如个人所得税由 7 级累进税率改为 4 级税率。

（2）税收效率的原则：由注重税收经济效率转向经济效率与本身效率并重。美国税改一反常规，体现出税收经济效率与本身效率并重的趋向。主要表现在：一是由繁杂税制向简化税制过渡，如取消大部分扣减项目等减免优惠，使应税所得的计算变为简便易行，从而减少纳税人因计税耗费的精神成本、时间成本和货币成本；二是堵塞偷逃税漏洞，减少因防止偷逃税而耗费的人力、财力和物力。

（3）税收公平与效率：由注重税收公平转向突出效率。美国税改以牺牲税收公平为代价换取提高效率，如取消遗产税和"替代性最低限额税"等措施只涉及高收入人群税收减免，美国税收政策中心预测本次税改对收入提升效应更大、减税力度更高，会使高收入群体收入增加 3%、负担税率下降 2.2%，而低收入群体两项数字均为 0.2%。从长期看，税改将使美国阶层分化进一步加剧，会侵蚀经济长期增长的基础。

（4）税收的经济效率：由主张税收全面干预转向适度干预。即减少税收对经济活动的干预，以有利于加强市场机制和减少企业之间在纳税方面的竞争。如美国税改将企业所得税税率由 35% 降为 20%，独资、合伙及股份制的小企业和家族企业税率从 39.6% 降至 25% 等；日本自 2010 年 4 月起将企业所得税由 30% 降为 25.5%；英国从 2012 年 4 月起将企业所得税税率降为 25%，2017 年拟降为 17%。

10.2.2.2 税收原则理论的研究取向

经济全球化进程加速税收一体化的进程，即由国家的自主税制转向各国税制、国际协调和税收征管的趋同。20 世纪 90 年代以来，各国税制通过调整和完善呈现出趋同性，主要表现在两个方面：一是普遍遵循"公平简化和经济增长"的原则，并以"降低税率、扩大税基"为核心的所得税改革，使所得税比重有所下降；二是增值税在全球范围内迅速推广，目前实行该税的国家和地区达 150 多个，从其税率调整看总体呈上升的取向。

进入 21 世纪以来，发达国家（以 OECD 成员国为例）的所得税仍是最主要的税收来源，货物与劳务税比重较低，其中个人所得税、社会保障税及增值税贡献最大，2008 年后主要税种有了较大的调整或改变，双主体税制结构趋势较为鲜明。此外，越来越多的发展中国家的税制结构开始呈现"双主体"的特征，其所得税等直接税比重仍有较大的上升空间，货物与劳务税比重虽有所下降，但各国的重视力度普遍加强。

当代西方税收原则理论的研究方向，主要包括：一是针对具体税种提出税收原则，如增值税鼓励出口、所得征税协调等原则；二是指导税收征管改革更为重要的原则，如鼓励自觉守法纳税、税收不可避免等原则；三是与税制要素相结合的原则，如宽税基、低税率、少优惠等原则；四是税务行政与最优税制相结合的原则，如法治税收、最优税收等原则；五是维护税收权益的原则，如网络经济课税、国际反避税等原则；六是从否定方面来研究税收原则，如税收不为、税收惩治等原则。

10.3　我国税收原则研究

10.3.1　不同时期税收原则理论

中华人民共和国成立后，我国根据不同时期的经济发展状况和经济等政策，实施了不同的税收原则，也提出了不同的税收原则理论。其代表性的观点列举如下：

（1）中华人民共和国成立后实施的税收原则。中华人民共和国成立后我国提出与实施的是"以保障革命战争供给、照顾生产的恢复及国家建设的需要"的税收原则。

（2）社会主义改造实施的税收原则。我国提出与实施的税收原则是"区别对待、合理负担"。

（3）财政学家陈共的税收原则理论。1985 年陈共等在《财政学教程》中提出的税收原则：一是保证财政收入与促进生产相结合；二是国家建设资金需要与纳税人的量能负担相结合；三是负担均衡、公平合理；四是实行区别对待。

（4）武壮和汤文海的税收原则理论。1986 年武状、汤文海同志首次提出

《国家税收》课程一分为四，并出版了《税收概论》《中国税制》《税务管理》和《纳税检查》四部教材。其中在《税收概论》中提出的税收原则：一是有利于国家高速度积累资金的原则；二是有利于国民经济发展的原则；三是区别对待、合理负担的原则。

（5）研讨会所提出的税收原则理论。1991年全国税收理论研讨会上，与会专家学者达成共识的税收原则：一是适应经济基础原则；二是确保收入原则；三是激励原则；四是公平原则；五是管理原则。

（6）1994年税改实施的税收原则。1994年我国税制改革的原则：一是有利于加强中央宏观调控能力；二是有利于发挥税收调节个人收入悬殊和地区间经济发展差距过大的作用；三是体现公平税负、促进平等竞争；四是体现国家产业政策，促进经济结构的有效调整；五是简化、规范税制。

（7）市场经济时期的税收原则理论。其代表性的观点：一是税收的财政原则，包括足额稳定和适度合理；二是税收的经济原则，包括效率、稳定和弹性（收入弹性、税率弹性和税制弹性）的原则；三是税收的社会原则，包括竞争、受益、能力的原则；四是税收的行政原则，包括确实、便利、简化的原则。

10.3.2　学界对税收原则的争论

我国学界对我国社会主义市场经济的税收原则有着不同的认识，特别是法学界和财税界的专家学者分歧较大，主要观点、内涵也不尽一致。概括为以下三种类型：

（1）二个字的税收原则。该类原则主要包括财政原则、经济原则、公平原则、效率原则、稳定原则、法治原则、正义原则、平等原则、适度原则、权益原则、弹性原则、激励原则和管理原则等。

（2）四个字的税收原则。该类原则主要包括税收财政原则、税收公平原则、公平税负原则、公平征收原则、经济利益原则、合理负担原则、负担均衡原则、纳税能力原则、税收效率原则、税收法定原则、法定征收原则、无偿征收原则、普遍纳税原则、实质征税原则、平等征税原则、合理征税原则、税务行政原则、税收公开原则、简便征税原则、简化税制原则、税收主权原则、社会政策原则和税收中性原则等。

（3）六个字的税收原则。该类原则主要包括保证财政资金原则、组织财政收入原则、无偿财政收入原则、维护国家主权原则、贯彻经济政策原则、优化资源配置原则、调控经济运行原则、税法宏观调控原则、税收法定主义原则、税收公平主义原则、税收民主主义原则和保障纳税权益原则等。

10.3.3　本书对税收原则的认识

我国社会主义税收性质决定了税收原则，必须以满足建立社会主义市场经济发展需要的税收制度体系为前提，为深化经济体制改革和保证经济可持续发展服务。我们认为，我国社会主义市场经济税收原则主要包括财政原则（培养税源、应收尽收、及时稳定）、经济原则（贯彻政策、配置资源、调控经济）、公平原则（普遍征税、按能负税、优惠有度）和管理原则（税制简化、征纳便利和费用节约）。

（1）财政原则。财政原则是指税收应在发展经济的基础上充分、稳定地保证国家取得财政收入的准则。因为税收的根本目的就是取得财政收入，且是最主要、最有效、最稳定的手段，这已为古今中外的实践所证实。其核心是培养税源、应收尽收、及时稳定。

第一，培养税源。经济的良性运行及其增长是税源的基础和财政收入的前提。培养税源是指培育和涵养税源，同于"蓄水养鱼"，应坚持"求近应思远、欲取必先予、顾量更重质、抓大不放小"的理念。一般而言，培育税源是从自然禀赋出发，以经济发展和税收增长为取向，通过"资源—财源—税源"实现税源的生产和再生产。培养税源是对现有企业或市场，以减税或优惠政策实现生产规模的维持或扩大，增强经济发展和财政实力。

第二，应收尽收。税收应收尽收是指税法规定应征税的完全征收即"有税尽收"，不该收的或不合法的税坚决不收即"无税禁收"。我国《税收征管法》明确规定了税款征收的基本内容，国家税务总局也明确提出了"依法征税、应收尽收、坚决不收过头税、坚决防止和制止越权减免税的"的组织收入原则。在实践中，既不能收过头税，也不能征"人情税或关系税"而少收税。只有做到税收上的应收尽收，才能最大限度地组织财政收入。

第三，及时稳定。税收及时稳定是指按照税法规定的时间、地点、足额、稳固、安全将税款缴入国库。由于税收对纳税人依法进行强制、无偿、固定地征收，以满足社会公共产品与服务的需求，因此税收应使财政收入建立在及时、稳定、可靠的基础之上，并随经济的可持续发展和快速增长而保持税收的及时稳定，否则就不能保证国家财政支出的"刚性"及其不断增长的需要。可以说，税收的及时稳定是税收财政原则的重要体现。

（2）经济原则。经济原则是指税收参与国民收入分配，改变经济利益分配关系，从而促进经济可持续发展的准则。其核心就是贯彻政策、配置资源和调控经济。

第一，贯彻政策。贯彻政策是税收经济原则的核心。税收既要取得财政收入，又要贯彻国家政策要求，有效促进社会经济发展。我国政策内容十分广泛，包括经济、政治、社会和其他方面的一系列政策，按国家政策需要可对不同的纳税人或征税对象实施不同的税收政策。例如，对收入畸高或不劳而获者课以重税，对新产品、老少边穷地区、扶持产业或项目课以轻税或免税，以达到发展社会经济、均衡社会财富和缩小贫富差距的目的。

第二，配置资源。有效资源配置是发展社会主义市场经济的客观要求。市场配置资源有其局限性，可能出现市场失灵（如无法提供公共产品、外部效应和自然垄断等）。税收兼有法律强制和经济调控功能，建立科学、合理的税收体系（如资源税、消费税和财产税等税）可弥补市场机制的缺陷，通过税收保证公共产品的提供、纠正外部效应，以税收配合价格调节具有自然垄断性质的企业和行业的生产，使社会资源得以有效、最佳配置。

第三，调控经济。税收除具备经济杠杆的一般功效外，还具备调节经济的法定性、权威性、普遍性、适应性和针对性等功效，使税收在调节经济方面发挥着独特的作用。例如，运用税收对经济的内在稳定功能，自动调节总需求；通过开征或停征某税、提高或降低税率等相机抉择的税收政策指导经济行为，促进经济结构（产业、产品、消费结构等）的合理优化，从而加强经济的宏观调控和微观管理，促进经济的良性运行与可持续发展。

（3）公平原则。公平原则是指国家按照纳税人不同的经济能力进行征税，并合理负担税收的准则。其核心是普遍征税、按能负税与优惠有度。

第一，普遍征税。国家征税对遍及管辖权范围内具有纳税能力的人，只要发生纳税义务都必须毫无例外地依法纳税，即税收的横向公平。实行普遍征税有利于提高公民税收法制观念，培养其主动纳税习惯。否则具有同样经济能力的，若有的征税、有的不征税，显然有失税收合理与公平。其财政意义在于：有利于开辟财源，是保证财政收入广泛和可靠的基础，特别是随着经济的发展和人民生活水平的提高，该原则的意义就更为突出。

第二，按能负税。国家税收对纳税能力大者多征税、纳税能力小者少征税、无纳税能力者不征税，即税收的纵向公平。主要体现为累进税制，即税收在经济增长、效益提高和财富增加的前提下，能最大限度地保证财政收入增长。但应注意财政收入需要的无限性与纳税负担能力的有限性的矛盾，即需要与可能的矛盾。税收必须处理好这一矛盾，纳税负担的最大可能是国家需要的最高限度，即取之有度——需要有限度、可能有极限。

第三，优惠有度。税收优惠是指对纳税人或征税对象给予特殊照顾的政策措施。其内容主要包括惠及民生服务、构建和谐社会、加强环境保护和照顾弱势群体，以及促进科技进步、公益事业和区域协调发展等税收优惠，体现国家经济政策导向和"区别对待与合理负担"等政策要求。如果税收优惠过多、过滥，显然有失税收的公平，因而税收优惠政策应符合"行业或项目"为主、少优惠、严管理、促生产、求服务的基本准则。

（4）管理原则。管理原则是指制定的税收法律制度顺利实施，并使税收额外负担最小化的准则。其核心是税制简化、征纳便利和费用节约。

第一，税制简化。税制简化是税收原则追求的目标之一。制定税制应尽量避免烦琐复杂，征收规定明确，计税依据易查，税额计算简单，便于征纳双方熟悉和掌握；要兼顾税收的职能作用和税制的科学性、规范性。否则，繁杂的税制在实际工作中容易出现漏洞，既使是再公平合理的税收制度也难以得到准确地贯彻执行。如果过分强调或一味追求税制的简化，就会导致征纳双方计税理解不同、结果不一等问题的发生。

第二，征纳便利。制定的税收制度应保证其在财政、经济和公平原则的前提下，力求征管办法的规范化、科学化和现代化，既要有利于税务机关进行税款征收与监督管理，又要方便纳税人加强经济核算和缴纳税款。按照征纳便利的要求，税制规定的纳税方式、纳税地点、纳税程序、缴纳形式等应简单和方便。如办税手续简便易行而不烦琐，预先约定而避免缴税排队，尽量采用货币、信用或货币与信用相结合等多种纳税方式。

第三，费用节约。即税务行政效率，要求以尽可能少的税务行政费用取得尽可能多的税收。税务行政费用包括国家为征税所支付的费用和纳税人为纳税而支付的费用，因而如何提高税务行政效率则是税收管理要解决的重要问题。在税收管理实践中，应将节省征纳的人力、财力、物力放在首位，避免税收的额外负担；在提高税收管理质量和效率的同时节约国家税收的征管费用，减少纳税人不必要的缴纳费用。

总之，上述我国税收四项原则是一个统一的整体，密不可分。财政原则是保证国家行使其职能的需要，经济原则是税收调节经济职能的体现，公平原则是税收科学分配的保证，管理原则是税收现代化管理的要求。因此，从税收分配活动全过程而言，科学、规范的税收必须充分体现财政、经济、公平和管理的四个原则。

10.4　本章小结

★ 本章主要阐述和分析了税收思想原则理论、现代西方税收原则和我国税收原则研究三个问题。税收思想原则理论包括税收思想原则理论认识、我国古代税收思想原则和西方税收原则历史演进。税收原则是指国家进行税收分配活动所遵循的理论标准和基本准则，有别于税制和税法原则。我国古代税收思想原则包括有义、有度、有常、统一、弹性、普遍、均平、明确、适时、便利、为公为民、为民所急和涵养税源 13 项原则。西方税收原则演进主要包括托马斯·孟、霍布斯、配第、尤士弟、斯密、萨伊、西斯蒙第、瓦格纳、庇古和马斯格雷夫等税收原则。

★ 当代西方税收原则包括西方税收原则理论内容和西方税收原则发展取向。当代西方税收原则包括税收公平、税收效率和税收稳定的原则，税收公平包括横向公平和纵向公平，其标准是受益标准和能力标准；税收效率包括税收经济效率和税收本身效率；税收稳定的理论依据是税收有负乘数效应，税收应发挥其"稳定器"的作用。税收原则理论发展取向是由偏重税收纵向公平转向追求横向公平，由注重税收经济效率转向经济效率与本身效率并重，由注重税收公平转向突出效率，由主张税收全面干预转向适度干预。

★ 我国税收原则研究包括不同时期税收原则理论、学界对税收原则的争论和本书对税收原则的认识。中华人民共和国成立后、社会主义改造和 1994 年税改实施不同的税收原则，财政学家陈共、武壮和汤文海等人的税收原则理论，其主要观点及内涵概括为 3 类 40 余种表述。我国社会主义市场经济税收原则主要包括财政原则（培养税源、应收尽收、及时稳定）、经济原则（贯彻政策、配置资源、调控经济）、公平原则（普遍征税、按能负税、优惠有度）和管理原则（税制简化、征纳便利和费用节约）。

11. 税收政策机制研究

税收政策机制研究主要阐述和分析税收政策基础理论、西方税收政策理论和我国税收政策研究的问题，其中税收政策基础理论包括税收政策的含义及相关概念，以及税收政策与其他政策的协调；西方税收政策理论包括西方税收政策基本理论、现代西方税收激励政策和不同国家税收政策比较；我国税收政策研究包括 1949～1993 年的税收政策、市场经济时期的税收政策和深化税收改革的政策要求。

11.1　税收政策基础理论

11.1.1　税收政策的含义及相关概念

11.1.1.1　税收政策的含义

我国学界对税收政策的释义还有一定的分歧，其代表性的观点：一是税收政策是指政府根据经济和社会发展的要求而确定的指导制定税收法令制度和开展税收工作的基本方针和基本准则；二是税收政策是指国家为实现一定历史时期任务，选择确立的税收分配活动的指导思想和原则；三是税收政策是指在一定的经济政策和税收理论的指导下，根据国家一定时期的政治经济形势要求制定的行为准则。

我们认为，税收政策是指国家及其有关部门根据一定时期经济运行状况确定的作为制定税收法律制度的行为规范和准则，是国家经济政策的重要组成部分。税收政策与税收原则既有联系又有区别，其共同之处都是指导税收分配活动的准则。两者的差异是：税收政策是税收行为的指导准则，具有时间性、实践性和可操作性，必须贯彻执行；而税收原则是指导税收行为的思想观念性的准则，具有普遍性、宽泛性及其指导意义，但上升为税收法律制度的税收原则就必须坚决执行。

11.1.1.2 税收政策的类型

税收政策包括税收总政策和税收具体政策。税收总政策是指根据国家在一定历史时期税收所发生的基本矛盾所确定的，是用以解决这些基本矛盾的指导原则。税收总政策一般指国家层面的税收政策，是建立各项税收制度的指导方针，在一定历史时期内具有相对稳定性。

税收具体政策是指在税收总政策指导下，用以解决税收工作中比较具体的矛盾的指导原则。税收具体政策一般指某一税种的政策，在每项税收制度中的内容不尽相同，并随经济和政治形势的变化而变化。

税收总政策及其指导下的具体政策，税制顶层设计、总体布局和税种构建，以及各种税的税率、税目、减免、纳税环节等要素的确定，都是十分重要的。税收总政策和税收具体政策不明确或不正确，就会使税制及其改革发生偏差和失误，对经济产生不良影响。

11.1.1.3 税收政策的工具

税收政策工具是指为达到税收政策目标而使用的工具，包括内在的或自动的稳定器和斟酌使用或相机抉择的稳定器。税收内在的或自动的稳定器是指在经济发展中能自动地适应总需求变化，是总供求稳定在一定水平的税收政策工具。一般指所得税制，尤其是累进所得税制。它与经济发展水平相适应，是随着经济增长而增长、经济滞胀而降低的。

税收斟酌使用或相机抉择的稳定器是指为达到预定的总需求水平和就业水平，国家根据不同的情况所采取的税收措施及其手段。一般包括：税种的开征与停征；征税对象或征税范围、税目税率的制定与调整；起征点、免征额的制定与调整；税收优惠的制定与调整，加速折旧政策的规定等。

11.1.1.4 税收政策的目标

一般而言，目标是个人、部门或整个组织所期望实现的成果或目的。税收政策目标是指国家通过预定税收政策的实施所期望达到的目的，是税收政策的出发点和归宿。其目标主要包括以下五个方面：

（1）取得财政收入。这是税收存在的主要目的，也是税收职能和作用的充分体现。国家实现职能需要资金保障，主要包括政治职能，如国防、司法外交和行政管理等部门所需资金；社会管理职能，如公益教育、科学、文化、卫生福利等事业和公益性基础设施建设所需资金；经济职能，如国家兴办或补贴民间无力兴办的能源、交通、通信、基础材料、农业等基础产业所需资金等。上述国家需要的资金，除一部分通过国有资产收益和公债融资筹措外，主要依靠税收予以保障。

（2）稳定经济增长。经济是税收的基础，经济增长与税收增长成正比的关系。当经济发展速度过快、出现物价上涨和通货膨胀，不利于社会稳定和市场经济健康运行时，采用增加税收的政策，通过改变政府与微观经济主体的资源支配比例，相应降低投资者的投资净收益和个人税后可支配收入，从而达到收缩投资和消费需求，抑制经济过快增长和通货膨胀的调控效应；反之，在经济衰退、社会有效需求不足和供求相对过剩的情况下，采用轻税政策，刺激社会总需求、扩大就业。

（3）合理配置资源。充分发挥税收调控作用，必须体现国家的经济政策尤其是产业政策。资源合理配置包括资源充分利用和配置比例协调，前者寓于经济稳定增长目标中，后者则以社会供求结构优化为前提和标志。税收政策调节具有广泛性，流转税等都对资源配置比例产生影响。如在发挥市场机制对资源配置的决定性调节作用下，通过流转税特别是消费税政策，影响某些产业或产品的市场竞争条件、价格水平和经济利益，从而诱导资源的流向和流量，促进资源合理配置。

（4）公平分配收入。公平是税收的重要原则和政策目标，更要求税收参与收入分配要公平、适度与合理。税收政策是国家参与和调节社会产品分配的基本手段，在社会主义市场经济条件下税收政策调节社会收入分配主要表现在：一是统筹兼顾国家、集体和个人三者利益，理顺国家与企业、中央与地方之间的税收分配关系；二是通过税收对收入水平的调节，实现人们的共同富裕。随着经济发展和时间推移，税收政策在调节收入分配不可替代的职能作用将会越来越重要。

（5）实现充分就业。就业是涉及经济发展和劳动者切身利益的重要社会问题，就业政策影响着经济发展与社会稳定，特别是在我国经济体制深化改革和企业转制的过程中更具有现实意义。党的十八大报告明确提出了"推动实现更高质量的就业"目标。党的十九大报告明确提出了"就业是最大的民生"的要求，主要包括：坚持就业优先战略和积极就业政策，实现更高质量和更充分就业；鼓励创业带动就业；提供全方位公共就业服务，促进高校毕业生等青年群体、农民工多渠道就业创业。

11.1.1.5 税收政策的原则

税收对经济的影响是广泛性的，理想的税收政策应是既能满足国家财政收入需要，又能有利于促进经济快速发展。制定正确的税收政策，必须遵循以下三个基本原则：

（1）确定适度合理税负的原则。在生产发展、经济繁荣的条件下，兼顾国家财力的需要，以及纳税人的纳税能力和心理承受力，应确定一个适度合理的总体税负水平。既不能一味地强调"保税"而不顾经济发展和人民生活水平的需要，也不能只追求一时的经济发展而不注重社会公共事业的建设和经济发展的长远性。

（2）加快市场经济发展的原则。税收政策的制定要求有利于建立与完善社会主义市场经济体制，形成平等竞争的社会经济环境。配合产业政策的实施，有利于多种经济成分和多种经营方式的公平竞争，促进产业升级和经济结构的优化；配合财政政策的实施，有利于国家进行宏观经济调控，促进经济的良性运行。

（3）完善现代企业制度的原则。税收政策的制定应在政企分开的基础上有利于建立社会主义市场经济条件下的现代企业制度，做到产权清晰、权责明确、政企分开、管理科学，实现自主经营、自负盈亏、自我积累与自我发展，形成真正、独立的经济实体，以利于在市场竞争中求生存与发展。

11.1.2 税收政策与其他政策的协调

11.1.2.1 税收政策与分配政策

分配政策是指国家在一定时期内对社会产品或国民收入进行分割、调节的行为规范，是一系列有关调整经济领域及行为活动准则的总和。分配政策包括财政分配、价格分配、工资分配、利息分配和股息红利分配等政策，其实质是解决与协调社会总供给与总需求、积累与消费，以及社会需要、局部需要与个人需要等不同利益需要间的关系，避免及消除由利益需要不同产生的冲突和矛盾而影响社会经济发展。

税收政策作为国民收入分配政策中的一个重要组成部分，它与分配政策具有相同的目标和追求，但税收政策还应讲究其方式和效益，使之有效地与其他分配形式密切配合。税收分配与其他分配形式不同之处在于：税收分配可对国民收入进行直接分配，也可对其间接分配；可根据市场的变动情况进行分配，也可不考虑市场情况分配；可进行收入总量分配，也可进行结构性分配；可按高税率或从重征收，也可按低税率或从轻征收。

11.1.2.2　税收政策与产业政策

产业政策是指国家根据国民经济的内在要求来调整产业组织形式和产业结构，使供给结构有效地适应需求结构，并随着国民经济和人民需要适时调整和改进所有政策措施和手段的总和。或者说，产业政策是国家为实现一定的经济和社会目标而对产业的形成和发展进行干预的各种政策的总和。由于产业政策在很大程度上就是国民经济的主导政策，因此税收政策必须服务于产业政策并在总量和结构上以产业政策为既定前提。

与产业政策相比，税收政策对经济的引导和干预以间接方式进行的，它不是对各产业部门直接进行削减和压缩，而是调节产业部门获利能力和实现最终收入等利益归己程度来影响产业的发展程度和规模。而产业政策则是从生产过程入手，通过对生产的影响，干预产业部门之间的资源配置及使用过程。税收政策表现为以调节需求为主，以调节供给为辅；而产业政策则恰好相反。

11.1.2.3　税收政策与财政政策

财政政策按照实施手段，可分为预算政策、税收政策、支出政策、投资政策、补贴政策和国债政策等；按照总量功能，可分为积极财政政策、紧缩财政政策和稳健（中性）财政政策。税收在财政分配中的特殊地位决定了税收政策与财政政策相比具有相对的独立性。但税收分配也受制财政分配，主要表现在：一是税收调控特别是总量调控，通常需要财政支出政策的协调配合才能有效发挥作用；二是税收的收入特点决定了税收的首要职能和主要任务是组织财政收入，但也会制约税收发挥经济调控作用。

税收政策与财政政策之间的配合主要表现在作用上的互补和协调，即互补就是一种政策手段作用的欠缺而需用另一种政策手段予以弥补；协调即为两种政策都能发挥作用时应注意作用力方向的协调，使之形成合力。税收与财政政策在总量调节上都具有积极、紧缩或中性效应，在实际操作上需要同时实行"松"或"紧"的政策，或同时保持中性，才能在总体上达到调控的目的。就税收政策本身而言，一般适合于中长期的调节，因此对短期的、临时的调节就需要其他财政政策手段诸如财政补贴等来配合补充。

税收实行减税政策时，需配以增支的积极财政政策；反之，增税则与减支相配合。从税收政策与财政政策结构调节的效果看，有的起鼓励性作用，有的起抑制性作用，两类政策作用方向是相反的，因此在具体实施时应注意作用力的一致性。如体现产业政策的税收优惠措施与起结构调节作用的投资政策在运用时就应注意协调，避免相互打架；税收的地区性优惠和财政转移支付都对促进经济落后地区的经济发展具有重要的支持作用，但如果只采取其中之一的政策时，对落后地区财税政策的效果就会大打折扣。

11.1.2.4 税收政策与货币政策

货币政策是指政府或中央银行为实现一定的经济目标而调控货币供应与利率水平所采取的金融工作指导方针和相应措施。税收政策与货币政策共同承担引导和促进经济发展的使命，两者可作同向或异向运动。当税收政策与货币政策做同向运动时，其直接目标是趋于一致的，当作异向运动时直接目标是相互交叉的。货币政策对投入、收益进行限制或放宽时，税收政策可从另一方向进行限制或鼓励。根据社会经济发展的需要，税收政策在货币政策紧缩时也可作从宽调整，或在货币政策放宽时进行严格限制。

税收政策是通过税负的调整来引导社会投资与消费，进而影响社会供求水平；货币政策主要是通过影响货币供应量和利率来调节经济。通常货币政策调整货币供应量和利率对控制通货膨胀、抑制经济过快增长较为有效，对结构调节则相对乏力；税收政策则具有很强的结构调节功能，特别是在经济衰退时的减税对刺激经济增长较为有效。因此，在不同经济时期税收、货币政策的运用应有所侧重，并采取措施进行调控配合，如不同的"双松、双紧、一松一紧"等方式的搭配，从而达到不同的政策效果。

稳定金融市场、促进金融业的健康发展是当今货币政策的重要目标，税收政策对此也具有积极的调控作用。一方面，税收政策通过调控经济、避免经济增长的虚假繁荣和"泡沫经济"，间接影响金融业发展；另一方面，对保险业、证券利得、期货市场和金融衍生工具等方面的征税政策，都会直接影响金融业的健康发展。可见，税收与货币政策的作用主要体现在为金融业提供一个稳定的发展环境，是一种长期政策支持。对爆发性的金融危机，税收则缺乏有效手段，而应主要依靠货币政策。

上述可见，税收政策与货币政策有着较为密切的联系，它们既可作同向也可作反向的运动或配合，因而在税收实践中应因事因时予以施行。

11.1.2.5　税收政策与贸易政策

贸易政策是指国家为达到某种目的而制定对外贸活动进行管理的方针、原则。一般包括国内贸易政策和国际贸易政策，这里主要研究国际贸易政策与税收政策的关系。国际贸易政策是处理国际间经济贸易和指导一国对外经济贸易的行为规范，它与税收政策相配合可以更好地发挥其应有的作用。税收政策对贸易活动和贸易政策的影响，主要是通过关税和流转税政策来予以实施。与贸易有关的关税和流转税政策主要包括以下六个方面：

（1）财政关税。财政关税又称收入关税，是指以增加国家财政收入为目的的关税。一般而言，财政关税的征税对象是进口数量多、消费量大、税负力强的货物，且是本国非生活或非生产必需品，既有利于稳定税源，又不致影响国内生产和人民生活。当代国际贸易领域中以征收关税作为财政目的的越来越少，关税更多地用于保护作用，财政关税被保护关税所取代。

（2）保护关税。保护关税又称经济关税，是指以保护国内产业为目的的关税。一般来说，保护关税税率较高，有时高达百分之几百，实质上等于禁止进口货物，从而达到保护的目的。对进口货物征收高关税可提高进口货物的成本和价格，从而削弱其竞争能力，保护本国同类货物的生产和销售；为鼓励货物出口一般免征出口税，但对本国生产所需的重要原料等的出口则征收关税，以限制输出。

（3）特惠关税。特惠关税又称优惠关税，是指进口国对从特定的国家或地区进口的全部或部分货物给予特别优惠的低税率或减免关税的待遇。特惠关税最早始于宗主国与殖民地附属国之间的贸易交往中，宗主国实施片面的特惠关税，目前为相互特惠关税。特惠关税税率一般低于最惠国税率和关税协定税率。国际上最有影响的特惠关税，是1975年2月在多哥首都洛美签订的"洛美协定"缔约国之间的特惠关税。

（4）反补贴税。反补贴税又称抵销关税，是指对直接或间接接受补贴的外国货物进口所征收的附加关税。征收反补贴税的前提是进口货物已接受补贴，并对进口国同类货物造成重大损害。反补贴税实际是一种特别的关税，其征收额不能超过"补贴数额"。关贸总协定规定，必须断定补贴的出口货物对进口国国内某项工业造成重大损害或产生重大威胁，或严重阻碍某项工业的建立，才能征收抵销关税。

（5）反倾销税。进口国为抵制外国货物倾销所征收的一种进口附税或特别关税。目的在于增加他国倾销货物的成本，保护本国同类货物生产和国内货物销售市场。我国 1997 年规定进口产品采用倾销或补贴方式，并由此对国内已建立的相关产业造成实质损害、威胁或阻碍的，应采取征收反倾销税的措施。2014 年 9 月美国商务部宣布，对从中国进口的碳素及合金钢盘条征收 110% 的关税，这项关税可能会变成永久性关税。

（6）出口退税。即对出口货物已征收的国内税部分或全部税款退还给出口商的一种政策。在国际贸易中，世界各国为提高本国货物在国际上的竞争能力、扩大出口，一般以不含国内税的价格向国外输出货物。出口退税已达成的共识：免除出口货物的国内税或退还不超过出口商已缴纳的国内税款不被视为补贴，也不针对出口退税而征收反倾销税。我国为鼓励货物出口，可退还出口货物已征收的增值税和消费税。

11.1.2.6 税收政策与投资政策

投资政策是指根据社会需求和资源供给状况对资金或资本使用方向、规模及构成等方面确定的社会经济行为规则。制约投资的因素就整体而言，包括既有的社会资源构成（自然资源、劳动力资源、物质产品资源和科学技术资源等）和社会需要结构，前者是扩大再生产的基础，后者是诱发和引导投资流向的因素。税收政策对投资的影响主要表现在：一是引导投资活动规模的扩大，即通过调整税种、税率结构和减税等刺激投资；二是税收政策具有扼制投资盲目扩张作用，可通过最大限度地削减因投资产生的局部利益，使这种局部利益扩大为全局的利益；三是税收政策对投资结构具有影响力，且基本上是依据对供给的调节和对投资的引导实现。

有些国家税法规定，对投资人当年投入风险基金中的资金可从其个人（或企业）所得税当年的应纳所得额中扣除。对投资人已缴纳的所得税，可对投资人在以后的几年中应缴纳的所得税作抵扣处理。我国企业所得税法对投资所得规定了减免税优惠政策，如公共基础设施项目投资经营所得，实施"免三减三"政策；对环境保护、节能节水、安全生产等专用设备，其投资额的 10% 可从企业当年的应纳税额中抵免；创业投资企业采取股权投资方式投资于未上市中小高新技术企业 2 年（含 2 年）以上，可按其投资额的 70% 抵扣该创业投资企业的应纳税所得额；投资者从证券投资基金分配中取得的收入，以及证券投资基金管理人运用基金买卖股票、债券的差价收入，暂不征收企业所得税等。

11.1.2.7 税收政策与消费政策

消费政策是指国家为实现经济健康发展，保证城乡居民收入、消费水平稳步提高而作出的决策选择和采取的具体措施。从税收政策与消费政策的关系看，税收政策直接制约消费政策的实施，消费政策的制定一般要借助税收政策的效用。当社会消费不足时，消费政策往往以税收政策等手段增加社会有效需求，当社会消费膨胀时税收政策又是扼制消费膨胀、促进需求平衡的工具。在宏观税负水平一定的情况下，税制结构可通过税基和税率来影响居民的消费状况。如果以消费为税基显然不利于消费而有利于刺激储蓄，以所得为税基则有利于消费而不利于储蓄或投资，以财产为税基有利于消费而不利于财产积累。税率的影响通过税基来发挥作用，税基以所得为主、增加所得税的累进性有利于消费，税基以消费为主、降低消费税则有利于促进消费水平的提高。

通过减税和退税藏富于民，提高居民收入和消费水平。而消费提高、内需扩大、经济发展、税源充足，将为远期的税收增长提供源泉；同时远期的税收增长又可为当前的减税和退税政策提供长期资金支持。此外，针对我国当前的低消费现状，除减税和退税之外还有增税的空间。如果减税和退税是增加低收入者可支配收入，那么增税就是通过降低高收入者的收入或财产数额为减税和退税提供一定的财力支持，同时通过增加有利于消费的所得税和财产税还可在维持总体税收不变的前提下提高消费水平。因此，我国促进消费的税收政策核心是优化税收结构，为消费增长创造良好的税收环境。其着力点和突破口是建立居民个人负所得税制度，增加所得税和财产税占财政收入的比重，对小规模结构性减税特别是降低生活必需品增值税税率，以刺激消费需求。

11.2 西方税收政策理论

11.2.1 西方税收政策的基本理论

20 世纪 30 年代以后，西方诸多学派从市场失灵出发，重新研究界定政府的经济职能和范围，以及政府广泛干预经济活动的经济政策，特别是财税政策与货币政策的运用。影响较大并得到重视和运用的税收政策理论，主要包括凯恩斯学派、新剑桥学派、新古典综合学派、货币学派和供给学派的税收政策理论。

11.2.1.1 凯恩斯学派的税收政策理论

凯恩斯学派是建立在凯恩斯思想基础上的经济理论，其经济政策的核心是反对自由放任，主张国家干预。该学派认为，国家干预的形式主要是财政政策和货币政策，尤其是财政政策（税收政策）。其内容主要包括：一是消除收入分配贫富的不公平，将间接税为主改为以所得税和遗产税等直接税为主；二是推行累进所得税制，使税收成为自动稳定经济的杠杆；三是通过诸如固定资本投资减免税优惠，风险投资加速折旧，股票分红收入免除个人所得税和法人税的双重征税，以减税措施来加速私人资本积累等，借以刺激投资；四是税收能够灵活地适应经济周期变化，以减少经济周期波动所带来的不良影响。

11.2.1.2 新剑桥学派的税收政策理论

新剑桥学派即新凯恩斯主义学派，该学派从收入分配理论视角出发，认为政府干预经济活动的资金来源是税收或举债，并对企业的生产经营产生影响。税收政策理论的内容主要包括：一方面，政府运用税收调节有效需求；另一方面，充分发挥税收在缩小贫富不均方面的作用，在税制设计上应体现不同的行业和纳税人的负担能力，体现区别对待、合理负担的公平原则。其具体措施：一是采取累进的所得税制，使收入越高的人负担越重的税收；二是对生活必需品轻税或给予减免，对奢侈品多征税；三是对食利者阶层，应通过没收性质的遗产税与增予税来削弱其经济实力；四是当有效需求不足时可实施减税政策，以刺激民间消费需求水平的提高，从而带动投资的增加，当有效需求过旺时则采取增税来抑制投资。

11.2.1.3 新古典综合学派的税收政策理论

新古典综合学派又称后凯恩斯主义，该学派税收政策理论主要包括：一是政府应制定有利于刺激科技研究开发的税收措施；二是推行加速折旧制度，允许企业在计提折旧时考虑通货膨胀因素；三是课税对象应从货币收入转为实际收入；四是对私人投资收益和风险投资所得，应给予税收优惠照顾；五是允许将资本投资损失计入成本，以实现课税的平均化；六是由累进所得税制逐步转向累进的消费税制和资产税制，使其成为促进经济增长最重要的税收政策；七是对高收入实行高税率，因为它不会明显地阻碍投资和经济增长；八是降低法人税税率，以刺激投资；九是根据需要制定和推行税收特别措施。

11.2.1.4　货币学派的税收政策理论

货币学派是 20 世纪 70 年代兴起的有较大影响的学派，以反对凯恩斯主义而著称，为英国政府等所采用。该学派反对扩大支出及其赤字财政，提倡"收入指数化"和负所得税政策。其负所得税实际上是政府保障最低收入水平的一项福利政策，即政府规定一个最低生活保障额度，根据个人实际收入及其比例给予一定的补助，收入越低、补助越多，反之则补助越少。其计算公式为：

$$负所得税 = 收入保障数 - 个人实际收入 \times 负所得税税率$$
$$个人可支配收入 = 个人实际收入 + 负所得税$$

假定：政府规定的最低生活保障额度为 1 500 元，负所得税税率为 50%，则负所得税数额计算见表 11 - 1。

表 11 - 1　　　　　　　　　　负所得税数额的计算　　　　　　　　　单位：元

级次	个人实际收入	负所得税（政府给予的补助）	个人可支配实际收入
1	0	1 500 - 0 = 1 500	1 500
2	1 000	1 500 - (1 000 × 50%) = 1 000	2 000
3	1 500	1 500 - (1 500 × 50%) = 750	2 250
4	2 000	1 500 - (2 000 × 50%) = 500	2 500
5	3 000	1 500 - (3 000 × 50%) = 0	3 000

11.2.1.5　供给学派的税收政策理论

供给学派税收政策的核心内容是减税，强调削减边际税率，降低最高税率，并提出了有重要理论价值和实践意义的"拉弗曲线"，以论证减税的理论依据见图 11 - 1。

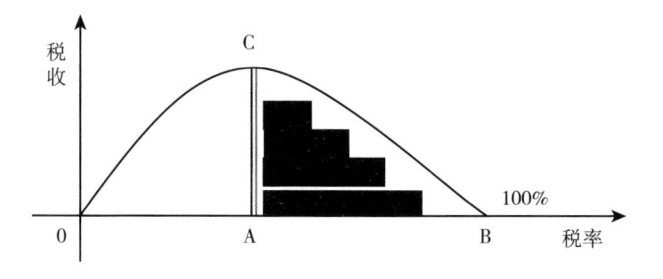

图 11 -1　"拉弗曲线"示意

在图 11 - 1 中：横轴代表税率，纵轴代表税收，该曲线表明税率、税收与经济有着直接的关系。一般而言，税率提高税收也会随之增长，但若超过了曲线中的 A 点而继续提高税率，税收不但不会增长，反之会因纳税人的负担过重而阻碍生产经营等活动，税收就会随之下降；当税率提高到 100%（即曲线中的 B 点）时，因其没有收益而无人愿意从事生产经营或投资等，税收就会降为零。因此，ABC 被称为"税率禁区"。当然 A 点并不意味着税率恰好等于 50%，而是指税率的最佳点或最高点。

11.2.2　现代西方税收激励政策

11.2.2.1　现代西方税收激励政策的目的

税收激励政策是指国家为达到一定的经济或社会政策的目的，给予某些纳税人或征税对象的税收优惠照顾。它是国家税收政策的重要组成部分，也是调整经济的重要杠杆。世界各国都运用税收激励政策作为鼓励优化产业结构、科技研发利用和中小企业发展等方面的一种有效手段。

（1）鼓励优化产业结构。国家根据不同时期的经济发展需要，制定与之相适应的产业政策，引导投资方向和比例，形成合理的产业结构。税收激励政策在推行国家产业政策方面具有重要的作用。如日本政府在 20 世纪 50 年代，为重点发展钢铁、煤炭、电力和化肥等产业，采取降低重化工业部门的法人税税率、加速折旧、对进口重要机械设备免税等税收激励政策，来吸引和鼓励对重化工业的投资；60 年代后为推行"面向出口"的发展战略，降低出口企业所得税率、加速折旧，允许企业设置免税的海外市场开拓准备金和损失准备金，以鼓励私人资本积极生产出口产品和进行海外投资。

（2）鼓励科技研发利用。如美国税法规定：对企业科研经费增长额进行税收抵免，新兴中小高技术企业减免地方税，允许向 SBA（小企业管理局）申请软贷款投资享受相应的特殊税收优惠。日税法本规定：技术含量高的中小企业所购入或租借的机器设备减免所得税，对信息行业给予专门的减税优惠政策。法国税法规定：当年 R&D 投资额高于前两年平均数的企业，经批准可免缴相当于 R&D 投资增加额若干比例的企业所得税；对中小企业以专利形式向创新企业投资，给予税收优惠；以专利、发明或工业生产技术等无形资产向企业进行投资的投资者，所获利润增值部分可延期 5 年缴税。

（3）鼓励中小企业发展。如美国税法规定：为鼓励 SBIC（小企业投资公司）投资新兴产业，SBIC 发起人每投入 1 美元可从 SBA 获得 4 美元的低息贷款，并享受特定的税收优惠。日本税法规定：中小企业法人债务在次年不必全部清账，允许从利润中提取 16% 作为积累用于企业投资；实施增加试验研究费税额扣除、促进基础技术开发等税收政策；对高新技术研发、商品化和产业化实行全面税收减免等。法国税法规定：对中小企业转让所得免征所得税；中小企业员工投资企业所得减免个人所得税；风险投资公司从持有的非上市公司股票中获得收益或资本净收益，免征收益 1/3 的所得税。

11.2.2.2　现代西方税收激励政策的分类

通过科学的税收激励政策分类，可以体现出各国税收激励的范围、对象和方式。西方各国的税务专家对税收激励政策分类的方法如下：

（1）以激励生产成本与利润效益为标准的分类。税收激励政策可分为四类：一是降低投资初始成本或生产中固定成本的税收激励，如减免进口投资设备或零部件关税、销售税或其他税收等；二是降低生产中变动成本的税收激励，如减免原材料关税、最终产品销售税或消费税及财产税等；三是增加税收利润的税收激励，如在一定期限内减免法人税，对特定投资部门或行业降低法人税的税率，提取专项准备金，实行亏损结转等；四是对特定成本项目优惠的税收激励，如对初始投资的税额抵免或投资扣除等。

（2）以投资情况限定条件为标准的分类。税收激励政策可分为四类：一是不限定投资规模但以获利最低额为条件的税收激励，如投资获得一定的利润给予减免税；二是限定投资规模并规定获得最低额的税收激励，如投资税收抵免或科技开发支出扣除，往往附带投资或开支数及获利标准等条件；三是不考虑投资规模、不限定获利多少的税收激励，如对进口的资本性货物减免税等；四是限定投资规模但不考虑获利多少的税收激励，如规定投资额必须达到一定数额才可享受税收抵免，与获利多少无关。

（3）以纳税人获益情况为标准的分类。税收激励政策可分为七类：一是按纳税人获益时间，分为立即和日后收益的税收激励；二是按纳税人获益期限，分为永久性和暂时性收益的税收激励；三是按纳税人获益形式，分为获得款项和实物收益的税收激励；四是按纳税人获益范围，分为宽广和狭窄收益的税收激励；五是按纳税人获益条件，分为有条件和无条件收益的税收激励；六是按纳税人获益地区，分为限定和不限定地区收益的税收激励；七是按纳税人获益干扰情况，分为有干扰和无干扰收益的税收激励。

（4）有关其他税收激励政策的分类。主要包括：一是以赋予激励依据为标准，税收激励政策可分为依据产出数量、投入数量、成本总额、购入商品及劳务总额、投入劳动力及资本总额、利润额和销售额（营业额）等标准给予的税收激励；二是以激励机制涉及的税种为标准，税收激励政策可分为通过国内商品及劳务课税给予的税收激励，通过所得课税给予的税收激励，通过国际贸易课税（关税）的税收激励，通过政府部门生产或管理的商品或劳务价格中所含税收因素的税收激励等。

通过以上税收激励政策的分类，表明税收激励内容涉及面很广，可以适应多种税收激励政策目的，但也说明各种税收激励之间关系错综复杂，其措施的实施效果不可能是简单的相加，还有可能是相互抵消的，因而对税收激励的总体要求必须妥善设计，使各种税收激励措施优化组合，达到简化、协调、透明度高、易于操作和检查的目的。

11.2.3　不同税收激励政策的比较

（1）各国税收激励政策的差异。比较各国的税收激励政策，不同国家的税收激励政策的差异性主要反映在激励的条件、范围及方法方面。从税收激励条件看，发达国家的税收激励政策均有条件限定，而发展中国家的税收激励政策因普遍性大多没有限定条件。

从税收激励范围看，发达国家对税收激励范围的选择较为慎重，一般范围较窄，针对性较强，主要是对促进高新技术开发、节能、环保和增加就业机会等进行税收激励；发展中国家税收激励较为广泛，多是对某一地区、某一行业或产业等给予普遍优惠。

从税收激励方法看，发达国家很少或很谨慎地使用减免税方法，而是较多采用投资税收抵免、税前扣除和加速折旧等方法，且加以严格限制；而发展中国家则经常、广泛地采用定期减免税、地区性减免税、低税率和再投资退税等方法。

此外，还有其他方面的一些差异。如从享受税收优惠的对象上看，发达国家不分本国人还是外国人，而发展中国家一般将税收优惠更多地给予外国企业或外籍个人。

（2）税收激励政策差异的原因。发展中国家与发达国家之所以在税收激励方面存在上述的差异，究其原因主要包括以下两个方面。

第一，财税思想及政策不同。发达国家一般强调税收的中性原则，即税收尽量减少干预市场机制，因而其投资税收激励政策范围尽量缩小，能不用就不用。而发展中国家为促进自身经济的发展，特别是要以某些战略部门或地区的发展推动整个经济的飞跃，则相对重视税收的杠杆作用，将税收激励政策措施大量用于吸收外国资金和先进技术，开发落后地区、基础产业和先行产业部门，以及各类新办的企业等。上述两者差异虽一时难以消除，但在方法上，发达国家较之发展中国家更加注意针对性、导向性和时效性，发展中国家应予以借鉴，否则过于广泛、宽大的减免税措施，将不可避免地带来税收损失，同时较难达到税收激励的预期效果。

第二，谋求的经济目标不同。发达国家大多属资本输出国，其生产力水平较高，本国的商品和资金较充裕、技术较发达，为给剩余资金找出路，增加投资和就业机会，谋求更大的利润，以对外投资和输出资本为主。在对外投资中，因受国际经济关系中利益均沾和条件对等的制约，他们也须引进部分投资，但其主要目的是为发展高精技术，改善国内相对薄弱部门，使本国经济向纵深发展，因而税收激励范围较窄、针对性强。而发展中国家大多为资本和技术输入国，在现代化进程中普遍感到资金不足、技术管理落后，要利用各种办法吸引投资、加快经济发展的步伐，因而税收激励的范围较宽，重基础、重先行部门，且对外国投资有更大的优惠。

（3）税收激励政策对我国的借鉴。通过上述税收激励政策的阐述与分析，其目的是借鉴国外成功的经验。我国作为发展中国家，也具有一般发展中国家的特点，也要采用发展中国家乃至于发达国家行之有效的税收激励政策。与此同时，应注重税收激励效果，避免错误的做法：激励方法单调，应综合、灵活予以运用；激励范围过滥，其过于广泛、导向不明就等于没有税收优惠，起不到刺激作用，不能"一视同仁"。

我国与一般发展中国家类似，其税收激励政策主要采用减免税方法，特别是对新办外资企业提供的定期减免优惠政策，这种做法对获取稳定而较长期的投资可能产生不利的影响。因为定期减免总会有一个期限，尤其是短期的减免优惠政策，显然涉外企业期限届满后就无法享有，使得以减免税为主的激励政策失去应有的效应，长期上看也会影响对外开放政策的实施。

为解决减免优惠单一的问题，我国也已逐步使用税前扣除、加速折旧和投资抵扣的做法，同时还应探讨税收支出及产业、项目、技术、利润、成本等激励方式。因此，必须重视研究税收激励政策措施的针对性、导向性和有效性，才能更好地发挥税收激励政策的应用作用，以达到引进外资和先进技术，推进国民经济重点部门和重点产业发展，加速经济现代化进程的目标。

11.3 我国税收政策研究

11.3.1 1949～1993 年我国的税收政策

11.3.1.1 国民经济恢复时期的税收政策（1949～1952 年）

（1）中华人民共和国成立初期的税收总政策。1949 年 9 月制定的《中国人民协商会议共同纲领》第 40 条规定："国家的税收政策应以保障革命战争的供给，照顾生产的恢复和发展及建设的需要为原则，简化税制，实行合理的负担"，这是中华人民共和国成立初期的税收总政策；同年 11 月，财政部召开了中华人民共和国成立后首届全国税务会议，中心任务是：统一全国税政、建立新税制、结束暂时沿用的旧税法和税政不统一的局面；1950 年 1 月我国政务院发布的《关于统一中国税政的决定》《中国税政实施要则》《中国各级税务机关暂行组织规程》等，明确规定了新中国的税收政策、税收制度、管理体制和组织机构等问题。

（2）《全国税政实施要则》的主要内容。该《全国税政实施要则》是当时统一全国税政、建立新税制的纲领性文件。其内容主要包括：一是实行合理负担、适当平衡城乡税负、解决农民负担超过工商业者负担问题；二是实行多种税、多次征的复税制，除农业税外，全国暂定统一征收货物税、工商业税等 14 种税；三是规定了政务院、财政部等税收立法等权限；四是明确全国各级税务机关受上级税务机关与同级政府的双重领导，税务局长参加同级政府的政务会议；五是规定各级税务机关应建立会计、统计、票证、报解、稽查、奖惩、学习、会议及请示报告等制度。

（3）工商税制的调整与新税制贯彻。党的七届三中全会上提出了"调整税收，酌量减轻民负"的税收政策，其基本原则是巩固财政收支平衡、照顾生产的恢复与发展。1950年调整税收的主要内容：一是将地产税和房产税合并，简并货物税税目，调低所得税率和调高营业税率；二是对工商业税征收采取查账计征、民主评定和定期定额的方法；三是对食盐税额减半征收；四是1950年制定《新解放区农业税暂行条例》，实行有起征点、分为40个等级的累进税制（1952年改为12个等级，同时取消农业税地方附加）；五是完善和贯彻新的工商税制，完善关税的征收制度等。

11.3.1.2 建设社会主义时期的税收政策（1953～1976年）

（1）社会主义改造时期的税收政策（1953～1957年）。1952年我国胜利地完成了恢复国民经济的任务，但却出现了"经济日益繁荣，税收相对下降"的现象，同时认为"多种税、多次征"的复杂税制不利于国家计划管理和国营企业经济核算。"过渡时期总路线"提出后，全面展开对农业、手工业和资本主义工商业的社会主义改造。1953年提出的税收任务：一是税收能更多地积累资金，有利于国家重点建设；二是调节各阶级收入，有利于巩固工农联盟，并使税制成为保护和发展社会主义、半社会主义经济，以及有步骤、有条件、有区别地利用、限制改造资本主义工商业的工具。

为配合对资本主义工商业的社会主义改造，我国制定了"保证税收、简化税制，公私区别对待，繁简不同的税收政策"。即对公私合营企业应视国家控制的程度逐渐按国营企业对待，对工商业要工轻于商，生产资料轻于消费资料，日用品轻于奢侈品，有益于国计民生的私营工商业轻于无益于或少益于国计民生的私营工商业。1953年1月起我国试行商品流通税、修订货物税和工商业税，经过税制修正，企业缴纳的主要税种已被合并简化。从总体上看，税制改革达到了适应经济发展变化和保证国家财政收入的目的。

（2）"大跃进"时期的税收政策（1958～1960年）。1956年完成生产资料所有制的社会主义改造，1958年按照"保持原税负、简化税制"的方针，合并税种试行工商统一税，改变征税环节、简化征税办法；在基本维持原税负的前提下，适当调整少数产品税率，奖励协作生产；统一全国农业税制。农业税政策是在扬弃旧田赋的基础上，总结革命根据地的经验，按照各个时期中国对农村的政策逐步建立、完善起来的，其农业税政策是轻税、增产不增税和合理负担的政策。

农业税轻税政策是农业税的一项基本政策，鼓励农业增产，减轻农民负担。农业税制规定的名义税率为 15.5%，但实际负担率是不断下降的，如 1950 年实际负担率为 13%、"一五"为 11.6%、"五五"为 4.2%、"十五"则维持在 2% 左右。增产不增税是指在一定时期内总体上保持农业税总额基本稳定，但并不是每个纳税人负担额不变，而是在一定范围内或时期内仍有局部变动；合理负担是指纳税人承担的农业税负担与其收入水平相一致，即不同地区之间、不同经济作物之间和不同纳税人之间的税负公平。

（3）国民经济调整时期的税收政策（1961～1965 年）。三年的"大跃进"，由于对经济基本情况和经济发展规律认识不足，经济工作指导方针上犯严重的"左"倾错误，加之自然灾害和苏联政府背信弃义撕毁合同，导致国民经济困难严重。从 1960 年冬开始，我国作出了一系列有关调整国民经济的决定，如 1961 年 1 月提出了国民经济全面发展的"调整、巩固、充实、提高"的八字方针等，为更好地贯彻执行该方针，这一时期的税收政策是增加收入、确保平衡、调整负担、促进经济发展。

该时期的税收政策措施主要包括：一是停止农村财税包干和城市税利合一试点，在城乡恢复依法征税；二是恢复税务机构，充实征收力量；三是严肃纳税纪律，建立健全税收征收管理制度；四是对新产品试制和专业化协作生产给予减免税照顾；五是为恢复农村经济、稳定农民生活，1961 年农业税征收调减 35.7%，1962 年增加 7% 的特大灾歉减免；六是按照统一管理与因地制宜相结合的原则，1962 年 4 月全面开征集市交易税；七是 1963 年 4 月调整工商所得税负担，如个体经济负担率由原来的 20% 调高至 50% 左右等。

（4）"文化大革命"时期的税收政策（1966～1976 年）。1966 年 5 月开始的"文化大革命"运动自始至终贯穿着极"左"的路线，"税收无用论、税利合一论"纷纷出现，税收查管征和财务监督被说成"管卡压"，税收工作受到严重的冲击和削弱。但税收政策较为准确：以毛泽东思想为指导，坚持群众路线，贯彻执行发展经济、保障供给总方针，简化税制，保证收入，有利于社会主义经济有计划按比例发展；促进国营企业加强经济核算，厉行增产节约；按照兼顾国家利益、集体利益和个人利益的政策，合理地调节三者的收入水平。

该时期的税收政策措施主要包括：一是 1966 年中央强调任何人不得干涉和冲击税务部门，一切应纳税的单位和个人都必须纳税，不许挪用和拖欠税款，偷漏税和抗税不交要严肃处理；二是 1970 年对新建县办"五小"企业在一定时期给予减免税照顾；三是 1971 年实行"一定五年不变"的农业税稳定负担政策，并于"五五"时期继续实施；四是从 1972 年开始，税务总局及全国各级税务机构逐步恢复建制，实行财税分管；五是 1973 年"四税合一"试行工商税；六是 1975 年肯定税收地位，整顿纳税纪律等。

"文化大革命"使我国国民经济濒于崩溃的边缘，仅据 1974～1977 年的估计，全国损失的工业总产值达到 1 000 亿元，财政收入减少 400 亿元。在这种困难的条件下，国家财政支出之所以还能基本维持，主要来源就是税收保障。如"文化大革命"中的前 5 年和后 5 年每百元产值课征的工商税收分别为 10.32 元和 10.91 元，与"二五"时期的 11.89 元相比下降较少。1950 年流转税占税收总额的 56%，1975 年该比重达到 84%。因此，这一时期税收政策在保证财政收入稳妥可靠方面，具有突出、特殊的作用。

11.3.1.3　社会主义建设新时期的税收政策（1976～1993 年）

（1）历史伟大转折时期的税收政策（1976～1979 年）。1976 年 10 月粉碎江青反革命集团的胜利，使我国进入新的历史发展时期。1978 年 12 月党的十一届三中全会，开始全面纠正"文化大革命"及以前的"左"倾错误，作出了把工作重点转移到社会主义现代化建设上来的战略决策。在经济政策上，1979 年 4 月中央工作会议上提出对整个国民经济实行"调整、改革、整顿、提高"的八字方针，经济工作重新蒸蒸日上，并取得了重要成就，税收工作也同样得到拨乱反正。

该时期的税收政策的主要内容包括：一是重新肯定社会主义税收的地位和作用，基本肃清"税收无用论"的流毒，为以后的税制改革奠定了思想理论基础；二是重申税收管理体制的规定，明确中央政府及其主管部门和地方各级政府的税收管理权限；三是 1979 年开始减轻农业税负，如对农村社队企业适当扩大开办初期纳税困难的减免税年限，提高工商所得税的起征点等；四是对出口的手表、化妆品、鞭炮焰火等工业和手工业产品减征工商税，对农机和农械协作产品免征工商税等。

（2）改革开放以后时期的税收政策（1980～1993 年）。党的十一届三中全会决定实施"对内改革、对外开放"政策。改革开放是当代中国命运的关键抉择，是我国的一项基本国策，是中国的强国之路。至 1993 年，该时期税收政策主要包括：一是公平税负，鼓励竞争和联合，促进工业改组；二是调节企业利润，促进企业经济核算，正确处理国家、集体和个人三者物质利益关系；三是有利于吸引外资；四是控制盲目建设；五是促进社会主义经济协调、高速发展，同时为国家积聚更多的资金。

为适应涉外经济发展的要求，1980～1981年开始建立涉外税制，包括制定中外合资企业所得税法、个人所得税法和外国企业所得税法，明确对涉外企业及个人征收的工商统一税、城市房地产税和车船使用牌照税；1983～1984年通过"两步利改税"的办法，突破了几十年统收统支体制的格局和对国营企业不能征收所得税的禁区，使国家和企业的利益分配关系用税收法律形式确定下来。

与第二步利改税同时进行工商税制改革，将原工商税一分为四。国务院1984年9月发布产品税、增值税、营业税和盐税四个条例（草案），在不同经济领域分别发挥特定的调节作用；发布资源税条例（草案），对资源的级差收益进行调节；开征城镇土地使用税、房产税和车船使用税等。我国流转税体系的建立和工商税制的全面改革，再次实现从较为单一的税制向复合税制的转变，使税制建设开始步入新的轨道。

为进一步适应经济发展的新形势，1985～1993年我国税制做了进一步修改、调整和补充。主要包括：一是完善流转税制，如1985年完善增值税和修订关税（1992年再次修订）等；二是健全所得税制，如1985～1988年开征集体企业、个体工商业户、私营企业所得税和个人收入调节税，1991年合并涉外所得税；三是其他各税改革，如1985～1991年开征奖金税、城建税、耕地占用税和投向税，修订房产税、车船使用税和土地使用税等。

11.3.2 我国市场经济时期的税收政策

11.3.2.1 1994年我国税制改革的基本政策

1993年12月底，我国税制体系中大体上有5大类35个税种，又包括类似税收性质的国家能源交通重点建设基金、国家预算调节基金及教育费附加等。党的十四大明确提出"建立社会主义市场经济体制"的目标，为适应分税制财政体制改革的要求，解决原税制存在的弊端和问题，更好地服务于改革开放及与国际税收惯例接轨，1993年我国发布了一系列税收法律制度，并决定从1994年1月起全面实施。

从建立我国社会主义市场经济的要求出发，税制改革的基本政策主要体现在：统一税法，公平税负，简化税制，合理分权，理顺分配关系，保障财政收入，建立符合社会主义市场经济要求的税制体系。要建立适应生产力发展水平的、符合社会主义市场经济要求的税制体系的目标，在税制改革时必须遵循加强国家宏观调控能力、体现公平税负、鼓励竞争、贯彻国家产业政策、兼顾公平与效率、简化与规范税制的原则。

11.3.2.2　1994 年我国税制改革的政策措施

（1）流转税制改革。对货物生产销售和进口普遍征收增值税，并选择部分消费品交叉征收消费税；对不征增值税的劳务和第三产业征收营业税；原征收产品税的农林牧水产品并入农业税中征收农业特产税。从总体上看，流转税制改革是建立增值税、消费税和营业税三税并立、双层次调节的税制体系，增值税、消费税和营业税统一适用于内资和外资企业，取消对涉外企业和个人征收的工商统一税。

（2）所得税制改革。原所得税制基本上是按经济类型和个人设置的，改变多税种并立的所得税制、建立内外统一的所得税制是社会主义市场经济发展的客观要求。其基本步骤是：自 1994 年起先统一内资企业所得税，并取消国营企业调节税，待以后时机成熟再将企业所得税、外商投资企业所得税和外国企业所得税合并为企业所得税；将个人所得税、个人收入调节税和城乡个体工商业户所得税合并为个人所得税。

（3）其他各税改革。其内容主要包括：修订资源税，将盐税并入资源税中征收；开征土地增值税，并按超率累进税率计征；拟修订房产税、城镇土地使用税、车船使用税和城市维护建设税；拟开征遗产税、证券交易税和社会保险税；取消盐税（并入资源税）、特别消费税（并入消费税）、烧油特别税（并入消费税）、奖金税、国营企业工资调节税、集市交易税、牲畜交易税，以及工商统一税、城市房地产税和车船使用牌照税。

（4）税收征管改革。实施新税制相应要求建立科学、严密的税收征管体系，普遍建立纳税申报制度，积极推行税务代理制度，建立严格税务稽查制度，加速推进税收征管计算机化进程，确立适应社会主义市场经济需要的税收基本规范。其要求是建立一个征收、管理、检查相互监督制约，申报、代理、稽查相互配合的、科学严密的税收征纳管理体系。

按上述改革及其设想，新税制体系共分 5 类 20 个税种，基本上实现了建立适应生产力发展水平的、符合社会主义市场经济要求的税制体系的总体目标，是中国税制改革规模最大、内容最多、最科学、最成功的一次，是税制建设中的历史性突破。

11.3.2.3　1995年以来我国的税收政策调整

（1）流转税的调整。如1995年修订《增值税一般纳税人纳税申报办法》；2001年起对烟、酒实行消费税复合计征办法；2005年调整增值税、营业税的起征点和娱乐业、金融业等营业税税率；2006年扩大消费税的征税范围；2008年修订增值税、消费税、营业税暂行条例；2011年制定营业税改征增值税试点方案；2014年起在全国范围内对交通运输业等实施"营改增"的试点；2015年对电池和涂料征收消费税，并取消酒精和汽车轮胎的征税；2016年5月全面实施营改增而取消营业税。

（2）所得税的调整。如1995年制定有关个人所得税代扣代缴、自行申报纳税的暂行办法；1997年和1988年分别制定个体工商户个人所得税计税办法和企业所得税减免税管理办法、汇算清缴管理办法；2005年修订《个人所得税法》，提高工资薪金和承包承租所得的月扣除标准；2006年实施新的企业所得税申报办法；2007年颁布企业所得税法，取消1994年和1991年分别实施的企业所得税暂行条例和外商投资企业和外国企业所得税法；2011年和2018年修订《个人所得税法》，调整工资薪金所得的扣除标准及税率等。

（3）其他税种的调整。如1997年修订契税暂行条例，税率调整为3%～5%；2001年起征收车辆购置税，按不含增值税价款的10%计征；2006年在全国范围内彻底取消农业税，按烟叶收购金额的20%征收烟叶税；2007年修订车船税暂行条例；2008年起实施新的耕地占用税暂行条例；2009年起实施新的房产税暂行条例；2011年制定车船税法，修订资源税和船舶吨税暂行条例等；2016年颁布环境保护法；2017年12月制定船舶吨税法（2018年7月实施）。

11.3.2.4　我国现行税收政策的主要内容

我国税收政策的总体目标是遵循新时代中国特色社会主义市场经济体制全面深化改革的要求，建立与完善符合社会主义市场经济客观要求和特色的税制体系。其内容主要包括：深化税收制度改革，公平税负，促进平等竞争，建立符合社会主义市场经济发展的税制体系；贯彻国家产业政策，合理配置资源，促进国民经济健康、稳定、协调、持续发展；逐步取消农业税费，减轻农业和农民负担，积极支持"三农"发展；税制改革与国际税收惯例接轨，逐步使税收制度规范化、法制化和国际化。

目前，我国税收政策主要是通过各个税种的政策来体现的。我国流转税收入占税收总额的比重较大，是税制改革过程中最主要、最关键的部分，流转税的政策是公平、中性、透明、普遍；企业所得税的政策是调整、规范国家与企业的分配关系，促进企业经营机制的转换，实现公平竞争；个人所得税的政策是破除平均主义、鼓励多劳多得，调节过高收入、缓解社会分配不公的矛盾、避免两极分化；按结构性减税要求调整消费税、资源税、房产税和土地使用税等税的税收负担，适时开征环境保护税和遗产赠与税等。

11.3.3 我国深化税收改革的政策要求

11.3.3.1 完善税收政策的基本依据

税收政策作为国家用来调节社会经济资源分配的手段之一，对社会经济资源的合理分配和国家对经济资源集中程度的高低起着决定性作用，对生产者的生产决策和消费者的消费选择也有重要影响。因此，税收政策的制定和选择必须以科学的依据为基础，在我国市场经济条件下，制定和选择税收政策的依据从根本上说是客观经济规律。

在实际操作中，具体依据主要包括两个方面：一是根据市场经济运行的状况和经济参数来确定税收政策调节的目标、方向、范围和力度，并与财政和货币政策协调一致并形成合力，综合调控国民经济，使之持续、稳定、协调运行与发展；二是根据国民经济和社会发展预定目标来确定税收政策，使税收政策调节的方向和力度与国民经济和社会发展的总体要求相一致，并使税收政策更好地为国民经济与社会发展服务。

11.3.3.2 党的十八届三中全会以来的税收政策

按照党的十八大提出"构建地方税体系，形成有利于结构优化、社会公平的税收制度"的基本要求，十八届三中全会明确提出了完善税收制度的政策要求。其内容主要包括：深化税制改革，完善地方税体系；推进增值税改革，适当简化税率；调整消费税征收范围、环节、税率，把高耗能、高污染产品及部分高档消费品纳入征收范围；逐步建立综合与分类相结合的个人所得税制；加快房地产税立法并适时推进改革，加快资源税改革进程，推动环境保护费改税；按照统一税制、公平税负、公平竞争的原则，加强对税收优惠特别是区域税收优惠政策的规范管理。

此外,党的十九大明确提出了"深化税收制度改革,健全地方税体系"的政策要求。其目标是形成税法统一、税负公平、调节有度的税制体系,促进科学发展、社会公平和市场统一;围绕优化税制结构,加强总体设计和配套实施,推进所得税类和货物劳务类税制改革,逐步提高直接税比重;培育地方税源,加强地方税收,理顺税费关系,逐步建立稳定、可持续的地方税体系。

11.4　本章小结

★ 本章主要阐述和分析了税收政策基础理论、西方税收政策理论和我国税收政策研究三个问题。税收政策基础理论包括税收政策的含义及相关概念,以及税收政策与其他政策的协调。税收政策类型包括税收总政策和税收具体政策,工具包括内在的或自动的稳定器和勘酌使用或相机抉择的稳定器,其目标包括取得财政收入、稳定经济增长、合理配置资源、公平分配收入和实现充分就业;重视和运用税收政策与分配、产业、财政、货币、贸易、投资和消费等政策的协调。

★ 西方税收政策理论包括西方税收政策基本理论、现代西方税收激励政策和不同国家税收政策比较。西方税收政策基本理论包括凯恩斯、新古典综合、新剑桥、货币和供给等学派的税收政策,其中凯恩斯学派和供给学派的税收政策得到西方国家较为普遍的重视与运用;现代西方税收激励政策包括税收激励政策的目的和分类,其目的是鼓励优化产业结构、科技研发利用和中小企业发展;不同国家税收政策比较包括各国税收激励政策的差异、原因及其借鉴,其差异性主要反映在激励的条件、范围及方法等。

★ 我国税收政策研究包括 1949～1993 年的税收政策、市场经济时期的税收政策和深化税收改革的政策要求。我国 1949～1993 年的税收政策包括国民经济恢复(1949～1952 年)、建设社会主义(1953～1976 年)和社会主义建设新时期(1976～1993 年)的税收政策;我国市场经济时期的税收政策包括 1994 年税制改革的基本政策及政策措施、1995 年以来的税收政策调整和我国现行税收政策的主要内容;深化税收改革的政策要求包括完善税收政策的基本依据,以及党的十八届三中全会和党的十九大的税收政策。

12. 税收负担问题研究

税收负担既是税收的核心和灵魂，也是税收经济杠杆作用的着力点。税收负担直接关系到国家、企业和个人之间的利益分配关系。税收负担问题研究主要阐述和分析税收负担基础理论、税收负担转嫁分析和税收负担最优量度的问题，其中，税收负担基础理论研究包括税收负担的概念、影响税负的因素和研究税负的意义；税收负担转嫁分析包括税负转嫁的基础理论和一般分析，以及税负转嫁与税收制度、对税负转嫁问题的认识；税收负担最优量度包括税负量度指标体系、税收负担优化量度和区域最优税负水平。

12.1 税收负担基础理论

12.1.1 税收负担的概念

12.1.1.1 税收负担的含义

（1）税收负担的基本含义。我国学界对税收负担的解释，主要包括两类观点：一是从负税人视角的解释，如税收负担是指负税人在一定时期内由于国家征税而形成的一种人力、物力和财力负担，其主体是负税人；二是从纳税人视角的解释，如税收负担是指纳税人承担的税款负荷，即纳税人在一定时期应缴纳的税款，其主体是纳税人。

我们认为，税收负担简称税负，是指国家通过法律规定要求纳税人应当负担的税收数额。表明纳税人或征税对象对国家征税的承受状况，影响着国家财政收入及纳税人对税收的认识与行为。从国家的角度上看，税负是一种法律制度的要求，体现在税收征收管理活动中；从纳税人的角度上看，税负则是一种经济付出，体现在履行纳税义务活动中。

（2）税收负担的衡量方法。税负的轻重或大小可用一定的方法表示，包括绝对数和相对数两种方法：用绝对数表示是指税收的负担额，即一定时期国家税收总额，某一纳税人在一定时期内向国家缴纳了多少税款等。如 2003 年我国税收总额 20 017 亿元，2016 年达到 130 361 亿元。

用相对数表示是指税收的负担率，即一定时期国家或地区税收总额占 GDP 的比重，某一纳税人在一定时期内缴纳税款占其销售收入的比重等。如 2003 年我国税收总额占 GDP 的比重为 14.74%，2016 年达到 17.52%。如用税收负担率表示税收负担，其最大的优点是可以对不同纳税人、不同时期和不同税种之间进行税负比较，在实践中经常采用。

12.1.1.2 税收负担的分类

为进一步深入研究税收负担，从不同视角、不同标准进行税收负担的比较分析，有必要对税收负担进行分类。归纳起来大体上有以下六种：

（1）按税收负担对象的分类。以税收负担对象为标准，可将其分为纳税主体负担和纳税客体负担。纳税主体负担是指各种纳税人依法向国家缴纳了多少税款；纳税客体负担是指各种征税对象负担了多少税款。

（2）按税收负担税率的分类。以税收负担税率为标准，可将其分为等比负担、量能负担和等量负担。税收等比负担是指纳税人按比例税率缴纳的税款；税收量能负担是指纳税人按累进税率缴纳的税款；税收等量负担是指纳税人按定额税率缴纳的税款。

（3）按税收负担转嫁的分类。以税收负担转嫁为标准，可将其分为直接负担和间接负担。税收直接负担是指纳税人与负税人一致的情况下直接负担了多少税款；税收间接负担是指非纳税人负担了多少纳税人转嫁过来的税款。

（4）按税收负担形态的分类。以税收负担形态为标准，可将其分为货币负担和实物负担。税收货币负担是指纳税人负担了多少货币税额；税收实物负担是指纳税人负担了多少实物税额。

（5）按税收负担范围的分类。以税收负担范围为标准，可将其分为宏观负担和微观负担。税收宏观负担是全部纳税人向国家承担的税收总额，表明税收总量与经济总量的关系；税收微观负担是指经济个体向国家承担的具体税额，表明各纳税人的税负情况。

（6）按税收负担程度的分类。以税收负担真实程度为标准，可将其分为名义负担和实际负担。税收名义负担是指纳税人按名义税率负担的税款；税收实际负担是指纳税人实际缴纳的税款。两者有时不一致，即税收的名义负担高于或低于实际负担。

12.1.2 影响税负的因素

税负的高低、合理、公平、适度与否，受诸多因素的影响。确定总体税负时应综合考虑国家的总体经济发展水平，并根据不同的经济调控需要制定税负政策。

12.1.2.1 主观因素对税负的影响

由于人们对税收认识上的差别，使人们的主观愿望及其制定的税收政策和体制，有着不同的内容与要求，从而影响着税负总体量度的确定，这是制约税负水平的前提。

（1）人们主观愿望。税收的"三性"决定了税收是取得财政收入的一种最佳、有效方式，如果人们能充分认识或重视税收组织财政收入的职能，就会以税收为支柱来保证财政收入，从而提高税负水平。如我国古代商鞅和英国托马斯·孟等人曾主张过高税负，西方一些发达国家实施高收入、高税收等办法。如果轻视税收的职能作用，则又会降低税负水平，如我国1958年和1973年的税制改革即属此类。

（2）政治经济政策。政策是统治阶级意志的体现，国家欲达到某一目的总是要制定与之相应的经济、政治、社会政策等予以实施。如在经济发展速度过快过热时，需要适当提高社会总体税负，以使国家集中较多的收入，同时抑制需求的膨胀，使之与社会供给总量相适应。在实践中，我国社会主义改造时期为体现"总路线"的要求，采取了"公私区别对待、税负轻重不同"的税收政策等。

（3）国家分配体制。国家分配体制是国家经济政策的重要表现形式，税负取决于这种体制的变化。如果国家参与各经济实体及个人收入分配主要采取税收形式时，税负就要高一些；如果国家采取多种分配形式（如税收、利润上缴、折旧上缴等）时，税负则可相对低一些；如果国家主要靠利润上缴而不是税收（作为次要形式）参与分配时，则税负相对而言会更低一些，如朝鲜等国则属此种情形。

（4）税收征管水平。国家预先确定的税负水平能否在实践中准确予以体现，还取决于现实税收征管水平。其原因：一是税制中确定的税负，能否与实际吻合，公平、合理、可行与否有待于实践验证；二是经济发展的新情况和实际监管水平，可能使预计征收的税款发生偏差而难以实现确定的税负水平；三是税务工作中若存在滥征、错征或征收"人情税、关系税、协商税"等问题，会造成实际税负水平的提高或降低等。

12.1.2.2 客观因素对税负的影响

国家存在与经济条件决定了税收的产生及其发展，故国家职能和经济水平等客观因素必然会影响税负水平，这是决定税负水平的关键因素。

（1）国家职能范围。国家职能是国家在阶级统治和社会管理过程中的固定职责和内在功能，包括对内的政治统治、社会管理职能和对外的保卫、交往、维和、促发职能。税收产生与存在的条件之一就是为保证和满足国家实现职能的需要，因而国家职能范围的大小直接决定了税负水平的高低。一般来说，国家职能范围大，则意味着需办的事情多，财政支出也就越多，与其相适应的税负也就要高一些；反之，税负则相对低一些。

（2）社会经济发展。社会经济发展是决定国家税负水平的主要因素。因为经济发展是产生和保证税收的源泉，经济发展水平高则表明可供税收积累的社会资源和财富丰裕，纳税承受力较强，税负可适当高些；反之承受能力弱，税负则应低一些。税负只有适应本国经济发展水平、刺激经济增长、提高社会未来的税负承受力，才能保证税收全面发挥其职能作用。如果税负超出经济发展水平，势必会阻碍社会经济的良性运行。

（3）人均收入水平。一个国家的税负水平主要是取决于该国的人均收入水平。从理论上看，生产决定分配，生产对分配的决定作用在其中具体表现为人均收入水平对税收水平的决定作用。从世界各国实践看，通常人均收入水平低的国家，税收水平也较低；而人均收入水平高的国家，税收水平也较高。2013～2016 年我国人均 GDP 分别为 6 629 美元、7 485 美元、7 957 美元和 8 946 美元，世界排名从第 86 位升至第 69 位。

（4）财政收支状况。国家财政收支的好坏是影响税负水平的重要因素之一。当财政在某一时期发生困难或因特殊需要（如发生战争、急需一次性偿还外债等）时，国家为增加税收就会相应提高税负总体（或某一税种、某种行业等）水平；反之，在财政较宽裕或充裕时，国家实行轻税政策而降低税负。正如毛泽东同志所言："虽在困难时期，我们仍要注意赋税的限度，使负担虽重，而民不伤，而一经有了办法，就要减轻人民的负担"。

（5）国际税负水平。税收是维护国家经济权益的保证，一个国家的税负轻重必然会影响国际间的经济往来与贸易发展。各国为平衡、协调税负，一般是按国际税收惯例、税收负担水平和权益对等互利的原则，来确定本国进出口关税和涉外所得税、遗产税等税的负担程度。如实行保护贸易政策的高额关税，鼓励出口货物的退（免）税，为吸引国外资金和先进技术实施的低税政策等，其原因之一就是受国际税负水平的影响。

12.1.3 研究税负的意义

研究国家一定时期的税负状况，确定科学、合理的税负量度，达到税负公平的目的，这既是税负的内在要求，也是保证税收科学性和发挥其职能作用的客观需要。

第一，研究税收负担是正确处理征纳关系的需要。税收参与经济实体及个人的收入分配的多少，这是处理好国家与纳税人之间经济利益的关键。在一定时期社会资源和财富有限的情况下，若税负总水平过高，虽可暂时增加财政收入，但过多降低纳税人的收入水平会造成税源枯萎，反而会减少财政收入；若税负总水平过低，则又不能保证财政收入的增长。因此，必须认真研究税负合理的量度，以保证征纳双方的收入权益。

第二，研究税收负担是科学完善税收制度的需要。税制中的税种及其征税对象、税率和减免税等是税负的重要表现形式，尤其是税率更为直接、明确地体现税负水平。税负总体量度的高低、合理、适度与否，这是设计税制及其体系的基础。以科学的税负为前提所建立的税制体系有利于充分发挥税收的职能作用，当实践检验税负已不合理时，就要求对税制进行完善，因而积极研究税负可客观、准确地处理好税负与税制的关系。

第三，研究税收负担是保证社会经济发展的需要。税负合理、适宜，能够有利于培养纳税人主动、自觉甚至是积极纳税的良好习惯；若税负畸重超过其经济承担能力，则会引起纳税人的憎恶而产生逃避纳税和转嫁税负的行为，从而破坏正常的社会经济秩序，也易引发政治经济混乱。因此，有必要研究和确定税负的合理量度，来调动一切积极、有利的因素，以促进经济的可持续发展，创造和谐的经济社会与良好的纳税环境。

12.2 税收负担转嫁分析

12.2.1 税负转嫁的基础理论

12.2.1.1 税负转嫁的概念

（1）税负转嫁的基本含义。目前我国学术理论界大体有两类观点：一是强调"行为活动"，如税负转嫁是指税法上规定的纳税人将其应当负担的税款全部或部分转嫁给他人负担的行为活动；二是强调"经济现象"，如税负转嫁是指在商品交易过程中纳税人通过提高销售价格或压低购进价格的方法将税负转移给购买者或供应者的一种经济现象。我们赞同第一种观点。

按照税负转嫁的程度，税负转嫁可分为全部转嫁、部分转嫁和不能转嫁三种：全部转嫁是指纳税人将自己应负担税款的全部转嫁给他人负担；部分转嫁是指纳税人将自己应负担税款的一部分转嫁给他人负担，余下的部分则由自己负担；不能转嫁是指纳税人缴纳的税款全部由自己负担，不转给他人负担。税负转嫁的标准包括：一是税负转嫁与商品价格是直接联系的，与价格无关的问题不能纳入其范畴；二是税负转嫁是个客观过程，没有税负的转移过程不是税负转嫁；三是税负转嫁是纳税人的主动行为，与纳税人主动行为无关的价格再分配性质的价值转移不是税负转嫁。

税收究竟由谁来负担的问题，看似简单，其实不然。假设税法规定对销售酒征税，每瓶酒的售价是 10 元，卖者出售一瓶酒要纳 1 元的税，其税款由谁来支付？可能会出现以下三种情况：一是售价仍是 10 元，那么不管买者是谁，其 1 元的税由卖者来负担；二是卖者将售价提高到 10.5 元，这时买卖双方都负担了一部分税，买者和卖者各负担 0.5 元；三是把售价提到 11 元，这时 1 元的税由买者负担。由此可以看出，税负是在运动的，总是要由纳税人或其他人来负担的。就本例而言，第一种情况为税负的不能转嫁；第二种情况为税负的部分转嫁，而第三种情况则为税负的完全转嫁。

（2）税负归宿的基本含义。所谓税负归宿是指税负转嫁的最终落脚点或指税负的最终承担者。分为法定归宿与经济归宿两种：前者即指税法上明确规定哪些人负有纳税义务；后者即指税收导致的纳税人实际资源配置或收入分配变化。两者之间的差异，即表明税负转嫁的程度。从法律上的归宿过渡到经济上的归宿可能是一次转嫁就能完成，也可能是多次转嫁才能完成。

特殊情况下法律上的归宿即是经济上的归宿，税负转嫁没有发生。因而税收的法律归宿始终只有一个，而经济归宿则可能是一个、两个甚至更多。从上述卖酒的例子看，税收的法律归宿总是卖者，而经济归宿在第一种情况下为卖者，在第二种情况下为卖者和买者两个，在第三种情况下则由买者充当。

12.2.1.2 税负转嫁的方式

税负转嫁的途径和方法较多，一般认为，税负转嫁的方式包括前转、后转、混转、旁转、消转和税收资本化。但也有税收学者提出，还应增加辗转和叠转两种。

（1）税负前转。前转又称"顺转"，是指纳税人将其所应负担的税款于经济交易时转嫁给买方或消费者负担。通常是通过卖方提高货物售价的办法实现。这是最为典型、最具普遍意义的转嫁方式。卖方可能是制造商、批发商或零售商，买方也可能是批发商、零售商或消费者。因而税负前转一般可通过一次完成，但也有多次才能完成的。

（2）税负后转。后转又称"逆转"，是指纳税人将其所要负担的税款向后转嫁给货物的供应者。如生产者通过压低购进原材料价格，将税负转嫁给材料生产者。如果货物由于征税造成涨价，货物销售量相应减少，迫使销售者和生产者同意减价出售，税款不由购买者或消费者承担，而是由生产者或经营者承担。

（3）税负混转。混转又称"散转"，是指纳税人将应负担的税收一部分向前转嫁给货物购买者或消费者，另一部分则向后转嫁给货物供应者或生产者。税负混转实际上是前转和后转的混合方式。

（4）税负辗转。辗转是指税负前转、后转次数在两次以上的转嫁行为活动。税负辗转随社会分工的深入和细致而日益普遍。如棉花征税后可转嫁给纱商，纱商又可转嫁给布商，布商再转嫁给消费者，即前辗转。反之，布被征税后因需求减少、价格下降，布商可将税负逆转给纱商，纱商逆转给棉花商，棉花商再逆转给农民，即后辗转。

（5）税负旁转。旁转是指纳税人将应负担的税负转嫁给货物购买者或供应者以外的其他人负担。如当某征税货物的税负难以实现前转或后转时，纳税人采用压低运输价格的办法将税负转嫁给运输者负担。

（6）税负叠转。叠转是指纳税人同时使用多种税负转嫁方法的情形。在现实的经济活动中，纳税人往往同时采用前转、后转和旁转等方法进行税负转嫁。如对某种货物征税，其零售商就可向前顺转给消费者、向后逆转给批发商，还可将税负转嫁给运输者负担，使税负向多个方向同时转嫁。

（7）税负消转。消转是指纳税人用降低征税货物成本的办法使税负在新增利润中求得抵补的方式。一般是通过改善经营管理、提高劳动生产率等措施降低成本而增加利润，自行补偿其纳税的损失。因此，税负消转实质上并没有完成税负转嫁过程，它是一种特殊的税负转嫁形式。但消转要具备一定的条件，如生产成本可递减、货物销量可扩大、技术与方法有发展和改善的余地、物价有上涨趋势及税负不重等。

（8）税收资本化。也称资本还原，是指税款不是由资本品现有者负担而是还原为资本品的原有者负担。它是税负转嫁的一种特殊形式。其主要特征是：买主在资本品出售时将以后若干年应纳的税款，从所购商品的资本价值中预先扣除；今后若干年名义上虽由买主按期纳税，但税款实际上已全部由卖主负担。税收资本化与其他转嫁形式的区别：前者是将以后若干年应纳的税款预先作一次性的转移；而后者则是于每一次经济交易时将税款即时进行转移。

税收资本化一般发生在土地买卖或其他收益来源较为永久性的财产（如政府公债和公司债券）。例如，某公司发行面值为 100 万元的企业债券，年息 5%。但因国家课征利息税 1%，使得这种债券的面值降为八折（即面值 100 万元折价 80 万元出售）。这时税收已从债券的资本价值中扣除，扣除之数恰好等于税收的还原价值（1 万元的税款还原为 20 万元的资本）。债券购人者由于已低价买得债券，因而预先就转嫁了今后若干年应纳的税款。

再如，某一工厂 A 向另一公司 B 购买一幢房屋，该房屋价值为 100 万元，使用期限预计为 10 年，根据税法规定每年应纳房产税 1 万元。A 在购买时将该房屋今后 10 年应纳的房产税 10 万元从房屋购价中作一次扣除，实际支付买价 90 万元。对 A 来说，房屋价值 100 万元，而实际支付 90 万元，其中的 10 万元是 A 购买 B 的房屋从而"购买"了 B 的纳税义务，由 B 付给 A 后代 B 缴纳的税款。实际上 A 在第一年只需代缴 1 万元的房产税，其余的 9 万元就成为 A 的创业资本，这就是税收资本化。

12. 2. 1. 3　税负转嫁的效应

税负转嫁是伴随着市场经济而存在的、不可避免的行为过程，会对社会经济生活产生广泛的影响。税负转嫁和制定税收政策、设计税收制度有着密切的关系，当税负转嫁不易实现时，纳税人极有可能转向逃税来取代税负转嫁，破坏税收的严肃性。具体来说，税负转嫁的效应主要包括：

（1）影响市场价格。市场供求主要是通过价格机制来调节供给和需求总量来达到供求的平衡，税负转嫁也是通过价格与价值的背离来实现。当需求大于供给时，供给者可通过提高货物价格将税负转嫁给消费者；当供给大于需求时，税负不易向前转嫁，同时在税制设计或税收宏观调控时考虑某些鼓励发展产业不易转嫁的税负，并给予适当的优惠或补贴。税负转嫁通过利益的变动，改变生产者与消费者的行为，促进货物供求趋向平衡。

（2）影响资源配置。税负转嫁作为经济利益再分配的有效途径，能够实现社会资源配置优化。货物在生产的过程中需要资金、原料及人工费用，消耗一定的社会资源，如果纳税人生产的货物不符合市场需求时，将会遭到市场的淘汰。因此，通过税负转嫁行为对该纳税人增加税负，且税负不能通过提价前转，迫使该货物退出市场，将其本身占用的社会资源转移给其他新兴行业或企业，有利于社会资源的合理有效配置。

（3）影响收入分配。税收作为社会公众经济利益的分割和重置，是进行社会财富分配的主要方式。而税负转嫁是税收分配的直接产物，其分配的范围取决于纳税人与社会其他群体的关联程度，即关联程度越高，税负转嫁分配收入的幅度也就越高。可见，税负转嫁可改变纳税人原有的经济利益，对社会公正收入分配具有较大的影响。特别是在完全开放的货物定价自由的市场经济体制国家，税负转嫁对收入分配的影响更大。

（4）影响企业决策。对纳税人生产或销售的货物征税后，纳税人为追求其经济利益的最大化，就必然会对生产或销售货物的市场供给与需求情况进行一定的调查分析，制定合理的货物价格，以争取最大的税负转嫁份额。如当生产原料等要素被征税时，纳税人则尽可能压低采购成本，通过提高生产效率等方式来降低原料消耗，从而提高盈利水平，这实际上就形成了生产原料货物的税负转嫁。

综上可见，税负转嫁对经济社会及经济活动当事人的影响，可产生一定的积极效应或负面影响。如果税负转嫁结果有利于国家宏观经济调控的实施和社会经济的发展，则税负转嫁是积极的正能量；反之则是负能量。

12.2.2 税负转嫁的一般分析

一般认为，物价自由波动是税负转嫁的基本前提条件，其经济活动、市场定价和成本变动等对税负转嫁有着一定的影响，同时也是有规律可循的。

12. 2. 2. 1 税负转嫁与经济活动

市场经济调节效应使税负能否和如何转嫁，在很大程度上取决于市场需求。在自由竞争的市场经济中，征税货物的价格受供求规律的制约，市场货物供给和物价涨落，都不是一个生产者或一群生产者所能操纵的。货物需求会随着价格的变化而发生变动，而供给也会发生相类似的变动。或者说，在自由竞争的市场上，对货物征税后价格能否增高，不是供给一方或需求一方愿意与否的问题，而是取决于市场上的供给和需求弹性。

（1）税负转嫁与供给弹性的关系。供给弹性是指供给量对价格变动的反映程度，即供给量变动的百分比与价格变动的百分比的系数。其计算公式为：

$$供给弹性系数 = 供给量变动百分比 / 价格变动百分比$$

如果供给弹性系数绝对值大于 1 为富有弹性（弹性大），小于 1 为缺乏弹性，等于 1 为有弹性，等于 0 为完全无弹性。税负能否转嫁及转嫁多少，要看货物供给弹性如何：税负转嫁与供给弹性成正比，即供给弹性越大，税负转嫁的可能性越大；供给弹性越小，税负转嫁的可能性越小。

（2）税负转嫁与需求弹性的关系。需求弹性是指需求量对价格升降的反映程度，即需求量变动的百分比与价格变动的百分比的系数。其计算公式为：

$$需求弹性系数 = 需求变动百分比 / 价格变动百分比$$

如果需求弹性的绝对值大于 1 为富有弹性，小于 1 为缺乏弹性，等于 1 为有弹性，等于 0 为完全无弹性。一般来说，税负转嫁与需求弹性成反比，即需求弹性越大，转嫁的可能性越小；需求弹性越小，转嫁的可能性越大。

（3）税负转嫁与供求弹性的关系。供给弹性与需求弹性的比值即为供求弹性。由于供求间的制衡统一关系，决定了纳税人的税负转嫁及其实现方式不能片面地依从其中某一方面，而必须根据供给弹性和需求弹性的力量对比及转换趋势予以相机决策。

一般而言，当供给弹性大于需求弹性，即供求弹性系数大于 1 时，纳税人应优先考虑税负前转的可能性；反之，如果供求弹性系数小于 1 时，则进行税负后转或无法转嫁的可能性比较大。如果供给弹性系数等于需求弹性系数，则税款趋于买卖双方均分负担。

综合分析可得出这样的结论：税负转嫁是市场经济发展的客观存在。以此为基点，直接纳税的纳税人通常会将能转嫁的税收仅作为虚拟的成本（或称为额外成本），而将不可转嫁的税收视为真正的成本。因此，西方国家把纳税人与负税人一致的税种称为直接税，把纳税人与负税人不一致的税种称为间接税。在现实经济发展中，直接税表现为不易转嫁或转嫁困难，而间接税则转嫁容易或相对顺利。

12.2.2.2 税负转嫁与市场定价的关系

税负转嫁常用的方法是纳税人通过提高货物销售价格将税负转嫁给消费者负担，或以压低货物购进价格手段将税负转嫁给货物供给者负担。由此看出，纳税人要能够通过操纵价格来转嫁其税收负担，这就需要纳税人拥有一定的货物定价权。而在不同的市场结构中，纳税人对市场价格的控制能力是有差别的，由此决定了在不同的市场条件下税负转嫁的情况是不同的。主要有以下四种情况：

（1）完全竞争市场结构下的税负转嫁。在完全竞争市场条件下，市场价格由整个行业的供求关系决定，每个纳税人都是既定价格的遵从者或接受者。政府征税后，任何个别纳税人都无法在短期内单独提高货物的价格，从而税负转嫁较难发生。在长期供应成本不变的情况下，各个纳税人会形成一股整个行业的提价力量，从而实现税负转嫁。

（2）不完全竞争市场结构下的税负转嫁。货物的差异性是不完全竞争的前提。在不完全竞争市场条件下存在着垄断，它既不是完全竞争又不是完全垄断的市场结构。在这种市场结构下，单个纳税人可利用自己货物的差异性对价格进行适当调整，税负可向前转嫁给消费者。但由于没有形成完全垄断市场，因此只能实现部分税负转嫁。

（3）寡头垄断市场结构下的税负转嫁。寡头是指少数企业供应某货物的大部分，各家都占市场供应总量的一定比重，货物是一致的或稍有差别，价格波动较小。如果对某货物征收新税或提高税率，各寡头厂商就会按早已达成的协议或默契各自提高价格，从而将税负转嫁给消费者负担（除非该产品需求弹性大或差异大）。

（4）完全垄断市场结构下的税负转嫁。在完全垄断市场条件下，某种行业或货物的市场完全被一家厂商所控制，厂商实际上是自行定价。如果某垄断产品为绝对必需品，且需求无弹性又无其他竞争性的替代品，政府在这种情况下进行征税，则垄断者可随意改变价格，在不影响销售量的前提下，税负可全部前转或部分前转、部分后转。

12.2.2.3　税负转嫁与成本变动的关系

税负转嫁与成本变动密切相关。在成本固定、递增和递减等情况下，税负转嫁有着不同的特点。成本固定的货物，税负可全部转嫁给买方负担。因为固定成本的货物不随生产数量的多寡而增减其单位成本，此时如果需求无弹性，税款可计入价格而实现转嫁。

成本递增的货物，税负只能部分转嫁。因为这种货物成本会随产量的增加而递增，征税后货物价格的提高就会影响其销路，卖方为维持销路，只好减少产量，以求降低产品成本，这样税额就不能全部转嫁出去。

如果是成本递减的货物，税负全部可转嫁给买方。因为这种货物的单位成本会随着产量的增加而递减，征税货物如无需求弹性，税款即可加于价格之中转嫁出去。在某种情况下，税款不仅可全部转嫁出去，甚至还可获得多于税额的价格利益。

12.2.3　税负转嫁与税收制度

税收制度中的税种性质、征税范围、税率高低、计税依据和征税方法等设计差异，都对税负转嫁有着一定的影响。

12.2.3.1　税负转嫁与税种性质的关系

一般来说，只有对货物交易行为或活动课征的间接税才能转嫁，而与货物交易行为无关或对人课征的直接税则不能转嫁或很难转嫁。如销售税、货物税、消费税、增值税、营业税和关税等一般认为是间接税，税负可由最初纳税人承担而转嫁给消费者，这类税的税负还可以向后转嫁给生产要素的提供者来承担。而个人所得税、公司所得税、社会保障税和财产税等一般认为是直接税，税负不能或很难转嫁。

12.2.3.2　税负转嫁与征税范围的关系

税负转嫁与征税范围的关系，主要包括：一是就征税范围而言，征税货物范围广的税负容易转嫁，征税货物范围窄的税负转嫁较难；二是就不同货物而言，对生产资料征税税负转嫁次数多、转嫁速度快，对生活资料征税税负转嫁次数少、转嫁速度慢；三是就同类货物而言，对其全部货物征税税负易于转嫁，只就其中部分或某一种货物征税税负不易转嫁；四是就消费品而言，对生活必需品征税税负易于转嫁，对奢侈品征税税负不易转嫁。

12.2.3.3　税负转嫁与税基宽窄的关系

一般而言，税基越宽越易实现税负转嫁，反之税负转嫁可能性较小。原因在于：税基宽窄直接决定着购买者需求选择的替代效应的大小，进而影响市场供求弹性的程度及税负转嫁态势，导致税负转嫁或易或难的变化。如果对所有货物进行征税，购买者需求选择替代效应较小，税负转嫁就较为容易；反之，如果只对部分货物进行征税，且征税货物具有替代效应，税负就不易转嫁或难以转嫁。

12.2.3.4　税负转嫁与税率高低的关系

税率高低是衡量税负轻重的主要指标，在其他条件相同的情况下，如果货物的税率较高，税负只能部分或不能转嫁，反之则相对容易转嫁。从税率方式看，实行比例税率，价格与税负相辅相成，同一货物价格高税负多、价格低税负少，税负则易于转嫁；实行定额税率，货物价格与税负相背，同一货物价格高税负轻、价格低税负重，因而高价货物税负容易转嫁，低价货物税负则较难转嫁。

12.2.3.5　税负转嫁与计税方法的关系

税收计税方法主要分为从价计征和从量计征两种。从价计税税额会随着价格的升降而增减，一般而言，昂贵货物税负重、廉价货物税负轻，征税加价后负税者不易察觉，消费者购买货物的抉择不易受到影响，税负就容易转嫁。从量计税税额不受价格变动的影响，征税加价负税者容易感知，消费者会倾向于少买或不买征税（或重税）货物，而多买或全买无税（或轻税）货物或采用代用品，税负转嫁困难。

12.2.4　税负转嫁问题的认识

税负转嫁是税收理论研究中的重要问题，也是难点问题。自17世纪中叶以来，税负转嫁理论在西方经济学和财政学中一直占有重要地位，提出了税负转嫁的"绝对转嫁论"和"相对转嫁论"两类观点。我国财税学界对税负转嫁也有不同的认识或争论，甚至是针锋相对的观点或不休止的辩论，至今也无统一的认识或定论。

12.2.4.1　西方对税负转嫁的不同认识

（1）税负的绝对转嫁论。税负绝对转嫁说是指对税负转嫁问题作出绝对的结论，即认为一切税收都能转嫁，或某种特定税收都不能转嫁。该观点包括以下三种：

第一，纯所得论。税负转嫁的纯所得论是由古典学派所提出，即一切税收皆来源于纯所得（包括地租、利润和工资），除地租税不能转嫁外，诸如利润税和工资税等税收都会转嫁，且最终由地主或消费者负担。斯密是绝对转嫁论的先驱者，他阐述了地租税、利润税、劳动工资税和消费品税的转嫁与归宿问题，并认为所有税收都由地主负担。李嘉图发展了斯密理论，他认为地租税由地主负担，利润税和工资税则由资本家负担；"什一税"和农产品税虽能转嫁，但最终由雇主负担；对消费品征税，若是垄断货物由生产者负担，若是奢侈品由富有者负担，若是必需品则最终由雇主负担。

第二，纯产品论。税负转嫁的纯产品论是由重农学派所提出，即对地租征税之外的所有税收都能转嫁，且最终落脚点是土地的所有人。法国重农学派的创始人和重要代表弗朗斯瓦·魁奈认为，只有土地能增加国民收入、创造剩余价值或提供纯收益，所以税收必定是土地的纯产品。除土地收入税之外的所有税收，如向消费物品或劳动征收的税收，实际上要附加到他们生产的财富价格中，最终转嫁给纯产品的消费者。因此，魁奈的税负转嫁思想主要包括：一是除土地收入税之外的所有税收都会转嫁；二是各种税收的最终归宿是土地的纯产品。正因为如此，魁奈主张实施单一土地税。

第三，均等分布论。税负转嫁的均等分布论始于18世纪的欧洲国家，主要代表人物是意大利的沃里和英国的曼斯菲尔德等。他们虽然都认为税负皆可转嫁，但也有乐观派和悲观派。乐观派学者认为，税负转嫁可分为三个层次：一是从纳税人转移至其货物的买主和卖主及消费者；二是从第一层次逐渐扩张于其他一切业务；三是最终扩张至所有人都负一定的税，且每个人都有负税的感觉。但以普鲁东为首的悲观派学者则认为，无论何种税收都能转嫁，且最终都要由消费者来承担，消费者阶层大多属于穷人阶级，而穷人负担税收是不公平的。

（2）税负的相对转嫁论。税负的相对转嫁论是对税负转嫁问题不作绝对的结论，认为税负是否转嫁及其程度如何，要根据税种、征税货物性质、供求关系和其他经济条件的不同而定。即税负有时可以转嫁或完全转嫁，有时不能转嫁或只能部分转嫁。现代意义上的税负转嫁理论，则基本上属于相对转嫁论。相对转嫁论最早是由德国经济学家劳提出，法国经济学家库诺进行了数理分析，美国经济学家塞里格曼加以系统化。

德国经济学家劳继承了古典经济学派的经济思想，在税负转嫁理论上开创了相对转嫁论。他认为，对利润、工资、地租征税是否会发生变化，要根据供求关系变化而定，即所得税一般不易转嫁，关税易于转嫁给消费者。法国经济学家库诺在《财富理论的数学原理》（1838）运用数学方法分析了税负转嫁与归宿的问题，他把价格分为垄断价格和竞争价格，通过分析征税货物价格变化对生产者和消费者的影响，说明税负转嫁形态。以后西方经济学家又提出了规模收益不变、规模收益递增、规模收益递减规律，并以此作为分析税负转嫁与归宿的工具。

美国经济学家塞里格曼利用现代经济学分析工具与方法，提出了税负转嫁与归宿的一般法则：一是从征税对象的垄断支配、受竞争支配看，竞争支配下税负不易转嫁；二是从税收是普遍或特别看，越是普遍的，生产者负税可能性越大；三是从资本流动看，资本流动越难，税负转嫁越少且越缓；四是从征税物品供求弹性看，供给弹性越大前转的可能性越大，需求弹性越大后转的可能性越大；五是从生产成本是比例、递增或递减变化看，在成本递减、自由竞争情况下消费者负担增加，在垄断情况下生产者负担增加；六是从税负轻重看，税负越轻越不转嫁；七是从税率累进或比例看，累进性越高转嫁程度就越高；八是从征税货物是最终或中间产品看，若为最终产品最终由消费者负担，若为中间产品则要发生多次转嫁等。因而塞里格曼认为，直接税中也有转嫁，间接税中也有不转嫁，故直接税与间接税的区别毫无价值可言。

日本财税学家小川乡太郎也自称其转嫁理论属于"相对论"。其主要观点：一是税负转嫁实际上是征税物品和工资能否上涨的问题，也是转嫁者与被转嫁者的一种税负推让斗争，谁胜谁负取决于经济过程中各方的势力；二是转嫁以交换流通为媒介，与流通无关的税无从转嫁；三是转嫁的方向与程度取决于供求力量；四是转嫁分为预期的转嫁和违反预期的转嫁，前者有利于税负公平，后者导致税负的不公平。

12.2.4.2　我国对税负转嫁的不同认识

（1）我国是否存在税负转嫁问题的争论。在我国学术理论界，对我国社会主义税收是否存在税负转嫁问题上，有不同意见或争论。根据马克思主义学说，资本主义社会税负最终落在劳动人民身上，税负转嫁体现资产阶级对劳动人民的剥削关系。因此，我国一些专家学者认为，税负转嫁是资本主义国家固有的经济问题或现象，我国是社会主义国家，因而我国不存在税负转嫁。这种观点在20世纪六七十年代乃至80年代初期较为流行，并一直作为主流派的观点。

而另一种观点认为，我国税负是否存在转嫁必须根据我国经济特点作具体分析。从社会产品分配格局、计划价格和税收机制等方面分析，税收在总体上不存在税负转嫁，但在计划价格之外的货物则存在税负转嫁。这种观点在20世纪80年代较为流行并成为主流派观点。自90年代以后，我国学者思想上进一步解放，正确认识到税负转嫁是商品经济的一种行为活动，在我国社会主义市场经济条件下也是客观存在的。这种观点官方也予以认可，如在国家制发的有关税收文件中，也常见税负转嫁的提法。

此外，也有人提出应正确分析我国的税负转嫁机制，甚至是自觉地运用税负转嫁机制来发展社会经济。企业是市场经济下自主经营、自负盈亏的经济实体，在市场经济竞争中求生存与发展，在物质利益驱动下利用税负转嫁机制减轻税负，以获得更大的经济利益。因为税负转嫁是以价格的自由浮动为基本条件，而价格的市场化为税负转嫁提供了充分条件。我国税收制度以货物征税为主体，也为税负转嫁提供了更为广阔的空间。只要有税负转嫁就会对社会经济与生活产生影响，且发挥不同的效应。对税负转嫁问题不能回避，应正视并认真对待，自觉地加以掌握和运用，发挥其积极效应，限制或防止其消极因素。

（2）有关我国税负转嫁机制的其他问题。税负转嫁是税负的再分配，也是物质利益的再分配，消费者会因税负转嫁而增加负担，货物的生产者和经营者会因税负转嫁而改变在竞争中的地位。

第一，税负转嫁与税收政策、税制有着密切关系。假如税收政策和制度是合理的，既有利于资源优化配置，又符合税收公平原则，但税负转嫁可能会改变预定税负分配格局，抵消税收经济调控作用或导致税负的不公平。因此，在制定税收政策和设计税制时，必须充分考虑各类货物的供求状况和价格趋势，并合理选择税种、税率及课征范围等。

第二，其他有关税负转嫁问题。实行价外税方式，有利于增强货物征税负担归宿的透明度；提高所得征税比重，可缩小税负转嫁的范围和空间；自然垄断行业具有价格优势，其规模越大、效益越高，则税负转嫁处于优势地位，因而应加强对这些行业的价格管理；税负转嫁可相对增加纳税人逃税的动机，故此应强化税收征管工作等。

12.3 税收负担最优量度

12.3.1 税负量度指标体系

科学确定国家总体税负，合理设计各税负担，公平规范各经济成分、部门和个人的税负，比较国际间及国家不同历史时期的税负，有必要建立能够从不同角度反映税负的指标体系。其税收负担率指标主要包括以下六种：

（1）国民生产总值负税率。国民生产总值负税率即 GNP 负税率，是指一定时期内国家课税总额占同期国民生产总值（GNP）的比率。其计算公式为（T/GNP）：

$$\frac{国民生产总值}{负税率} = \frac{一定时期内国家课税总额}{同期国民生产总值} \times 100\%$$

国民生产总值负税率表示国家积累资金在一定时期社会财富总值中所占的比重。一般来说，该比重越高，财政积累水平就越高，反之则越低。它的高低与一国经济实力和社会的税负承受能力成正比，通常作为国与国之间的税负比较。

（2）国内生产总值负税率。国内生产总值负税率即 GDP 负税率，是指一定时期内国家课税总额占同期国内生产总值（GDP）的比率。其计算公式为（T/GDP）：

$$\frac{国内生产总值}{负税率} = \frac{一定时期内国家课税总额}{同期国内生产总值} \times 100\%$$

国内生产总值负税率是衡量一个国家或地区税负总水平和国与国之间进行税负比较的重要宏观指标。在国际税负比较中，该指标比国民生产总值负税率运用还要广泛。

（3）国民收入负税率。国民收入负税率即 NI 负税率，是指一定时期内国家课税总额占同期国民收入总额（NI）的比率。其计算公式为（T/NI）：

$$\frac{国民收入}{负税率} = \frac{一定时期内国家课税总额}{同期国民收入总额} \times 100\%$$

由于国民收入等于国民生产总值扣除补偿价值之后的余额，对国民经济中的中间产品转移价值已剔除，对中间产品重复计税因素也较少，因此该指标在一定意义上更能如实地反映一个国家的积累水平、总体税负状况及其经济实力与税负承受能力。

（4）销售收入负税率。销售收入负税率是指一定时期内税收总额占同期销售收入（营业收入）的比率。其计算公式为：

$$\frac{\text{销售收入}}{\text{负税率}} = \frac{\text{一定时期内税收总额}}{\text{同期销售收入（营业收入）总额}} \times 100\%$$

销售收入负税率既可体现全国、部门、行业、货物的税负状况，又可反映某一纳税人的税负状况。

（5）企业利润负税率。企业利润负税率是指企业实际缴纳的所得税额占企业利润总额的比率。其计算公式为：

$$\text{企业利润负税率} = \frac{\text{企业实际缴纳的所得税额}}{\text{企业利润总额}} \times 100\%$$

企业利润负税率是衡量企业税收负担状况、正确处理国家与企业分配关系的最为直接的重要指标。一般来说，在其他因素不变的情况下，企业利润负税率越低，企业税负就越轻；反之税负则越重。

（6）企业盈利综合负税率。企业盈利综合负税率是指企业实际缴纳的各税总额占企业盈利总额的比率。其计算公式为：

$$\frac{\text{企业盈利}}{\text{综合负税率}} = \frac{\text{企业实缴各税总额}}{\text{企业盈利总额}} \times 100\%$$

企业盈利综合负税率既可全面反映国家以税收形式参与企业纯收入分配的总水平，也可用来比较不同类型企业之间的总体税负水平。

上述国民生产总值负税率、国内生产总值负税率和国民收入负税率三个指标属于反映宏观税负（国家税收总体负担）的指标，销售收入负税率、企业利润负税率和企业盈利综合负税率三个指标，属于反映微观税负（企业税收负担水平）的指标。通常在世界各国的税负比较中，反映宏观税负的三个指标特别是国内生产总值负税率指标的应用更为普遍。

12.3.2 税收负担优化量度

12.3.2.1 确定税负量度的原则

税负量度是指在一定时期内税收总额与同期经济水平之比，即税收负担率。其衡量税收总负担的指标主要是 GDP 负税率。一般而言，负税率越高税负就越重，反之越轻。任何一个国家在确定税负总体水平和纳税人或征税对象的负税程度时，都要有所遵循。我们认为，确定我国税负量度应明确科学的指导思想，即正确处理好组织财政收入与促进经济发展的辩证关系，兼顾需要与可能的协调统一，达到理顺国家与纳税人分配关系的目的。

在明确税负量度指导思想的基础上，确定税负量度值应遵循的原则：一是保护税本，取之有度；二是不妨害经济的正常运行，促进经济的可持续发展；三是保证国家财政收入随经济发展的最大增长；四是充分、全面地考虑影响税负的主观与客观因素；五是体现公平税负、量能负税的要求；六是要调动纳税人搞好生产经营、增加收入、提高经济效益的积极性。

12.3.2.2　最优税负量度的选择

古今中外专家学者对最优税负量度，多以当时税负的轻重而提出提高或降低税负的主张，对何谓最优税负量度数值的论及颇少。即使是供应学派提出的"拉弗曲线"，也未能说明税率的最佳点，因而客观、准确地提出一个税负最优量度数值是较为困难的。

（1）测算宏观税负水平的方法。目前测算宏观税负水平的方法主要有五种口径：一是小口径宏观税负，即税收总额占同期 GDP 的比重，即上述而言的 GDP 负担率；二是经合组织（OECD）口径的宏观税负，包括社会保障缴款的净税收收入占同期 GDP 的比重；三是国际货币基金组织（IMF）口径的宏观税负，包括税收、社会保障缴款、赠与及其他收入的总和占同期 GDP 的比重；四是大口径宏观税负，即全部政府收入（包括土地出让金收入）占GDP 的比重；五是美国《福布斯》口径的宏观税负，即选取企业所得税、个人所得税、增值税或销售税、财产税、雇员的社会保障税（费）和企业的社会保障税（费）六种税的最高名义税率简单相加，从而得出税负痛苦指数。

采用不同的方法分析宏观税负，可能会得出完全不同的结论。从 20 世纪90 年代至今，我国对税负问题的研究有了长足的进步，但其认识则是仁者见仁、智者见智，大致有满足公共需要论、降低宏观税负水平论、提高宏观税负水平论和维持现行宏观税负论等观点。例如，采用小口径和 OECD 口径分析宏观税负者（以业务部门为代表）认为，我国宏观税负并不高，还有进一步提升的空间，但由于近年来我国宏观税负增速较快，所以与其他国家宏观税负差异明显缩小。而采用大口径分析宏观税负者（以理论界为代表）认为，大口径宏观税负计算方法能够全面地反映政府集中财力的程度和国民的负担水平，我国宏观税负已超过发展中国家平均水平，接近发达国家平均水平，建议进一步清费立税，减少制度外收入，增加地方政府税源，规范政府收入来源。

我们认为，采用哪种口径进行宏观税负比较并不重要，关键是要注意使用口径的规范性、统一性和可比性，正确理解每种口径的计算方法及其内在含义。在上述口径中，我们采用小口径宏观税负的测算方法。税收是以社会剩余产品量（或国民收入）为分配对象，所以国家征税只能以该分配对象减去社会必要扣除量的"结余"为最高限量。但应注意：一是社会必要扣除量要科学合理，从项目上应包括企业内部的必要积累和职工的生活、福利保障等；二是"结余"不能以税收形式全部征归国有，要留有一定的余量，以作为纳税人的特殊之需。基于上述认识，我国税负最佳量度值可用公式表示为：

$$\frac{\text{税负最佳}}{\text{量度值}} = \frac{\text{国民收入} - \text{社会必要扣除量} - \text{合理留量}}{\text{国民收入}} \times 100\%$$

（2）国际宏观税负水平的状况。近年来，世界银行发布的《世界发展报告》，按人口数量和 GDP 总量将世界各国划分为 8 个档次的国家，其中发达国家分为 3 个档次，发展中国家分为 5 个档次。根据 2013 年国际货币基金组织发布的《世界发展报告》，这里选择人口超过 2 000 万和 GDP 总量达到10 000 亿美元以上的 169 个国家或地区进行档次划分：

第一档次：高度富裕型国家或地区（发达国家第一档次），即社会生产力高度发达，物质精神文化高度繁荣。该档次的国家包括 22 个。

第二档次：中度富裕型国家或地区（发达国家第二档次），即经济发达且人民生活水平高。该档次的国家包括 8 个。

第三档次：低度富裕型国家或地区（发达国家第三档次），即经济比较发达，各方面初步达到发达国家的水平。该档次的国家包括 24 个。

第四档次：宽裕型国家或地区（发展中国家第一档次），即生活宽裕，处在由发展中国家向发达国家过渡阶段。该档次的国家包括 19 个。

第五档次：小康型国家或地区（发展中国家第二档次），即在温饱的基础上进一步发展，满足更多方面的需求。该档次的国家包括 40 个。

第六档次：温饱型国家或地区（发展中国家第三档次），即已经解决了温饱问题，但大部分人民尚未能在温饱的基础上满足更高层次需要。该档次的国家包括 27 个。

第七档次：基本温饱型国家或地区（发展中国家第四档次），即大部分范围内解决温饱问题，但尚不稳定，生产力仍就落后。该档次的国家包括20个。

第八档次：不温饱型国家或地区（最不发达国家），即尚未解决温饱问题。该档次的国家包括9个。

上述169个国家或地区GDP税负率和人均GDP情况，见表12-1和表12-2。

表12-1　　　世界169个国家或地区GDP税负率和人均GDP情况

序号	国家或地区	GDP 税负率（%）	人均 GDP（美元）	国家档次
1	津巴布韦	49.3	741	7
2	丹麦	49.0	59 928	1
3	比利时	46.8	46 878	1
4	瑞典	45.8	56 956	1
5	法国	44.6	44 008	1
6	芬兰	43.6	49 350	1
7	挪威	43.6	97 255	1
8	奥地利	43.4	49 809	1
9	莱索托	42.9	1 264	6
10	意大利	42.6	36 267	2
11	波黑	41.2	4 618	5
12	德国	40.6	43 742	1
13	冰岛	40.4	43 088	1
14	荷兰	39.8	50 355	1
15	斯威士兰	39.8	3 358	5
16	斯洛文尼亚	39.3	24 533	3
17	塞浦路斯	39.2	30 571	2
18	匈牙利	39.1	14 050	3
19	英国	39.0	38 592	2
20	西班牙	37.3	32 360	2
21	阿根廷	37.2	10 945	4
22	葡萄牙	37	22 413	3
23	以色列	36.8	31 986	2
24	卢森堡	36.5	113 533	1
25	捷克	36.3	20 444	3

续表

序号	国家或地区	GDP 税负率（%）	人均 GDP（美元）	国家档次
26	马耳他	35.2	21 028	3
27	博茨瓦纳	35.2	9 481	4
28	新西兰	34.5	36 648	2
29	巴西	34.4	12 789	3
30	保加利亚	34.4	7 202	4
31	波兰	33.8	13 540	3
32	蒙古国	33.8	3 042	5
33	摩尔多瓦	33.8	1 969	6
34	巴巴多斯	32.6	16 148	3
35	土耳其	32.5	10 522	4
36	爱沙尼亚	32.3	16 583	3
37	加拿大	32.2	50 436	1
38	塞舌尔	32.0	11 170	4
39	圭亚那	31.9	3 202	5
40	爱尔兰	30.8	47 513	1
41	拉脱维亚	30.4	12 671	3
42	多米尼克	30.3	6 909	4
43	希腊	30.0	27 073	2
44	墨西哥	29.7	10 153	4
45	俄罗斯	29.5	12 993	3
46	斯洛伐克	29.5	17 644	3
47	瑞士	29.4	81 161	1
48	马其顿	29.3	5 016	5
49	纳米比亚	28.8	5 828	4
50	日本	28.3	45 920	1
51	乌克兰	28.1	3 621	5
52	特立尼达和多巴哥	28.0	17 158	3
53	牙买加	27.2	5 402	5
54	汤加	27.0	4 221	5
55	玻利维亚	27.0	2 315	6
56	美国	26.9	48 387	1
57	南非	26.9	8 066	4

续表

序号	国家或地区	GDP 税负率（％）	人均 GDP（美元）	国家档次
58	韩 国	26.8	22 778	3
59	哈萨克斯坦	26.8	10 694	4
60	克罗地亚	26.6	14 457	3
61	圣文森特和格林纳丁斯	26.5	6 342	5
62	澳大利亚	25.8	65 477	1
63	萨摩亚	25.5	3 451	5
64	委内瑞拉	25.0	10 610	4
65	所罗门群岛	24.7	1 554	6
66	巴布亚新几内亚	24.5	1 900	6
67	白俄罗斯	24.2	5 881	5
68	乌拉圭	23.1	13 914	3
69	圣卢西亚	23.1	7 435	4
70	哥伦比亚	23.0	7 132	4
71	佛得角	23.0	3 661	5
72	阿尔巴尼亚	22.9	3 992	5
73	摩洛哥	22.3	3 083	5
74	苏里南	22.1	7 096	4
75	斐 济	21.8	3 965	5
76	格鲁吉亚	21.7	3 210	5
77	伯利兹	21.6	4 349	5
78	吉尔吉斯斯坦	21.4	1 070	6
79	约 旦	21.1	4 675	5
80	智 利	21.0	14 278	3
81	乌兹别克斯坦	21.0	1 572	6
82	立陶宛	20.9	13 075	3
83	加 纳	20.8	1 529	6
84	基里巴斯	20.7	1 593	6
85	马拉维	20.7	351	8
86	马尔代夫	20.5	5 973	5
87	土库曼斯坦	20.2	4 658	5
88	吉布提	20.0	1 467	6
89	塞内加尔	19.2	1 076	6

续表

序号	国家或地区	GDP 税负率（%）	人均 GDP（美元）	国家档次
90	毛里求斯	19.0	8 777	4
91	冈比亚	18.9	543	7
92	巴哈马	18.7	23 175	3
93	肯尼亚	18.4	851	7
94	喀麦隆	18.2	1 230	6
95	秘鲁	18	5 782	5
96	阿塞拜疆	17.8	6 832	4
97	瓦努阿图	17.8	3 036	5
98	尼加拉瓜	17.8	1 239	6
99	印度	17.7	1 389	6
100	圣多美和普林西比	17.4	1 473	6
101	布隆迪	17.4	279	8
102	泰国	17.0	5 394	5
103	中国	17.0	5 414	5
104	塔吉克斯坦	16.5	831	7
105	赞比亚	16.1	1 414	6
106	埃及	15.8	2 970	5
107	洪都拉斯	15.6	2 116	6
108	马来西亚	15.5	9 700	4
109	多哥	15.5	506	7
110	毛里塔尼亚	15.4	1 290	6
111	贝宁	15.4	737	7
112	斯里兰卡	15.3	2 877	5
113	科特迪瓦	15.3	1 062	6
114	马里	15.3	669	7
115	突尼斯	14.9	4 351	5
116	黎巴嫩	14.4	9 862	4
117	菲律宾	14.4	2 223	6
118	新加坡	14.2	49 271	1
119	亚美尼亚	14.1	3 033	5
120	卢旺达	14.1	605	7
121	越南	13.8	1 374	6

续表

序号	国家或地区	GDP 税负率（%）	人均 GDP（美元）	国家档次
122	莫桑比克	13.4	583	7
123	萨尔瓦多	13.3	3 855	5
124	厄瓜多尔	13.2	4 424	5
125	利比里亚	13.2	298	8
126	乌干达	12.6	478	8
127	巴拉圭	12.0	3 252	5
128	多米尼加	12.0	5 639	5
129	印度尼西亚	12.0	3 509	5
130	科摩罗	12.0	903	7
131	坦桑尼亚	12.0	553	7
132	危地马拉	11.9	3 182	5
133	埃塞俄比亚	11.6	360	8
134	布基纳法索	11.5	664	7
135	几内亚－比绍	11.5	576	7
136	尼日尔	11.0	399	8
137	尼泊尔	10.9	653	7
138	老 挝	10.8	1 204	6
139	不 丹	10.7	2 121	6
140	马达加斯加	10.7	459	8
141	巴拿马	10.6	8 514	4
142	塞拉利昂	10.5	366	8
143	加 蓬	10.3	10 654	4
144	巴基斯坦	10.2	1 201	6
145	海地	9.4	738	7
146	孟加拉国	8.5	678	7
147	几内亚	8.2	492	8
148	柬埔寨	8.0	852	7
149	阿尔及利亚	7.7	5 304	5
150	也 门	7.1	1 340	6
151	阿富汗	6.4	585	7
152	苏 丹	6.3	1 982	6
153	伊 朗	6.1	6 360	5

续表

序号	国家或地区	GDP 税负率（%）	人均 GDP（美元）	国家档次
154	尼日利亚	6.1	1 490	6
155	刚果共和国	5.9	3 714	5
156	安哥拉	5.7	5 144	5
157	沙 特	5.3	20 504	3
158	缅 甸	4.9	832	7
159	巴 林	4.8	23 132	3
160	乍 得	4.2	892	7
161	利比亚	2.7	5 691	5
162	卡塔尔	2.2	98 329	1
163	阿 曼	2.0	23 315	3
164	赤道几内亚	1.7	14 661	3
165	科威特	1.5	47 982	1
166	阿联酋	1.4	67 008	1

资料来源：国际货币基金组织. 世界发展报告，2013.

表 12 – 2　　　　　世界 169 个国家或地区不同收入水平国家税收情况

类别及国家数	税收占 GDP（%）		
	最低	最高	平均
（1）高度富裕型国家或地区（22 个）	1.5	49.7	22.32
（2）中度富裕型国家或地区（8 个）	14.2	43.5	25.02
（3）低度富裕型国家或地区（24 个）	1.5	39.5	21.02
（4）宽裕型国家或地区（19 个）	10.6	38.3	21.83
（5）小康型国家或地区（40 个）	2.9	43.1	21.23
（6）温饱型国家或地区（27 个）	6.5	42.6	21.97
（7）基本温饱型国家或地区（20 个）	4.5	48.3	23.21
（8）不温饱型国家或地区（9 个）	8.1	23.1	14.72
—	—	—	22.13

资料来源：相关数据来自 2016 年国际货币基金组织官方网站。

　　从表 12 – 2 可以看出：世界上 8 个档次国家的平均 GDP 负税率分别为 22.32%、25.02%、21.02%、21.83%、21.23%、21.97%、23.21% 和 14.72%，

最低为 1.5%、最高为 49.7%，平均值为 22.13%。税收 GDP 负担率总体上与人均收入水平成正比，其中最低 GDP 负税率多是避税地国家或地区或为石油输出国。

（3）我国实际的宏观税负水平。这里主要选取我国 1978～2016 年的 GDP 和税收（包括工商税、农业税和关税）两个指标数据，以及经过计算整理的 GDP、税收增长率和 GDP 税负率进行宏观税负水平分析。有关数据及变化趋势见表 12－3、图 12－1、图 12－2。

表 12－3　　　　　　　　　1978～2016 年宏观税负变动趋势

年份	GDP（亿元）	GDP 增长率（%）	税收（亿元）	税收增长率（%）	GDP 税负率（%）	平均 GDP 税负率（%）
1978	3 678.7	10.7	519.28	10.89	14.12	开放前 3 年 12.84
1979	4 100.5	7.6	537.82	3.57	13.12	
1980	4 587.6	7.8	517.70	－3.74	11.28	
1981	4 935.8	5.2	629.89	21.67	12.76	"六五"时期 14.82
1982	5 373.4	9.1	700.02	11.13	13.03	
1983	6 020.9	10.9	775.59	10.80	12.88	
1984	7 278.5	15.2	947.35	22.15	13.02	
1985	9 098.9	13.5	2 040.79	115.42	22.43	
1986	10 376.2	8.8	2 090.73	24.47	20.15	"七五"时期 16.86
1987	12 174.6	11.6	2 140.36	2.37	17.58	
1988	15 180.4	11.3	2 390.37	11.68	15.75	
1989	17 179.7	4.1	2 727.40	14.10	15.88	
1990	18 872.9	3.8	2 821.86	3.46	14.95	
1991	22 005.6	9.2	2 990.17	5.96	13.59	"八五"时期 11.60
1992	27 194.5	14.2	3 296.91	10.26	12.12	
1993	35 673.2	13.5	4 255.30	29.07	11.93	
1994	48 637.5	12.6	5 126.88	20.48	10.54	
1995	61 339.9	10.5	6 038.04	17.77	9.84	
1996	71 813.6	9.6	6 909.82	14.44	9.62	"九五"时期 11.03
1997	79 715.0	8.8	8 234.04	19.16	10.33	
1998	85 195.5	7.8	9 262.80	12.49	10.87	
1999	90 564.4	7.6	10 682.58	15.33	11.80	
2000	100 280.1	8.4	12 581.51	17.78	12.55	

续表

年份	GDP （亿元）	GDP 增长率（%）	税收 （亿元）	税收 增长率（%）	GDP 税负率（%）	平均 GDP 税负率（%）
2001	110 863.1	8.3	15 301.39	21.62	13.80	"十五"时期 14.63
2002	121 717.4	9.1	17 636.45	15.26	14.49	
2003	137 422.0	10.0	20 017.31	13.50	14.57	
2004	161 840.2	10.1	24 165.68	20.72	14.93	
2005	187 318.9	11.3	28 778.54	19.09	15.36	
2006	219 438.5	12.7	34 804.35	20.94	15.86	"十一五"时期 16.90
2007	270 232.3	14.2	45 621.97	31.08	16.88	
2008	319 515.5	9.6	54 223.79	18.85	16.97	
2009	349 081.4	9.1	59 521.59	9.77	17.05	
2010	413 030.3	10.4	73 210.79	23.00	17.73	
2011	489 300.6	9.3	89 738.39	22.58	18.34	"十二五"时期 18.43
2012	540 367.4	7.7	100 614.28	12.12	18.62	
2013	595 244.4	7.7	110 530.70	9.86	18.57	
2014	643 974.0	7.4	119 175.31	7.82	18.51	
2015	689 052.1	6.9	124 922.20	4.82	18.13	
2016	744 127.2	6.7	130 360.73	4.35	17.52	
相对数	—	9.5	—	17.08	14.81	—

资料来源：1978～2016 年 GDP、税收来源于历年《中国统计年鉴》，GDP 增长率按国家公布的数据统计。

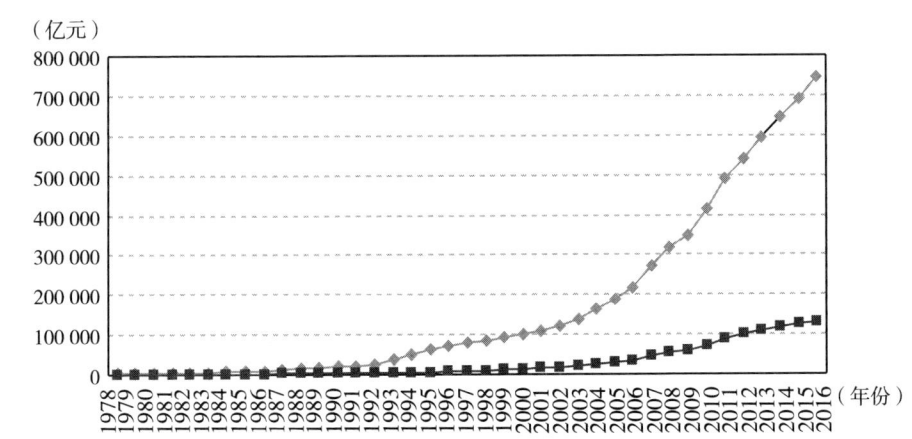

图 12 - 1　1978～2016 年我国 GDP、税收增长变动趋势

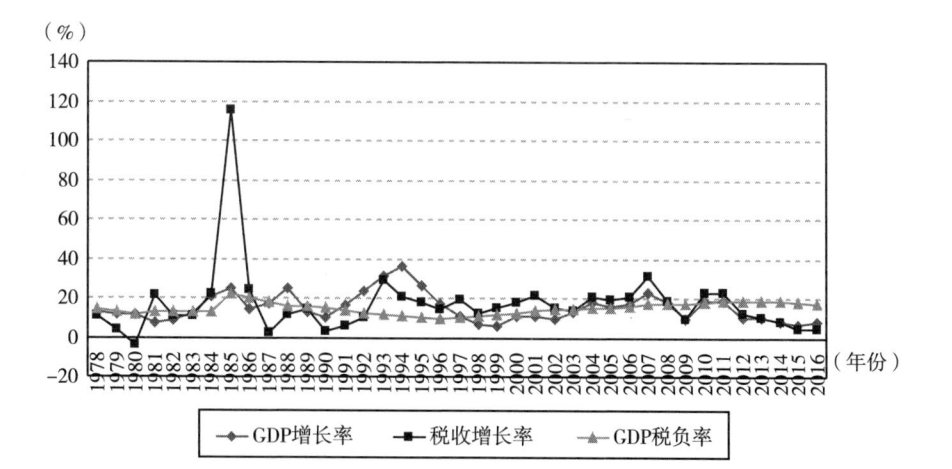

图 12-2　1978～2016 年我国 GDP 增长率、税收增长率和 GDP 税负率变动趋势

从表 12-3、图 12-1 和图 12-2 可以看出，我国自 1978 年改革开放以来，其 GDP、税收稳定增长。其中 2016 年 GDP 达到 744 127.2 亿元，是 1978 年（3 678.7 亿元）的 201.28 倍，年均 GDP 增长率为 9.5%；2016 年税收达到 130 360.73 亿元，是 1978 年（519.28 亿元）的 250.04 倍，年均税收增长率为 17.08%。

我国 1978～2016 年的 39 年期间的宏观税负变动呈现为一个波浪型的态势，年均税收 GDP 税负率为 14.81%，最低是 1996 年的 9.62%、最高是 1985 年的 22.43%。其中，1978～1980 年（改革开放后 3 年）的平均税负率为 12.84%；进入"六五"时期税负迅速上升，从初期 1981 年的 12.76% 升为 1985 年的 22.43%，平均税负率达到 14.82%；"七五"时期税负保持了较高的水平，平均税负率为 16.86%；但至"八五"和"九五"时期税负水平又迅速下降，平均税负率分别降为 11.60% 和 11.03%，最低降至 1996 年的 9.71%；进入 2000 年后税负水平逐年上升，其中"十五"时期为 14.63%、"十一五"时期为 16.90%、"十二五"时期为 18.43%，2016 年税负率为 17.52%（小口径宏观税负）。

此外，另据有关资料数据计算：2016 年我国中口径的宏观税负率（财政收入占 GDP 的比重）为 21.45%，其中财政收入按 159 605 亿元、GDP 按 744 127 亿元计算；大口径的宏观税负率（政府收入 GDP 的比重）为 34.54%，其中政府收入按 257 046 亿元（包括财政收入 159 605 亿元、政府性基金收入 46 619 亿元、国有资本经营预算收入 2 602 亿元和社会保险基金收入 48 273 亿元）、GDP 按 744 127 亿元计算。

（4）确定我国最优税负量度值。我们认为，要确定我国税负的最优量度值是较为困难的，因为税负的最佳点往往会受各种因素的影响不可能固定不变，且在实践中极难与之完全吻合，只要趋于一定数值则可认为最优，故我国小口径税负最优量度值（GDP 负税率）确定为 15%~20%。

之所以将我国最优税负量度值确定为 15%~20%，其原因：一是 1978~2016 年的 39 年间年均 GDP 负税率为 14.81%，接近 15%，"十二五"时期年均为 18.43%，较好地促进了我国经济的稳定与健康发展，因而该 GDP 负税率符合我国的实际情况；二是所确定的税收 GDP 负税率，低于世界上发达国家第 1~3 档 21.72%、24.96%、20.01% 的负税率，同时也低于发展中国家第 4 档、第 5 档 21.62% 和 21.02% 的负税率，以有利于我国积极吸引外资和技术，促进对外贸易和国民经济的全面快速发展。

12.3.3 区域最优税负水平

随着中国经济快速发展和税制改革的完善，宏观税负水平已成为区域经济发展的重要问题。如何依据当前区域经济发展状况制定最优税负，一些专家学者如安体富（1999）、马拴友（2003）、孙玉栋（2005）、李晓芳（2007）等人，通过不同的数学等方法估算了一定时间内的最优宏观税负水平。这里利用状态空间模型和卡尔曼滤波的方法，对我国东部、中部、西部和东北各区域（以下简称东中西北）的最优宏观税负水平进行研究，得出各区域间目前最优宏观税负水平。

12.3.3.1 变量选取及其检验

（1）相关变量的选取。状态空间模型是基于状态空间分解模型的时间序列预测，利用统计理论对模型进行统计检验。其求解方法的核心是卡尔曼滤波，即对模型中的所有未知参数进行估计，一旦得到新的观测值即可利用卡尔曼滤波连续地修正状态向量的估计。

我们选取 1994~2016 年我国东中西北各区的国内生产总值、地方财政收入、资本形成总额和从业人员四个变量作为研究对象，分别用 GDP、F、K 和 L 表示，为避免模型残差可能存在的异方差，对相关样本数据用 1994 年 GDP 平减指数进行平减，以消除价格因素的影响，使名义值变为实际值。这里分别进行变量的平稳性检验、协整关系检验、状态空间模型的建立及其最优税负水平的估测。

（2）变量平稳性检验。由于各经济变量属于非平稳的时间序列，因此利用 ADF 统计量对其进行单位根的平稳性检验。

表 12-4 所示，在不同的差分条件下，lnGDP、lnF、lnK 和 lnL 在 1% 和 5% 显著水平上都达到稳定。

表 12-4　　　　时间序列 lnGDP、lnF、lnK 和 lnL 的平稳性检验

区域	序　列	(c, t, k)	t-统计量	1% 显著水平	5% 显著水平	检验结果
东部	Δ^2lnGDP	(0, 0, 2)	-3.6752	-4.9923	-3.8753	平稳
	ΔlnF	(0, 0, 1)	-3.3869	-4.8864	-3.8289	平稳
	Δ^2lnK	(c, 0, 2)	-4.3106	-5.2954	-4.0081	平稳
	ΔlnL	(0, 0, 1)	-4.2711	-4.9922	-3.8753	平稳
中部	ΔlnGDP	(c, 0, 1)	-5.8157	-4.9823	-3.3883	平稳
	ΔlnF	(c, 0, 1)	-3.7547	-4.8864	-3.6289	平稳
	ΔlnK	(c, 0, 1)	-5.7641	-4.9922	-3.8753	平稳
	ΔlnL	(c, 0, 1)	-5.2729	-5.2954	-4.0081	平稳
西部	Δ^2lnGDP	(0, 0, 2)	-5.3601	-4.9922	-3.8753	平稳
	Δ^2lnF	(c, t, 2)	-5.1764	-4.9922	-3.8753	平稳
	ΔlnK	(c, 0, 1)	-5.0501	-4.8864	-3.8289	平稳
	ΔlnL	(c, 0, 1)	-4.6141	-5.2954	-4.0082	平稳
东北	ΔlnGDP	(c, 0, 1)	-4.8364	-4.9292	-3.8753	平稳
	Δ^2lnF	(c, t, 2)	-8.8715	-5.2954	-4.0084	平稳
	Δ^2lnK	(c, 0, 2)	-6.4249	-4.8864	-3.8289	平稳
	ΔlnL	(c, 0, 1)	-5.6258	-4.8001	-3.7912	平稳

注：Δ 表示变量一阶差分，Δ^2 表示变量二阶差分；检验形式中的 c、t、k 分别表示带有常数项、趋势项和所采用的滞后阶数。

（3）变量间的协整关系检验。协整关系是指具有相同单整阶数的时间序列存在某种线性组合，使组合时间序列的单整阶数降低，即变量间具有长期稳定的关系。状态空间模型要求若干个非平稳变量具有协整关系，在此利用 Eviews 5 中的 Johansen 极大似然法对相关变量进行协整检验。

检验输出结果如表 12-5 所示，对东部地区的时间序列变量 lnGDP、lnF、lnK、lnL 进行 None 和 At most3 的假设检验，得出特征值分别为 0.93、0.73、0.48 和 0.13，统计值分别为 70.96、31.55、11.90 和 2.019，在 5% 显

著水平上的临界值分别为47.86、29.80、15.49和3.84，P值分别为0.0001、0.0311、0.1617和0.1553。因而可知 None 和 At most1 假设检验结果表示拒绝在5%水平上的原假设，At most 2 和 At most 3 假设检验结果表示同意在5%水平上的原假设，At most 2 和 At most 3 假设检验结果表示同意在5%水平上的原假设，从而得出东部地区的时间序列 lnGDP、lnF、lnK、lnL 间在5%显著水平有两个协整关系。

表12-5　　　　东部地区 lnGDP、lnF、lnK 和 lnL 的 Johansen 协整检验

Hypothesized	Eigenvalue	Trace	0.05	Prob. **
No. of CE（s）		Statistic	Critical Value	
None*	0.950807	90.60039	47.85613	0.0000
At most 1*	0.857105	48.43246	29.79707	0.0001
At most 2	0.608052	21.19346	15.49471	0.0062
At most 3	0.438527	8.080694	3.841466	0.0045

Trace test indicates 2cointegrating eqn（s）at the 0.05 level

＊ denotes rejection of the hypothesis at the 0.05 level

＊＊ MacKinnon – Haug – Michelis（1999）　　p – values

12.3.3.2　建立状态空间模型

（1）状态空间模型列示。状态空间模型一般应用于多变量时间序列。设 y_t 是包含 k 个经济变量的 $k \times 1$ 维可观测向量。这些变量与 $m \times 1$ 维向量 a_t 有关，a_t 被称为状态向量。定义"量测方程"或"信号方程"为：

$$y_t = Z_t a_t + d_t + u_t, \ t = 1,2,\cdots,T$$

其中，T 表示样本长度；Z_t 表示 $k \times m$ 矩阵，称为量测矩阵；d_t 表示 $k \times 1$ 向量；u_t 表示 $k \times 1$ 向量；u_t 是均值为0，协方差矩阵为 H_t 连续不相关扰动项，即：

$$E(u_t) = 0, \ var(u_t) = H_t$$

一般地，a_t 元素是不可观测的，然而可表示成一阶马尔可夫（Markov）过程。定义"状态方程"或"转移方程"为：

$$a_t = T_t a_t - 1 + c_t + R_t k_t, \ t = 1,2,\cdots,T$$

其中，T_t 表示 $m \times m$ 矩阵；c_t 表示 $m \times 1$ 向量；R_t 表示 $m \times g$ 向量；k_t 表示

$g \times 1$ 向量；k_t 是均值为 0，协方差矩阵为 Q_t 的连续的不相关扰动项，即：

$$E(k_t) = 0, \ var(k_t) = Q_t$$

在此结合相关变量，分别把量测方程和状态方程表示为：

$lnGDP = C + SV1lnF + SV2lnK + SV3lnL + u_t$

$SV1 = SV1_{t-1}, \ SV2 = SV2_{t-1}, \ SV3 = SV3_{t-1}$

（2）状态空间模型的估计结果。通过 Eviews5 软件中对状态空间模型的设置，可得到量测方程和状态方程：

$@ signallnGDP = C(1) + SV1 * lnF + SV2 * lnK + SV3 * lnL + var = \{ exp[C(2)] \}$

$@ stateSV1 = SV1(-1) \quad @ state \ SV2 = SV2(-1) \quad @ state \ SV3 = SV3(-1)$

得出以下各区域的最优宏观税负模型估计结果，见表 12-6～表 12-9。

表 12-6　　　　东部最优宏观税负模型估计结果

变量	Coefficient	Std. Error	z – Statistic	Prob
C（1）	0.949753	0.304262	3.121492	0.0018
C（2）	-9.300431	0.598865	-15.53011	0.0000
	Final State	Root MSE	z – Statistic	Prob
SV1	0.154934	0.078874	3.232174	0.0012
SV2	0.657806	0.096654	6.805777	0.0000
SV3	-0.004688	0.033396	-0.140379	0.8884
Log likelihood	17.74099	Akaike info criterion		-1.967624
Parameters	2	Schwarz criterion		-1.871050
Diffuse priors	3	Hannan – Quinn criter.		-1.962679

表 12-7　　　　中部最优宏观税负模型估计结果

变量	Coefficient	Std. Error	z – Statistic	Prob
C（1）	1.430175	0.107616	13.28958	0.0000
C（2）	-9.877297	0.284361	-34.73505	0.0000
	Final State	Root MSE	z – Statistic	Prob
SV1	0.145102	0.049475	6.975266	0.0000
SV2	0.436249	0.053890	8.095175	0.0000
SV3	0.031983	0.015379	2.079575	0.0376
Log likelihood	21.10287	Akaike info criterion		-2.387858
Parameters	2	Schwarz criterion		-2.291285
Diffuse priors	3	Hannan – Quinn criter.		-2.382913

表 12 – 8 西部最优宏观税负模型估计结果

变量	Coefficient	Std. Error	z – Statistic	Prob
C （1）	1. 303410	0. 240943	5. 409610	0. 0000
C （2）	– 8. 885784	0. 418762	– 21. 21917	0. 0000
	Final State	Root MSE	z – Statistic	Prob
SV1	0. 169351	0. 059648	5. 018590	0. 0000
SV2	0. 514952	0. 064044	8. 040634	0. 0000
SV3	0. 002337	0. 018156	0. 128719	0. 8976
Log likelihood	14. 36641	Akaike info criterion		– 1. 545801
Parameters	2	Schwarz criterion		– 1. 449227
Diffuse priors	3	Hannan – Quinn criter.		– 1. 540855

表 12 – 9 东北最优宏观税负模型估计结果

变量	Coefficient	Std. Error	z – Statistic	Prob
C （1）	1. 107726	0. 860853	1. 286776	0. 1982
C （2）	– 7. 224660	0. 397350	– 18. 18209	0. 0000
	Final State	Root MSE	z – Statistic	Prob
SV1	0. 144765	0. 139164	3. 914567	0. 0001
SV2	0. 208122	0. 128667	1. 617527	0. 1058
SV3	0. 173594	0. 029707	5. 843515	0. 0000
Log likelihood	3. 754179	Akaike info criterion		– 0. 219272
Parameters	2	Schwarz criterion		– 0. 122699
Diffuse priors	3	Hannan – Quinn criter.		– 0. 214327

在估计模型参数的同时通过卡尔曼滤波可分别得到各状态向量的时间序列估计值，其中各区域的 lnGDP 对财政收入的弹性 SV1 的卡尔曼滤波见图 12 – 3 ~ 图 12 – 6。从中可看出，东部地区 2000 年前 SV1 波动上升，之后 SV1 趋于平稳，2 倍标准差分布前期较宽，但逐渐变窄；中部地区 1999 年前 SV1 波动上升，随后 3 年明显下降，后期趋于平稳，2 倍标准差分布前期较宽，但逐渐变窄；西部地区 1999 年前 SV1 波动下降，之后趋于平稳，2 倍标准差分布 1999 年前较宽，之后逐渐变窄；东北地区 SV1 波动总体上升，近年来略有下降且趋于平稳，2 倍标准差分布 2003 年前较宽，之后逐渐变窄。

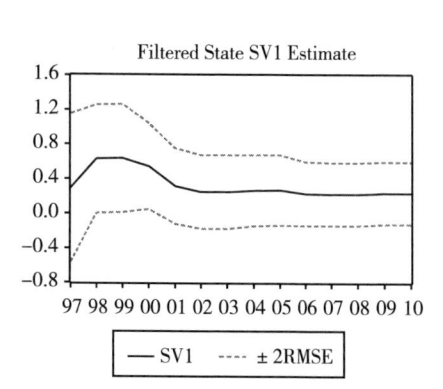

图 12-3　东部弹性 SV1 的卡尔曼滤波　　　图 12-4　中部弹性 SV1 的卡尔曼滤波

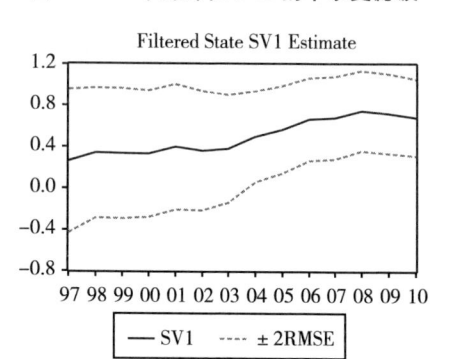

图 12-5　西部弹性 SV1 的卡尔曼滤波　　　图 12-6　东北弹性 SV1 的卡尔曼滤波

表 12-10　　　　　　　　各区域最优宏观税负与实际宏观税负的比较

地区	年份	最优宏观税负	实际宏观税负	地区	年份	最优宏观税负	实际宏观税负
东部	2016	0.15493	0.13145	中部	2016	0.14511	0.12568
	2015	0.13872	0.12036		2015	0.14568	0.10563
	2014	0.16231	0.11894		2014	0.11179	0.08961
	2013	0.13984	0.11233		2013	0.12455	0.08342
	2012	0.14556	0.10984		2012	0.13453	0.07746
	2011	0.15001	0.10112		2011	0.13986	0.07543
西部	2016	0.16935	0.14485	东北	2016	0.14477	0.14097
	2015	0.14252	0.12365		2015	0.16678	0.13607
	2014	0.15784	0.11756		2014	0.13521	0.11458
	2013	0.11323	0.10443		2013	0.12543	0.10323
	2012	0.12567	0.09342		2012	0.13545	0.09943
	2011	0.13166	0.09132		2011	0.14122	0.09431

从表 12 - 10 可知，总体上各区域模型估算的最优宏观税负水平的精确度越来越高。东部地区最优宏观税负区间为 13% ~ 17%，中西部及东北地区为 11% ~ 17%。

12.3.3.3　结论及其政策建议

总体上看，我国东中西北各区的最优宏观税负水平，均大于实际宏观税负水平，说明各区域的税收弹性很大，税收收入还有很大的提升空间。但从表 12 - 10 中发现，各区域最优宏观税负水平在逐年下降，其实际宏观税负水平总体上升，说明各区域最优宏观税负与实际宏观税负越来越接近。由于东部地区经济较为发达，而中西部和东北地区经济相对落后，以致东部最优宏观税负（13% ~ 17%）要略高于中西部和东北地区（11% ~ 17%）。东部地区实际宏观税负水平虽略高于中西部和东北地区，但为促进中西部和东北地区快速发展，协调区域间经济发展水平、缩小差距，可对中西部等欠发达地区采取税收激励政策，主要包括以下四个方面：

第一，合理确定宏观税负。为促进区域协调发展、经济增长达到最大化目标，东部地区宏观税负应控制在 13% ~ 17% 之间，中西部等欠发达地区应控制在 11% ~ 17% 之间。目前，我国四个地区宏观税负还未达到最优区间，因而应根据各区域经济发展实际有针对性地调整宏观税负水平，以促进各区域经济协调发展，但不应盲目地提高税率。

第二，完善结构减税政策。调整优惠政策在促进地区经济协调发展中的积极作用，减少或消除原有税收政策对地区差异的扩大效应，并赋予欠发达地区较大的税收管理权；完善以财产税为主体的地方税体系，改革增值税、消费税、资源税和个人所得税等；加快社会保障税、遗产税和物业税等税的改革步伐，增加欠发达地区的新财源、新税源。

第三，实施税收优惠政策。税收优惠政策是国家税收激励政策的体现，在促进区域经济协调发展中必须予以贯彻实施。因此，应对中西部和东北等欠发达地区进行科技创新和节能减排，促进就业、中小企业、民营经济的健康发展，以及在其区域内进行投资经营等行为活动，制定与完善一系列的税收优惠政策，鼓励该区域经济的快速发展。①

---

① 马卫寰. 优化税收环境　提高民营企业自主创新能力——基于河南民营企业 [J]. 会计之友，2011（22）：46 - 47.

第四，加强科学税收管理。科学税收管理就是以科学发展观为指导，对税收分配活动进行有效组织与规范监管等的过程。加强科学税收管理就是在规范政府非税收入管理的基础上，加强税收的信息化、法制化和现代化管理，降低税收成本，包括强化税收依法行政意识、加强税收优惠监督管理、提高税收征收管理效率和认真解决历史欠税问题等。

12.4　本章小结

★ 本章主要阐述和研究了税负基础理论研究、税收负担转嫁分析和税收负担优化量度三个问题。税收负担基础理论包括税收负担概念、影响税负因素和研究税负意义。税收负担是指国家通过法律规定要求纳税人应当负担的税收数额；影响税负的主观因素是人们主观愿望、政治经济政策、国家分配体制和税收征管水平，客观因素是国家职能范围、社会经济发展、人均收入水平、财政收支状况和国际税收负担；研究税收负担水平是正确处理征纳关系、科学完善税收制度、保证社会经济发展等方面的需要。

★ 税收负担转嫁理论包括税负转嫁的基础理论、一般分析、与税收制度的关系，以及对税负转嫁问题的认识。税负转嫁的方式包括前转、后转、混转、辗转、旁转、叠转、消转和税收资本化，具有影响市场价格、资源配置、收入分配和企业决策的效应；一般认为经济活动、市场定价和成本变动，以及税种性质、征税范围、税率高低、计税依据和征税方法等设计差异，对税负转嫁有着一定的影响。西方提出了税负转嫁的绝对转嫁论和相对转嫁论两类观点，我国也有对税负转嫁问题的不同认识。

★ 税收负担最优量度包括税负量度指标体系、确定税负量度的原则和最优税负量度的选择。税负量度指标体系包括反映宏观税负指标的国民生产总值、国内生产总值、国民收入负税率和反映微观税负指标的销售收入、企业利润、企业盈利综合负税率。合理选择测算宏观税负水平的方法，分析国际宏观税负水平的状况，确定我国最优税负量度即我国小口径税负最优量度值为15%～20%。区域最优税负水平包括变量选取及其检验、建立状态空间模型，基本结论及其政策建议。

13. 国际税收问题研究

国际税收问题研究主要阐述和分析国际税收基础理论、国际重复征税分析、国际避税与反避税问题，其中国际税收基础理论包括国际税收概念、演进、研究对象、研究内容和体系目标；国际重复征税分析包括国际重复征税和税收管辖权的概念，国际重复征税的产生及其避免；国际避税与反避税包括国际避税的相关概念、主要手段、典型案例和国际反避税问题分析，以及提升国际反避税能力。

13.1　国际税收基础理论

13.1.1　国际税收的概念

13.1.1.1　学界对国际税收含义的争论

目前，我国学界对国际税收含义有两类不同的观点：从狭义上看，国际税收是指两个或两个以上的国家对跨国纳税人的跨国所得进行课税所形成的国家之间的税收分配关系；再如，国际税收是指两个或两个以上的国家凭借其政治权力，对跨国纳税人的跨国所得或财产进行重叠交叉课税，以及由此所形成的国家之间的税收分配关系等。

从广义上看，国际税收是指两个或两个以上国家政府在对跨国纳税人行使各自征税权而发生的国家之间的税收分配关系；再如，国际税收是指各国政府与其税收管辖权范围之内从事国际经济活动的企业和个人之间就国际性收入所发生的征纳活动，以及由此而产生的国与国之间税收权益的协调行为等。

上述狭义和广义释义的国际税收，其共同点是：它们都强调各国行使自身征税管辖权和纳税人的跨国行为，以及形成国家之间的税收分配关系，实质是各国之间的税收权益分配。其不同点是：狭义的国际税收强调国际税收的课税对象是跨国的所得或财产，而广义的国际税收强调国际税收的课税对象是跨国的国际性收入或经济活动。

13.1.1.2 本书对国际税收含义的认识

我们赞同广义的国际税收，并界定为：国际税收是指两个或两个以上的国家或地区对跨国纳税人的跨国经济活动行使征税权力而形成的国家或地区之间的税收分配关系。其基本要点：一是国际税收是一种税收活动；二是国际税收是系列的税收活动；三是国际税收是对跨国纳税人征税而引起的系列税收活动；四是国际税收是指涉及主权国家或地区（以下简称国家）财权利益的税收活动；五是国际税收体现的是涉及两个或两个以上的主权国家之间的税收分配关系。可从以下三个方面理解国际税收的含义：

（1）国际税收不能离开国家税收而单独存在。税收分配总是在一个国家与其纳税人之间进行的。没有各个国家对其管辖范围内纳税人的课税，就不会产生国际税收活动，也就不会产生国家之间的税收分配关系。

（2）国际税收不能离开跨国纳税人这一因素。作为一个一般的而不是跨越国境的纳税人，它通常只承担一个国家的纳税义务，只有跨国纳税人同时承担两个或两个以上国家的纳税义务时，才有可能引起国家之间税收利益的分配。

（3）国际税收本质体现着国家间的税收分配。两个国家对跨国纳税人的同一笔所得都行使征税权力必然导致重复征税，纳税人合理承担税负须有国家间的合作，或一国征收或另一国征收或两个国家互相给予优惠，其实质是国家之间的税收分配。

13.1.1.3 国际税收与国家税收的关系

国家税收是指一个国家凭借其政治权力强制地参与国民收入分配所取得财政收入的一种手段，体现着以国家为主体的特定分配关系。国际税收与国家税收同属税收范畴，都是以国家为主体、凭借其政治权力、体现在国家权力管辖范围内的征纳关系。同时，国际税收作为一种特殊的税收分配，又与国家税收有着明显区别。

第一，税收主体。国家税收的主体是一个国家或地区，不超越国家的疆界；而国际税收的主体是两个或两个以上的国家或地区。一方面，任何一个主权独立国家，都不会屈从于他国的政治权力及其税收管辖；另一方面，世界上也不存在一个在各国之上的超国家的组织机构或政治权力能在国际范围内课征税收。因此，国际税收不能脱离国家政治权力而单独存在，只能在各国政治权力机构的协调下进行课征。

第二，税收要素。国家税收的纳税人是国家管辖内的单位和个人；而国际税收的纳税人是从事跨国经济活动的单位和个人。国家税收的征税对象是国家管辖内的经济活动；而国际税收的征税对象是跨国纳税人的跨国经济活动，其跨国经济活动是指有关国家政府之间重叠交叉征税的收益、所得和财产，范围较为广泛，这不仅明确了国际税收课税的针对性和特定性，而且把国际税收与国家税收区别开来。

第三，税收实质。国家税收分配的实质是涉及国家与本国纳税人之间的税收分配关系；而国际税收分配的实质是涉及国家与国家之间的税收分配关系。国际税收跨国纳税人的经济活动跨出国界，并负有对有关国家的纳税义务，才使相关国家之间发生税收分配方面的国际关系，这种国家之间的税收关系不可能由一国单独来完成，必须由有关国家通过谈判与协商，制定有关国际税收的协定或条约来解决。

13.1.2　国际税收的演进

13.1.2.1　国际税收的产生

（1）国际经济发展与纳税人收入国际化是国际税收形成的经济前提。国际税收既是一个经济范畴，又是一个历史范畴。在古代奴隶制和中世纪封建社会时期，各国的经济结构是农业生产的自然经济占主导地位，尽管国家之间也时有商品贸易现象发生，但对各国经济不产生重要的影响，国家征税不涉及其他国家的经济利益，因而也就不会引起国家之间的税收分配关系。资本主义社会商品经济有了较大的发展，对商品课税取代在自然经济条件下对农业收获物的征税。商品税由商品交易行为发生的所在国进行课征，显然不发生跨国交叉征税问题。各国在其国境内征收关税，税收管辖权并没有越出国境，也不引起跨国重复征税的问题，但各国开始重视关税等流转税的国际关系问题。

19世纪末20世纪初进入垄断资本主义时代，垄断资本家为争夺国际市场在继续输出商品的同时，越来越多地把生产资本输出国外开办或收买企业，继续保持着获取超额利润的有利地位。资本输出使得生产经营跨出国界，出现企业跨国投资及国际融资、科技、资金和人员国际移动等跨国经济活动，这必然带来纳税人收入的国际化。如投资者通过跨国投资获取丰厚的投资经营利润，金融家通过国际贷款在投入国获得利息，大批受雇的外籍职员、技术人员和劳工将在居住国获得的工资津贴和劳务报酬等汇回本国。跨国纳税人在国内外均有收入并面临着多个国家纳税的问题，产生了对跨国纳税人的重复征税问题，进而导致有关国家之间税收权益的分配问题。

（2）所得税的实施对跨国所得重复征税是国际税收形成的直接动因。18世纪末英国首创所得税，19世纪末20世纪初纳税人收入国际化的现象日益普遍，所得税已在世界大多数国家普遍推行，并成为一些发达资本主义国家取代间接税的主要税类。所得税的征税对象是所得，自然人和法人都可能跨越几个国家取得所得，既不像农业税被局限在一国的范围之内，也不像间接税有着明确的跨国交易起点国和终点国的概念。其跨国所得被所得发生国按属地原则征税，又被跨国纳税人所属国按属人原则征税。调整处理这种国家之间重复课税的矛盾，已直接触及有关各国的税收权益，同时跨国纳税人利用各国征管漏洞从事国际逃避税现象日益增多，国际税收关系因而有了进一步发展。

当一个主权国家依据其所制定的所得税法对跨国纳税人的跨国所得进行征税时，该所得税法就具有国际性。因为所得税在国际税收关系中有着许多独特的内容：一是所得的来源国际化，使其征税权较难确定；二是所得税计税依据是应纳税所得额，计算跨国应税所得额所需的收入和费用数额往往要由各国配合；三是所得税由于税收管理权的交错，对同一跨国纳税人的同一跨国所得往往会发生重复课税；四是所得税征收管理复杂，各种的偷税、逃税和避税，单靠一国的国内税法无法实现有效控管；五是各国所得税制度差异较大，国际协调有一定的难度。由于所得税具有上述国际化的特点，必然带来国与国之间的财权利益关系矛盾，这也加快了国际税收的最终形成。

13.1.2.2 国际税收的发展

国际税收形成于19世纪末20世纪初，距今还不到200年的历史。纵观国际税收的发展，大体可划分为三个阶段：

（1）国际税收的萌芽阶段。在1843年比利时和法国签订全世界第一个双边税收协定之前，国际税收尚处在萌芽阶段。该时期所得税创立，有些纳税人经营活动越出国境，国家间的税收分配问题也随之出现。但纳税人所得的国际化还尚未形成一种普遍现象，有关国家之间的财权利益矛盾还是个别的、偶然的，尚未达到十分尖锐的程度，国家之间的税收问题还没有引起世界各国的广泛关注。因此，该阶段对国家间的税收利益分配和重复征税问题的处理，只是从本国税法的视角规定其解决办法。

（2）非规范税收协定阶段。随着国际经济往来的不断发展，纳税人所得的国际化较为普遍，一国单方面对国家间重复征税作出暂时权宜处理已不适应发展的需要。1843 年由比利时和法国签订了互换税收情报的双边税收协定，随之有关国家经双边或多边谈判签订有关的税收协议，以协调相互间在处理跨国纳税人征税事务和国家之间的财权利益关系。但因该时期所签订的国际税收协定，都是根据各自情况决定的，在某些概念的理解、协定内容和格式等方面都不尽相同，也不够合理与规范。

（3）税收协定规范化阶段。在国际税收实践中，税收协定由单项向综合、由双边向多边发展而逐步实现规范化。20 世纪 60 年代初至 70 年代末经诸多国家的共同努力，形成了两种国际税收协定的范本，即经济合作与发展组织制定的《关于所得和财产避免双重征税协定范本》和联合国专家小组制定的《关于发达国家与发展中国家间避免双重征税协定范本》起到了国际税收公约的作用，各有关国家在处理相互间税收问题时有了可参照的标准和依据，标志着国际税收活动规范化、标准化方面有了质的飞跃。

因此，从国际税收形成的条件和发展过程看，国际税收是随着纳税人所得国际化、各国普遍采用所得课税和税收协定规范化后，才逐步形成与发展起来的。

13.1.3　国际税收的体系

13.1.3.1　国际税收的研究对象

关于国际税收的研究对象，各国学界有着不同的认识，主要包括以下四种观点：

（1）各国税制的基本内容。该观点认为，国际税收的研究对象是世界各国税制的基本内容。如果离开对各国税制的研究，国际税收只能成为没有具体内容的"空中楼阁"。

（2）各国涉外税制的部分。该观点认为，只有一国的涉外税制部分，才有可能导致该国与有关外国纳税人所属国家之间国际关系的发生。

（3）带来国际影响的税制。该观点认为，诸如关税等流转税影响着国家间商品和技术的进出口，有关国家为此要签订关税协定，就应纳入国际税收的研究对象。

（4）国家间税收分配关系。该观点认为，税收是以国家为主体的分配关系，只有与国家间税收分配有关的，即引起国际重复征税的跨国经济活动才是国际税收的研究对象。

13.1.3.2 国际税收的研究内容

我国学界对国际税收的研究内容有一定的分歧，但有其共性的认识。我们认为，国际税收的研究内容主要包括以下八个方面：

（1）国际税收的基础理论。其研究内容主要包括国际税收的含义、产生与发展，国际税收的研究对象和体系目标。

（2）国家税收管辖权问题。其研究内容主要包括税收管辖权的含义和类型，收入来源地确定和居民身份判定标准，以及税收管辖权的运用。

（3）国际重复征税的避免。其研究内容主要包括国际重复征税问题的产生，国家间行使税收管辖权的协调，消除或减少国际重复征税的方法。

（4）国际避税及其避税地。其研究内容主要包括国际避税的含义与特征，国际避税的产生原因、基本手段和一般方式，以及避税地和避税模式。

（5）国际避税的防范问题。其研究内容主要包括强化国际反避税立法工作，完善国际反避税管理制度（转让定价、受控外国公司和资本弱化等税收管理制度），跨国纳税人的管理方法，防范滥用税收协定的措施。

（6）国际税收协定的运用。其研究内容主要包括国际税收协定的适用范围、基本用语和主要内容，以及签订原则与程序。

（7）国际税收关系的协调。其研究内容主要包括国际税收情报交换，国际税收协调与合作，国际税收的发展趋势等。

（8）国际税收的其他问题。如消除对外国人税收歧视，税收优惠的实施，外国投资的鼓励，以及商品课税的国际税收问题等。

13.1.3.3 国际税收的体系目标

国际税收分配最终还是由各国具体实施，因而国际税收的体系目标实际上也体现一个国家税收的体系目标。其国际税收的体系目标主要包括以下四个方面：一是对具有相同收入和支付能力的纳税人所得（不论该所得的来源）课征同等的税负，尽量确保公平；二是通过税收政策措施加强国内竞争并促进经济发展；三是确保本国在跨境交易中分取合理的税收收入；四是保证资本输出与资本输入中性原则的实现。

各主权国家的税收公平原则和税收中性原则，决定着国际税收的基本原则。税收公平原则要求在国际经济往来中产生的税收收入应在各有关国家之间公平分配，同时确保纳税人在税负上不受歧视或享受合理的优惠。如果税制是中性的，意味着不会影响纳税人在跨国交易中的经济选择。但各国税法对税收中性原则缺乏共同标准，其结果常引发经济扭曲和国际税收竞争，因而建立以可操作性和互惠为原则的国际税收体系就格外重要。

13.2 国际重复征税分析

13.2.1 国际重复征税的概念

（1）国际重复征税含义的争议。中外学界对国际重复征税的释义有一定的分歧，但多数人认为，国际重复征税包括两层含义，即法律意义上和经济意义上的国际重复征税。对前者经济合作组织界定为："法律性的国际重复征税是指两个或两个以上的国家，对同一纳税人就同一征税对象，在同一时期内课征相同或类似的税收"。这是各国通过单边性的国内税收立法，以及相互签订双边性的税收协定力图解决的核心问题。

经济意义上的国际重复征税是指两个以上的国家对不同的纳税人，就同一课税对象或同一税源，在同一期间内课征性质相同或类似的税收。该种国际重复征税主要表现在两个国家，分别同时对在各自境内的公司利润及其股东获取的股息征税。公司利润和股东股息是同一事物的两个不同侧面，在对公司利润征税的同时，又对公司税后利润分配的股息再征税，这显然是对同一税源进行了重复征税。

（2）国际重复征税含义的界定。上述法律性的国际重复征税，可理解为狭义的国际重复征税，而经济意义上的国际重复征税可视为广义的国际重复征税。我们认为，国际重复征税是指两个或两个以上的国家各自依据其税收管辖权，按同一税种对同一纳税人的同一征税对象在同一征税期限内的征税。其类型主要包括国际双重征税和国际多重征税两种，前者主要强调两个主权国家，后者强调三个（含）以上的主权国家。

国际重复征税与国际重叠征税是有区别的，后者主要是指一国对本国境内的企业和另一国对居住于该国境内的股东就同一来源所得分别征税。其两者的区别在于：

第一，纳税情形不同。国际重复征税是对同一纳税人的同一所得重复征税；国际重叠征税则是对不同纳税人的同一所得两次或多次征税。在国际重叠征税的两个纳税人中，一般至少有一个纳税人是企业，在国际重复征税中有时只涉及个人而与企业无关。

第二，税种可能不同。国际重复征税是两个国家或两个以上国家按同一税种对同一所得重复征税。而国际重叠征税中，如股东也是企业，则两国或两个以上国家将按同一税种分别征税；如股东为个人，则一国按企业所得税征收，另一国按个人所得税计征。

13.2.2　税收管辖权的概念

（1）税收管辖权的含义。从国际法视角看，管辖权是指行使独立主权的国家对国境领域内的人财物和行为均享有行使法律的权利。其共同准则主要包括：一是属地原则，又称领土原则，即指主权国家对所属领土内发生的人财物和行为有权按本国法律实行管辖，其领土包括国家领陆、领水、领空及控制的领土；二是属人原则，即指国家有权对具有本国国籍的人（居民）实行法律管辖，而不必考虑其是居住在境内或境外；三是保护原则，即指外国居民犯有危害他国主权和安全的行为时，所在国有权对这些人实行管辖。

税收管辖权一般是指主权国家根据其法律所拥有和行使的征税权力。它是国家管辖权在税收上的具体体现，是国际法公认的国家基本权利，即任何一个主权国家在不违背国际法和国际公约的前提下都有权选择最优的（或对本国最有利的）税制，其税制的基本内容包括：一是纳税主体，即由谁来纳税，一般由国家行使征税权，由国家税务部门行使税收管理权；二是纳税客体，即对什么征税，通常包括收益、所得和财产等；三是纳税数量，即征多少税，包括宏观税负、具体税种和有关征税项目、征税数量的确定。

（2）税收管辖权的类型。在一国税收管辖权中，对税收管辖权起决定作用的是属地原则和属人原则，即税收的地域管辖权和居民管辖权。但在具体的国际税收实践中则有以下三种类型：

第一，地域税收管辖权。地域税收管辖权又称收入来源税收管辖权，是指一个主权国家按照属地原则所确立的税收管辖权。实行地域税收管辖权主要是以收益、所得来源地或财产存在地为征税标志，即对来源于本国领土范围内的全部收益、所得和财产（简称收入）纳税。实践上分为两种：一是本国居民只需就其本国范围内的收入纳税，对国外收入也无须纳税；二是本国非居民（外国居民）在该国领土范围内的收入须纳税。对非居民征税必然引起国家与国家之间税收关系的重复课税，应对此加以协调。

第二，居民税收管辖权。居民（公民）税收管辖权是指一个主权国家按照属人原则所确立的税收管辖权。实行居民税收管辖权只对本国居民或属于本国居民的收入征税，即国家征税的范围可跨越国境，只要属于本国居民取得的收入，国家对其境内外收入均有征税的权力。该管辖权理论基础是：国家对居民提供社会公共服务和法律保护，居民就应对国家履行纳税义务，这是权利与义务相对等的关系。因此，收入来源国对居民境外收入不能独占税收管辖权，税收权益应在收入来源国和居住国之间进行分配。

第三，双重税收管辖权。双重税收管辖权是指一国同时运用地域税收管辖权和居民税收管辖权，即对本国居民运用居民税收管辖权按其境内外收入征税，对本国非居民（外国居民）则运用地域税收管辖权按其在本国境内取得收入征税。采取双重税收管辖权的理论基础是：运用单一管辖权情况下不足以保证本国的税收权益，如只运用地域税收管辖权则会损失本国居民境外的税收，而只运用居民税收管辖权则会损失本国非居民境内的税收，因此综合运用两种管辖权可保证本国的税收利益。

（3）税收管辖权的行使。在国际税收实践中，选择一种税收管辖权的国家较少，大多数国家选择双重管辖权。如单一行使地域税收管辖权的国家主要有法国、荷兰、巴西、乌拉圭和巴拿马等国，同时行使居民税收管辖权和地域税收管辖权的国家主要有中国、日本、美国、德国、英国、瑞典和新加坡等多数国家。因为税收管辖权的行使不仅关系到税收收入，而且关系到一国的主权，各国在不违背国际法前提下尽量选择对本国有利的税收管辖权，以最大限度地维护本国的税收权益。

在两个以上国家都运用双重管辖权的情况下，国家与国家之间的重复课税是不可避免的。以 A 国和 B 国为例，设在 A 国内有 B 国居民从事贸易活动，在 B 国内有 A 国居民从事贸易活动则 A 国和 B 国都会对在 A 国领土内的 B 国居民征税；同理，也会对在 B 国领土内的 A 国居民征税。因此，A 国和 B 国必须协调这种交叉征税的关系，以消除该居民纳税的不合理负担。

13.2.3　国际重复征税的产生

（1）国际重复征税产生的前提条件。主要包括：一是纳税人包括自然人和法人具有跨国经济活动，即在其居住国以外的国家取得收入；二是两国或两个以上国家对同一纳税人都行使税收管辖权，即一国按居民（公民）税收管辖权，另一国按地域（收入来源地）税收管辖权，对同一纳税人的同一所得重复征税。

（2）国际重复征税产生的主要成因。由于商品的国际化、资本的国际化，以及市场的国际化导致纳税人收入的国际化，各国基于自身利益普遍对所得课税，导致国际重复征税的产生。特别需要强调的是：各国在国际税收管辖权上的冲突是产生重复征税的重要原因。世界经济不断发展，各国在积极维护和扩大税收管辖权的同时，相互间的税收管辖权冲突也日渐扩大，其税收管辖权冲突主要包括以下三个方面：

第一，地域税收管辖权之间的冲突。由于各国对同一收入来源地认定标准不一致，会引起相关国家行使地域税收管辖权之间的冲突，使纳税人的跨国收入同时被认定为来源于不同的国家，两国或两个以上国家同时行使地域税收管辖权对同一跨国收入重复征税，因此跨国纳税人的跨国收入承担了超额的税收负担。

第二，居民税收管辖权之间的冲突。由于各国税法确认纳税人居民身份的标准存在一定的差异，如对住所、居所和居住时间等标准的不同，加之各国在居民身份确认问题上往往同时兼用多种标准，以尽量扩大其居民税收管辖权适用范围，造成跨国纳税人同时被几个国家认定为居民纳税人，并就其一切收入分别在几个国家重复纳税。

第三，双重税收管辖权之间的冲突。除少数国家外，当今绝大多数国家在所得税和一般财产税方面，既按属人原则对本国居民来自境内外的一切所得和财产价值行使居民税收管辖权课税，又根据属地原则对非居民来源于境内的各种所得和存在于境内的财产价值行使地域税收管辖权课税，导致同一跨国收入重复征税。

此外，经济上的国际重复征税现象，主要表现在两个国家分别同时对各自境内居住的企业利润和股东从企业获取股息的征税。传统的法人理论认为，法人的人格与股东的人格是完全独立的，应是相对独立的纳税主体，法人生产经营所得缴纳企业所得税的同时，股东分得股息红利也应缴纳个人所得税。但这相对于私营独资及合伙等形式的企业仅需一次纳税来说，显然有悖税收公平原则。

13.2.4　国际重复征税的避免

解决国际重复征税问题的基本思路：一是规范将某个征税对象的征税权完全划归一个国家，从而排除另一个国家对该征税对象的征税权；二是规定某一征税对象可由双方分享征税权，由收入来源国优先征税，再由居住国采取相应的措施来避免国际重复征税。一般而言，避免国际重复征税的办法主要包括以下五种：

（1）国家间签订的税收协定。各国政府间通过签订税收协定，是避免国际重复征税较为通行的做法。国际税收协定是指两个或两个以上的主权国家为协调相互间在处理跨国纳税人征纳事务方面的税收关系，本着对等原则通过政府间谈判所签订的，确定其在国际税收分配关系的具有法律效力的书面协议或条约。按协定国家可分为双边和多边协定，按协定内容可分为单项和综合协定，按协定范围可分为一般和特定税收协定。至 2014 年底，我国与世界各国签署了 99 个税收协定和 2 个税收安排（中国香港、中国澳门）。

目前，世界各国签订国际税收协定最重要、影响力最大的两个范本是经济合作与发展组织的"关于对所得和财产避免双重征税的协定范本"（OECD协定范本）和联合国的"关于发达国家与发展中国家间避免双重征税的协定范本"（UN协定范本）。两个范本在结构和内容上大体一致，但反映国家经济利益不同，其中"OECD协定范本"尽力维护发达国家经济利益，偏重居民税收管辖权；而"UN协定范本"则主张发展中国家经济利益，强调收入来源国优先征税的原则。

国际税收协定受 OECD 协定范本和 UN 协定范本制约，从各国签订双边税收协定看，其结构及内容与两个范本基本一致，主要内容：一是协定适用范围，包括人、税种、领域和时间的适用；二是协定基本用语定义，包括一般、特定、专项用语的定义；三是税收管辖权划分，包括对营业、投资、劳务和财产所得管辖及征税的原则；四是避免双重征税方法，包括免税法、抵免法和扣除法等；五是税收无差别待遇原则，包括国籍、常设机构、扣除和所有权的无差别条款；六是税务情报交换；七是相互协商程序等。

（2）国际重复征税的免税制。免税制又称豁免制，是指居住国对本国居民纳税人来源于境外并已向来源地国纳税的跨国收入，在一定条件下放弃行使居民税收管辖权而免于征税的制度。免税制一般由国内税法规定，但也常列入国际税收协定中。免税制包括全额免税法和累进免税法，即居住国对跨国收入全部或有所保留地放弃征税权，前者不计入已免税的国外收入，而后者则要计入，适用税率相比较前低后高。

实行免税制的国家主要是欧洲大陆和拉丁美洲的一些国家。按免税的彻底与否，可分为两个类型：一是国家对国外收入完全免税，实行彻底的免税制，从而完全避免了国际重复征税；二是国家不彻底的免税制，只对本国居民境外营业和劳务所得免税，对投资所得则不免税，因而只依靠免税制还不能完全解决国际重复征税的问题。实行免税制的国家主要包括波兰、丹麦、法国、瑞士、澳大利亚和新西兰等国，但一般有一定的限制规定。

（3）国际重复征税的抵免制。抵免制又称外国税收抵免，是指行使居民税收管辖权的国家对本国居民在国外收入征税时，允许纳税人将在收入来源地已缴税款从本国应纳税额中准予扣除。抵免制在承认地域（收入来源地）税收管辖权优先的同时，也不放弃本国居民（公民）税收管辖权。为世界上多数国家所采用。抵免制按抵免额度可分为全额和限额抵免，按抵免方式可分为直接和间接抵免，按抵免主体可分为单边和双边抵免。

全额抵免是指纳税人在收入来源国所缴纳的全部税款均可抵免；限额抵免是指抵免额则不得超过纳税人国外收入按居住国税率应纳的税款。当收入来源国税率低于或等于居住国税率时，两者的抵免额并无区别，但在税率低于时，纳税人应向居住国补缴两个税率间的差额；在税率高于时，超过按居住国税率应纳税额的部分则不能抵免，但有少数国家规定可在以往和以后的纳税年度有多余限额时，允许超过部分进行抵免。

限额抵免又可分为综合限额和分国限额，综合限额是把本国居民的国外收入看成一个整体综合计算、各国使用一个限额。而分国限额是分国计算本民居民的国外收入，即每一国一个限额。从跨国纳税人考虑，分国限额和综合限额各有所长。当跨国纳税人在高税率国与低税率国均有投资时，综合计算国外所纳税款能得到抵免，故优于分国限额；当国外分公司有亏有盈时按分国限额亏盈无须相抵，从而对跨国纳税人有利。

（4）国际重复征税的扣除制。扣除制是指居住国（国籍国）政府允许本国居民（公民）用已缴非居住国的税款作为一个扣除项目，冲抵本国应税收入后就其余额计算征收应纳税额，从而在一定的程度上减轻纳税人的税收负担。扣除制的指导原则是对本国居民（公民）有限度地放弃居民（公民）管辖权。其计算公式为：在本国应纳税额＝（国内外所得或财产总额－国外已纳所得税或财产税税额）×本国税率。

扣除制对本国居民（公民）的国外已纳税额只是给予一部分扣除的照顾，实际上并没有免除纳税人国际重复征税的全部负担，目前采用此法的国家较少，如秘鲁、挪威、西班牙、葡萄牙、哥伦比亚、肯尼亚和泰国等国家。此外，还有些国家，如美国、英国和加拿大等国家，把扣除制作为避免国际双重征税的一种辅助措施，在抵免制不能适用时，才使用扣除制。如加拿大规定，如果居民纳税人从国外控股公司取得的股息，则对该股息只能使用扣除制的方法。

（5）国际重复征税的减税制。减税制是指居住国对本国居民来源于国外的收入给予一定的减征照顾，从而在一定程度上减轻纳税人的税收负担。如对国外收入适用低税率或按国外收入的一定百分比计征税收等。与其他避免国际重复征税的方法相比较，减税制最为灵活。正因如此，采用减税制国家在减征的比例上参差不齐，甚至悬殊较大。减税制也是一种缓解国际重复征税的方法。

减税制方式主要包括三种：一是税额比例减征法，即对按照税收法律法规的规定计算应纳税额减征的一定比例，以减少纳税人应纳税额的方法；二是降低税率法，即采用降低法定税率或税额标准的方法来减少纳税人的应纳税额；三是优惠税率法，即在基本税率的基础上对纳税人或征税收入再规定一个或若干个低于基本税率的税率，以此来减轻纳税人税负的方法。

13.3　国际避税与反避税

13.3.1　国际避税的相关概念

避税一般是指纳税人在不违反税法规定的前提下减轻或解除税收负担的行为。避税的后果是破坏公平竞争的经济环境，直接减少税收收入。其性质虽有别于偷逃税等税收违法行为，但却违背了国家税收立法的实质与基本精神。国际避税一般是指跨国纳税人利用国际税收协定及各国之间的税法差异与漏洞，通过各种手段规避或减少其在有关国家纳税义务的行为；而国际反避税是指国际组织、各国政府及其有关部门对国际避税有针对性地采取防范管理措施的行为。

当今各国都在强化对避税行为的惩治力度，打击 BEPS（税基侵蚀与利润转移）行动等国际反避税可谓风起云涌。中国近年来的反避税也异常迅猛，2014 年习近平主席在澳大利亚举行的二十国集团（G20）领导人第九次峰会上明确提出"加强全球税收合作，打击国际逃避税，帮助发展中国家和低收入国家提高税收征管能力"。习主席首次就税收问题在重要国际会议上的讲话，充分彰显了中国参与构建国际税收新秩序、贯彻大国税务理念的决心。因此，探索国际反避税的有效措施，具有积极的现实意义。①

13.3.2　国际避税的主要手段

国际避税手段主要包括利用各国税法的差异及国际间的转让定价、资产租赁、让利销售和避税地等。在国际税收实践中，国际避税的手段主要体现在以下四个方面：

（1）非居民企业转让境内企业股权避税。非居民企业是指依照外国或地区法律法规成立且实际管理机构不在中国境内，但在境内设立机构、场所或在境内未设立机构、场所但有来源于境内所得的企业。非居民企业为避免直接转让其持有中国居民企业股权而产生的所得税负担，通常通过设立一个或多个境外的中间控股公司（也称导管公司）间接实现居民企业转让股权交易。其避税方式主要是非居民企业将其拥有境内企业的部分或全部股权转让给其他境外非居民企业（外转外）或境内居民企业（外转内）。②

（2）境内外关联企业运用转让定价避税。关联企业是指与其他企业之间存在直接或间接控制关系或重大影响关系的企业，一般由控制公司和从属公司构成。转让定价是指关联企业之间在销售货物、提供劳务和转让无形资产等业务往来时制定的价格。转让定价避税是指跨国总公司与分支机构、母公司与子公司、各分支机构及各子公司之间，通过制定内部交易结算价格（人为压低或抬高）转移利润而逃避国际纳税义务。

（3）跨国企业规避税收管辖权进行避税。税收管辖权是主权国家根据法律所拥有和行使的征税权力。包括属人和属地税收管辖权两种：其中前者以纳税人的国籍、登记注册所在地或住所、居所和管理机构所在地为标准，即凡属本国的公民和居民（包括自然人和法人）负有无限纳税义务（国内外所

---

① 温彩霞，王槟. 把握机遇 提高新形势下反避税能力 [J]. 中国税务，2015（3）：10-13.
② 胡效国，邓远军. 对非居民企业股权转让所得的征税权与反避税思考 [J]. 税务研究，2013（10）：36-41.

得均纳税）；后者以一国的领土疆域范围为标准确定，即对来源于本国境内的收入或所得及存在于境内的财产行使征税权力。

（4）非居民企业避免构成常设机构避税。常设机构主要包括一般型、工程型、劳务型、代理型和母子型等。非居民企业通常利用企业所得税法和税收协定对常设机构判定标准的漏洞，即非居民企业在中国无常设机构或有常设机构但其收入与常设机构无关、又不属于正常营业范围，不受税收管辖无须纳税，因而使其代理人或经营场所避免被认定为常设机构；或者有常设机构，但通过收入内部转移、变更营业范围等方式避税。

（5）居民和非居民企业利用电子商务避税。随着电子商务、大数据等现代科技的出现和快速发展，使得国际税收中传统的居民定义、常设机构、属地税收管辖权等概念，无法对其进行有效约束。加之当代世界各国对电子商务或没有征税法制或因其税收征收管理的困难，为电子商务跨国纳税人逃避税有了可乘之机。因此，电子商务的迅速发展既推动了世界经济的发展，同时也给世界各国政府提出了国际反避税的新课题。

13.3.3　国际避税的典型案例

滨海市税务局在专项检查外资企业股权时发现滨海 X 公司组织架构较为复杂，设有多层境外控股公司，境外控股股东发生多次股权转让与重组，且交易业务主要在境外，其中一笔股权转让业务疑似避税行为。X 公司股权转让及纳税调整情况如下。

13.3.3.1　股权交易的基本情况

股权出让方：X 公司在日本注册，股权交易前持有 Y 公司 49.995% 的股权；股权受让方：Z 控股有限公司（简称 Z 公司）在开曼群岛注册成立，股权转让前持有 U 控股有限公司（简称 U 公司）36.6% 的股权；被转让企业：Y 公司在开曼群岛注册成立，持有全国各地多个企业 100% 的股权，2012 年 X 公司完成对其股份减持后更名为 YY 公司；被转让企业境外实际控制方：U 公司是 Y 公司的境外间接控股股东，注册于开曼群岛，主要业务来自中国（U 公司年报：超过 99% 以上销售在内地，多于 99% 的非流动资产位于中国），集团在开曼群岛和英属维尔京群岛等地设立多层控股公司，以控股境内的各附属公司。

X 公司对 Y 公司股权主要完成 3 次交易。第一次股权交易情况：U 公司公告 X 公司向 U 公司收购 Y 公司 49.995% 股权，作价 3.8 亿美元，该项交易正式完成，实际交易额 3.6 亿美元；第二次股权交易情况：U 公司公告 X 公司拟向 Z 公司出让其持有的 Y 公司 49.995% 股权中的 9.999% 权益（占持股 20%），作价 2.8 亿美元，签订股权转让协议，该项交易已经完成；第三次股权交易情况：X 公司与 U 公司大股东 Z 公司继续减持 Y 公司 8% 权益签订协议，交易作价 5.2 亿美元，该项交易相应的纳税义务已在中国履行。

13.3.3.2 交易调查与商业目的分析

X 公司与 Z 公司股权交易标的是 Y 公司 9.999% 的权益，将 Y 公司是否为特殊目的公司、相关安排是否具有合理商业目的作为审查的重点。

（1）安排订立的时间和执行期间。X 公司在日本注册成立，Y 公司随后在开曼群岛成立。之前境内多家企业股权均由 U 公司直接持有，之后 U 公司与 X 公司就在华业务战略合作达成协议，将股权架构重组作为战略合作的先决条件，Y 公司从 U 公司无偿取得境内 13 家附属公司 100% 的股权。U 公司发布公告：X 公司收购 Y 公司 49.995% 的股权。

从时间安排看，U 公司与 X 公司决定合作在先、设立 Y 公司在后，其目的是在 X 公司入股前在 U 公司与其境内附属公司之间加入一个设在避税地的导管公司实现境内外资产隔离，以避免境内附属公司股权直接转让而产生的纳税义务，且在我国 2008 年实施新企业所得税法后，这一刻意设立的壳公司被用作税收安排。

（2）安排的形式和实质。Y 公司举证说明："Y 公司注册地在开曼群岛某大厦，在开曼无办公场所及常住人员，但在中国香港有办公场所并雇用 5 名员工，负责集团机器设备境外采购业务、管理已在中国香港上市的 U 公司与中国香港交易所的联络工作"。

国税局调查证实：Y 公司所称集团机器设备境外采购业务并不存在，实际上仅限于与各附属公司签订设备订购合同及开具发票，不构成实质经营活动的基本要件；Y 公司在中国香港的 5 名雇员实际上是 U 公司兼职人员，其主要职责是管理在中国香港上市的 U 公司与交易所的联络工作。

可见，Y 公司是一家在避税地设立、不具有经济实质的境外壳公司。X 公司在形式上转让的是 Y 公司股权，但 X 公司第一次受让和第二次出让 Y 公司股权，均是按 Y 公司所持有的权益资产估值来确定的交易价格。Y 公司的 9.999% 股权按其面值计算只有 1 000 美元，与 2.8 亿美元的转让价格相差甚远。按实质重于形式的原则，可认定该次股权交易的实质就是 X 公司转让中国居民企业的股权。

（3）安排实现的方式。U 公司公开信息中披露总股本 10001 股，每股面值 1 美元，其注册资本为 10 001 美元。X 公司入股 Y 公司股权交易额为 3.59 亿美元，但法律层面出资只有 5 000 美元，以避免投资资本的大进大出及由此带来的税收风险。

我国新《企业所得税法》《特别纳税调整实施办法（试行）》出台后，U 公司便以 Y 公司在中国香港从事集团境外设备采购业务为幌子并对其进行包装，试图掩盖 Y 公司不具有经济实质的事实，而是通过交易境外控股公司股权的方式实现境内企业股权的转让，以此规避我国的税收管辖。

（4）安排的关系及各方财务的变化。从公开信息可知：股权架构的调整只是 U 公司对境内企业由直接控股改为间接控股，U 公司所持有境内企业权益性资产并没有从上市公司拆分出来，境内企业经营、人员和财务资产等仍由 U 公司实施全面管理，其发展规划、经营战略和股权重组等重大事项仍由 U 公司董事会及管理层做出决策，Y 公司仅作为 U 公司旗下的一个资本运作平台。

从集团组织架构图看，Z 公司是 U 公司的主要股东，Z 公司与 U 公司及其各附属公司构成关联关系。因 Y 公司股权历次交易价格均按其持有权益资产估值确定，故 U 公司、X 公司转让 Y 公司股份或直接转让境内附属公司股份所取得转让价款是相同的，唯一区别是转让方在中国纳税支出的增加。另企业在举证中称："Y 公司没有独立的经过审计的财务报告"，且 Y 公司也一直没有提供 2012 年以后各年度会计报表。这已证明 Y 公司只是在避税地设立的一家空壳公司，在 U 公司整个经营体系中无任何经济实质。

（5）安排的税收结果。我国 2008 年之前是按原《外商投资企业和外国企业所得税法》执行，对外国企业间接转让境内企业股权未明确税收管辖权。U 公司采取在避税地设立中间控股公司将直接转让境内企业股权的交易，变为间接转让境内企业股权交易，避免了直接转让而产生的纳税义务。

2008 年实施新《企业所得税法》后，U 公司试图为 Y 公司贴上经济实质的标签，将这一空壳公司继续用作税收安排。但 Y 公司提出的举证材料无法证明其在中国香港有实质的经销活动，相反却暴露出避税方在避税地设置空壳公司不具有合理的商业目的。而这种特殊安排导致了 X 公司对这一公司组织形式的滥用，规避了其应在中国履行的纳税义务。

13. 3. 3. 3　与 X 公司、Y 公司等协商谈判情况

在特别纳税调查的第二阶段，国税局通过滨海 X 公司及税务咨询机构先后与 Y 公司、X 公司联系，向其宣传有关税收政策法令、对 X 公司下达《税务事项通知书》，要求 Y 公司积极配合税务机关的调查，并提供股权转让相关举证材料。2017 年 8 月 2 日，X 公司、Y 公司提交了一份说明，并对追溯等提出质疑。国税局研究认为，X 公司对境外投资方通过滥用公司组织等间接转让中国居民企业股权，且不具有合理的商业目的，我国税务机关有权依法予以调整，其追溯时间也符合《税收规范性文件制定管理办法》的相关规定。

国税局与 X 公司在第三次协商谈判中，明确提出其调查认定结论和初步调整方案。对此 X 公司表态："通过前几次协商与讨论，公司对该笔股权转让所得应在中国履行纳税义务无异议，主观上并没有故意避税，只是对中国税收政策法令不够了解，且公司该笔股权转让所得已在日本缴税，因此恳请中国税务机关酌情考虑公司的实际情况，能否减免特别纳税调整加收的利息（包括基准利息）。"

13. 3. 3. 4　调查认定结论及调整方案

通过对 X 公司 2012 年转让股权交易的调查，国税局认为：Y 公司是一家专门为持有在华企业股权而设立的特殊公司，其目的主要是规避我国税收管辖。由于 Y 公司不具有经济实质，因而认定 X 公司转让股权交易的实质是转让中国居民企业的股权，属于通过滥用公司组织形式且不具有合理商业目的的安排的避税。

根据《企业所得税法》第 47 条、实施条例第 120 条及《特别纳税调整实施办法（试行）》第 92 条、第 94 条的规定，对 X 公司转让股权避税问题实施特别纳税调整。其调整方案为：股权转让收入 2.80 亿美元，股权购置成本 0.72 亿美元，股权转让所得 2.08 亿美元；根据 X 公司与 Z 公司完成股权交割及登记变更的当日中国人民银行公布的美元与人民币汇率中间价为 1∶6.7207，应纳税所得额折算为 13.98 亿元人民币，应纳所得税为 1.398（13.98×10%）亿元。2017 年 8 月 8 日，X 公司主动到国税局报缴了企业所得税的税款。

13. 3. 4　国际反避税问题分析

（1）国际反避税信息来源不畅。在企业特别是外商投资企业中，最常见

的避税方式是关联企业间通过转让定价来转移利润。目前，税务部门现有条件难以全面掌握跨国关联企业的关联交易及纳税情况，加之监管难度大、处罚力度小，导致企业存在不报或不完全申报关联企业业务资料等现象。

此外，外商投资企业具有的购销决策大权，且多通过其关联公司进行交易，税务人员在无法出国调查的情况下只能依靠税收情报交换获取资料，收集的关键信息资料极为有限，调查不正当关联交易定价困难，以致国际反避税工作的被动。

（2）转让定价调整方法不科学。税务部门在审定企业国际转让定价业务中，主要以《特别纳税调整实施办法》（以下简称《调整办法》）和《一般反避税管理办法》（以下简称《反避税办法》）为依据，但在实践中执行不力，转让定价方法存在不系统、操作性差等问题，导致地方的反避税调查工作很难做到统筹与规范。

涉外企业无形资产的不可比性及关联劳务的隐蔽性，需要制定有别于有形资产转让的特殊定价方法，而现行仅是笼统地规定或与有形资产进行统一的纳税调整，而美国和 OECD 均有单独的规定。此外，在税收规范性文件中如果能列举转让定价调整的参量、模型和步骤，且选用现实、规范的典型案例，则方便税务执法人员的深刻理解和准确操作，美国和 OECD 对转让定价的说明文件中都有转让定价方法的参考案例，而我国均未涉及。

（3）国际反避税专业人才匮乏。国际反避税管理工作涉及面广、难度大，因而从事国际反避税工作应是高素质、综合型专业人才，需要熟练掌握外语、财会、税法、计算机、统计分析、证券投资、资产评估、税收征管、沟通谈判、信息管理等反避税的理论知识、经验与技巧，具有整合、决断、创新、辩论、随机应变的意识与能力，以及政治使命感、强烈的责任心和事业心等职业素养。

目前，我国省市级税务部门虽设有国际税收管理机构，但区县（市）基本没有专门的机构，专职工作人员数量少，且符合综合素质要求的专业人才极为稀缺，加之经济全球化快速发展、世界经济多极化加剧，特别是国际"互联网＋"、大数据、云计算、电子商务等新挑战与新问题层出不穷，从而导致了开展国际反避税工作的艰巨性和长期性。

13.3.5 提升国际反避税能力

提升税务部门国际反避税能力，对维稳社会经济秩序，营造开放、安全和公平的投资经商环境，充裕财政收入可谓意义重大。

13.3.5.1 健全国家的反避税法律法规

涉外企业进行国际避税主要是由于国家反避税法律法规的不完善、产品销售链条中外商对价格的操控和会计师事务所审计报告的信息不对称等原因所致，尤其税收管理漏洞为其避税或逃税提供了可乘之机。因此，进一步完善国家的反避税法律法规是解决国际反避税难题的先决条件，更是各级税务部门提升国际反避税能力的法制依据。

（1）建立专门的国际反避税法律。我国目前涉及反避税的法律法规主要包括《企业所得税法》《调整办法》《反避办法》《税收征管法》中的一些条款，其实体税法体系包括 5 类、18 种税，但反避税法律法规只涉及企业所得税而未涉及其他税种，流转税等反避税工作受到严重的制约，因而当前亟须单独设立涵盖多税种的反避税法律，或在《税收征管法》中专章增补反避税的内容，使反避税工作有专法可依、有严法必依。

（2）规范国际转让定价税收制度。近年来，我国跨国企业的数量随经济国际化程度的提高而日益增长，企业利用转让定价进行避税问题也越来越严重，但现行关联交易转让定价税制还不全面、不规范。为更好地实施我国的"请进来，走出去"发展战略，规范转让定价税制势在必行，主要应包括规范关联交易税收管理、预约定价安排及合约研发、股权投资转让定价方法等内容，同时增加转让定价避税的处罚条款等。

（3）完善资本弱化的反避税法规。实行专项资本弱化反避税法规，借鉴国外反资本弱化管理的经验，逐步扩大反资本弱化管理的范围；采用正常交易原则和安全港规则，进一步规范和明确利息支出及其不可抵扣的范围；提高关联债资比例标准，将现行非金融企业接受关联方债券性投资与权益性投资比例提升至 3:1，以促进国际资本的自由流动，以激励跨国企业对我国企业投资的积极性。

（4）增加滥用协定的反避税条款。第三国居民企业常常利用中国与他国签订的税收协定进行避税，我国可借鉴 OECD 中 BEPS 行动计划经验，在与他国签订税收协定时增加反滥用条款，并在国内税法中明确其相应的制约措施。例如，为其委托人的利益而从事经营性业务的非独立代理机构可视为常设机构，对具有消极投资特征的所得不允许按协定享受低税待遇，严格限定低税率及延期申报的适用范围等。

此外，各级税务部门应以国家反避税的相关法律法规为依据，结合本地区涉外企业避税与反避税的实际情况，研究与制定本地区的《反避税管理实施办法》，其内容主要包括反避税的基本准则、组织机构、基础管理、申报选案、调查审计、纳税调整、跟踪管理和报批备案等。

13.3.5.2 加强国际税务信息平台建设

（1）积极构建国际反避税信息网。在经济全球化和国际化背景下，通过滥用税收协定、各国税制差异及避税地避税行为日益复杂、隐蔽，为此 2004 年成立"国际联合反避税信息中心（JITSIC）"，旨在通过开展双边税收协定框架下的实时税务信息交换，更有效地识别和遏制各种恶意税收筹划。2010 年 12 月我国正式加入。各国可利用该平台共同研究分析各类避税模式和动向，实时交换涉税信息，提高跨境交易透明度，追踪调查纳税人的逃避税行为，共同识别和打击恶意税收筹划。全国各级税务机关，积极构建与完善国际反避税信息网，以加强对跨国税源的税收征管合作与反避税工作。

（2）推进税收信息化建设的进程。强化税务部门信息管税工程建设，通过完善价格信息网提高转让定价调整的合理性与合规性；在税务系统内及时更新税收政策法令等信息，并扩充政策解析模块，使系统内部共享税务信息资料；依托 CTAIS（中国税收征管信息系统）等税务软件，研发涉外纳税人税源监控应用软件，加大基层税务机关的信息化建设；可在充分利用所得税汇算清缴系统和税收征管软件数据的基础上，建立涉外企业资料信息库；增强税务人员运用 BVD 数据库、标准普尔数据库及全国工业企业信息数据库等大数据发现避税案源的能力。

（3）强化部门之间反避税的合作。目前，我国跨国企业中资本引进占比较大，征纳双方信息不对称成为反避税工作的难点，因而需要拓宽部门之间的合作渠道，建立长效的反避税联动机制。纵向上，省级税务机关负责辖区内跨国企业的核查，对基础税务信息管理纳入反避税的日常管理工作，为完善国家层面的国际反避税管理办法；横向上，在全国税务系统信息资料共享的基础上，加强与财政、工商、银行、外贸、海关、商检、劳动、公安、检察和边检等部门及行业管理协会、信息查询机构的联系与合作，特别是对购销大权由外商负责的企业应建立收入与费用计价标准的监管制度。

（4）加强国际税收情报交换工作。依据《税收情报交换规程》，加快各级税务部门跨国税收信息和情报交换共享机制建设。如加强与有关国家税务部门对经济往来资料、离岸资产及跨国企业纳税申报等情报交换工作，为国际反避税的专业化管理提供基础信息和案源；建立本地居民企业生产经营信息数据库和非居民企业股权转让数据库；对重大国际避税案件，可依据欧盟互助指令、OECD 及联合国税收协定范本建立跨国税务协助机制；统一对反避税稽查的过程、内容、结论等要求，建立企业反避税稽查档案资料，以作为避税信息共享的基础性工作。

13.3.5.3 完善国际反避税管理的策略

（1）明确阶段性反避税重点工作。结合本地经济发展水平及跨国企业的数量、规模等实际情况，明确阶段性反避税的重点工作。如从基础管理入手每年筛选典型企业做重点调查；强化纳税申报管理，达到一定规模的涉外企业在一般纳税申报的同时必须上报关联申报资料；以案件管理为中心，提高办案质量；积极探索无形资产转让、资金池、超额利润分割、资本弱化和受控外国公司的反避税管理，增强跨国跨省联查联管反避税合力；优化关联交易的"申报管理——疑似避税——立案审查——结案监控——后续跟踪"的管理流程，逐步形成"管理、服务、调查"三位一体的反避税体系。

（2）优化转让定价调查调整流程。转让定价是跨国企业避税的主要手段，应将转让定价管理作为防控国际避税的重点，统筹安排、优化流程，提高转让定价管理水平。如结合所得税纳税申报汇算清缴、审核评税和税务稽查等资料，评估企业关联交易的遵从度，筛选重点避税嫌疑企业并录入全国反避税案件监控管理系统；有效实施转让定价调查工作，使案头资料和现场调查相结合，形成公平、统一和透明的调查机制；量化修正关联、受控交易的类型和规模，并保留税务机关特别纳税调整和处罚权；对结案的避税企业实施跟踪管理，对利润水平实时进行监控，建立关联交易风险等级及应对机制，巩固反避税成果。

（3）完善预约定价安排管理机制。预约定价（APA）是通过将传统事后调查调整转变为预先约定，能有效提升税收征管质量、降低跨国企业的纳税风险。积极探索适宜地方实际的预约定价机制，如制定《税收预约定价操作规则》，明确优先和拒绝受理企业申请 APA 的情形，规范 APA 协议条款及操作流程；吸收专家、专业咨询公司等第三方机构，加强对企业 APA 申请认定价格、利润范围和股息的审定，监督各方收入权及分摊标准的变化；建立企业可比信息数据库和行业价格信息系统，强化预约定价的审核，并采取调整所得额及修改、取消或续签协议等追溯调整方式。

（4）积极探索新型避税应对机制。随着税源国际化和经济数字化的发展，我国外向型经济发展较快，借鉴各国反避税经验、创新反避税手段。如探索外国受控公司、资本弱化和电子商务的反避税方法，重点监控与避税地受控公司交易业务，积极创新出口退税管理办法，采用"逆向征管"等方式建立电子商务避税应对机制；强化关联关系认定管理，从数据申报、数据审核及定性分析进行关联关系认定和同期资料管理；加强税源动态管理的反避税，实行外籍人员工资薪金所得警戒线管理，加大对企业跨境股权投资、工商变更和重组并购等重大资本运作的调查力度，重点监控零申报和低收入申报的情况。

13.3.5.4 提高国际反避税人员的水平

（1）鼓励高等院校培养专业人才。以税收学专业人才培养为例：在培养目标上，结合反避税工作的国际性、复杂性及专业性特点，明确培养其专业知识融通、税收理论深厚、实践水平较高、创新意识较强的复合型、开放型税收人才；在课程体系上，协调好税收经济学、税法学、国际税收、税务稽查、纳税风险管理和纳税筹划等专业课程，适当提高外语、国际贸易与金融和跨国企业管理等相关课程的比例，增加博弈论、谈判技巧、统计软件应用等选修课程；在教学手段上，加大教学与实践结合度，按照适用、实际原则丰富实践教学环节，如增加实践案研讨、定期到税务机关进行实践与培训等。

（2）提高反避税专职人员的素质。建立一支素质高、业务精的反避税队伍，既是提高税务部门反避税工作质效的基础，也是当务之急。可采取多种措施加强培训工作，如举办骨干培训、实地考察交流、到专业院校或境外有关部门学习；增加国际税收管理人员的数量，合理配置外语、法律、商务谈判和计算机管理等专业人才；重点提升反避税人员财务分析和举证能力，增强选案和办案的规范性；加强与大型税务师事务所等中介机构合作，提高价值链分析、资产营销和红筹回归等专业人才在反避税队伍中的比例；加大反避税管理经费的投入，积极改善反避税的办公条件和工作环境等。

（3）完善反避税人员的奖惩制度。建立反避税人才选拔、培训、使用和晋级的良性运行工作机制及其与反避税稽查质量挂钩的考核机制，对国际反避税人员不要轻易换岗或调离工作，以确保税务部门反避税工作队伍的稳定性；实行项目与指标系数考核相结合，如对跨国纳税人户籍管理，将其"七率"考核中的登记率与关联企业认定、关联交易审核质量等结合；明确考核指标体系，如同期资料审核质量、重点避税嫌疑户数量和反避税案件监管水平等；奖优罚劣，对有创新、有贡献人员给予晋级等奖励；将反避税绩效考核与目标管理、激励机制、执法责任制等考核相结合，达到考核信息共享、结果互认的目的。

13.3.5.5　增强国际反避税的法制意识

（1）强化涉外企业依法纳税观念。只有真正树立涉外企业依法纳税的观念，才能有效防范企业的避税行为。如结合所得税汇算清缴工作进行专项培训、企税座谈、纳税风险提示及税收政策宣传，做好涉外税收服务与监管工作；强化跨国企业申报网络化管理，条件成熟可并入统一的"一户式"管理系统；税务机关可利用信息网平台，追踪调查纳税人的避税手段，提高跨境交易透明度；对违规避税行为直接立案调查，并依法予以严惩，增强其抑制与威慑力，起到"打击一户、影响一片"的作用，增强企业知法、守法的观念，切实提升纳税遵从度，防控避税特别是偷逃税及骗税等行为的发生。

（2）扩大国际反避税的社会影响。国际反避税事关国家税收主权和经济安全，是贯彻大国税务理念的战略性任务，反避税工作的有效开展需要各级政府的重视，更需要社会各界的支持。如针对招商引资越权给予税收优惠的错误做法，要及时纠正；强化社会公众对反避税工作的参与和举报意识，提升反避税的社会影响力，逐步形成良好的反避税氛围；要充分认识到日益猖獗的国际避税活动给社会经济带来的危害，如破坏开放型经济环境等诸多不利影响；要积极认识反避税工作对公平税负环境和增加地方财政收入，以及保证哈尔滨市"引进来"和"走出去"战略实施的重大现实意义。

13.4　本章小结

★ 本章主要研究和分析了国际税收基础理论、国际重复征税分析和国际避税与反避税三个问题。国际税收基础理论包括国际税收的概念、演进、研究对象、研究内容和体系目标。国际税收是指两个或两个以上的国家或地区对跨国纳税人的跨国经济活动行使征税权力而形成的国家或地区之间的税收分配关系。国际税收研究内容包括国际税收的基础理论、国家税收管辖权问题、国际重复征税的避免、国际避税及其避税地、国际避税的防范问题、国际税收协定的运用、国际税收关系的协调和国际税收的其他问题。

★ 国际重复征税分析包括国际重复征税和税收管辖权的概念，国际重复征税的产生及其避免。国际重复征税是指两个或两个以上的国家或地区各自依据其税收管辖权，按同一税种对同一纳税人的同一征税对象在同一征税期限内的征税。税收管辖权是指主权国家根据其法律所拥有和行使的征税权力，包括地域税收管辖权、居民税收管辖权和双重税收管辖权三种类型。避免国际重复征税的办法主要包括国家间签订的税收协定和国际重复征税的免税制、抵免制、扣除制和减税制。

★ 国际避税与反避税包括国际避税相关概念、主要手段、典型案例和国际反避税问题分析，以及提升国际反避税能力。国际反避税是指国际组织、各国政府及其有关部门对国际避税有针对性地采取防范管理措施的行为。国际反避税存在着国际反避税信息来源不畅、转让定价调整方法不科学和国际反避税专业人才匮乏等问题，因此应健全国家的反避税法律法规、加强国际税务信息平台建设、完善国际反避税管理的策略、提高国际反避税人员的水平和增强国际反避税的法制意识等，以提升国际反避税能力。

14. 税收制度改革研究

税收制度改革是通过优化和税制结构增进社会福利的过程，其形式既有税种的出台、组合及废弃的变化，又有征税对象、税目税率和税收优惠等要素的调整。税收制度改革研究主要阐述和分析税制结构模式理论、税制改革主要取向和税制改革专题分析的问题，其中税制结构模式理论包括税收制度的结构理论、优化理论、模式研究和基本设计；税制改革主要取向包括现行税收制度体系、税收制度改革要求和税收制度改革构想；税制改革专题分析包括增值税扩围改革、个税的改革问题和开征物业税分析。

14.1 税制结构模式理论

14.1.1 税收制度结构理论

14.1.1.1 税制结构的含义

目前，我国学界对税制结构的认识还有一定的分歧，其代表性的观点及表述为：

第一，强调税种在税制中的重要关系。如税制结构是指构成税制的各税种在社会再生产中的分布状况及相互之间的比重关系。

第二，强调税收体系在税制中的整体性。如税制结构是指一国税收体系的整体布局和总体结构，是国家根据当时经济条件和发展要求，在特定税收制度下，由税类、税种、税制要素和征收管理层次所组成的，分别主次，相互协调与补充的整体系统。

我们认为，税制结构是指一国征收一种税还是多种税的税制体系。所谓税制体系是指国家在税制设计时，根据本国的具体情况将不同功能的税种进行组合配置，形成主体税种明确，辅助税种各具特色及其作用、功能互补的税种结构关系。

14.1.1.2 税制结构的类型

税制结构按照税种多寡或税制繁杂程度，可分为单一税制和复合税制两类。单一税制是指在一国税收管辖权范围内只征收一种税的税制；复合税制是指一国税收管辖权范围内征收两种以上税种的税制。

（1）单一税制理论。单一税制的理论与不同时期的政治主张、经济学说相呼应，其理论依据及其经济基础也各有差异。单一税制理论大体可分为四类：

第一，单一所得税论。早在 16 世纪后期法国经济学家波丹主张单一所得税制，但他也承认在必要时可征收关税等税作为辅助；18 世纪德国税官斯伯利明确提出单一所得税制，并在 19 世纪中叶后盛行于德国；1869 年德国社会民主党，就曾以单一所得税制作为其经济纲领。他们认为，所得税只对富人课征符合税收公平原则，且采用累进税率富有弹性，较之单一土地税、单一消费税更为先进。但实行单一所得税制仅对所得课税，对财产继承者等有纳税能力的人不课税，有失税收公平。

第二，单一消费税论。早在 17 世纪利益说刚刚萌芽之时，英国思想家霍布斯就以利益说为理论依据而主张实行单一消费税制，他认为消费税可以反映人民获得的国家利益。19 世纪中叶，德国经济学家普费菲等人则从税收的社会原则出发，主张税收应以个人支出为课征标准，他们认为：只有消费税才能遍及全体人民，人人消费则人人纳税，从而符合税收普遍原则；消费是纳税人的纳税能力的体现，消费多者负税能力大，消费少者负税能力小，因而按消费能力纳税符合税收的平等原则。

第三，单一财产税论。最早由法国经济学家计拉丹提出的单一资本税制所形成，后为门尼埃所倡导，主张以资本的价值为标准征税。这里所言的资本基本上是指不产生收益的财产。他们认为，对不产生收益的财产或资本课税不但不会影响资本形成，还可刺激资本投入生产、促使资本的产生，同时征收单一财产税可课及所得税不能课及的税源。该理论又分为两种观点：一是以美国学者主张的，以资本为课征标准，但以不动产为限；二是以法国学者主张的，应以一切有形资本为课征对象。

第四，单一土地税论。由 18 世纪古典政治经济学的奠基人之一的魁奈所提出，19 世纪中叶美国经济学家亨利·乔治倡导。魁奈认为，只有土地（农业）才生产剩余产品，形成土地所有者的纯收益，故应向土地征税，否则课于他物最终还是由土地纯收益负担。乔治主张的是土地价值税，他认为土地所有者所获得的经济租金完全是一种不劳而获的剩余，对这种剩余不应归土地所有者占有而应交给国家；实行单一土地税制可消除不平等和贫困，是促进经济发展的一种税收政策工具。

单一税制在税收历史的长河中，基本上处于理论的探讨阶段，至今也没有哪个国家真正付诸实践。

（2）复合税制理论。复合税制的内容主要是税系组成及其之间如何组合与协调、各税系内部各个税种之间如何组合与协调、整个税制体系中各基本税制要素相互间及其各自内部间的组合与协调、每一税种内部各税制要素相互间及其各自内部间的组合与协调、征收管理层次之间的组合与协调五个方面。这些内容是紧密联系的，其不同的组合与协调关系就形成各种不同类型和多种多样的税制结构。

各种不同税制结构的差别主要表现为主体税系，各税系、税种的组合协调关系，税系、税种之间及其各内部税制要素的组合协调关系的不同，中央与地方之间税制组合协调关系的不同等。其优点：选用税种较多，征税范围较宽，可相互配合、相互补充发挥作用，税收具有弹性，税负趋于公平，能保证国家财政收入的需要；但缺点是：税制易致繁杂，税收征管困难，征收费用较大。

世界各国之所以采用复合税制，主要是因为这种税制符合经济运行与发展的要求。就其本身而言，税源广泛、灵活性大、弹性充分；就税收负担而言，既公平合理又普遍；就税收政策而言，具有平均社会财富、稳定国民经济的功能。因此，复合税制是一种较为科学的税收制度，为古今中外各国所普遍重视与运用。中华人民共和国成立以来，税收制度虽由繁到简、又由简到繁，但总体上看始终实行的是复合税制。

14.1.1.3　单一税论的分歧

（1）单一税论的传统分析。一般认为，单一税论从总体上看具有刺激投资、提高效率、调节收入、降低成本等优点。该理论之所以能够存在并盛行的主要原因：一是仅课征一种税，对生产与流通危害小，有利于促进经济发展；二是纳税人应纳税额易明确，少苛扰之弊；三是征收手续简便，有利于减少征收费用。

单一税论的问题是：单一税制从财政上看，无法保证收入的充裕、稳定和可靠，也不能充分发挥税收对社会经济有效的调控作用；从政策上看，征税范围较窄、不普遍而有失公平；从经济上看，就某一课税对象征税，或易致偷税和逃税的可能性，或税源易枯竭，妨碍国民经济平衡发展，更无法实现税负公平。

（2）单一税论的现代分析。现代单一税制的理论最早起源于美国。1981年美国胡佛研究所罗伯特·霍尔和阿尔文·拉布什卡，第一次提出单一税制的改革方案，从而引发了对税收公平与效率的热烈讨论。根据霍尔和拉布什卡的单一税理论，单一税制具有单一税率、消费税基、税收中性（储蓄投资一视同仁）和消除特别优惠的特征，其"降低税率、扩大税基、简化征管"的税收思想被诸多的国家所接受。单一税论要求采用较低的税率，有利于刺激经济增长，能减少逃税、避税和税收服从的成本。

1986 年牙买加开始实行单一税，但因税率较高及发展中国家的缘故，其影响不大；1994 年爱沙尼亚实施 22% 的单一税（原为 26%），经济增长率达到 7%；自 2001 年起俄罗斯对工资薪金等所得，实行 13% 单一税率的个人所得税；2004 年起斯洛伐克实行单一所得税制，税率为 19%；2007 年保加利亚采用 10% 的单一税，有效地打击影子经济，是让金融寡头和富人纳税的唯一途径等。2009 年有 27 个国家和地区对个人所得税实行单一税率，"单一税俱乐部"每年都在扩大，国际单一税运动发人深思。

实行单一制的国家实践表明：这些国家采取积极的改革措施，来消除特别优惠和偷逃税的漏洞；摒弃了多税率或扩张性的个人所得税制，而代以更少优惠的单一税制；选择低利率的单一税，近十年大多数国家的税率在 15% 或更低（如蒙特内格罗为 9%），平均的个人所得税税率约为 17%、企业所得税税率约为 18%。根据国际货币基金组织的数据显示，每一个实行单一税的国家在最近几年都实现了快速的经济增长，实行单一税的很多国家都吸引了大量的外商直接投资，减少了逃避税，增加了国家财政收入。

（3）我国对单一税的分析。有人提出我国应选择单一税，其理由是：我国税制复杂，个税高累进，重复征税严重，名义税负较重，实施单一税具有积极效应。如税基具有无限扩大性，税收的简化和透明利于保护个人财产隐私，避免保留大量发票及票据，激励个人储蓄和投资，纳税自由度增强，税制永久性简化而纳税申报简便易行。中国财政科学研究院原院长贾康认为，个人所得税具有筹集财政收入和调节收入分配的功效，实行单一税制等于放弃分配调节功能，我国更为强调调节分配职能的重要性，因而单一税制在我国是不可取的。

我们认为，现代国家税制改革的核心和趋势是"多税种、宽税基、低税率"。上述的单一税指的是以单一法定税率征收的直接税，并不是传统意义上的单一税，它仅指所得税特别是个人所得税的税率改革问题，即只就一个税种的改革，且是实施单一或统一税率或税率多少的问题，而非一个国家和地区的整体税制。因此，上述的单一税制不能认为是真正意义上的单一税，即使就个人或企业所得税实施单一税率改革而言，也是不符合纳税能力和公平负担的原则，故而在我国进行单一税改革的理论和实践也是行不通的。

14.1.2 税收制度优化理论

14.1.2.1 税制优化基本含义

税制优化又称"最优税制"，是指税收制度符合福利经济学中的最优原则。其最优原则的基本含义是私人部门（市场机制）对经济资源的有效配置。福利经济学认为，如果不存在任何市场失灵，市场机制就能使商品的供求达到均衡，消费者对最后一个单位商品所愿意支付的价格（即商品的边际价格）正好等于竞争性生产者生产该商品的成本（即边际成本）。在这种条件下运用价格调整供给和需求，使各种生产要素与经济资源得到充分的利用与有效的配置，从而在生产、交换与总体市场上都实现了均衡。

一国税制如果使经济资源得到有效配置并可弥补市场缺陷，此时税制为最优。我国专家学者从 20 世纪 20 年代开始探讨税制优化问题，初期只考虑效率问题并集中在商品税制和关税制度的研究，目前对税制优化的研究主要集中在所得税制与流转税制等方面。主要包括：一是所得税制与流转税制在税制体系中是所得税制为主，还是流转税制为主；二是对不同货物或所得征税的税率结构与税率形式，是对甲产品或所得征税多，还是对乙产品或所得征税多；三是税收征管制度是否具有效率等。

14.1.2.2 西方税制优化理论

自 20 世纪 20 年代以来，西方国家对税制优化理论的研究先后形成了三大流派，主要包括：

（1）拉姆齐等人的税制优化理论。自 20 世纪 20 年代开始，拉姆齐、维克里、米尔利斯和阿特金森等提出了关于最优税制理论的诸多观点。1927 年拉姆齐提出和建立了最优税制理论的简单框架，第一次用一般均衡的分析方法来研究最优税制问题；1945 年维克里认为，向高收入者征收高额累进税就是向人们的额外努力征收高边际税收，削弱人们努力工作的激励机制；1971年米尔利斯发表了"最优所得税探讨"一文，通过最优所得税阐述最优税制理论，即对有能力的人多征税，但对最高能力的人的边际收入不征税。

拉姆齐等人的最优税制理论，包括最优商品税、生产效率的税收条件和最优累进所得税三大理论体系。该理论采用数学方法，以一系列假设为前提：一是完全竞争市场假设，即假设市场机制能够有效地配置经济资源；二是行政管理能力假设，即任何税收工具的使用都不受政府行政管理能力的限制；三是标准福利函数假设，即利用标准福利函数对各种可供选择的税收工具进行择优，并从中得到最优的税收工具。在上述假设前提下，政府付出代价取得收入，其代价集中表现为税收干扰资源配置的经济效率损失，即税收的超额负担。因此，政府应致力于寻找一种最优的税收工具，并在征税到既定数量的前提下产生最低限度的负担。

（2）供给学派的税制优化理论。供给学派认为，拓宽税基和降低税率是提高税收公平与效率的最好办法。高额累进税制将会导致财政收入来自那些可能用于投资的资金，造成经济萎缩，因此不应采用高边际税率，而应降低税率并永久性减税。其目的就是要减少对工作、储蓄和投资的税收歧视，即增加对工作、储蓄和投资的报酬。

供给学派认为，20 世纪 70 年代美国的累进所得税率和资本收益税率等已进入"税率禁区"，从而造成储蓄和投资减少、工作热情削弱和诸多服务的高成本等后果，加剧了广泛的地下经济活动。因此，美国政府采取了大幅度削减边际税率的措施来优化税制，从而促进经济的发展。实践证明，20 世纪 80 年代以来，以美国为代表的世界性减税浪潮，对世界各国经济的发展起到了积极有效的作用。

（3）公共选择学派的税制优化理论。公共选择学派是以经济学方法研究非市场决策问题的一个重要学派，其创始人为美国经济学家詹姆斯·M·布坎南（James Mc Gill Buchanan，1919 ~ 2013），代表作包括《财政理论与政治经济学》（1960）、《同意的计算》（1962）、《自由的限度》（1975）、《民主过程中的公共财政》（1976）、《立契约中的自由》（1978）和《征税的权利》（1980），1986 年获得诺贝尔经济学奖。公共选择学派将市场经济分析方法运用于财政领域，试图在政府征税决策同社会和个人的选择之间建立起内在联系。他们认为，最优的税收工具就是参与公共选择的人们，至少能够在理论上获得一致同意的税收工具。

该学派认为，税制优化是指实施税制产生的收入所提供的公共产品，以该税制所分摊给每个纳税人的税收份额，能获得纳税人广泛的一致赞同。要确立一种能够获得广泛赞同的优化税制关键，主要是解决好个人真实偏好强度的显示问题，应建立起一套适当的机制，以促使个人在公共场合能真实地显示其偏好。该机制功能使个人感到，只有真实地显示自己的偏好，才能使其处于最佳境地。研究结果表明，某种特定的税制结构可能具有的功能：在这种特定的税制结构中，个人不论是有意夸张或隐瞒真实的偏好强度都对其不利，而这种特定的税制结构只能存在于优化税制中。

公共选择学派还认为，优化的税制不仅应促使个人真实地显示其对公共支出的偏好水平，还应将政府实际公共支出水平限定在公众意愿上。公众应选择对政府的公共支出水平限定在公众所意愿的水平上的税制，公众对税制的选择可用公式表示：

$$G/T(t,y) = K$$

式中，G 为公共支出的最优水平；T 为既定税制产生的最大税收，是税率 t 和税基 y 的函数；K 为所需的公共支出占税收收入的比重，是一个外生变量。公式表示为公众通过选择税率结构和税基两个要素构成的税制，使该税制所产生的最大收入量限定在公众意愿的水平。

14.1.3 税收制度模式研究

14.1.3.1 税制模式的概念

税制模式即税收制度的模式，是指税制结构中以某类税或某种税为主体构成的有机体系和式样。在多种税的相互补充、协调的税制体系中，在国家财政收入中的比重，以及对经济运行过程的调节作用深度和广度来说，总有某一类税或某一种税居主导地位。而这种居主导地位的某类税或税种，则属于税收制度体系中的主体税，从而构成税制模式。

14.1.3.2 税制模式的类型

综观世界各国的税制模式，大体上有以下四种类型：

（1）流转税类为主体的税制模式。如匈牙利、阿根廷和多数发展中国家的税制模式。流转税一般具有普遍征收、收入刚性等特点。在课税对象，包括对收入全额征税和对增值额征税，前者为周转税（产品税、销售税或消费税），征收简便易行，但重复课税，不利于专业化协作；后者为增值税，可避免重复征税，但对征管有较高要求。

（2）所得税类为主体的税制模式。如英国和加拿大等发达国家的税制模式。所得税随经济效益的高低或所得的增减而增减，收入弹性较大；一般不能转嫁，税收增减变动对物价影响较小，但对消费、投资和储蓄等作用较为鲜明；特别是对个人所得征税更能体现纳税能力的原则，可培养纳税人良好的纳税习惯，有利于增强人们的税收法制意识。

（3）流转税和所得税双主体模式。如巴西和中国等的税制模式。双主体税制结构模式是流转税和所得税在整个税制体系中占有相近比重，在财政收入和调节经济方面共同起着主导作用。流转税和所得税并重、优势互补，更能充分发挥税收的职能作用。目前，世界各国有着向以流转税和所得税并重为主体税制模式发展的趋势。

（4）个人所得税为主体税制模式。如美国和瑞典等的税制模式。以个人所得税为主体税制一般是在经济较为发达的国家个人收入水平较高、收入差异较大，需运用个人所得税来稳定税收收入，促进个人收入的公平分配。美国联邦个人所得税的比重约为40%；瑞典税收主要来源于个人所得税和社会保障税，其比重分别约为30%和25%。

14.1.3.3 我国的税制模式

中华人民共和国成立以来，为适应不同时期社会政治经济条件的发展变化，我国税制经历了多次重大改革，但在税制结构中流转税始终是处于主导地位的优势或特点。其税制模式的发展大体经历了三个阶段：

（1）流转税多次征的税制模式。中华人民共和国成立初期到党的十一届三中全会以前阶段，我国税制实行以流转税为主体的"多种税、多次征"的税制模式，流转税收入占整个税收收入的80%以上。在国营（国有）企业占绝对比重、利润上缴形式为主的计划经济背景下，该种税制模式基本上可满足政府的财政需要，但弱化了税收发挥调节经济的作用。

（2）流转税为主体的税制模式。党的十一届三中全会后至1994年税制改革前，我国经济体制改革使国有经济"一枝独秀"的局面逐步有所调整或改变，1983 年首次对国营企业开征所得税。1993 年我国流转税和所得税占税收总额的比重分别为 55.2% 和 15.9%，基本形成了一套以流转税为主体、所得税次之和其他税种相互配合的复合税制体系。

（3）弱化流转税的税制模式。1994 年税制改革建立以增值税为主，营业税、消费税和企业所得税等配合的税制体系以来，流转税比重逐步降低、所得税比重稳步上升。如 1995 年、2003 年和 2016 年流转税占税收总额比重分别为 66.4%、56.3% 和 49.9%，所得税比重分别为 16.7%、21.7% 和 29.9%[①]，这与我国经济发展及经营管理水平是基本适应的。

14.1.4 税收制度基本设计

14.1.4.1 税制设计的原则

研究税制设计就是研究一国税制按什么样的目的、目标和形式进行组合可使税制达到科学、合理与最优。一般而言，税种的多少、税率的高低、覆盖的范围、调控的力度及其合理性和可行性，可体现出一国税制的科学性及其优化程度，通常表现为税种结构、税负结构和征管构成的优化。

（1）优化税种结构的原则。优化税种结构是一国税制中应包括的税种及其关系，以及这些税种各要素构成而形成的税收广度（征税范围）、税收覆盖（纳税人）、税收深度（税率）等的科学性和适宜性。主要层次包括：一是现行税制由多少个税种构成，哪些税种为主体税制模式，是否符合本国税收征管水平；二是各税种构成要素的确定是否优化，即该税种调控的深度和广度是否适宜、确当。

衡量一国税种结构的合理性、公平性和有效性时，主要是看税种分布、调控力度的均衡性。分析一个税种结构的合理性，主要是看构成该税种的各个要素，如课税对象的设计、适用税率的高低、纳税人的选择、计税依据的确定、优惠政策的内容和征收管理的规范等方面，从而保证税收调控力度的均衡性和结构的科学性。

（2）优化税负结构的原则。优化税负结构主要是不同的税种及其总和的深度，即税负总水平的科学性和合理性。但衡量税负水平不能以税种的多少

---

① 按照 2017 年 1 月财政部公布的数据计算：税收收入 130 354 亿元，流转税 64 995 亿元（包括国内增值税 40 712 亿元、营业税 11502 亿元和国内消费税 10 217 亿元），所得税 38 939 亿元（包括企业所得税 28 850 亿元和个人所得税 10 089 亿元）。

和某税种的税负水平来分析税负的轻重，也不能以某类税种的负担轻重来代表税负总水平的高低。因为某类或某税种的负担，只对讨论税收调控力度的分配和均衡程度即税收覆盖范围的公平性才有意义，因而只有税负总水平才能衡量一国税负的轻重和税收对经济调控作用的大小。

衡量一国总体税负的国际指标通常是税收总额（T）占 GNP 或 GDP 的比重，即前述的国民生产总值负税率（T/GNP）或国内生产总值负税率（T/GDP），其中后者比前者应用更为广泛。由于一个国家的收入名称不一定是以税的名称体现，以国家权力为前提所收取的规费和基金等收入总额占 GDP 的比重也是宏观税负水平，且主要受社会发展、经济结构、人均收入、国际税负和政府职能等因素的影响。

（3）优化征管构成的原则。征管构成是为有效组织与实施税收政策法令而必须具备的征管工作的法律依据、征管模式、征管机构和征管技能的税务队伍。优化征管构成是税种结构和税负结构得以优化、有效运行的保证，它在一定程度上制约着税种结构和税负结构的实现程度，以及税种结构的方向选择和税收预期的实现。

税收征管质量是通过合理的征管法规、完善的征管制度和过硬的征管技能予以体现与保证。主要取决于：一是税收征管法制建设程度，即征管法制的建立和完善对经济发展和客观工作实践的适应性；二是税务人员依法行政的"刚性"，以及税收征管水平的高低；三是纳税人纳税意识和法制观念的强弱，防范偷逃税等违法损失的程度。因此，优化征管构成就是要研究和采取有效措施，不断提高税收征管工作的质量和水平。

我国税制模式的确定，其基本要求包括：符合社会主义市场经济体制的总体要求；有利于发挥财政、经济、社会效益；合理配置税种，相互协调与制约；适合中国国情，建立一套具有中国特色的税制模式。

14.1.4.2 税制结构的选择

无论是从理论上还是在实践中，复合税制都是税制结构唯一的选择。因为单一税制是弊大于利，且其弊端在很大程度上能被复合税制所克服，因而各国税制古往今来都是复合税制，我们所言的税收制度也是指复合税制。

当然，复合税制下的各税种都是在一定政治和社会经济条件下产生、发展和完善起来的。不论是社会政治因素、经济状况，还是财政经济理论的影响，归根结底是由经济发展水平决定的。在不同的生产力水平和经济发展阶段，复合税制的主体税种是不同的。

14.1.4.3　税制模式的选择

有关我国税制模式的选择问题，学术界有着不同的认识。包括对单主体税制模式和双主体税制模式的分歧，其中前者还存在着不同税种的观点。主要包括以下五个方面：

（1）流转税的主体税制模式。随着我国社会主义市场经济的建立与发展，国家实施间接计划管理的经济政策主要是依靠经济杠杆来发挥作用，而税收是一个重要的经济杠杆，尤其流转税税源广泛、收入具有"刚性"，能够保证国家财政收入的稳定增长，这是其他税类所不具有的。以流转税为主体的税制模式是世界上部分发达国家和大多数发展中国的主要做法，也与我国客观实践的税制模式相吻合。

（2）所得税的主体税制模式。从理论上与实践上，所得税具有经济"内在稳定器"的效应，且收入富有"弹性"，这是流转税所不具备的。特别是随着我国经济的快速发展和经济效益的提高，人均国民收入和个人收入的逐步增加，以及涉外企业和个人的增多，使所得税收入占税收总额的比重稳步增长，如从1995年的16.7%增长为2016年的29.9%，平均每年上升1.2个百分点，为确立所得税主体税制模式奠定了可靠的基础。

（3）双主体并重的税制模式。从理论与实践上看，流转税和所得税在税收筹集资金和调控经济方面有着不同之处：流转税税源广泛，收入具有"刚性"；所得税具有经济"内在稳定器"的作用，且收入富有"弹性"。流转税和所得税优势互为弥补，可充分、更好地发挥税收的职能作用。流转税与所得税并重为主体的税制模式符合中国国情，这已为我国的理论研究和客观实践所证实，且可为我国税制改革与完善税制体系提供依据。

（4）增值税的主体税制模式。增值税是对增值额进行的课征，有效地解决了重复课税的问题，是"中性税收"和最具有发展前途的税种。从税收实践上看，我国1994年税制改革在税种的设计上，突出了增值税的地位和作用。1995年增值税收入为2 602亿元，占全国税收总额（6 038亿元）的43.1%，足见该税在我国税制中的重要性。此外，随着我国增值税的扩围改革及营业税全部改征增值税的实现，其增值税为主体税制模式是显见的。

（5）资源税的主体税制模式。市场经济条件下的竞争是公平竞争，且应是在同一起跑线上的竞争。资源税主要是对自然资源因地理环境条件、蕴藏

量、品位质量，以及开发技术设备和交通运输等优劣差异在客观上形成的
"级差收入"进行征税，最能体现税收的公平性，也是最具有发展潜力的税
种。我国资源丰富，但目前征税范围有限、税负较轻，因而可确立广义上的
资源税，适宜提高税率，进一步提升资源税的财政与调控功效。

14.1.4.4 税制要素的设计

复合税制是由多种税所组成的，而每一种税是对不同的课税对象或不同
的纳税人的课征，为保持复合税制应有的优势，就要慎重选择税种、税源和
税率等税制要素。

（1）税种的设计。一个国家设计多少税为宜，应根据国情而定。纵观世
界各国税种设计主要有两种类型：一是中央政府统一设计全国税种，为大多
数国家所采用；二是按国家与地方分别设计，如美国按联邦、州、地方三级
政府设计税种。据不完全统计，美国全国性的税种约有 80 多种、日本 50 多
种、匈牙利有 60 多种等，我国现行有 19 种。

我们认为，税种设计要着重考虑：一是各国总体数量与结构必须与国情
相适宜，既要兼顾国家财政的需要与纳税人的可能，又要有利于促进社会经
济的发展；二是各税种的构建要符合税收原则的要求，即财政、经济、公平
和管理原则（见本书 10.3.3 小节）；三是考虑每种税之间的关系，有主有
次、相互补充，并使其各有自己的税源保证。

（2）税源的选择。税源的选择不能侵及税本，应保护产业和生产力的发
展，否则就会伤害国民经济，以致税源枯竭；不能课征发展初期的产业和创
造发明的专利权，因为创造发明和技术改良是振兴产业、繁荣经济的重要条
件；保护民族工业与贸易的发展，对进口货物区别对待课以重税，对出口货
物予以免税或退税，以增强本国经济实力。

税源通常可分为收入、所得、收益和财产四种。一般认为，适宜作为税
源的是所得和收益，尤其所得则是最为适宜、合理的税源。因为以所得作为
税源，在既不侵蚀资本又不过大影响国民消费的情况下，就会有源源不断的
所得；且对所得征税富有弹性，更能体现纳税能力的原则，具有税收"自动
稳定器"的效应。

（3）税基的选择。税基是课税基础的简称，是税收课征的客观依据，包
括税基的质和量两个方面：前者即课税的具体对象，不同税种有着不同的税
基；后者即课税对象中作为计税的基数，可宽可窄、可多可少。选择税基的

原则主要包括：一是体现国家财政需要和经济调控目标；二是与税源分布相适应，选择税源较广泛、充裕的课税对象为主。

税基的选择视不同税种而定。一般来说，流转税实行从价计征或从量计征，如我国增值税实行从价计征，消费税实行从价、从量或复合计征；所得税按所得从价计征；财产税实行从价或从量计征等。此外，从价计征还有价内税或价外税的选择问题，如世界各国对增值税均采用价外计税方式，税金和价格分离、清晰；而其他税种多为价内税。

（4）税率的设计。税率高低直接体现税负的轻重，是税制要素设计的关键和核心，也是较为复杂的技术工作。税率不当或不合理，则会影响纳税人的投资、储蓄和消费，影响社会经济的稳定与发展。因此，设计税率时应着重注意：一是课税货物的供给与需求弹性；二是纳税人的负担能力；三是提高经济资源的配置效率等。

从理论与实践上看，税率可视不同税种而定。一般而言，比例税率适用于对货物和劳务的课税等，按流转额计税简单、便于税收征管；累进税率适用于对所得、遗产赠与的课税等，收入弹性大、体现税负纵向公平；定额税率适用于计量单位明确、规格统一、价格稳定的实物为征税对象的税种，如对资源、土地、车船的课税等，计税简便易行。

（5）纳税人的设计。国家无论课征何税，都必须明确规定其纳税人。纳税人是指税法上规定的直接负有纳税义务的单位和个人。作为纳税人的单位是指机关、团体、事业单位、企业等非自然人的实体组织或其下属部门，且必须是法人；而个人必须是自然人，自然人是指能以自己的名义独立享有财产权利、承担义务并能依法起诉与应诉的个人。

不同的税种要规定不同的纳税人，它与课税对象等要素密切相关。如《个人所得税法》以工资薪金所得为征税对象，其纳税人就是有工资薪金所得的个人。根据税收公平和纳税能力原则，纳税人的设计应具有普遍性，不应区分企业经济类型及国内外的单位和个人；同时还应考虑纳税人与负税人的一致性及特殊情形下的非一致性。

（6）税收优惠的设计。税收优惠主要包括减免税、优惠税率、再投资退税等直接优惠和加速折旧、扣除、抵免、亏损弥补等间接优惠。其对象主要包括农林牧渔水等行业，能源和交通等基础产业，科教文卫体和社会福利等事业，第三产业、环境保护、货物出口和吸引外资与技术，以及高新技术开发区、民族地区、贫困地区、保税区和经济特区等。

　　税收优惠的设计与纳税人、税基的设计，应综合考虑、相互配合。在税制设计普遍的纳税人与广泛的税基中，总有一些或个别的有某种特殊情形或纳税困难，因而可酌情给予其税收优惠政策。总体的税收优惠原则包括：一是宽税基、少优惠；二是以行业、项目优惠为主，地区或特殊区域为辅；三是优惠方式的多样性和时间的有限性。

　　此外，除上述六种税制要素设计以外，还应包括税目、征税范围、计税价格、计税单位、计税标准、计税依据、纳税环节、纳税期限、纳税方法和纳税地点等要素设计。由于这类税制要素可能因税种差异而有所不同或有或无，故此这里不再作进一步的探讨。

14.2　税制改革主要取向

14.2.1　现行税收制度体系

14.2.1.1　税收实体法体系的构成

　　经过 1994 年税制的全面改革及近年来的调整、改革与完善，我国现行的税收实体法体系，按其征税对象的性质大体可分为 5 类 18 个税种：

　　（1）流转税制类。包括增值税、消费税、烟叶税、关税和船舶吨税五个税种。主要是在生产、流通、服务业和进出口贸易等方面发挥税收调节作用。

　　（2）所得税制类。包括企业所得税和个人所得税两个税种。主要是在国民收入形成以后，对生产经营者的利润和个人的纯收入发挥税收调节作用。

　　（3）资源税制类。包括资源税、土地增值税、城镇土地使用税和耕地占用税四个税种。主要是对因开发和利用自然资源差异而形成的级差收入发挥税收调节作用。

　　（4）财产税制类。包括房产税、车船税和契税三个税种。主要是对某些特定财产发挥税收调节作用。

　　（5）行为目的税制类。包括印花税、车辆购置税、环境保护税和城市维护建设税税种，以及具有税收性质的教育费附加和社会保险费等。主要是为达到特定的目的，对特定对象和特定行为发挥税收调节作用。

　　在上述税种中，关税由海关负责征收管理，并按《中华人民共和国海关法》和《中华人民共和国进出口关税条例》等有关规定执行；除关税外，其余各税（费）由税务机关负责征收管理，并按《中华人民共和国税收征收管理法》等有关规定执行。

14. 2. 1. 2 税收程序法体系的构成

（1）核心的税收程序法。如 2001 年 4 月第九届全国人大常委会第 21 次会议通过修订的《中华人民共和国税收征收管理法》，以及 2002 年 10 月国务院发布的《中华人民共和国税收征收管理法实施细则》和 2003 年 4 月国家税务总局制定的《关于贯彻〈中华人民共和国税收征收管理法〉及其实施细则若干具体问题的通知》等。

（2）辅助的税收程序法。主要包括：国务院制定的税收程序法，如 2010 年 12 月国务院修订的《中华人民共和国发票管理办法》；财政部、国家税务总局制定的税收程序法，如国家税务总局 1994 年 10 月制定的《税务代理试行办法》、2005 年 3 月制定的《纳税评估管理办法》、2006 年 10 月修订的《增值税专用发票使用规定》、2014 年 12 月修订的《中华人民共和国发票管理办法实施细则》和 2015 年 12 月修订的《税务行政复议规则》等。

（3）参照的税收程序法。相关法律制度规定和税务执法工作中，应参照执行的税收程序法，主要包括：《中华人民共和国国家赔偿法》（2012 年 10 月第十一届全国人民代表大会常务委员会第 29 次会议修正）、《中华人民共和国行政诉讼法》（2014 年 11 月第十二届全国人民代表大会常务委员会第 11 次会议修正）和《中华人民共和国行政处罚法》（2017 年 9 月第十二届全国人民代表大会常务委员会第 29 次会议修正）等。

14. 2. 2 税收制度改革要求

14. 2. 2. 1 税收制度改革的基本状况

（1）税制改革的条件。其改革的条件主要包括：一是政治条件，即政治的稳定性，改革者的态度与魄力；二是经济条件，即经济的稳定性，宏观经济稳定与经济可持续发展，企业经济效益和个人收入水平的提高；三是其他条件，即税制的可行性和相关政策措施的配合等。

（2）税制改革的背景。多数人认为，我国 1994 年税制改革的基础上进行调整、完善与改革，即税制整体格局合理，对个别问题予以修改，如流转税的征税范围及税负、企业所得税的优惠、地方税体系构建、新税种的设置和费改税的相关问题等。

税制改革的理论与实践问题需要进一步研究与探索。主要包括：税制改革的税基——所得为主或消费为主；税负——低税率宽税基为主或高税率多优惠为主；税率——统一税率或差别税率；原则——公平、效率为主或公平与效率结合问题等。

14.2.2.2 税制度改革的目标要求

（1）税制度改革的基本要求。结合我国"十三五"等规划和经济社会发展实际，以及国际形势变化，正确处理好四个方面的关系：一是税制改革需要与经济体制改革形成紧密互动关系；二是税制改革需要与加快转变经济发展方式紧密结合；三是税制改革需要与优化分配格局、调整分配关系内洽配套；四是税制改革需要对"创新型国家之路、发挥科技第一生产力作用"加以支持与呼应。[①]

党的十八届三中全会报告明确提出"财政是国家治理的基础和重要支柱，科学的财税体制是优化资源配置、维护市场统一、促进社会公平、实现国家长治久安的制度保障。必须改革税制、稳定税负……"。因此，作为新一轮改革重要组成部分的税制改革，必须按照党的十八大和十九大政策予以实施，特别是党的十九大报告提出的"深化税收制度改革，健全地方税体系"等基本要求。

（2）税制度改革的基本目标。2014年7月财政部部长楼继伟提出：中国将在2016年基本完成深化财税体制改革的重点工作和任务，2020年各项改革基本到位，现代财政制度基本建立。税制改革的基本目标是建立"有利于科学发展、社会公平、市场统一的税收制度体系"，其改革的重点是六大税种，包括增值税、消费税、资源税、环境保护税（目前已开征）、社会保障税、房地产税和个人所得税。其内容主要包括：

第一，增值税的改革。其改革目标是按照税收中性原则，建立规范的消费型增值税制度。营改增范围将逐步扩大到生活服务业、建筑业、房地产业和金融业等各个领域，全面完成营改增改革目标，废止营业税制度，适时完成增值税的立法工作。

第二，消费税的改革。完善消费税制度包括调整征收范围，优化税率结构，改进征收环节，增强消费税的调节功能。

---

① 贾康，程瑜. 我国税改二十年的回顾与展望 [J]. 中国经济社会论坛，2014 (1)：19 – 23.

第三，资源税的改革。加快煤炭资源税改革，推进资源税从价计征，逐步将资源税范围扩展到水流、森林、草原、滩涂等自然生态空间。

第四，开征社会保险税。国地税体制改革后，社会保险费由税务部门统一征收。将社会保险费改为社会保险税，有利于提升其征收的权威性和强制性，以建立税务征收、财政管理、社保支出的"三位一体"的管理体制。

第五，房地产税的改革。加快房地产税立法并适时推进改革，由人大常委会牵头，加强调研，立法先行，扎实推进。

第六，个人所得税的改革。探索逐步建立综合与分类相结合的个人所得税制，加强个人所得税的征收管理等。

14.2.3 税制改革基本构想

14.2.3.1 *税制改革的基本原则*

第一，强化税收调控，稳定宏观税负。税收参与国民收入分配包括初次分配、再分配和第三次分配。西方国家的税收调控主要集中在再分配，通过个人所得税、社会保障税和财产税等税种进行。在我国市场机制不完善、初次分配不够合理的前提下，税收需要在初次分配和再分配环节甚至是第三次分配环节发挥调控作用。但税收调控作用调控能否取得预期目标，这与公平的税收负担、完备的税收体系、科学的税种设置、合理的税制结构、有效的征管水平、优良的税收环境等密切相关。因此，应以强化税收调控为首要原则，以提高税收调控收入分配的效果。

税收直接关系国家集中社会财富的程度，体现国家与纳税人之间的收入分配格局，中央与地方、地方各级政府之间的财政分配格局，以及社会稳定与协调发展问题。自1998年以来我国税收快速增长，"十二五"时期平均GDP税负率为18.43%，已达到发展中国家平均水平的上限，因而宏观税负应稳定在20%左右。税收调控收入分配结构，既要提高居民收入和劳动报酬，关注民生、扩大消费，又要注重减轻中等收入者的税负，保障财产性收入的增加，扩大中产收入阶层，中长期还要形成城乡、区域之间公平、合理的税负水平。

第二，完善税收体系，调整税制结构。税收体系主要是由流转税、所得税和财产税构成，对收入分配的调控有着不同的方式和功效。市场是经济分配的主体，按生产要素贡献进行分配，流转税主要是根据税收中性原则，在获得市场经济效率目标前提下，强调国民收入分配的起点公平，以期获得经济公平；而所得税、财产税分别对收入的流量和财产的存量进行征收，对收入再分配起到调控作用，强调结果公平，以达到社会公平的目标。因此，完善税收体系应按照多税种、多环节、科学、系统的税收调控收入分配的思路进行。

税制结构的合理与优化与否，宏观经济运行和国民收入分配有着一定的影响，其中主体税种对收入分配的影响权重最大。目前，我国主体税种仍为流转税，其流转税与所得税并重的双主体税模式尚未形成，这在一定程度上限制了税收调控国民收入再分配的效力。因此，继续调整税制结构十分必要，目标应是向对个人征收的所得税、房产税为基础过渡，逐步达到流转税和所得税并重的混合税制结构；同时完善流转税的税制结构，加大所得税的改革力度，尽快矫正与现实不符的税制结构体系，修正税收制度漏洞。

第三，提高征管效率，优化征管环境。税收体系科学确立、税制结构恰当选择和税制要素合理设计，这是税收调控国民收入分配的基础性条件。目前，我国税权归属不合理，有碍于地方灵活处理税收问题；而计划式、任务式的征税办法，往往导致各地税收计划分配与税源的脱节，或是"放水养鱼"或是"竭泽而渔"；税收征管信息化水平较低、税收征管重点选择偏差等问题，加剧税收分配的不公平性。因此，必须改进与完善税收征管制度，提高税收征管效率，达到税制的理论税负与实际税负的一致性。

充分发挥税收调控功能离不开优良的税收环境，税制改革需要与税收征管条件、税收环境和配套设施建设的有机结合。我国目前税收法治化、税收立法技术、政府收支行为规范化、个人收入货币化、经济活动现金交易范围和数量，以及信息的通畅程度等方面，都与税收对国民收入分配的调控作用效果密切相关。因此，无论是改革与完善资源税、房产税和社会保障税等税种，还是发挥税收对国民收入的调控作用，都需要贯彻优化税收征管环境原则，注重整体推进与配套改革，以及需要相关涉税部门的配合与支持。

14.2.3.2 继续优化结构性减税

结构性减税是指在"有增有减，结构性调整"下侧重于减税的一种税制改革方案，旨在根据经济发展形势的需要，通过一系列"减法"措施对税制结构做进一步优化，从而使税收更好地发挥其宏观调控作用。其基本内容包括：一是强调减税、降低税负水平，但有别于税负水平维持不变的有增有减的结构性调整，着眼于降低纳税人的实际税收负担；二是强调结构性，即不是全面的减税，而是有选择、带有强烈优化结构意图的减税安排，既有一定环境、条件下的结构性减税，也有一定环境、条件下的结构性增税。[①]

（1）加快增值税改革进程。党的十八届三中全会明确提出了"推进增值税改革，适当简化税率"的目标要求，学界也提出了有关增值税改革的建议。其内容主要包括：

第一，扩大征收范围。增值税扩围改革的目标是将其扩大到营业税的征收范围。我国政府和学术界普遍认为，增值税扩围是结构性减税的重头戏和具有减税效应的改革。2012年1月起上海市对交通运输业和部分现代服务业试点营业税改征增值税，由此拉开了增值税扩围改革的大幕，2016年已扩至营业税全部征税范围的业务，因而应总结经验、消除政策洼地效应，适时完成增值税的立法工作。

第二，调整适用税率。2013年170个开征增值税的国家或地区中，有91个国家和地区（多为发展中国家）增值税的基本税率低于17%，占比53.5%。在中国周边18个国家和地区中，有16个国家和地区增值税的基本税率未超过15%，占比88.9%。我国现行增值税16%的基本税率显然偏高，可逐步降低到一般发展中国家的水平。为改善民生，也可先行降低普通食品、服装和药品等生活必需品的税率。此外，应减少增值税税率的档次。[②]

第三，整顿税收优惠。及时清理增值税过时的和其他不适当的税收优惠政策，如销售自己使用过的物品，部分资源综合利用销售的货物等，因其不符合增值税的原理，也不利于加强税收征收管理。可将增值税起征点改为免征额，并根据经济发展情况和工资、物价等因素适时调整。此外，还应对出口货物退（免）税的标准、退税率、退税额的计算和退税数额的审批与使用等问题，应予以适当调整、科学规范与管理。

（2）完善企业所得税制。综管世界各国税制改革，企业所得税的减税仍为主线。许多国家面临增税弥补财政赤字或减税刺激经济两难抉择，但许多国家咬紧牙关继续实施减税政策，个别国家甚至大幅度减税。根据对220个国家和地区公司所得税税率变化看，其平均综合税率（包括地方所得税税

---

① 贾康，程瑜. 论"十二五"时期的税制改革［J］. 税务研究，2011（1）：3-8.
② 刘佐. 税制改革顶层设计三个主要问题初探［J］. 税务研究，2013（6）：34-41.

率）从 2006 年的 26.9% 降至 2010 年的 24.6%。① 特别是 2017 年美国特朗普税改对所得税的减税力度所带来的影响。

我国现行企业所得税基本税率为 25%，小型微利企业和非居民企业为 20%，国家重点扶持的高新技术企业为 15%，这显然不利于吸引外资与技术，因而可相应降低基本和优惠税率标准。2014 年扩大小微企业所得税优惠后，减半征收企业所得税范围的标准由 6 万元提高到 10 万元，应纳税小微企业享受优惠政策面，将由原来的 26% 提高到 85% 以上。为进一步支持小微企业的发展，还可再扩大优惠标准。

（3）完善个人所得税制。其主要措施包括扩大征税范围、改变征税模式、调整税基和税率、清理税收优惠等内容。②

第一，扩大征税范围。可参照目前多数国家的做法，将居民纳税人认定标准的期限由在中国境内没有住所而在中国境内居住满 1 年改为 183 天，扩大居民纳税人的适用范围，更好地维护中国的税收权益；根据经济发展的情况和税收征管能力，逐步将某些应当征税尚未征税的个人所得，纳入个人所得税的征税范围。

第二，改变征税模式。参照国际惯例，将按照不同所得分项征收改为综合征收与分项征收相结合、以综合征收为主的模式，以平衡税负、保障低收入者的基本生活和加大对高收入者的调节力度。在该体制调整前可先采取一些过渡性的措施，如将按月对工资薪金征税改为按年征收、按月预征、年终汇算，将某些征税项目合并按年征收等。

第三，合理确定税基。合理确定纳税人及赡养人口的生活基本费用，以及保险、住房、大病医疗和教育（培训）等专门费用，儿童、老人、残疾人和艰苦地区、危险职业（岗位）人员的特殊费用等扣除标准，并适时根据工资、物价和汇率等因素调整。在现行征收模式下费用扣除细化困难，可提高基本生活费的扣除标准（如 5 000 元左右）。

第四，适当调整税率。2013 年 179 个开征个人所得税的国家和地区中有 147 个国家和地区的最高税率不超过 40% 的，占 82.1%；中国周边的 26 个国家和地区的最高税率，均不超过 40%。相比之下，我国现行 45% 的最高税率明显偏高，且实行 7 级税率级次偏多，因而对综合所得可考虑采用 1%、

① 国家税务总局税收科研所课题组. 国外税制改革发展方向与经验的研究［J］. 税务研究，2012（6）：13－24.
② 刘佐. 税制改革顶层设计三个主要问题初探［J］. 税务研究，2013（6）：34－41.

5%、10%、20%、30%和40%的6级超额累进税率。

14.2.3.3　合理实施结构性增税

（1）加快消费税改革。消费税的改革措施主要包括调整征税范围、适用税率和开征地方消费税等。

第一，调整征税范围。主要包括两类：一是扩大范围，包括奢侈品和高档消费品（如私人飞机和高档的家具、电器、时装及高端保健品等），节约资源及环保需要的消费品（如燃料、一次性包装物及塑料制品、含氯汞电池等消费品），以及原来征收营业税的某些奢侈性消费、高档消费的行业和项目；二是取消范围，如酒精、汽车轮胎和护肤护发品中雪花膏、头油、发乳等某些消费品应适时取消征收消费税。

第二，调整适用税率。世界各国消费税率有逐步提高的趋势，如2010年匈牙利消费税税率平均提高10%，2011～2013年日本提高飞机燃料税税率，2011～2015年德国分步提高烟草消费税负担等。为加大我国消费税调节力度，可适当提高某些奢侈品、高档消费品和资源、环境保护的消费品（如化妆品、烟、酒、首饰、鞭炮、焰火、成品油等）的适用税率。对汽油和柴油等价格不断上涨的消费品，可以改从价定额征税为从价定率征税。

第三，开征地方消费税。考虑我国各地区之间收入水平和消费水平差异很大，因而可探索地方消费税的改革试点。如可以允许地方政府选择某些应税消费品（如烟、酒等）的零售环节和某些服务行业（如餐饮业、娱乐业等），按照其销售收入或营业额征收一定比例（如5%～10%）的地方消费税；或按照纳税人实际缴纳的消费税和1%～3%税率征收地方消费税。该种地方消费税是一种附加税，可作为地方政府的财政收入。

（2）推进资源税改革。资源税的设计原理是对开采自然资源所形成的级差收入的调节课征，主要包括产出型、利润型和财产型资源税，这对保证增加财政收入、保护自然资源开发与利用等都有着积极的重要作用。[①] 2010年6月我国新疆维吾尔自治区率先进行资源税费改革，为在全国实施资源税改革启动了第一步。其改革方向：应充分发挥资源税与初级产品价格联动的杠杆调节功能，促进企业节能降耗和社会公众低碳生活。

在资源税改革推进上，应采取征收产品和地域范围逐步扩大的路径，前

---

① 张宁. 我国资源税费制度历史沿革和改革构想 [J]. 财会研究，2011（17）：20–22.

者依次为石油和天然气、煤炭、金属矿原矿、非金属矿原矿、水资源；后者的扩大可先在某个产品资源富集和管理有一定基础的省级区域试点，而后扩大至若干资源富集地区，最后推广至全国。此外，现行资源税税率与英国的12.5%、美国的14.6%（平均）和俄罗斯的16.5%水平还有较大的差距，因而可适当提高其税率标准并进行动态优化。

（3）推进房产税改革。房产税作为房地产调控的重要税收手段，对完善税收制度、抑制房价上涨、强化房产管理和保障财政收入等方面都具有积极的现实意义。房产税改革主要有两种设想：一是在现行房产税制框架下，结合重庆市和上海市对个人住房征收房产税试点情况予以完善，如修订其征税范围、计税依据、适用税率和优惠政策等，重新出台房产税暂行条例；二是参照世界各国研究物业税制。这里只分析第一种情况。

房产税的征税范围可逐步扩大到个人住宅和农村地区，按照房产评估值征收，可规定一定的免征额（价值或面积，或价值和面积双重标准）和减免税标准，适当照顾低收入阶层。其适用税率按照不同地区、不同类型的房产分别设计，如中小城市房产及普通住宅的税率可适当从低，大城市房产、高档住宅和生产经营用房地产的税率可适当从高，豪华住宅等还可适当加成征税，使房产税逐步发展为市（县）财政的主要支柱。①

此外，下放房产税管理权限，予以地方较大的自主权，主要包括征税对象、纳税人、计税依据、税率、减免税等要素的适当调整。房地产税改革涉及大量纳税人的切身利益，且房地产登记、房地产价值评估和新房地产税征管制度的构建也需要一个过程。全面征收房产税还有信息、法律、征管等障碍，应当统筹考虑，慎重决策，逐步推进。可选择一部分大城市、中等城市和小城市同时试点，待取得经验以后在全国范围内实施。

14.2.3.4 逐步健全地方税体系

（1）开征社会保障税。社会保障税虽有不同的称谓，但总体上它是世界各国普遍开征的一种税，且收入呈现稳步上升的势头。如1965～2009年OECD国家社会保障税在税收总额中的比重从18%提高到27%，在斯洛伐克、德国、法国、日本等九个成员方中成为政府收入最大的税收来源。此外，社会保障税在OECD各成员方税制结构中的比重差距极大，如2009年

---

① 刘佐. 税制改革顶层设计三个主要问题初探 [J]. 税务研究，2013（6）：34-41.

斯洛伐克和捷克为44%，丹麦仅为2%，而澳大利亚和新西兰则没有社会保障税。

我国对是否征收社会保障税，已成为政府、专家学者和公众讨论的热门话题。但在学界分歧很大，如以贾康、张胜民、胡鞍钢为代表的专家支持社会保障费改税，认为社会保障费改税是我国经济社会转轨过程中必然的、合理的选择，主张尽快开征社会保障税；而厉以宁、郑功成、郑秉文等专家学者则反对费改税。2010年4月财政部部长谢旭人在《求是》中提出研究开征社会保障税的问题。我们赞成费改税的观点。

我国自1986年开始推行国营（国有）企业职工退休费用社会统筹，逐步形成包括社会保险、社会救济、社会福利、优抚安置和其他保障的社会保障制度体系，以社会保险（养老保险、医疗保险、失业保险、生育保险和工伤保险）为核心，2010年后逐步改由税务部门进行征收管理。费改税是解决现实矛盾、建立社会保障新机制的必然要求，能有效提高社会保障的社会化程度，实现公平性目标，降低筹资成本，减轻企业和政府负担。

构建社会保障税的基本思路：以现行社会保险缴费制度为基础，其基本要素包括：一是纳税人：城镇各类企业、机关、事业单位及其干部职工，以及自由职业者等；二是征税对象：企业、单位按职工工资总额，职工按工资薪金收入，个体和私营企业主按缴纳个人所得税的所得额；三是税目税率：设立基本养老、医疗、失业、生育和工伤保险五个税目，分项制定比例税率，合理划分个人账户的比例，综合税率限定在工资总额的30%以内。

（2）开征遗产赠与税。遗产赠与税的最基本功能是调节居民收入和财产状况，实现社会公平的目标，具有调节社会分配、增加财政收入、限制私人资本、抑制社会浪费、平衡纳税人心理的效应。最早起源于古罗马，近代遗产税始于1598年的荷兰，1694年、1703年和1916年英国、法国、美国分别开征遗产税，目前世界上有100多个国家开征了遗产赠与税，其税制模式包括总遗产税制、分遗产税制和总分遗产税制三种。

我国应及早开征遗产赠与税，已被诸多学者作了较为系统的研究，即在确定一个科学、合理免征额的基础上，实行超额累进、多档税率征收。其核心问题是免征额的问题，结合美国500万美元、英国40万英镑和德国40万欧元的做法，以及我国居民实际收入状况，我国可考虑300万~500万元人民币的免征额。目前应加快研究立法与实施进程，以利于调节居民收入及财产水平，开辟新财源增加财政收入。

（3）合并与调整税种。尽快将我国现行税制中性质相近、征收交叉的税种进行合并与调整，简化税制，以适应结构性税制改革的相关要求。主要包括：一是将营业税改征增值税，彻底解决营业税重复征税等问题；二是恢复征收固定资产投资方向调节税；三是其他税种的合并与调整，包括：将城镇土地使用税、耕地占用税合并为土地使用税，烟叶税并入增值税、船舶吨税并入关税，车辆购置税并入消费税，契税并入房产税。

按上述设想全国统一开征的税种 16 个：一是流转税类，包括增值税、消费税（含地方消费税）和关税 3 种；二是所得税类，包括企业所得税、个人所得税、社会保障税 3 种；三是资源税类，包括资源税、土地增值税、土地使用税 3 种；四是财产税类，包括房产税、车船税和遗产赠与税 3 种；五是行为目的税类，包括印花税、环境保护税、城市维护建设税和固定资产投资方向调节税 4 种，以及具有税收性质的教育费附加和社会保险费等。

（4）改进财税管理体制。目前，我国地方税体系建设滞后，地方政府财政大多是税源分散、征管难度大、征收成本高和收入不稳定的小税种，加之税权过于集于中央，不利于地方有效组织财政收入和调控区域经济发展。因此，建议将地方税的立法权划分为两个层次，即全国统一征收的地方税种由中央立法，经中央政府批准允许省级政府通过立法程序对具有区域性特征的税源开征新税种的权力，如农林特产税、地方消费税等。

此外，按照上述构建的两个新税种，建议其税收征管权限及收入归属等问题作如下处理为：一是社会保障税、遗产赠与税，其收入划归地方；二是社会保障税作为共享税在中央与地方按 60%：40% 分成，遗产赠与税和环境保护税作为地方固定收入；三是下放部分税收管理权限，赋予省、自治区和直辖市在保证统一国家税收政策政令进行区域税收调整权（如房产税等地方税的税目税率调整等）。

14.3 税制改革专题分析

税制改革专题分析主要是以物业税相关问题（我国开征物业税的要素构成与可行性分析）进行分析，其内容是作者曾发表的论文，只是个别的数据及观点等作了适当的修改与增删；基本格式仍沿用了原论文的式样，但表、图中的序号等按照本书序号进行了重新排列。

14.3.1　开征物业税的背景及其现实意义

14.3.1.1　开征物业税的历史背景

2003 年 10 月党的第十六届三中全会提出开征物业税的设想，即"实施城镇建设税费改革，条件具备时对不动产开征统一规范的物业税，相应取消有关收费。"而最早提出开征物业税试点的是广州市，随之深圳市、上海市和温州市等地也先后提出开征物业税改革的试点工作。财政部于 2003 年批准北京市、深圳市、重庆市和南京市等城市开始物业税"空转"实验，2007 年又批准河南、安徽省、福建省和大连市等地区部分区域作为房地产模拟评税扩大试点范围，到 2007 年 10 月物业税已在北京市、辽宁省、江苏省、深圳市、宁夏回族自治区、重庆市、河南省、安徽省、福建省和大连市 10 个省（市、区）进行了房地产模拟评税试点（可称其为物业税的"空转"）。

虽然上述试点只是"空转"，但受全国房价飙升的影响，2009 年中央在《深化经济体制改革工作意见》中提出：要深化房地产税制改革，研究开征物业税，作为地产调控的手段；2010 年"是否出台物业税"再度成为"两会"代表委员们争论的焦点，且有关房地产的提案占所有提案的"半壁江山"。2010 年 1 月国家税务总局提出，物业税"空转"将推广至全国，同年 4 月上海市也将开征住房保有税。另据《经济参考报》报道，房产征税的试点地区包括北京、上海、深圳和重庆 4 个城市。房产税如果能"实转"成功，那么物业税的"实转"也就为期不远了。

14.3.1.2　开征物业税的现实意义

（1）避免房地产业重复征税。从广义上讲，现在所购一套住房，其房价就包含了房地产开发企业直接缴纳的营业税、城市维护建设税和教育费附加，以及间接缴纳的印花税、房产税、城镇土地使用税、耕地占用税、车船税和企业所得税等。我国土地制度实行的是"批租制"，根据土地用途不同租期 40～70 年不等，用地者须一次性支付用地费用，即房产所有者支付的房价。而物业税的基本原理是将土地出让金改为在房地产保有阶段分期进行征收，从而避免重复征税，同时将各税种统一后一并征收，也有利于完善税收制度。

（2）有效抑制房价恶性上涨。我国不动产税制重交易、轻保有，在房地产保有阶段仅有房产税，其房产增值由所有者享有，以至于炒房泛滥、房价狂飙，严重超出了绝大多数百姓的承受能力。开征物业税，一方面土地出让金由一次支付变为多年分摊，房价也将有较大幅度的下降，房地产投资利润缩减，炒房者养房压力加大、风险增加；另一方面，房价下降能增强人们的购房能力，同时对豪宅课以重税并对普通住宅者给予优惠，可起到缩小贫富差距、维护社会稳定的积极作用。

（3）加强房地产业管理力度。现行房地产行业的进入门槛高，房地产行业的内部竞争力不足，形成房地产资源配置效率较低，但房地产行业利润率却较高的不正常现象。如果开征物业税，就可改变土地出让金缴纳制度，使开发商的开发成本大大降低，从而降低了开发商的准入门槛，使得原先资金不够雄厚的开发商也能有机会进行土地开发，这样就有利于增强房地产行业的竞争力度，也增大了房产的供给。可见，更多房地产商的竞争能使行业平均利润率下降，以促进房产价格的理性回归。

（4）改变现实土地财政问题。根据瓦格纳法则，要保障政府财政支出增长，必须以政府财政收入增长为基础，与经济增长保持一致。我国政府投资往往高出经济增长，一般在 20%～30% 左右。土地出让金的一次性转让，未来 40～70 年收益可提前一起收取，快速、大量筹集资金能缓解政府支出压力，以致政府卖地行为和政府投资的非正常增长，实际上是侵占下代人的权益，为以后各界政府带来压力。开征物业税改变以往一次性缴纳的土地出让金按年征收，政府为短期政绩的卖地行为得到遏制，避免或减少政府的"寅吃卯粮"。

（5）保障国家组织财政收入。征收物业税对经济运行的影响深远，可促使地方政府更加注重基础设施、环境和投资条件，树立可持续发展的投资理念，使土地资源达到合理配置，以便理顺中央与地方的事权关系。从长期看，物业税可对房地产增值部分进行调控、增加税收，财政收入总体上是递增的。虽然短期内政府财力可能会有些紧张，但可通过加强税收征管等方式予以解决。目前房地产开发过程中的偷逃税问题比较严重，如果能很好地加大税收征管的力度，就可以弥补短期内政府财力的不足。

14.3.2 物业税的要素设计及其对策

14.3.2.1 物业税的要素设计

（1）征税范围。房产税的征税范围是城市、县城、建制镇和工矿区。物业税的征税范围可比照房产税的征税范围办理。

（2）征税对象。我国现行房产税的征税对象是房产。物业税的征税对象可比照规定为土地使用权、房产、其他不动产及其附属物。

（3）纳税人。房产税的纳税人是房屋产权的所有人。物业税的纳税人可比照规定为在中国境内拥有土地使用权和地上建筑物所有权的单位和个人。

（4）计税依据。房产税的计税依据是房产的折余价值（房产原值扣除10%~30%）和租金收入。物业税的计税依据可规定为房产的评估价值。根据西方国家的实践经验，物业税的计税依据包括土地的级差收益、房产的物理价值和物业的时间价值，是通过评估得到的房地产公允价值。我国房产的评估价值可由政府认可的权威评估部门，运用科学的方法评估后予以确定。

（5）免征额。考虑普通居民的收入水平、住房状况、子女安家和通货膨胀等因素，物业税可规定免征额，可考虑为每人50万元的房产评估价值。免征额可随居民财产、收入增长和通货膨胀情况，定期进行调整。

（6）税率。房产税实行折余价值1.2%（年）和租金收入12%（月）的比例税率。易纲教授报告提出，物业税合理的税率应为市场价格的0.4%，该数据是通过居民收入测算的[1]。而现行"空转"试点城市的税率大多选择为0.8%。我们认为，物业税的税率可根据房产评估价值，设计5级超额累进税率，幅度为0.2%~1.0%，具体见表14-1。

表14-1　　　　　　　　　　　物业税5级超额累进税率

级数	应税房产评估价值	税率（%）	速算扣除数（元）
1	50万元以下	0.2	0
2	超过50万元~100万元的部分	0.4	1 000
3	超过100万元~200万元的部分	0.6	2 000
4	超过200万元~500万元的部分	0.8	4 000
5	超过500万元以上的部分	1.0	10 000

注：应税房产评估价值是指房产评估价值扣除免征额50万元以后的余额。

（7）减免税。物业税的减免税总体上可比照房产税的减免税办理。如国家机关、军队及各种非营利性组织（医疗、慈善和教育等），孤老、残疾等特殊群体，以及教堂、寺庙、公园、纪念馆和其他名胜古迹自用的房产，市

---

① 罗妙成等. 物业税"实转"：试点评价和税制设计［J］. 福建财会管理干部学院学报，2009（4）：1-6.

政街道、广场、绿化地带等公共物业及居民购买的首套住房等，可给予免税优惠。对受重大灾害等不可抗力造成房屋损坏的，可依其损坏程度，在修缮期内按比例减征。

14.3.2.2 解决物业税的对策

我国是否征收物业税数年来议而未出，主要是因其牵扯利益纠葛及技术难题。主张征收者认为，相比其他稳定房价的手段，物业税是最有效的；而反对者认为，在其他税费尚未厘清的情况下，出台物业税有失公允。我们认为，尽管物业税的好处不胜枚举，但仍有些障碍，其问题更不容忽视。

（1）土地获取的问题与对策。我国现行土地出让、买卖制度是招拍挂制度，该制度是指国家在土地资源出让或买卖程序中的"招标""拍卖""挂牌"交易的政策及其规定。如果开征物业税，土地出让金就纳入了物业税的范围，也意味现行的招拍挂制度的取消，那么开发商该如何通过竞争来获取土地呢？

我们认为，征收物业税以后，开发以后的房屋均价可以作为政府衡量土地出让对象的一个重要标准，即政府以房屋最低均价为土地出让开发商。这既能解决土地出让金纳入物业税后的开发商如何竞争土地的问题，又可以防止竞争土地中的"寻租"行为，同时还能降低房价。

（2）房价评估的问题与对策。构成房价的因素很多，其中主要因素是土地价格和房屋的造价。此外，交通便利状况、户型、周边的公共资源等也是重要的因素。随着房屋的使用年限不断增加，房屋的建造价值会逐步降低，所以房产的升值主要是由于地价的升值。但对房产价值评估如何能做到公平公正、成本又低呢？

有关房价评估办法主要有两种观点：一是个别评估，指各地成立专门房地产估价机构进行的评估；二是批量评估，指房地产评估机构对土地分地段考虑升值率，房屋的购置成本和使用年限等基础上进行的综合估价。个别评估工作量较大，评估费用和征管成本较高；批量评估操作简便易行，成本相对较低。我们则倾向于批量评估办法。

（3）小产权房的问题与对策。小产权房是指建造在集体土地上，没有国有土地证，无法办理房产证的商品房。目前，全国各地普遍、大量地存在小产权房，开征物业税需要解决好小产权房的问题。房主没有产权证，物业税就无从征起，如何解决好小产权房的问题呢？

小产权房主要是因为房价偏低受消费者欢迎，能给开发商带来更大的收益。因此，政府可收取小产权房开发商的超额收益，并给予经济处罚，小产权房开发商则无利可图，也就不再开发小产权房。对已开发的小产权房再收取其所有者的土地差价，以变更土地性质，且为其办理房产证，彻底解决小产权房问题。

（4）新老房主的问题与对策。开征物业税是将土地出让金纳入其中，但之前业主是购房时一次性缴纳土地出让金，如果对其征收物业税就会造成重复收取土地出让金。因此，如何对待新老房主、公平征税，使其税负平等呢？

鉴于新老业主所承担的土地出让金的不同方式，可采取"新人新办法和老人老办法"的政策。也就是说，对开征物业税后购房的房主正常征收物业税，对之前的房主征收物业税时可从中扣除土地出让金的部分，避免对老房主的重复征税、税负过重，使之新老房主的税负均衡、公平。

（5）首房免税的问题与对策。首套房免税指对居民购买的第一套住房不征物业税，只对拥有两套或两套以上的住房征收物业税。这一政策在现在阶段是适宜的，但如何界定首套住房，以避免房屋实际购买人变更房主姓名逃税的问题，因而如何体现首房免税政策的意义，怎样才能在对居民实行首房免税的同时，又能防止逃税问题呢？

我们认为，首房免税应采取家庭单位，因为多数房屋购买者变更房主姓名通常是变更其家庭成员，若针对家庭界定首房，这在很大程度上会制约这种偷逃税。有人提出，对家庭界定首房会产生"假离婚"逃避纳税，但可能是少数，并附助年限制约。总体上看，以家庭单位界定首房比以个人为单位计算首房，能更有效避免偷逃税的问题。

（6）税负转嫁的问题与对策。开征物业税将会大幅度地提高多套房主的房产成本，而这些房主就会面临着两种选择：一是为避免物业税所带来的高成本而在开征之前卖掉其多余的房产；二是想办法转嫁物业税负担，其最直接的方式是提高租金。显然，房主选择第二种居多，从而导致房租的提高和租房者的负担，那么如何来应对这一问题呢？

我们认为，转嫁物业税包括两个途径：一是政府尽可能提供更多的廉租房，以缓解租房压力；二是物业税税率可随业主房屋数量的增多而提高，不同房屋数量业主的持有成本有别，由最小持有成本的房主决定市场租金额度，而拥有房屋数量较多的房主就无法或只能较少转嫁物业税负担，使其选择将其部分房屋出售，以增加房屋的供给量。

14.3.3 开征物业税的可行性分析

14.3.3.1 法律依据保障——物权法的颁布与实施

我国的《物权法》于 2007 年 10 月 1 日开始实施，这为征收物业税奠定了法理依据和保障。《物权法》中首次明确规定：对不动产进行统一登记，对由登记机关失误给权利人造成的损失，相关部门要承担赔偿责任。由此可见，不动产权利人对登记资料的查询，要比以前更加直接和便利。

《物权法》规定：住宅建设用地使用权期间届满的，自动续期；非住宅建设用地使用权期间届满后的续期，依照法律规定办理。可见房主可以不为使用期限到期后的归属问题而担心，只要房子没有报废还是属于自己。《物权法》的基本目的在于界定、确认和保护产权；基本原则是财产平等，即任何财产进入民事领域都同等受法律保护。因此，《物权法》对私人财产的保护、清晰物权，使物业税具有法律的依据。[①]

14.3.3.2 对象监管保障——完善的房产登记制度

居民购买房产、办理产权证，需要到房地产管理部门办理。为加强对房地产的监督管理，需要房管部门与税务部门密切联系、加强合作。无论是开征物业税以前还是以后购买的房屋，须到税务部门进行房产登记，为征收物业税提供依据。其基本做法是：对单身业主登记其身份证和房产证号码，已婚者则按夫妇双方身份证进行联名登记。由于买卖房屋时必须办理房产证或过户手续，因而房产登记可由房管和税务部门配合完成。

此外，必须严格房屋销售管理制度，建立类似毕业证、学位证验证系统的房产证查询与验证系统，以确认房屋所有者名下的房屋产权状况，加强对拥有多套住房者的监管；建立房地产产权数据库，将该数据库与税务机关的征管信息系统进行联网，或由房产交易部门定期将更新的数据库报送税务机关；税务机关则应尽快实现全国房地产信息管理的微机联网，以加强对异地拥有多套住房的业主进行监控管理，防止物业税款的流失。

---

① 傅光明. 论中国物业税的理论基础和目标模式 [J]. 财政研究，2008（5）：6–8.

14.3.3.3　物质基础保障——不断增长的财产收入

从 20 世纪 80 年代初期，经济的发展与制度的变迁，使我国居民的经济社会生活逐步得到改善，城市居民财产与人均收入都在增加。更重要的是住房制度市场化改革，使得家庭住房成为重要的家庭财产，房地产已经成为我国普通居民最重要的财产。

房地产价值与个人收入之间呈正向关系，即个人拥有的房产价值随着其收入提高而升值。所以，居民拥有房地产的多少，在一定程度上反映了房地产持有者在相当长的时期内的持续收入能力。由此可见，我国开征物业税的社会物质基础已经具备。

14.3.3.4　税收来源保障——房地产业的繁荣发展

近年来，我国房地产的开发投资额、商品房销售额呈持续上升趋势，且其占 GDP 比重也一直呈上升趋势。2003 年全国房地产投资总额同比增长30%，由于我国 2005 年实施稳健财政政策和 2008 年受世界经济危机影响，房地产投资增长率有所下降，如 2005 年增长 20%，2009 年增长 17.8%，但还是高于 GDP 的增长。

可见，相对其他产业来说，房地产业已是我国现阶段发展较快的一个产业。此外，房地产消费也将是未来主要的消费热点，其社会财富也会在这一领域快速聚集。企业和个人的房地产所拥有的数量、占有面积和市场价格将会大幅度增加，这无疑为物业税提供了丰富稳定的税收来源。

综上所述，我们认为，适宜开征物业税，对抑制房价过快增长、完善房地产税制、加强房地产监管和保证财政收入，以及促进房地产业健康、稳定发展是大有裨益的，是必要的、可行的。

14.4　本章小结

本章主要研究税制结构模式理论、税制改革目标要求和税制改革专题分析的问题。税制结构模式理论包括税收制度的结构理论、优化理论、模式研究和基本设计。税制结构是指一国征收一种税还是多种税的税制体系；西方主要包括拉姆齐等人、供给学派和公共选择学派的税制优化理论；税制模式是指税制结构中以某一种税或某一类税为主体构成的有机体系和式样，我国的税制模式是流转税主导地位的优势或特点；税收制度的基本设计包括税制设计的原则、税制结构和税制模式的选择，以及税制要素的设计。

税制改革主要取向包括现行税收制度体系、税收制度改革要求和基本构想。我国现行税收实体法体系按其征税对象性质可分为 5 类 18 个税种，税收程序法体系的构成包括核心的税收程序法、辅助的税收程序法和参照的税收程序法；结构性减税是指在"有增有减，结构性调整"下侧重于减税的税制改革，包括加快增值税改革进程、完善企业所得税制和个人所得税制，加快消费税、资源税和房产税的改革，开征社会保障税、环境保护税、遗产赠与税，以及合并与调整税种和改进财税管理体制。

税制改革专题分析以物业税为核心，主要研究开征物业税的背景及其现实意义、物业税的要素设计及其对策、开征物业税的可行性分析。物业税的要素设计主要包括征税对象、征税范围、纳税人、计税依据、免征额和减免税等；阐述和分析了土地获取、房价评估、小产权房、新老房主、首房免税和税负转嫁的问题与对策，以及法律保障——物权法的颁布与实施、对象监管保障——完全的房产登记制度、物质基础保障——不断增长的财产收入、税收来源保障——房地产业的繁荣发展等的可行性分析。

参 考 文 献

［1］王曙光著.财政税收理论与政策研究［M］.北京：经济科学出版社，2015.

［2］王曙光主编.财政学（第3版）［M］.北京：科学出版社，2018.

［3］王曙光等主编.税法学（第6版）［M］.大连：东北财经大学出版社，2016.

［4］王曙光等主编.公共政策学［M］.北京：中国财富出版社，2014.

［5］张馨等著.当代财政与财政学主流［M］.大连：东北财经大学出版社，2000.

［6］贾康，刘尚希主编.公共财政与公共危机［M］.北京：中国财政经济出版社，2004.

［7］楼继伟主编.财政改革发展若干重大问题研究［M］.北京：经济科学出版社，2014.

［8］陈共主编.财政学（第9版）［M］.北京：中国人民大学出版社，2017.

［9］张馨主编.财政学（第2版）［M］.北京：科学出版社，2010.

［10］马骁，周克清.财政学（第3版）［M］.北京：高等教育出版社，2017.

［11］邓子基主编.财政学（第3版）［M］.北京：高等教育出版社，2008.

［12］武彦民主编.财政学（第2版）［M］.北京：中国财政经济出版社，2017.

［13］寇铁军，张晓红主编.财政学教程（第4版）［M］.大连：东北财经大学出版社，2015.

［14］蒙丽珍，古炳玮主编.财政学（第4版）［M］.大连：东北财经大学出版社，2016.

［15］孙开主编.地方财政学（第2版）［M］.北京：经济科学出版社，2008.

［16］杨志勇著.比较财政学［M］.上海：复旦大学出版社，2005.

［17］姜维壮主编.比较财政管理学［M］.北京：北京大学出版社，2012.

［18］郭艳辉主编.财政与金融［M］.北京：北京理工大学出版社，2012.

［19］黄达编著.货币银行学（第6版）［M］.北京：中国人民大学出版社，2017.

［20］郭庆旺，赵志耘主编.公共经济学（第2版）［M］.北京：高等教育出版社，2012.

［21］毛程连，庄序莹著.西方财政思想史［M］.上海：复旦大学出版社，2010.

［22］张世超著.地方公共财政管理［M］.北京：中国财政经济出版社，2007.

［23］郭庆旺，赵志耘.财政理论与政策（第2版）［M］.北京：经济科学出版社，2003.

[24] 吴俊培编著. 现代财政理论与实践 [M]. 北京：经济科学出版社, 2005.

[25] 安福仁著. 税收理论与政策研究 [M]. 北京：中国财政经济出版社, 2006.

[26] 于海峰等主编. 财政税收理论与政策研究 [M]. 北京：中国财政经济出版社, 2009.

[27] 李齐云著. 分级财政体制研究 [M]. 北京：经济科学出版社, 2003.

[28] 王诚尧著. 财税理论政策与体制改革 [M]. 北京：中国财政经济出版社, 2013.

[29] 贾康, 王桂娟等著. 财政制度国际比较研究 [M]. 上海：立信会计出版社, 2016.

[30] 付伯颖编著. 外国税制教程 [M]. 北京：北京大学出版社, 2010.

[31] 刘明慧著. 外国财政制度 [M]. 大连：东北财经大学出版社, 2012.

[32] 王德祥著. 现代外国财政制度 [M]. 武汉：武汉大学出版社, 2016.

[33] 王雍君著. 发达国家政府财政管理制度 [M]. 北京：时事出版社, 2001.

[34] 吕昕阳著. 典型发达国家绩效预算改革研究 [M]. 北京：中国社会科学出版社, 2011.

[35] 张志超著. 美国政府绩效预算的理论与实践 [M]. 北京：中国财政经济出版社, 2006.

[36] 於鼎丞编著. 税收概论研究 [M]. 广州：暨南大学出版社, 2003.

[37] 杨志清编著. 国际税收 [M]. 北京：北京大学出版社, 2010.

[38] 王磊著. 税收社会学 [M]. 北京：经济科学出版社, 2011.

[39] 钟昌元主编. 海关税收制度 [M]. 北京：中国海关出版社, 2011.

[40] 李九领主编. 关税理论与政策 [M]. 北京：中国海关出版社, 2010.

[41] 丁芸主编. 税务代理 [M]. 北京：北京大学出版社, 2010.

[42] 盖地主编. 税务筹划学（第2版）[M]. 北京：中国人民大学出版社, 2009.

[43] 倪俊喜著. 税收筹划学 [M]. 天津：天津大学出版社, 2007.

[44] 毛夏鸾, 叶青主编. 税务会计学（第4版）[M]. 北京：首都经贸大学出版社, 2012.

[45] 陈晓春, 王瑞昌主编. 税务统计学 [M]. 北京：中国人民大学出版社, 1991.

[46] 马海涛, 白彦锋主编. 纳税评估 [M]. 北京：经济科学出版社, 2010.

[47] 周敏主编. 税务行政管理学 [M]. 北京：社会科学文献出版社, 2005.

[48] 高培勇, 崔军编著. 公共部门经济学（第3版）[M]. 北京：中国人民大学出版社, 2011.

[49] 项怀诚编著. 中国财政管理 [M]. 北京：中国财经出版社, 2001.

[50]（美）D. N. 海曼, 张进昌. 财政学理论在当代美国和中国的实践应用 [M]. 北京：北京大学出版社, 2014.

[51]（德）阿尔弗雷德·格雷纳著．郭庆旺，杨铁山译．财政政策与经济增长[M]．北京：经济科学出版社，2000．

[52]（美）彼得斯，郭为桂，黄宁莺译．税收政治学——一种比较的视角[M]．南京：江苏人民出版社，2008．

[53]（美）哈维·S·罗森．郭庆旺、赵志耘译：财政学（第8版）[M]．北京：中国人民大学出版社，2009．

[54]（美）大卫·N．海曼．章彤译．公共财政：现代理论在政策中的应用[M]．北京：中国财政经济出版社，2001．

[55]（美）布坎南，马斯格雷夫著．类承曜译．公共财政与公共选择——两种截然不同的国家观[M]．北京：中国财政经济出版社，2000．

[56]（美）理查德·A·马斯格雷夫，佩吉·B·马斯格雷夫著．邓子基等译．财政理论与实践（第5版）[M]．北京：中国财政经济出版社，2003．

[57]（美）R．A．马斯格雷夫．比较财政分析．董勤发译．格致出版社，上海：上海三联书店，上海人民出版社，2017．

[58]（美）R．A．马斯格雷夫，A．T．皮考克．刘守刚，王晓丹，等译．财政理论史上的经典文献[M]．上海：上海财经大学出版社，2015．

[59]（美）荷雷·H·阿尔布里奇著．马海涛等译．财政学——理论与实践[M]．北京：经济科学出版社，2005．

[60]（南非）C．B．维萨，P．W．艾瑞斯莫斯著，马海涛等译．公共财政管理学[M]．北京：经济科学出版社，2006．

[61]（美）H．H．阿尔布里奇，马海涛，等译．财政学——理论与实践[M]．北京：经济科学出版社，2005．

[62]（美）H．S．罗森，L盖亚．财政学（第10版）[M]．郭庆旺译．北京：中国人民大学出版社，2015．

[63]（美）A希克．苟燕楠译．联邦预算——政治、政策、过程（第3版）[M]．北京：中国财政经济出版社，2011．

[64]（美）纳拉亚纳·R·科彻拉科塔．金戈译．新动态财政学[M]．格致出版社，上海：上海三联书店，上海人民出版社，2013．

[65]（美）Y．L．米克塞尔．白彦锋，马蔡琛译．公共财政管理：分析与应用（第6版）[M]．北京：中国人民大学出版社，2005．

[66]（美）D．N．海曼．张进昌译著．财政学理论、政策与实践（第8版）[M]．北京：北京大学出版社，2014．

[67] Yoo I. Public Finance in Korea since the Economic Crisis [J]. Korea & the World Economy, 2008, 9: 141 – 177.

[68] C. Lorenz. The impact of performance budgeting on public spending in Germany's Lan-

der［M］. Gabler Verlag. 2012：55 – 73.

［69］Clynch E. J. , Lauth T. P. Governors, legislatures, and budgets：diversity across the American states［M］. Greenwood Press, 1991.

［70］Erasmus P. W. , Visser C. B. The Management of Public Finance：A Practical Guide［M］. Oxford University Press, 2002.

［71］Kim D. K. , Kang I. J. The Budget System and Structure in Korea［J］. Public Budgeting & Finance, 2010, 3（4）：85 – 96.

［72］Lienert I. Role of the Legislature in Budget Processes［M］. The International Handbook of Public Financial Management. Palgrave Macmillan UK, 2013.

［73］Liying K. General Government Revenue in 2006［M］. Springer Netherlands, 2014.

［74］Moynihan D. P. The Dynamics of Performance Management：Constructing Information and Reform［M］. Georgetown University Press, 2008.

［75］Papadimitriou D. B. The Distributional Effects of Government Spending and Taxation［M］. Palgrave Macmillan, 2006.

［76］Park N. , Choi J. Making Performance Budgeting Reform Work：A Case Study of Korea［J］. Policy Research Working Paper, 2013.

［77］Wehner J. Legislatures and the Budget Process［M］. Palgrave Macmillan, 2010.

图书在版编目（CIP）数据

财政税收理论与政策研究／王曙光著. —修订本. —北京：
经济科学出版社，2018.12

ISBN 978 - 7 - 5218 - 0097 - 5

Ⅰ. ①财… Ⅱ. ①王… Ⅲ. ①财政理论 - 研究 - 中国
②税收理论 - 研究 - 中国③财政政策 - 研究 - 中国④税收
政策 - 研究 - 中国 Ⅳ. ①F812

中国版本图书馆 CIP 数据核字（2018）第 292535 号

责任编辑：齐伟娜　杨　梅
责任校对：隗立娜
技术编辑：李　鹏

财政税收理论与政策研究

（修订版）

王曙光　著

经济科学出版社出版、发行　新华书店经销

社址：北京市海淀区阜成路甲 28 号　邮编：100142

总编部电话：010 - 88191217　发行部电话：010 - 88191540

网址：www. esp. com. cn

电子邮件：esp@ esp. com. cn

天猫网店：经济科学出版社旗舰店

网址：http://jjkxcbs. tmall. com

北京季蜂印刷有限公司印装

710 × 1000　16 开　26 印张　440000 字

2019 年 1 月第 1 版　2019 年 1 月第 1 次印刷

ISBN 978 - 7 - 5218 - 0097 - 5　定价：90.00 元